US-Menschenrechtsklagen und Neoterritorialismus

Studien zum vergleichenden und internationalen Recht - Comparative and International Law Studies

Herausgeber: Bernd von Hoffmann†, Erik Jayme und Heinz-Peter Mansel

Band 194

PL ACADEMIC RESEARCH

Martin Metz

US-Menschenrechtsklagen und Neoterritorialismus

PL ACADEMIC RESEARCH

Bibliografische Information der Deutschen Nationalbibliothek
Die Deutsche Nationalbibliothek verzeichnet diese Publikation in der Deutschen Nationalbibliografie; detaillierte bibliografische Daten sind im Internet über http://dnb.d-nb.de abrufbar.

Zugl.: Köln, Univ., Diss., 2016

D 38
ISSN 0930-4746
ISBN 978-3-631-72235-0 (Print)
E-ISBN 978-3-631-72273-2 (E-PDF)
E-ISBN 978-3-631-72274-9 (EPUB)
E-ISBN 978-3-631-72275-6 (MOBI)
DOI 10.3726/b11218

PL Academic Research ist ein Imprint der Peter Lang GmbH.

Peter Lang – Frankfurt am Main · Bern · Bruxelles · New York · Oxford · Warszawa · Wien

Dieses Buch erscheint in einer Herausgeberreihe bei PL Academic Research und wurde vor Erscheinen peer reviewed.

www.peterlang.com

Meiner Familie

Vorwort

Diese Arbeit entstand von 2012 bis 2015 an der Universität zu Köln und an der University of California Berkeley. Dass diese Arbeit im November 2016 mit der Disputation ihren Abschluss finden konnte, verdanke ich an erster Stelle meinem verehrten Doktorvater Herrn Prof. Dr. Heinz-Peter Mansel. Er hat diese Arbeit angeregt und meinen lebensverändernden Weg nach Berkeley begleitet. In den sich anschließenden vier Jahren hat er mich hervorragend betreut und unterstützt. Seine fachlichen Ratschläge ebenso wie seine Geduld und sein steter Zuspruch haben diese Arbeit ganz wesentlich gefördert. Ich danke ihm und Herrn Prof. Dr. Dr. h.c. Erik Jayme zudem für die Aufnahme der Arbeit in diese Schriftenreihe. Danken möchte ich auch Herrn Prof. Dr. Christian Katzenmeier, der mich während meines Studiums und Referendariats hervorragend gefördert hat und in mir das Interesse am wissenschaftlichen Arbeiten und am Schuld- und Zivilverfahrensrecht geweckt hat. Dank gebührt sodann Herrn Prof. Richard Buxbaum, der mir während meiner Zeit in Berkeley den Zugang zum US-amerikanischen Recht vermittelt und mich intensiv betreut hat. Moreover, I want to thank the Honorable Judge Nathanael Cousins who gave me the outstanding opportunity to gather first-hand litigation experience at the US District Court, Northern District of California. Für die schnelle Erstellung des Zweitgutachtens schulde ich auch Herrn Prof. Dr. Dr. h.c. Hanns Prütting Dank.

Für die großzügige finanzielle Unterstützung meiner Promotion bin ich der Dr. Wilhelm Westhaus-Stiftung, dem Arbeitskreis Wirtschaft und Recht und insbesondere der Studienstiftung des deutschen Volkes dankbar verbunden. In addition, I am grateful to my atypcial American household on Oxford Street which joyfully supported me with boarding, lodging, friendship, and wisdom during my stay in Berkeley.

Für angeregte kritische Diskussionen, Gedankenaustausch und die gemeinsame Zeit bin ich Etienne Farnoux und Dr. Bettina Rentsch sehr dankbar. Für wertvolle Anregungen, aufmerksames Korrekturlesen, kritisches Feedback und aufmunternde Worte danke ich Folke große Deters, Prof. Jonas Knetsch, Lea Mekhneche, Dr. Christopher Metz, Dr. Julian Reisewitz, Dr. Julian Sanner und Jonathan Wilkens herzlich.

Ein ganz besonderer Dank gilt meinen Eltern Ingeborg Metz und Christopher Metz, die mich nicht nur in der besonderen Phase der Promotion, sondern schon seit über 30 Jahren unbedingt ermutigen und unterstützen. Zuletzt zu Dir, liebe Sylvia. Du warst in den letzten drei Jahren den Freuden und Leiden meiner Arbeit am nächsten. Ich danke Dir für Deine stete Unterstützung, Dein Verständnis nicht nur für Papier- und Kaffeetassenstapel und einfach dafür, dass Du Du bist.

Köln, im Februar 2017 Martin Metz

Übersicht

Inhaltsverzeichnis

Einleitung

Das Verhältnis zwischen Unternehmen und Menschenrechten wird heute viel diskutiert. Mit der menschenrechtlichen Verantwortung von Unternehmen setzt sich auf internationaler Ebene insbesondere der UNHRC[1] auseinander. Die Annahme der UN-Leitprinzipien verlagert die Diskussionen jetzt auch auf die nationale und die regionale Ebene, wie die von der Bundesregierung angestoßene Erstellung eines Nationalen Aktionsplans „Wirtschaft und Menschenrechte"[2] oder die Evaluierung der Europäischen Kommission zur Implementierung der UN-Leitprinzipien[3] zeigt. Internationale Organisationen, Gesetzgeber und die Privatwirtschaft beschäftigen sich zudem unter dem Schlagwort Corporate Social Responsibility mit der Fragestellung.[4] Dennoch bleibt die Rechtslage in weiten Teilen ungeklärt. Normative Aussagen sind nur schwer von unverbindlichen politischen Willensäußerungen und Wunschdenken abgrenzbar.

Besonders kompliziert ist die Rechtslage, wenn MNU durch ihre Geschäftstätigkeit Menschenrechtsverletzungen mitverursachen, die sich in Entwicklungs- und Schwellenländern, Kriegs- und Krisengebieten oder totalitären Regimen ereignen.[5] Zwar ist im Kern unbestritten, dass MNU staatliche Menschenrechtsverletzungen nicht fördern dürfen.[6] Dennoch ist es schwer, die Mitverursachung durch Unternehmen rechtlich zu erfassen. Die verschiedenen nationalen und internationalen

1 Siehe die Annahme der UN-Leitprinzipien durch die Resolution A/HRC/RES/17/4 vom 16.6.2011. Siehe auch die Resolution A/HRC/RES/26/9 vom 26.6.2014 mit der eine Working Group zur Erarbeitungen eines bindenden Vertragsinstruments zur menschenrechtlichen Verpflichtung von Unternehmen eingerichtet wird. Daneben spielen die OECD-Leitsätze eine wichtige Rolle.

2 Vgl. z.B. die Expertenanhörung zum Thema „Zugang zu Recht und Gerichten in Deutschland", die am 28.9.2015 bei dem Deutschen Industrie- und Handelskammertag im Rahmen des Nationalen Aktionsplan stattgefunden hat.

3 Commission Staff Working Document on Implementing the UN Guiding Principles on Business and Human Rights – State of Play, Dokument vom 14.7.2015, SWD (2015) 144 final.

4 Siehe z.B. der UN Global Compact von 1999 oder die von der Europäischen Kommission am 25.10.2011 vorgelegte Mitteilung an das Europäische Parlament, den Rat den Europäischen Wirtschafts- und Sozialausschuss und den Ausschuss der Regionen, KOM(2011) 681 endgültig über eine neue EU-Strategie für die soziale Verantwortung der Unternehmen (CSR).

5 Bericht des Sonderbeauftragten des Generalsekretärs, *John Ruggie*, Business recognition of human rights: Global patterns, regional and sectoral variations, A/HRC/4/35 Add. 4, 8.2.2007.

6 Vgl. UN-Leitprinzipien, ad annex II; *Muchlinski*, Multinational Enterprises and the Law, S. 514 ff.

Rechtsordnungen sind nicht hinreichend aufeinander abgestimmt.[7] Gerichtsverfahren oder sonstige hoheitliche Sanktionen im Tatortstaat sind in der Regel aufgrund der staatlichen Beteiligung und aufgrund der zwischen Entwicklungs- und Schwellenländern und MNU bestehenden Machtasymmetrien kaum erfolgsversprechend.[8] Darüber hinaus bestehen keine völkerstrafrechtlichen Sanktionsmechanismen, weil die Gerichtsgewalt des IStGH nur natürliche Personen erfasst.[9] Auch wenn internationale Soft-Law-Mechanismen an Bedeutung gewinnen, bleiben diese bisher rechtlich unverbindlich.[10]

Dieses Durchsetzungsdefizit kann durch die Human Rights Litigation[11] vor US-amerikanischen Gerichten geschlossen werden, deren zentraler Baustein das sog. Alien Tort Statute ist. Die HRL setzt Menschenrechte auf nationaler Ebene zivilrechtlich durch, indem Opfer von Menschenrechtsverletzungen entschädigt und Täter zur Rechenschaft gezogen werden. In der Vergangenheit konnte die HRL auch Menschenrechtsverletzungen erfassen, die sich im Ausland ereignet hatten. Menschenrechtsklagen konnten sich nicht nur gegen US-amerikanische, sondern auch gegen ausländische Unternehmen richten. Dies galt selbst dann, wenn die Kläger nicht die US-amerikanische Nationalität besaßen. Damit konnten Menschenrechtsverletzungen sogar in sog. foreign cubed cases[12] von US-amerikanischen Gerichten sanktioniert werden.

---

7 Siehe z.B. Bericht des Sonderbeauftragten des Generalsekretärs, *John Ruggie*, Promotion and protection of all Human Rights, civil, political, economic, social and cultural rights, including the right to development, A/HRC/8/5, 7.4.2008, Nr. 3: „The root cause of the business and human rights predicament today lies in the governance gaps created by globalization – between the scope and impact of economic forces and actors, and the capacity of societies to manage their adverse consequences. These governance gaps provide the permissive environment for wrongful acts by companies of all kinds without adequate sanctioning or reparation."

8 *Delbrück/Wolfrum*, Völkerrecht Band I/2, § 108 I 3. b) und § 108 II 3. a).

9 Art. 25 Abs. 1 Römisches Statut IStGH.

10 Dies gilt für den UN Global Compact von 1999, die UN-Leitprinzipien, die OECD-Leitsätze oder den Leitfaden zur gesellschaftlichen Verantwortung 26000 der International Organization for Standardization von 2010.

11 Siehe *Hailer*, Menschenrechte vor Zivilgerichten – die Human Rights Litigation in den USA; *Stephens et al.*, International Human Rights Litigation in U.S. Courts; *Koebele*, Corporate Responsibility under the Alien Tort Statute. Die HRL ist ein Unterfall der Transnational Public Law Litigation. Dazu *Koh*, Transnational Public Law Litigation, 100 Yale L. J. 2347 (2001); *Whytock*, Domestic Courts and Global Governance; 84 Tul. L. Rev. 67 (2009).

12 Dazu sogleich Einleitung, § 1. 2., S. 9.

Die Opfer werden bei der rechtlichen Auseinandersetzung von NGOs,[13] Rechtsprofessoren und Rechtsanwälten[14] unterstützt, die sich auf die zivilrechtliche Durchsetzung von Menschenrechten spezialisiert haben. Zeitweise befürwortete auch die US-amerikanische Regierung die extraterritoriale HRL.[15] Durch eine extraterritoriale HRL – so die Befürworter – könne ein effizienter weltweiter Menschenrechtsschutz verwirklicht werden.[16] Die verklagten Unternehmen werden in ihrer Kritik an der extraterritorialen HRL hingegen von ausländischen Staaten unterstützt. Im Kiobel-Verfahren haben beispielsweise Rio Tinto, Chevron, Ford oder Glaxosmith Klein, aber auch die Bundesrepublik Deutschland in sog. amicus curiae briefs rechtlich Stellung gegen die extraterritoriale HRL bezogen. Die Kritik machte insbesondere geltend, dass foreign cubed cases mangels Inlandsbezug nicht von US-amerikanischen Gerichten entschieden werden sollten.[17]

Mit diesem Spannungsfeld zwischen einerseits effektivem Menschenrechtsschutz und andererseits drohenden Eingriffen in fremde Staatensouveränität und Wirtschaftsinteressen hat sich der Supreme Court im Jahr 2013 in der Entscheidung Kiobel v. Royal Dutch[18] und im Jahre 2014 in der Entscheidung Daimler v. Baumann beschäftigt.[19]

---

13 Z.B. EarthRights International (ERI), das Center for Constitutional Rights (CCR), das Center for Justice and Accountability (CJA), Human Rights Watch (HRW) oder das Rutherford Institute.

14 Beispielhaft seien Herr Rechtsanwalt Paul Hoffmann, der die Opfer im Kiobel-Verfahren vor dem Supreme Court vertreten hat, und Frau Professor Beth Stephens von der Rutgers School of Law aus Newark genannt. Beide haben gemeinsam die wichtigste Monographie in englischer Sprache zur HRL verfasst und beschäftigen sich in weiterführenden Aufsätzen mit den aktuellen Entwicklungen. Vgl. *Stephens et al.*, International Human Rights Litigation in U.S. Courts.

15 Siehe Brief for the *United States* as Amicus Curiae Supporting Petitioners, Kiobel v. Royal Dutch Petroleum Co., 2011 WL 6425363 (U.S.). Anders aber der Supplemental Brief for the *United States* as Amicus Curiae in Partial Support of Affirmance, Kiobel v. Royal Dutch Petroleum Co., 2012 WL 2161290, *2 ff., den die US-Regierung später in demselben Verfahren eingereicht hat.

16 Siehe z.B. *Hailer*, Menschenrechte vor Zivilgerichten – die Human Rights Litigation in den USA, S. 291 ff.; *Stephens et al.*, International Human Rights Litigation in U.S. Courts, XXI ff.; Brief of *Joseph E. Stiglitz* as Amicus Curiae in Support of Petitioners, Kiobel v. Royal Dutch Petroleum Co., 2011 WL 6813580, *S. 7 ff.

17 Siehe Brief of the *Federal Republic of Germany* as Amicus Curiae in Support of Respondents, Kiobel v. Royal Dutch Petroleum Co., 2012 WL 379578, *9 ff. und Brief of Amici Curiae *BP America, Caterpillar, Conoco Phillips, General Electric, Honeywell, and International Business Machines* in Support of Respondents, *Kiobel v. Royal Dutch Petroleum Co.*, 2012 WL 392536, *5 ff. Zu den möglichen internationalen Kompetenzkonflikten eingehend *Hailer*, Menschenrechte vor Zivilgerichten – die Human Rights Litigation in den USA, S. 125 ff.

18 *Kiobel v. Royal Dutch Petroleum Co.*, 133 S.Ct. 1659 (2013).

19 *Daimler AG v. Bauman*, 134 S.Ct. 746 (2014).

§ 1 Untersuchungsgegenstand: US-Menschenrechtsklagen

Diese Arbeit untersucht, ob sich Unternehmen nach der Kiobel- und der Daimler-Entscheidung vor US-amerikanischen Gerichten noch für Menschenrechtsverletzungen verantworten müssen, die sich im Ausland ereignet haben. Die Untersuchung nähert sich der Fragestellung aus internationalprivatrechtlicher und nicht aus völkerrechtlicher oder strafrechtlicher Perspektive.

1. Gegen Unternehmen gerichtete extraterritoriale Menschenrechtsklagen

a. Extraterritoriale Menschenrechtsverletzung: Beihilfe oder Anstiftung zu staatlicher Verletzungshandlung

Diese Untersuchung beschäftigt sich mit Klagen, die auf Menschenrechtsverletzungen gestützt werden,[20] die im Ausland und nicht in den USA eingetreten sind. Derartige extraterritoriale Menschenrechtsklagen weisen ein erhöhtes Konfliktpotential auf, weil die Ausübung der US-amerikanischen Gerichtsgewalt nicht einfach über den Tatort der Menschenrechtsverletzung gerechtfertigt werden kann.[21]

Diese Arbeit beschäftigt sich allein mit der ersten von zwei Fallgruppen, in der Unternehmen heute die Verursachung von Menschenrechtsverletzungen vorgeworfen wird.[22] Dabei geht es um Fälle, in denen Unternehmen fremde Staaten zu einer extraterritorialen Menschenrechtsverletzung angestiftet oder zu dieser Beihilfe geleistet haben. Die Menschrechtsverletzung besteht damit letztlich in einem zielgerichteten staatlichen Eingriff. Inhaltlich geht es folglich um Menschenrechte der ersten Generation, die vor einem staatlichen Eingriff in Individualrechtsgüter

---

20 Das ATS verlangt tatbestandlich eine Völkerrechtsverletzung. Zwar stellt eine Völkerrechtsverletzung nicht immer eine Menschenrechtsverletzung dar und umgekehrt. Völkerrecht ist einerseits von der Staatengemeinschaft gesetztes Recht, das nicht nur Menschenrechte umfasst, während Menschenrechte andererseits aus internationalen, aber auch aus nationalen Rechtssätzen folgen können. Weil im Rahmen der HRL aber nur Menschenrechtsverletzungen, nicht aber sonstige Völkerrechtsverletzungen sanktioniert werden, wird hier vorrangig der speziellere Begriff der Menschenrechtsverletzung verwendet.

21 Der Tatort ist nach deutschem Recht und nach dem Unionsrecht für deliktische Ansprüche der zentrale Anknüpfungspunkt im Zuständigkeits- und Kollisionsrecht. Siehe zum Zuständigkeitsrecht Art. 32 ZPO und Art. 7 Nr. 2 Brüssel Ia VO und zum Kollisionsrecht Art. 40 Abs. 1 EGBGB und Art. 4 Abs. 1 Rom II VO. Siehe zum Tatort als Anknüpfungspunkt im deliktischen Kollisionsrecht *von Bar/Mankowski*, Internationales Privatrecht, § 7 Rn. 51 ff.; *Kegel/Schurig*, Internationales Privatrecht, § 18 IV 1. a); *Kropholler*, Internationales Privatrecht, § 53 IV 1.

22 Siehe *Hailer*, Menschenrechte vor Zivilgerichten – die Human Rights Litigation in den USA, S. 287; *Stephens et al.*, International Human Rights Litigation in U.S. Courts, S. 312 ff.

schützen.[23] Relevant werden insbesondere das Verbot des Völkermordes, das Verbot von Kriegsverbrechen, das Verbot von Verbrechen gegen die Menschlichkeit, das Recht auf Leben, das Recht auf körperliche Unversehrtheit sowie das Verbot der Folter und der Sklaverei. Diese Fallgruppe steht im Fokus dieser Arbeit, weil sie historisch den Kern der US-amerikanischen HRL darstellt und den beiden aktuell vom Supreme Court zu entscheidenden Fällen zu Grunde lag. Eine besonders problematische Sonderkonstellation besteht innerhalb dieser Fallgruppe, wenn Unternehmen Güter an Staaten verkaufen oder Dienstleistungen an Staaten erbringen und die Güter oder Dienstleistungen später bei der staatlichen Begehung von Menschenrechtsverletzungen eine Rolle spielen.[24]

Diese Arbeit beschäftigt sich hingegen nicht mit der zweiten Fallgruppe, in der Unternehmen vorgeworfen wird, unmittelbar und ohne staatliche Beteiligung schwerste Rechtsgutverletzungen verschuldet zu haben. Völkerrechtlich gesprochen spielen in dieser Fallgruppe Umweltvergehen und menschenrechtlich fragwürdige Arbeitsbedingungen und damit Menschenrechte der zweiten und dritten Generation[25] die zentrale Rolle. In dieser Konstellation fehlt es an einem zielgerichteten Eingriff in Individualrechtsgüter. Die Verletzung der Opfer ist vielmehr häufig Folge eines fahrlässigen Verhaltens.[26] Diese Fallgruppe wird in dieser Arbeit nicht untersucht, weil sie keine Grundlage für ATS-Klagen bietet. Der Grund dafür ist, dass das tatbestandliche Erfordernis einer Völkerrechtsverletzung nicht erfüllt werden kann. Denn in dieser Konstellation liegt zum einen schon keine Völkerrechtsverletzung vor, weil Unternehmen als nicht-staatliche Akteure Völkerrechtsverletzungen nicht täterschaftlich begehen können. Unternehmen können im Rahmen des ATS grundsätzlich nur für eine Beihilfe- oder Anstiftungshandlung haften.[27] Zum anderen stellen nach der herrschenden Auffassung weder fahrlässiges Handeln noch Umwelt- und Arbeitsrechtsverstöße universell geltende völkerrechtliche Normen im Sinne des ATS dar.[28]

---

23 Siehe *Tomuschat*, Human Rights, S. 135 ff.

24 Diese Situation lag etwa in der Apartheid-Litigation vor, bei der Kläger Autoherstellern unter anderem vorwarfen, südafrikanischen Sicherheitsdiensten Autos geliefert und ihnen dadurch geholfen zu haben, Menschenrechtsverletzungen zu begehen. IBM wurde etwa Beihilfe zur Begehung von Menschenrechtsverletzungen durch den Verkauf von Computertechnologie vorgeworfen. Siehe die Vorwürfe in *South African Apartheid Litigation v. Daimler*, 617 F.Supp.2d 228, 242 f. (S.D.N.Y. 2009).

25 Siehe *Tomuschat*, Human Rights, S. 131 ff.

26 Dabei wirft die Behandlung von im Rahmen von Lieferketten verwirklichten Menschenrechtsverletzungen Sonderfragen auf. Siehe *Osieka*, Zivilrechtliche Haftung deutscher Unternehmen für menschenrechtsbeeinträchtigende Handlungen ihrer Zulieferer.

27 Teil 1, § 2. 2. c. ii., S. 41.

28 Teil 1, § 2. 2. b., S. 37.

b. Menschenrechtsklagen: Zivilrechtliche Verantwortlichkeit

Diese Arbeit untersucht Menschenrechtsklagen, d.h. zivilrechtliche Klagen, mit denen die Opfer als Kläger von den Tätern als Beklagte vor nationalen Gerichten Schadensersatz verlangen. Weil die Geltendmachung von Menschenrechtsverletzungen in zivilrechtlichen Verfahren Wesensmerkmal der HRL ist, finden Strafrechtsnormen, die extraterritoriale Menschenrechtsverletzungen ebenfalls erfassen können,[29] nur Beachtung, wenn sie die Grundlage für einen zivilrechtlichen Erstattungsanspruch darstellen.[30] Daher wird auch die Diskussion um Vor- und Nachteile zivilrechtlicher und strafrechtlicher Verfolgung nicht aufgegriffen. Zivilrechtliche Verfahren haben aus der Opferperspektive jedenfalls den Vorteil, dass sie anders als selbstständige Strafverfahren einen finanziellen Ausgleich bieten und nicht vom Handeln der Strafverfolgungsbehörden abhängig sind. Zudem scheitern sie nicht so schnell wie Strafverfahren an hohen prozessualen Verfahrensgarantien.[31]

c. Multinationale Unternehmen auf der Beklagtenseite

Die Untersuchung beschäftigt sich mit der menschenrechtlichen Verantwortung von MNU. Damit von einem MNU gesprochen werden kann, muss ein Unternehmen in mehreren Staaten einer wirtschaftlichen Tätigkeit nachgehen.[32] Im deutschen

---

29 Siehe zum Genozid 18 USC § 1091, zu Kriegsverbrechen 18 USC § 2441, zum Einsatz von Kindersoldaten 18 USC § 2442 und zur Folter 18 USC § 2340A. Das US-amerikanische Recht kennt zudem, anders als das deutsche Recht, gemäß 1 USC § 1 eine Unternehmensstrafbarkeit. Vgl. *Brickey*, Corporate Criminal Liability, A Treatise on the Criminal Liability of Corporations, Vol. 1; *Engelhart*, Sanktionierung von Unternehmen und Compliance, S. 70 ff.

30 Zum aktuellen Stand strafrechtlicher Verfolgung von Menschenrechtsverletzungen in den USA und mit Hinweis auf heute vorrangig angewendete immigrationsrechtliche Sanktionen *Altholz*, Chronicle of a Death Foretold: The Future of U.S. Human Rights Litigation Post-Kiobel, 102 Cal. L. Rev. 1495, 1526 ff. (2014).
Auch sonstige präventive oder repressive hoheitliche Maßnahmen zur Bekämpfung von Menschenrechtsverletzungen, etwa Ausfuhrkontrollen oder das Beschwerde-Verfahren vor der Nationalen Kontaktstelle der OECD, sind nicht Gegenstand dieser Untersuchung.

31 Hier seien nur das Rückwirkungsverbot (Art. 1 § 10 der US-amerikanischen Verfassung), das Verbot von ungerechtfertigten Durchsuchungen und Beschlagnahmungen (Amendment 4 der US-amerikanischen Verfassung), das Verbot der Doppelbestrafung (Amendment 5 der US-amerikanischen Verfassung) und das Recht auf Rechtsbeistand (Amendment 4 der US-amerikanischen Verfassung) genannt. Siehe zum Ganzen *Hailer*, Menschenrechte vor Zivilgerichten – die Human Rights Litigation in den USA, S. 291 f.; *Scheffler*, Die Bewältigung hoheitlich begangenen Unrechts durch fremde Zivilgerichte, S. 303 ff.

32 Zur Definition von MNU *Delbrück/Wolfrum*, Völkerrecht Band I/2, § 108 I 1.; *Muchlinski*, Multinational Enterprises and the Law, S. 5 ff. Die OECD-Leitsätze ad I. 4. gehen von folgender Definition aus: „(Bei Multinationalen Unternehmen) handelt

Recht werden Unternehmenszusammenschlüsse, die unter einheitlicher Leitung zusammengefasst sind und in verschiedenen Staaten wirtschaftlich tätig werden, als grenzüberschreitende Konzerne bezeichnet.[33]

Diese Arbeit setzt sich mit der Haftung von Unternehmen auseinander, weil eine effektive menschenrechtliche Verpflichtung von Wirtschaftsunternehmen den globalen Menschenrechtsschutz insgesamt entscheidend verbessern kann.[34] Die Haftung von natürlichen Personen wird nur am Rande behandelt und ist grundsätzlich vielen praktischen Hindernissen ausgesetzt. Erstens ist der im Einzelfall handelnde Täter für die Kläger oft nicht identifizierbar und eine Tatbegehung kaum nachweisbar. Kläger können beispielsweise nur schwer herausfinden, welche Mitglieder ausländischer Militär- oder Polizeieinheiten an Übergriffen beteiligt waren und welche Unternehmensmitarbeiter zu den Übergriffen angestiftet oder Beihilfe geleistet haben. Zweitens ist es oftmals nicht möglich, gegen den unmittelbar handelnden Täter ein Gerichtsverfahren in den USA durchzuführen, weil sich die Täter nicht in den USA aufhalten. Ist eine Klage dennoch möglich, tritt drittens die Kompensationsfunktion des Zivilverfahrens in den Hintergrund. Weil natürliche Personen nicht über mit Unternehmen vergleichbare Geldmittel verfügen, ist die finanzielle Befriedigung der Opfer, anders als bei gegen Unternehmen gerichteten Klagen, nicht gesichert.[35]

d. *US-amerikanische oder ausländische Unternehmen auf der Beklagtenseite*

Betrachtet werden Klagen, die sich gegen US-amerikanische und gegen ausländische Unternehmen richten. Zwar haben Unternehmen keine Staatsangehörigkeit oder Nationalität. Dennoch können auch Unternehmen Staaten zugeordnet werden.[36] Damit ist die Frage aufgeworfen, wonach die Staatszugehörigkeit von Unternehmen im Rahmen dieser Untersuchung bestimmt wird.

Weil es bei dieser Arbeit um die Ausübung staatlicher Gerichtsgewalt geht, werden Unternehmen all jenen Staaten zugeordnet, in denen sie einen allgemeinen Gerichtsstand besitzen. Exorbitante und international umstrittene allgemeine Gerichtsstände

---

sich gewöhnlich um Unternehmen oder andere in mehreren Ländern niedergelassene Unternehmensteile, die so miteinander verbunden sind, dass sie ihre Geschäftstätigkeit auf unterschiedliche Art und Weise koordinieren können." Die UN-Leitprinzipien enthalten sich einer präzisen Definition.

33 Siehe zum Konzernbegriff § 18 Abs. 1 S. 1. AktG. Vgl. *Raiser*, Recht der Kapitalgesellschaften, § 50 f.; *Junker*, Internationales Arbeitsrecht im Konzern, S. 31 f.; *Emmerich/Sonnenschein/Habersack*, Konzernrecht, § 4.

34 Siehe nur UN-Leitprinzipien ad annex II.

35 *Hailer*, Menschenrechte vor Zivilgerichten – die Human Rights Litigation in den USA, S. 296 f.

36 Siehe *Kegel/Schurig*, Internationales Privatrecht, § 17 II 1.

wie die Doing-Business-Zuständigkeit müssen allerdings außer Betracht bleiben.[37] Dies bedeutet, dass ein Unternehmen jedenfalls dann US-amerikanisch ist, wenn es in den USA gegründet worden ist[38] oder dort seinen principal place of business[39] hat. Ein Unternehmen ist hingegen europäisch, wenn die Voraussetzungen von Art. 4 Abs. 1, Art. 63 Abs. 1 Brüssel Ia VO erfüllt sind.[40] Demnach besteht ein allgemeiner Gerichtsstand über Gesellschaften und juristische Personen an dem Ort, an dem sich ihr satzungsmäßiger Sitz, ihre Hauptverwaltung oder ihre Hauptniederlassung befinden. Deutsch ist ein Unternehmen zuletzt dann, wenn es seinen Sitz in Deutschland hat; § 17 ZPO. Bei einem Auseinanderfallen der Anknüpfungspunkte kann ein Unternehmen verschiedenen Staaten zugeordnet werden.

Für die Bestimmung der Staatszugehörigkeit wird bei dieser Arbeit damit nicht auf die Anknüpfungspunkte abgestellt, die das Gesellschaftsstatut bestimmen. Denn bei diesem Vorgehen wären nicht alle Konstellationen erfasst, in denen ein Staat über einen allgemeinen Gerichtsstand umfangreiche Gerichtsgewalt über ein Unternehmen ausüben kann, weil das Gesellschaftsstatut die Unternehmen nur mit einem Staat verbindet. Während nach US-amerikanischem Recht[41] und dem Unionsrecht[42] kollisionsrechtlich für die Zuordnung von Unternehmen allein auf den Gründungsort abgestellt wird, ordnet das deutsche Recht Unternehmen Staaten über den Sitz des Unternehmens zu.[43]

e. *Ausländische Kläger*

Diese Untersuchung konzentriert sich zudem auf von ausländischen Klägern eingebrachte Menschenrechtsklagen, weil das ATS, das das zentrale Vehikel der HRL darstellt, nur ausländische Kläger erfasst.[44] Dass US-Amerikaner im Ausland Opfer von Menschrechtsverletzungen werden, die durch Unternehmen mitverursacht worden sind, kommt in der Praxis zudem nur selten vor. Als Kläger treten vor allem

37 Vgl. Teil 2, § 2. 2. c., S. 131.
38 Vgl. Teil 2, § 2. 1. c., S. 119.
39 Vgl. Teil 2, § 2. 2. b., S. 128.
40 Vgl. Teil 2, § 5. 2., S. 170.
41 Siehe § 296 cmt. c. Restatement Second of the Law (Conflict of Laws) (1971); *Hay/Borchers/Symeonides*, Conflict of Laws, § 23.2.
42 Vgl. EuGH, *Überseering BV v. Nordic Construction Co.*, C-209/00, ECLI:EU:C:2001:655. Ebenso zum ius standi IGH, *Case Concerning the Barcelona Traction*, ICJ Reports 1970, p. 3, Rn. 70 ff.
43 BGH, BGHZ 178, S. 192, 196 = NJW 2009, S. 289, 290 (Trabrennbahn). Siehe *Kegel/Schurig*, Internationales Privatrecht, § 17 II 1, *Kropholler*, Internationales Privatrecht, § 55 I. 2. Dem Sitz kommt auch nach US-amerikanischen Recht in Sonderfällen eine Bedeutung zu. Siehe *Hay/Borchers/Symeonides*, Conflict of Laws, § 23.9.
44 Vgl. *Hailer*, Menschenrechte vor Zivilgerichten – die Human Rights Litigation in den USA, S. 58 f.

natürliche Personen auf, die Opfer von Menschenrechtsverletzungen geworden sind. Daneben können auch Menschenrechtsorganisationen klagebefugt sein.[45]

2. Foreign cubed case als problematischer Sonderfall

a. Bezugslosigkeit der foreign cubed cases

Menschenrechtsklagen werfen in sog. foreign cubed cases[46] besondere Probleme auf. Von einem foreign cubed case wird gesprochen, wenn von einem ausländischen Kläger (foreign plaintiff) eine Menschenrechtsklage aufgrund eines Auslandssachverhalts (foreign conduct) gegen ein ausländisches Unternehmen (foreign defendant) eingebracht wird.

In foreign cubed cases unterstellen die USA Menschenrechtsverletzungen, die im Ausland und nicht in den USA eingetreten sind, ihrer Gerichtsgewalt. Damit entscheiden die Gerichte über extraterritoriale Sachverhalte, obwohl zentrale Inlandsbezüge, die ein Gerichtsverfahren in den USA legitimieren können, nicht gegeben sind. Andere Staaten – wie der Staat, in dem sich die Menschenrechtsverletzung ereignet hat, oder die Heimatstaaten des Unternehmens oder des Opfers – weisen eine engere Verbindungen zum Sachverhalt und damit ein stärkeres Regelungsinteresse auf.[47] Daher ist umstritten, ob in foreign cubed cases vor US-amerikanischen Gerichten der nach herrschender Auffassung zur Ausübung der Gerichtsgewalt völkerrechtlich erforderliche genuine link[48] bzw. nach deutscher Terminologie ein hinreichender Inlandsbezug[49] gegeben ist.

Der Begriff des foreign cubed case erschließt sich insbesondere vor dem Hintergrund, dass dem ATS als Tort-Vorschrift auch eine bestrafende Funktion zukommt. Denn im internationalen Strafrecht kann die Anwendbarkeit einer Norm neben dem Tatortprinzip über das aktive Personalitätsprinzip auf die Nationalität des

---

45 Z.B. *Sikhs for Justice v. Badal*, 736 F.3d 743 (7th Cir. 2013) oder *Sexual Minorities Uganda v. Lively*, 960 F.Supp.2d 304 (D.Mass. 2013).

46 Foreign cubed cases werden auch als „3F-cases“ bezeichnet. Beide Begriffe stammen ursprünglich aus dem Wertpapierrecht. Vgl. *Buxbaum*, Multinational Class Actions under Federal Securities Law, 46 Colum. J. Transnat'l L. 14, 17 (2007). Siehe auch die Kritik im Supplemental Brief for Respondents, *Kiobel v. Royal Dutch Petroleum Co.*, 2012 WL 3127285, *8 f.

47 Der Tatortstaat und der Heimatstaat werden grundsätzlich zur Regulierung von Unternehmen als befugt angesehen. Siehe UN-Leitprinzipien ad annex I. A. 1 und 2; *Tully*, International Corporate Legal Responsibility, S. 47; *Muchlinski*, Multinational Enterprises and the Law, S. 125 ff.

48 Der genaue Inhalt der völkerrechtlichen Grenzen ist praktisch kaum greifbar. Siehe zum Begriff des genuine link IGH, *Nottebohm v. Guatemala*, ICJ Reports 1955, p. 4, Rn. 26; *Mann*, The Doctrine of Jurisdiction in International Law; Receuil des Cours, Vol. 111 (1964), S. 46; *Bertele*, Souveränität und Verfahrensrecht, S. 112 ff.

49 Siehe *Geimer*, Internationales Zivilprozessrecht, Rn. 166 ff. und Rn. 374 ff.

Täters und über das passive Personalitätsprinzip auf die Nationalität des Opfers gestützt werden.[50]

b. *Inlandsbezüge: Zuständigkeitsrechtliche Minimalkontakte, Wohnort und Weltrechtsprinzip*

Aus internationalprivatrechtlicher Sicht ist der Begriff des foreign cubed case allerdings in gewissem Maße nichtssagend, weil er nicht alle kollisionsrechtlich relevanten Anknüpfungspunkte abdeckt. Denn im deliktischen Kollisionsrecht spielt die Nationalität der Parteien[51] heute weder im US-amerikanischen noch im deutschen oder unionsrechtlichen IPR eine entscheidende Rolle. Im Deliktsrecht kommt als rechtssubjektbezogenen Anknüpfungspunkten vielmehr dem Wohnort, dem gewöhnlichen Aufenthalt und dem domicile der Parteien entscheidende Bedeutung zu.[52] Bei genauerer Betrachtung bestehen auch in foreign cubed cases kollisionsrechtliche Verbindungen zu den USA, die Grundlage der Gerichtsgewalt sein können.

Ein Inlandsbezug besteht in foreign cubed cases zunächst oft dadurch, dass Täter oder Opfer ihren Wohnsitz zum Zeitpunkt der Klageerhebung in den USA haben. Es kommt vor, dass die Täter nach einem Regimewechsel ihre Herkunftsstaaten verlassen und in die USA ziehen.[53] Auch die Opfer von Menschenrechtsverletzungen verlassen nach Erleiden des Unrechts häufig ihre Herkunftsländer und ersuchen in Drittstaaten und auch in den USA um Asyl.[54] Werden weltweit agierende Unternehmen vor US-amerikanischen Gerichten verklagt, besteht ein subjektiver Bezug zudem regelmäßig dadurch, dass die Unternehmen auch in den USA wirtschaftlich tätig sind.[55]

---

50 Zur völkerrechtlichen Strafkompetenz über Staatsangehörige z.B. *Crawford*, Brownlie's Principles of Public International Law, S. 459 f.; *Shaw*, International Law, S. 659 ff. Vgl. zum deutschen Recht § 7 StGB.

51 Zum Hintergrund der Staatsangerhörigkeitsanknüpfung *Mansel*, Personalstatut, Staatsangehörigkeit und Effektivität, S. 5 ff.

52 So hat nach § 13 ZPO und nach Art. 4 Brüssel Ia VO eine Person an dem Ort ihres Wohnsitzes ihren allgemeinen Gerichtsstand. Zudem kann der Wohnsitz des Klägers nach Art. 11, Art. 18, Art. 21 Brüssel Ia VO zuständigkeitsrechtlich berücksichtigt werden. Im Rahmen des Kollisionsrecht kann der gewöhnlichen Aufenthalt der Parteien nach Art. 4 Abs. 2 Rom II VO und Art. 40 Abs. 2 EGBGB Bedeutung erlangen. Zum US-amerikanischen Zuständigkeitsrecht siehe Teil 2, § 1. 1. a., S. 110 und zum US-amerikanischen Kollisionsrecht Teil 1, § 2. 1. b., S. 33.

53 *Hailer*, Menschenrechte vor Zivilgerichten – die Human Rights Litigation in den USA, S. 266 f.

54 Siehe z.B. *Filártiga v. Peña-Irala*, 630 F.2d 876, 878 f. (2d Cir. 1980), oder *Kiobel v. Royal Dutch Petroleum Co.*, 133 S.Ct. 1659, 1663 (2013). *Hailer*, Menschenrechte vor Zivilgerichten – die Human Rights Litigation in den USA, S. 266 f.

55 Siehe zur Wirtschaftstätigkeit als Grundlage der Gerichtsgewalt Teil 2, § 2. 2., S. 127.

Darüber hinaus könnte in Menschenrechtsklagen das sog. zivilrechtliche Weltrechtsprinzip die Ausübung der Gerichtsgewalt rechtfertigen.[56] Wird das im Strafrecht bei Begehung von Menschenrechtsverletzungen völkerrechtlich anerkannte Weltrechtsprinzip[57] auf das Zivilrecht übertragen, können alle Staaten weltweit begangene Menschenrechtsverletzungen zivilrechtlich sanktionieren, weil mit einer Zivilklage ein gemeinsames Interesse der Staatengemeinschaft durchgesetzt würde.

3. Besondere Attraktion des US-amerikanischen Forums

Grundsätzlich gilt, dass Kläger von zuständigkeitsrechtlichen, prozessualen, materiellrechtlichen und rechtskulturellen Charakteristika des US-amerikanischen Forums angezogen werden wie „Motten vom Licht".[58] Aufgrund dieser Besonderheiten sind die US-amerikanischen Gerichte auch auf dem „transnational law market"[59] für Menschenrechtsklagen besonders attraktiv.[60]

---

56 Siehe z.B. *Bucher*, Universal civil jurisdiction with regard to reparation for international crimes, Rapport. Zum US-amerikanischen Recht siehe *Hailer*, Menschenrechte vor Zivilgerichten – die Human Rights Litigation in den USA, S. 205 ff.; *Nolte*, Das Weltrechtsprinzip im Zivilverfahren; in: FS Starck 2007, S. 847; *Wilhelmi*, Das Weltrechtsprinzip im internationalen Privat- und Strafrecht, S. 13 und 233 ff.; *Unger*, Menschenrechte als transnationales Privatrecht, S. 43 ff.; *Bradley*, Universal Jurisdiction and U.S. Law, 2001 U. Chi. Legal F. 323, 341 ff.; *Donovan/Roberts*, The Emerging Recognition of Universal Civil Jurisdiction; 100 Am. J. Int'L. 142 (2006). Siehe auch § 404 Restatement Third of the Law (Foreign Relations Law) (1987): „A state has jurisdiction to define and prescribe punishment for certain offenses recognized by the community of nations as of universal concern, such as piracy, slave trade, attacks on or hijacking of aircraft, genocide, war crimes, and perhaps certain acts of terrorism, even where none of the bases of jurisdiction indicated in § 402 is present."

57 Siehe z.B. *Crawford*, Brownlie's Principles of Public International Law, S. 467 ff.; *Shaw*, International Law, S. 668 ff.; *Ambos*, in: MüKo StGB, Vorbem. §§ 3–7, Rn. 39 ff.

58 So Lord Denning: „As a moth is drawn to the light, so is a litigant drawn to the United States. If he can only get his case into their courts, he stands to win a fortune. (...) The plaintiff holds all the cards." *Smith Kline & French Laboratories and others v. Bloch*, [1983] 2 All ER 72, 74. Dazu, dass das US-amerikanische Recht ein „Forum Shopping System" ist *Weinberg*, Against Comity, 80 Geo. L. J. 53, 63 (1991). Siehe auch *Schütze*, Die Allzuständigkeit amerikanischer Gerichte. Zugespitzt zum nationalen Kontext *Olson*, The Litigation Explosion, What Happened when American Unleashed the Lawsuit.

59 Siehe *Childress*, Escaping Federal Law in Transnational Cases: The Brave New World of Transnational Litigation, 93 N. C. L. Rev. 995, 1002 ff. (2015); *Eidenmüller*, The Transnational Law Market, Regulatory Competition and Transnational Corporations, 18 Ind. J. Gl. Leg. Stud. 70 (2011).

60 Siehe *Stephens*, Translating Filártiga: A Comparative and International Law Analysis of Domestic Remedies for International Human Rights Violations, 27 Yale J. Int'l L. 1, 12 ff.

Verfahren vor US-amerikanischen Gerichten kommen im internationalen Rechtsverkehr eine besondere Rolle zu, weil sich die Gerichte herkömmlich großzügig für zuständig erklären.[61] Vor US-amerikanischen Gerichten kommen Klägern zudem verschiedene prozessuale Besonderheiten zugute.[62] Erstens besitzt das US-amerikanische Recht mit der pre-trial discovery ein mächtiges Werkzeug zur Beweisgewinnung, weil das Discovery-Verfahren schon vor Beginn der Hauptverhandlung stattfindet und von den Parteien administriert wird.[63] Dies stellt für Kläger bei gegen Unternehmen gerichteten Menschenrechtsklagen einen Vorteil dar, weil die Beweisführung aufgrund der Aufgabenaufspaltung in weltweite Konzernstrukturen besondere Schwierigkeiten aufwirft. Für die Opfer ist oft nicht ersichtlich, an welchen Stellen im Konzern das haftungsbegründende Ereignis lokalisiert werden kann. Zweitens macht die Möglichkeit, class actions durchzuführen, das Beschreiten des Klagewegs für Opfer und Rechtsanwälte aus Kostengründen attraktiver.[64] Drittens stellt das US-amerikanische Kostenrecht einen Vorteil für Kläger dar, weil die unterliegende Partei nach der „American Rule" die Anwaltskosten der Gegenpartei grundsätzlich nicht tragen muss.[65] Viertens

---

61 Siehe Teil 2, § 2. 2., S. 127.

62 *Stephens*, Translating Filártiga: A Comparative and International Law Analysis of Domestic Remedies for International Human Rights Violations, 27 Yale J. Int'l L. 1, 14 ff. (2002).

63 *Junker*, Discovery im deutsch-amerikanischen Rechtsverkehr, S. 42 ff.; *Schack*, Einführung in das US-amerikanische Zivilprozessrecht, S. 42 ff.; *Friedenthal/Kane/Miller*, Civil Procedure, S. 396 ff.

64 Zur class action im Bereich von Menschenrechtsklagen *Stephens et al.*, International Human Rights Litigation in U.S. Courts, S. 238 ff. Vgl. auch *Eichholtz*, Die US-amerikanische Class Action und ihre deutschen Funktionsäquivalente, S. 33 ff.; *Schack*, Einführung in das US-amerikanische Zivilprozessrecht, S. 78 ff.; *Friedenthal/Kane/Miller*, Civil Procedure, S. 757 ff.
Im Rahmen von Großschäden können Verfahren im deutschen Recht allein über eine subjektive Klagehäufung gebündelt werden. Alternativ wird versucht die Rechtsverfolgung über die Gründung von Interessengemeinschaften effektiver zu gestalten. Siehe *Eichholtz*, Die US-amerikanische Class Action und ihre deutschen Funktionsäquivalente, S. 238 ff. Die Rechtslage könnte sich durch Impulse von der europäischen Ebene ändern. Siehe die von der Europäischen Kommission vorgeschlagene Empfehlung vom 11. Juni 2013 zu gemeinsamen Grundsätzen für kollektive Unterlassungs- und Schadensersatzverfahren in den EU-Mitgliedstaaten bei Verletzung von durch Unionsrecht garantierten Rechten, 2013/396/EU.

65 So schon *Arcambel v. Wiseman*, 3 U.S. 306 (1796). Siehe auch *Alyeska Pipeline Service Co. v. The Wilderness Society*, 421 U.S. 240 (1975). Vgl. *Breyer*, Kostenorientierte Steuerung des Zivilprozesses, S. 108 ff.; *Schack*, Einführung in das US-amerikanische Zivilprozessrecht, S. 10 f.; *Teply/Whitten*, Civil Procedure, S. 13. Der Civil Rights Attorney's Fee Act sieht in 42 USC § 1988 (b) zwar vor, dass Kläger bei Civil Rights-Klagen im Erfolgsfalle ihre Anwaltskosten ersetzt bekommen. Diese Vorschrift wurde im Rahmen der HRL aber nicht angewendet. Siehe *Stephens et al.*, International Human Rights Litigation in U.S. Courts, S. 532 f. Bei Menschenrechtsklagen vor deutschen Gerichten

besteht die Möglichkeit, Erfolgshonorare zu vereinbaren, was den Klageweg für Kläger und Rechtsanwälte wiederum attraktiver macht.[66] Zuletzt können Kläger ihre Forderungen im US-amerikanischen Zivilprozess in Jury-Verfahren geltend machen, die sich durch eine erhebliche Unvorhersehbarkeit auszeichnen. Die Jury legt unter anderem mit einer Ermessensentscheidung die Höhe des Schadensersatzes fest.[67]

Erklären sich US-amerikanische Gerichte für zuständig, wird die Position der Kläger weiter gestärkt, wenn die Gerichte auch in der Sache US-amerikanisches Recht anwenden. Der Kläger kann auch als Privatperson öffentlich-rechtliche Normen durchsetzen[68] und Strafschadensersatz erstreiten.[69] Zuletzt ist die strategische Prozessführung in den USA ein anerkanntes politisches Gestaltungsinstrument, mit dem gesellschaftliche und politische Veränderungen erreicht werden. Der deutschen Rechtskultur ist dieses Vorgehen bisher hingegen weitgehend fremd.[70]

---

sind die Kläger hingegen einem erheblichen Kostenrisiko ausgesetzt, weil die Kläger an den Kosten des Rechtsstreits beteiligt werden, wenn sie nicht vollständig obsiegen. Siehe §§ 91, 92 Abs. 1 ZPO. Menschenrechtsklagen werden aufgrund der umfangreichen Beweiserhebung aber erhebliche Kosten verursachen. So auch *Scheffler*, Die Bewältigung hoheitlich begangenen Unrechts durch fremde Zivilgerichte, S. 304; *Meeran*, Tort Litigation against Multinational Corporations for Violations of Human Rights: An Overview of the Position outside the United States, 3 City U. H. K. L. Rev. 1, 17 ff. (2011).

66 Siehe zu den Voraussetzungen Rule 1.5 (c) der Model Rules of Professional Conduct. Vgl. *Schack*, Einführung in das US-amerikanische Zivilprozessrecht, S. 8 ff. Nach § 49 b Abs. 2 BRAO i.V.m. § 4a RVG sind Erfolgshonorare nach deutschem Recht nur denkbar, wenn der Auftraggeber aufgrund seiner wirtschaftlichen Verhältnisse bei verständiger Betrachtung ohne die Vereinbarung eines Erfolgshonorars von der Rechtsverfolgung abgehalten würde. Die Norm ist Ausdruck des Beschlusses des BVerfG, BVerfGE 117, S. 163 = NJW 2007, S. 979. Vor dieser Entscheidung waren Erfolgshonorare grundsätzlich verboten. Dazu *Schepke*, Das Erfolgshonorar des Rechtsanwalts, S. 102 ff.

67 *Mörsdorf-Schulte*, Funktion und Dogmatik US-amerikanischer punitive damages, S. 234 ff. Siehe auch *Schack*, Einführung in das US-amerikanische Zivilprozessrecht, S. 61; *Friedenthal/Kane/Miller*, Civil Procedure, S. 507 ff.

68 Vgl. *Coffee*, Understanding the Plaintiff's Attorney: The Implications of Economic Theory for Private Enforcement of Law through Class and Derivative Actions, 86 Colum. L. Rev. (1986) 669. *Carrington*, The American Tradition of Privat Law Enforcement; in: Stiftung Gesellschaft für Rechtspolitik (Hrsg.), Bitburger Gespräche 2003, S. 33 f. *Buxbaum*, Incentives to Promote the Private Enforcement of Law; in: Mansel, Dauner-Lieb, Henssler (Hrsg.), Zugang zum Recht: Europäische und US-amerikanische Wege der privaten Rechtsdurchsetzung, S. 91.

69 *Brüggemeier*, Prinzipien des Haftungsrechts, S. 196 ff.; *Mörsdorf-Schulte*, Funktion und Dogmatik US-amerikanischer punitive damages; *Hay*, US-amerikanisches Recht, Rn. 421 ff.

70 Vgl. *Stürner*, Die Qualität der Gerechtigkeit in einer Gesellschaft und der Zivilprozess, Int. J. Proc. L. 2011, S. 50, 62 f.

Die auf diesen Besonderheiten beruhende Anziehungskraft des US-amerikanischen Forums wird auch in den USA vermehrt kritisch betrachtet, weil sie zu einer hohen Arbeitsbelastung der Gerichte führt. Insbesondere wenn Verfahren keinen oder nur einen geringen Bezug zu den USA haben, beeinträchtigen sie die Funktionstüchtigkeit der Gerichte und führen eine Ressourcenknappheit herbei. US-amerikanische Gerichte sind, anders als die Gerichte in Europa, nicht durch Gebühren der Parteien, sondern durch Steuergelder finanziert.[71] Daneben wird kritisiert, dass die Klägerfreundlichkeit des US-amerikanischen Zivilprozesses rechtsmissbräuchliche Klagen fördert und Beklagte nicht ausreichend schützt.[72]

Auch der Supreme Court kritisierte die weitgehenden Klagemöglichkeiten zuletzt mehrfach.[73] Der Supreme Court äußerte sich schon in der Piper-Aircraft-Entscheidung kritisch zur Forum-non-conveniens-Doktrin und wies auf die drohende Überlastung US-amerikanischer Gerichte hin.[74] Auch die Iqbal-Entscheidung und die Twombly-Entscheidung, die die Anforderungen an den klägerischen Vortrag bei Einreichung der Klageschrift (pleading standard) erhöhen, sind vom Wunsch getragen, bestehende Klagemöglichkeiten einzuschränken.[75] Zudem hat Justice Scalia im Wertpapierrecht in der Morrison-Entscheidung im Jahre 2010 ausdrücklich auf die Nachteile der „Shangri La-Litigation" vor US-amerikanischen Gerichten hingewiesen.[76] Zuletzt schränkte

---

71 Die Gerichtsgebühr für die Einreichung einer Klage vor einem District Court beträgt nach 28 USC § 1914 nur $ 350. Siehe *Schack*, Einführung in das US-amerikanische Zivilprozessrecht, S. 7 f.

72 So zum ATS und m.w.N. *Parrish*, Kiobel, Unilateralism, and the Retreat from Extraterritoriality, 28 Md. J. Int'l L. 208, 229 f. (2013).

73 Zu den Einschränkungen von Klagemöglichkeiten durch den Supreme Court z.B. *Siegel*, The Court against the Courts: Hostility to Litigation as an Organizing Theme in the Rehnquist Court's Jurisprudence, 84 Tex. L. Rev. 1097 (2006); *Spencer*, The Restrictive Ethos in Civil Procedure, 78 Geo. Wash. L. Rev. 353, 358 ff. (2010); *Robertson*, Transnational Litigation and Institutional Choice, 51 Bost. Col. L. Rev. 1087 ff. (2010); *Whytock*, The Evolving Forum Shopping System, 96 Cornell L. Rev. 481, 498 ff. (2011); *Chemerinsky*, Closing the Courthouse Doors, 90 Denv. U. L. Rev. 317, 318 (2012); *Burbank*, International Civil Litigation in US Courts: Becoming a Paper Tiger, 33 U. Pa. J. Int'l L. 663 (2012); *Noll*, The New Conflicts Law; 2 Stan. J. Complex Litig. 41 (2014); *Stephan*, Empagran: Empire Building or Judicial Modesty, in: Sloss, Ramsey, Dodge (Hrsg.), International Law in the U.S. Supreme Court, S. 553.

74 „The flow of litigation into the United States would increase and further congest already crowded courts." *Piper Aircraft v. Reyno*, 454 U.S. 235, 252 (1981).

75 *Bell Atlantic v. Twombly*, 550 U.S. 544 (2007) und *Ashcroft v. Iqbal*, 556 U.S. 662 (2009).

76 „While there is no reason to believe that the United States has become the Barbary Coast for those perpetrating frauds on foreign securities markets, some fear that it has become the Shangri–La of class-action litigation for lawyers representing those allegedly cheated in foreign securities markets." *Morrison v. National Australia Bank*, 130 S.Ct. 2869, 2886 (2010). Der Begriff „Shangri La" entstammt dem Roman *Hilton*, Lost Horizon.

der Supreme Court den Anwendungsbereich von class actions vor dem Hintergrund drohender "in terrorem" Vergleiche[77] ein.[78]

§ 2 These: Wiedererstarken des Territorialitätsprinzips

Die US-amerikanische Rechtsprechung hat dem Territorialitätsprinzip in den letzten 250 Jahren bei der Gesetzesauslegung und der Bestimmung des Anwendungsbereichs des US-amerikanischen Rechts unterschiedliche Bedeutung zugemessen. Nachdem die Rechtsprechung sich ursprünglich stark auf das Territorialitätsprinzip gestützt hatte, berücksichtigte sie später vor allem Fairness- und Effizienzgedanken. Diese Arbeit untersucht die These, dass die Rechtsprechung bei der Gesetzesauslegung heute mit neoterritorialen Gedanken wieder in Richtung Territorialitätsprinzip strebt.

1. Ursprünglicher strenger Territorialismus

In einer ersten Phase von der Gründung der USA am 4. Juli 1776 bis in die Mitte des 20. Jahrhunderts hatte das Territorialitätsprinzip einen entscheidenden Einfluss auf das US-amerikanische Recht. Weil das völkerrechtliche Territorialitätsprinzip auf der Anerkennung der Staatensouveränität basiert, konnte es die Interessen der neu gegründeten Republik besonders gut schützen.[79] Denn das völkerrechtliche Territorialitätsprinzip spricht jeder Nation auf ihrem Territorium die exklusive Gerichtsgewalt zu und setzt den Grundsatz der Nichteinmischung rechtlich durch. Dabei erfasst die Gerichtsgewalt in einem weiten Sinne das Recht Regeln zu erlassen (jurisdiction to prescribe),[80] diese im Rahmen von Gerichtsverfahren durchzusetzen (jurisdiction

---

77 Justice Scalia in *AT&T Mobility LLC v. Concepcion*, 131 S. Ct. 1740, 1752 (2011).

78 Zur Abdingbarkeit von class actions durch Schiedsgerichtsklauseln auch in Verbraucherklagen *AT&T Mobility LLC v. Concepcion*, 131 S. Ct. 1740 (2011). Bei einer Klage wegen Diskriminierung auf dem Arbeitsplatz wurde höchstrichterlich zudem entschieden, dass es an der für die Zulassung einer class action erforderlichen Gleichartigkeit der Sachverhalte fehlt, wenn in einem größeren Unternehmen, den verschiedenen Niederlassungen bei der Behandlung der eigenen Arbeitnehmer ein Ermessen zusteht. Siehe *Wal-Mart Stores, Inc. v. Dukes*, 131 S. Ct. 2541, 2554 (2011). Die Rechtsprechung steht vor dem Hintergrund des Class Action Fairness Act (CAFA) aus dem Jahre 2005. Vgl. auch *Childress*, Escaping Federal Law in Transnational Cases: The Brave New World of Transnational Litigation, 93 N. C. L. Rev. 995, 1034 ff. (2015).

79 Der Ausgangspunkt des heutigen Konzepts von Souveränität kann im Westfälischen Friede von 1648 gesehen werden. Siehe *Kimminich*, Deutsche Verfassungsgeschichte, S. 215 f. Zum geschichtlichen Hintergrund in den USA *Raustiala*, Does the Constitution Follow the Flag?, S. 31 ff.

80 § 401 (a) Restatement Third of the Law (Foreign Relations Law) (1987): „(J)urisdiction to prescribe, i.e., to make its law applicable to the activities, relations, or status of

to adjudicate)[81] und erlassene Urteile zwangsweise durchzusetzen (jurisdiction to enforce).[82] Die Gerichtsgewalt ist exklusiv, weil ein Staat alle Tatbestände, die sich auf seinem Territorium abspielen, rechtlich regeln kann, während dritten Staaten genau dies untersagt ist. Das Recht eines anderen Staates kann bei Herrschaft des strengen Territorialitätsprinzips soweit freiwillig berücksichtigt werden, wie dies Erwägungen der gegenseitigen Rücksichtnahme (comity) oder die Theorie der wohlerworbenen Rechte (vested rights) erlauben.[83]

In Kontinentaleuropa verbalisierte zunächst Ulricus Hubers den Territorialitätsgedanke in „De Conflictu Legum" in Rechtsprinzipien.[84] Der Supreme Court rezipierte diese Prinzipien in der Entscheidung Emory v. Grenough im Jahre 1797, in der das Gericht den ungewöhnlichen Schritt unternahm, Hubers Maxime im Wortlaut übersetzt abzudrucken.[85] Anschließend griff Joseph Story Hubers Gedanken in den „Commentaries on the Conflict of Laws" als „General Maximes of International Jurisdiction" auf,[86] die sich erkennbar an Hubers Axiomen

---

persons, or the interests of persons in things, whether by legislation, by executive act or order, by administrative rule or regulation, or by determination of a court."

81 § 401 (b) Restatement Third of the Law (Foreign Relations Law) (1987): „(J)urisdiction to adjudicate, i.e., to subject persons or things to the process of its courts or administrative tribunals, whether in civil or in criminal proceedings, whether or not the state is a party to the proceedings."

82 § 401 (c) Restatement Third of the Law (Foreign Relations Law) (1987): „(J)urisdiction to enforce, i.e., to induce or compel compliance or to punish noncompliance with its laws or regulations, whether through the courts or by use of executive, administrative, police, or other nonjudicial action."

83 Von *Bar/Mankowski*, Internationales Privatrecht, § 3 Rn. 14 ff.; *Hay/Borchers/Symeonides*, Conflict of Laws, § 2.7.

84 Nach Hubers drei Grundsätzen („axiomata") gilt: „1. Die Gesetze eines jeden Reiches wirken innerhalb der Grenzen des nämlichen Staates und binden alle seine Untertanen, nicht darüber hinaus. 2. Als Untertanen eines Reiches sind anzusehen alle, die innerhalb seiner Grenzen angetroffen werden, gleich ob sie ständig oder auf Zeit dort verweilen. 3. Die Lenker der Reiche kommen darin entgegen, dass die Rechte eines jeden Volkes, die innerhalb seiner Grenzen ausgeübt werden, überall ihre Wirkung behalten, sofern in nichts vorgegriffen wird der Hoheitsgewalt oder dem Recht des anderen Herrschers und seiner Bürger." Übersetzung nach *Kegel/Schurig*, Internationales Privatrecht, § 3 V.

85 *Emory v. Grenough*, 3 U.S. 369 (1797).

86 „The first and most general maxim or proposition is (...), that every nation possesses an exclusive sovereignty and jurisdiction within its own territory. The direct consequence of this rule is, that the laws of every state affect and bind directly all property, whether real or personal, within it, whether natural-born subjects or aliens, and also all contracts made and acts done within it. (...) Another maxim or proposition is, that no state or nation can by its laws directly affect or bind property out of its own territory, or bind persons not residents therein, whether they are natural-born subjects or others. (...). From these two maxims or propositions, there flows a third, and that is, that whatever force and obligation the laws of one

orientieren.[87] Später hatte Story zudem als Richter am Supreme Court bedeutenden Einfluss auf die Ausformung des US-amerikanischen IPR. Eine weitere Rezeption fand anschließend durch das Werk von Joseph Beale statt,[88] der dem Territorialitätsgedanken als Reporter des Restatement First of the Law (Conflict of Laws) (1934) zu großer praktischer Bedeutung verhalf.[89]

Das völkerrechtliche Territorialitätsprinzip beeinflusste das US-amerikanische Zuständigkeits- und Kollisionsrecht. Im Zuständigkeitsrechts bedeutete das Territorialitätsprinzip, dass Gerichtsgewalt nur über Personen und Sachen ausgeübt werden kann, die sich im Gerichtsbezirk befinden und damit der Staatsgewalt unterliegen.[90] Bei der Anwendung auf das Kollisionsrecht führte das Territorialitätsprinzip zur Lex-loci-delicti-Regel, nach der das Recht eines Staates nur die Sachverhalte regeln kann, die sich auf seinem Territorium ereignen.[91]

2. American Exceptionalism

In einer zweiten Phase ab Ende des zweiten Weltkrieges, in der die USA in einer zunehmend globalisierten Welt die Führungsrolle übernahmen, setzte sich der Gedanken des „American Exceptionalism" durch. Rechtlich führte dies dazu, dass das US-amerikanische Recht sich vom streng territorialen Ansatz löste und seinen Anwendungsbereich ausdehnte. Vor dem Hintergrund von Fairness- und Effizienzerwägungen sowie dem Willen, US-amerikanische Werte in die Welt zu tragen, entwickelte das US-amerikanische Recht den Anspruch, Personen und Verhalten auf der ganzen Welt zu erfassen.[92] Diese Rechtsauslegung weitete die Zuständigkeit der

country have in another, depends solely upon the laws, and municipal regulations of the latter, that is to say upon its own proper jurisprudence and polity, and upon its own express or tacit consent." Siehe *Story/Bigelow*, Commentaries on the Conflict of Laws, Foreign and Domestic, §§ 18, 20 und 23.

87 Von *Bar/Mankowski*, Internationales Privatrecht, § 6 Rn. 38.

88 "Law operates by extending its power over acts done throughout the territory within its jurisdiction and creating out of those acts new rights and obligations (...). It follows (...) that not only must the law apply to every act done there, but only one law can so apply. (...) By its very nature law must apply to everything and must exclusively apply to everything within the boundary of its jurisdiction." Siehe *Beale*, A treatise on the conflict of Laws, Vol. 1, S. 45 f.

89 Der Territorialitätsgrundsatz ist in § 1 (1) des Restatement First of the Law (Conflict of Laws) (1934) niedergelegt: „No state can make a law which by its own force is operative in another state; the only law in force in the sovereign state is its own law, but by the law of each state rights or other interests in that state may, in certain cases, depend upon the law in force in some other state or states."

90 Teil 2, § 1. 1., S. 110.

91 Teil 1, § 1. 1., S. 22.

92 „To this day, the United States remains the only superpower capable, and at times willing, to commit real resources and make real sacrifices to build, sustain, and drive an international system committed to international law, democracy, and the

US-amerikanischen Gerichte und den Anwendungsbereich des US-amerikanischen Sachrechts aus. Andere Staaten kritisierten die dadurch entstandene „Allzuständigkeit US-amerikanischer Gerichte"[93] und die US-amerikanische Rechtshegemonie.[94]

3. Neoterritorialismus

Diese Arbeit geht davon aus, dass sich die US-amerikanische Rechtsprechung in einer aktuellen dritten Phase bei der Rechtsanwendung wieder von rechtshegemonialen Gedanken abwendet[95] und der Territorialitätsgedanke eine rechtliche Renaissance erfährt.[96] Weil das Territorialitätsprinzip nicht in seiner ursprünglich strengen Form wiederbelebt wird, soll die aktuelle Gesetzesauslegung als „Neoterritorialismus"[97] bezeichnet werden.

Dieser Arbeit liegt die These zu Grunde, dass heute neoterritoriales Denken die rechtliche Ausgestaltung des US-amerikanischen Zuständigkeits- und Kollisionsrechts beeinflusst. Das Ziel dieser Arbeit ist es, einerseits das Wiedererstarken des Territorialitätsgedankens anhand der aktuellen Rechtsprechung im Bereich der US-Menschenrechtsklagen aufzuzeigen und den Inhalt des neoterritorialen Denkens zu präzisieren. Dabei wird von der Annahme ausgegangen, dass der Neoterritorialismus nicht nur das Ziel verfolgt, ausländische Souveränität wieder stärker zu

---

promotion of human rights. Experience teaches that when the United States leads on human rights, from Nuremberg to Kosovo, other countries follow." *Koh*, On American Exceptionalism, 55 Stan. L. Rev. 1479, 1487 (2003). Siehe auch *van der Vyver*, American Exceptionalism, 50 Emory L. J. 775 (2001); *Raustiala*, Does the Constitution Follow the Flag?, S. 93 ff. Zu den prozessualen Besonderheiten im Rahmen des American Exceptionalism *Dubinsky*, Is Transnational Litigation a Distinct Field? The Persistence of Exceptionalism in American Procedural Law; 44 Stan. J. Int'l L. 301 (2008).

93 *Schütze*, Die Allzuständigkeit amerikanischer Gerichte.

94 *Stürner*, in: Habscheid (Hrsg.), Der Justizkonflikt mit den Vereinigten Staaten von Amerika, Der Justizkonflikt zwischen USA und Europa, S. 5 ff.

95 Dazu, dass der 11. September 2001 und die Erfahrungen in den Kriegen im Irak und Afghanistan eine entscheidende Wende gebracht haben *Halfmeier*, in: FS Magnus 2014, Transnationale Delikte vor nationalen Gerichten oder: Wie weiter nach dem Ende der amerikanischen Rechtshegemonie?, S. 433, 438 f.

96 Dieser Trend wird anhand verschiedener höchstrichterlicher Entscheidungen ersichtlich. Vgl. zum Wertpapierrecht *Morrison v. National Australia Bank*, 130 S.Ct. 2869 (2010), zum Kartellrecht *Hoffmann-La Roche v. Empagran*, 542 U.S. 154 (2004), zum Civil Rights Act von 1964 *EEOC v. Aramco*, 499 U.S. 244, 248 (1991) und zum RICO *RJR Nabisco Inc. v. European Community*, 579 U.S. __(2016).
Vgl. auch *Burbank*, International Civil Litigation in US Courts: Becoming a Paper Tiger, 33 U. Pa. J. Int'l L. 663 (2012); *Bookman*, Litigation Isolationism, 67 Stan. L. Rev. 1081, 1088 ff. (2015); *Childress*, Escaping Federal Law in Transnational Cases: The Brave New World of Transnational Litigation, 93 N. C. L. Rev. 995, 1029 ff. (2015); *Reimann*, in: FS Stürner 2013, Rückzug der „Rechtsweltmacht"?, S. 1779, 1798 f.

97 *Reimann*, in: FS Stürner 2013, Rückzug der „Rechtsweltmacht"?, S. 1779.

berücksichtigen, sondern auch Wirtschaftsinteressen der USA[98] durchsetzen will. Das Verständnis des neoterritorialen Denkens hilft andererseits dabei, Lösungsansätze für die Fragen zu entwickeln, die nach den aktuellen Entscheidungen im Bereich der Menschenrechtsklagen und darüber hinaus offengeblieben sind.

§ 3 Gang der Forschung

Inwieweit Unternehmen sich heute noch vor US-amerikanischen Gerichten zivilrechtlich verantworten müssen, wenn sie im Ausland Menschenrechtsverletzungen mitverursacht haben, hängt entscheidend von drei Fragen ab.

Erstens ist von Bedeutung, ob das menschenrechtliche Sonderregime des ATS auch Menschenrechtsverletzungen erfasst, die im Ausland stattgefunden haben. Diese Frage, die der Supreme Court in der Kiobel-Entscheidung entscheiden musste, wird im ersten Teil der Arbeit behandelt.

US-amerikanische Gerichte müssen zweitens in Verfahren, die sich auf extraterritoriale Menschenrechtsverletzungen stützen, international zuständig sein. Andernfalls können die Unternehmen nicht vor US-amerikanischen Gerichten verklagt werden. Die Begründung der internationalen Zuständigkeit ist insbesondere bei Beteiligung ausländischer Unternehmen schwierig. Die Frage nach der internationalen Zuständigkeit, mit der sich der Supreme Court in der Daimler-Entscheidung auseinandergesetzt hat, ist Inhalt des zweiten Teils der Arbeit.

Um das Haftungsrisiko nach den aktuellen Entscheidungen umfassend bewerten zu können, muss drittens untersucht werden, inwieweit in den USA rechtliche Alternativen zum ATS bestehen, die die Grundlage für extraterritoriale Menschenrechtsklagen darstellen können. Diese Frage untersucht § 1 des dritten Teils der Arbeit.

Um die Folgen der US-amerikanischen Rechtsprechung auch im transnationalen Kontext zu bewerten, wird der Blick abschließend auf Menschenrechtsklagen vor deutschen Gerichten gerichtet. Ob Menschenrechtsklagen vor deutschen Gerichten denkbar sind, wenn ein deutsches Unternehmen eine Menschenrechtsverletzung im Ausland mitverursacht hat, wird in § 2 des dritten Teils der Arbeit betrachtet.

---

98 Dazu, dass der Roberts Court ein „pro business court" sei *Chemerinsky*, Closing the Courthouse Doors, 90 Denv. U. L. Rev. 317, 318 ff. (2012). Vgl. auch die eingehende Analyse bei *Epstein et al.*, How Business Fares in the Supreme Court, 97 Minn. L. Rev. 1431, 1470 (2013). Das Motiv Wirtschaftsinteressen zu verteidigen, wird auch verkleidet in dem Gewand vorgebracht, dass es dem Supreme Court um den Beklagtenschutz geht. Siehe *Bookman*, Litigation Isolationism, 67 Stan. L. Rev. 1081, 1105 ff. (2015).

Teil 1: Die extraterritoriale Human Rights Litigation unter dem Alien Tort Statute

Der erste Teil dieser Arbeit setzt sich mit dem ATS[99] auseinander, das in der Hochphase die zentrale gesetzliche Grundlage für Menschenrechtsklagen und die HRL in den USA darstellte. Das ATS wurde im Jahre 1789 als Section 9 des First Judiciary Acts kodifiziert.[100] Das heute in 28 USC § 1350 normierte ATS sieht vor, dass die Bundesgerichte bei Zivilklagen von Ausländern zuständig sind, die materiell-rechtlich darauf gestützt werden, dass eine unerlaubte Handlung durch eine Völkerrechtsverletzung begangen wurde.[101] Systematisch stellt das ATS eine Zuständigkeitszuweisungsnorm dar, die die sachliche Zuständigkeit der Bundesgerichte begründet. Vor dem Hintergrund dieser Zuständigkeitszuweisungsnorm haben die US-amerikanischen Bundesgerichte ein komplettes Haftungssystem inklusive eines materiell-rechtlichen Federal-Common-Law-Anspruchs entwickelt.[102] Dieses Haftungssystem wird hier als ATS-Regime bezeichnet. Die besondere Bedeutung des ATS-Regimes folgte daraus, dass es in der Vergangenheit auch die zivilrechtliche Verfolgung von weltweit durch Unternehmen

99 Das Alien Tort Statute wird auch als Alien Tort Claims Act (ATCA) bezeichnet.

100 The Judiciary Act of Sept. 24, 1789, Ch. 20, § 9. Zur Gesetzgebungsgeschichte *Hailer*, Menschenrechte vor Zivilgerichten – die Human Rights Litigation in den USA, S. 31 ff.; *Stürner*, Die territorialen Grenzen der Human Rights Litigation in den USA, JZ 2014, S. 13 f.; *Stephens et al.*, International Human Rights Litigation in U.S. Courts, S. 3 ff.

101 28 USC § 1350 lautet: „The district courts shall have original jurisdiction of any civil action by an alien for a tort only, committed in violation of the law of nations or a treaty of the United States." Die Literatur zum ATS ist kaum überschaubar. Monographische Werke, die das ATS behandeln sind unter anderem *Engle*, Alien Torts and Extraterritorial Jurisdiction in U.S. and International Law; *Hailer*, Menschenrechte vor Zivilgerichten – die Human Rights Litigation in den USA; *Heidbrink*, Der Alien Tort Claims Act (28 USC 1350); *Henner*, Human Rights and the Alien Tort Statute; *Koebele*, Corporate Responsibility under the Alien Tort Statute; *Stephens et al.*; International Human Rights Litigation in U.S. Courts. Siehe auch *Stephens*, Translating Filártiga: A Comparative and International Law Analysis of Domestic Remedies for International Human Rights Violations, 27 Yale J. Int'l L. 1, 12 ff. (2002); *Stephens*, The Curious History of the Alien Tort Statute, 89 Notre Dame L. Rev. 1467 (2014); *von Hein*, USA: Punitive Damages für unternehmerische Menschenrechtsverletzungen, ZGR 45 (2016), 414.
Das ATS enthält eine völkergewohnheitsrechtliche („violation of the law of nations") und eine völkervertragliche („violation of a treaty of the United States") Variante. In der Praxis hat bisher allein die völkergewohnheitsrechtliche Variante Bedeutung erlangt. Siehe *Hailer*, Menschenrechte vor Zivilgerichten – die Human Rights Litigation in den USA, S. 61 ff.

102 Dazu Teil 1, § 2. 3., S. 44.

mitverursachten Menschenrechtsverletzungen vor den US-amerikanischen Bundesgerichten ermöglichte.

Um die aktuelle Bedeutung des ATS zu klären, wird dargestellt, wie sich die Auslegung des ATS in den letzten 225 Jahren gewandelt hat. Während das ATS in einer ersten Phase von 1789 bis etwa 1980 vor dem Hintergrund des Territorialitätsprinzips nur einen eingeschränkten Anwendungsbereich besaß (§ 1), wendeten die Gerichte das ATS in einer zweiten Phase von 1980 bis 2013 im Sinne eines effektiven Menschenrechtsschutzes auch extraterritorial an (§ 2). In der aktuellen dritten neoterritorialen Phase wird der Anwendungsbereich des ATS wieder eingeschränkt.[103] Die entscheidende Beschränkung führte das Kiobel-Urteil des Supreme Court aus dem Jahre 2013 herbei (§ 3). Wie weit das ATS durch das Kiobel-Urteil genau eingeschränkt worden ist, wird hier untersucht. Durch die Beantwortung dieser Frage kann geklärt werden, ob Unternehmen in den USA zukünftig unter dem ATS-Regime noch für in Drittstaaten begangene Völkerrechtsverletzungen haften (§ 4). Anhand des Kiobel-Urteils können verschiedene Rückschlüsse zur Funktionsweise und Bedeutung der Vermutung gegen extraterritoriale Anwendung gezogen werden (§ 5).

§ 1 Territorialitätsprinzip: Lex loci delicti

Vor dem Hintergrund, dass das Territorialitätsprinzip bis ins 20. Jahrhundert hinein entscheidenden Einfluss auf das US-amerikanische Kollisionsrecht hatte, folgte auch das ATS anfänglich dem Lex-loci-delicti-Prinzip und erfasste nur Völkerrechtsverletzungen, die sich in den USA ereignet hatten. Damit kam dem ATS nach seiner Verabschiedung in einer ersten Rechtsprechungsphase bis zum Jahre 1980 nur eine eingeschränkte Bedeutung zu.

1. Territoriale Beschränkung der Rechtsanwendung

Die anfängliche Bedeutungslosigkeit des ATS und der HRL kann auf die ursprüngliche Bedeutung des Territorialitätsprinzips für die Auslegung des ATS zurückgeführt werden. Das ATS ist zwar nur eine Zuständigkeitszuweisungsnorm.[104] Dennoch spielt das kollisionsrechtliche Territorialitätsprinzip für die Anwendbarkeit des ATS die entscheidende Rolle, weil der Anwendungsbereich des ATS in starkem Wechselspiel mit dem hinter der Zuweisungsnorm stehenden Sachrecht steht.[105]

---

103 Diesen Wandel zeichnet auch nach *Lee*, The Three Lives of the Alien Tort Statute: The Evolving Role of the Judiciary in U.S. Foreign Relations, 89 Notre Dame L. Rev. 1645 (2014).

104 Teil 1, § 2. 3. d., S. 47.

105 Bei der Auslegung der Zuständigkeitsnorm geht es letztlich um die Anwendbarkeit des Sachrechts. Siehe Teil 1, § 5. 3. e., S. 104.

Die Bedeutung des Territorialitätsprinzips soll für das bundesrechtliche und für das einzelstaatliche Kollisionsrecht[106] betrachtet werden.[107] Weil mit dem ATS-Regime bundesstaatliches Recht untersucht wird, muss das Bundeskollisionsrechts untersucht werden. Das einzelstaatliche deliktische Kollisionsrecht kann die Anwendbarkeit des ATS-Regimes zwar nicht direkt beeinflussen, weil es einer anderen Rechtsquelle entstammt. Das einzelstaatliche Kollisionsrecht wird dennoch dargestellt, weil sich die Bundesgerichte bei der Bestimmung des Anwendungsbereichs von bundesrechtlichen deliktischen Normen teilweise vom einzelstaatlichen Kollisionsrecht beeinflussen lassen. Das gilt auch für das ATS-Regime.[108]

Die Gerichte wendeten bei der Auslegung sowohl des Bundes- als auch des Staatenrechts zur Zeit des strengen Territorialitätsprinzips grundsätzlich die Lex-loci-delicti-Regel an. Je nach Rechtsbereich und konkret zu beantwortender Rechtsfrage stellten die Gerichte mit der lex loci delicti commissi auf das Recht des Handlungsorts oder mit der lex loci damni auf das Recht des Erfolgsorts ab.

a. *Das Bundeskollisionsrecht: Vermutung gegen extraterritoriale Anwendung*

Im Bundeskollisionsrecht spielte das Territorialitätsprinzip seit Anfang des 19. Jahrhunderts die entscheidende Rolle. Auf dem völkerrechtlichen Territorialitätsprinzip aufbauend entwickelte die Rechtsprechung die Auslegungsregel der sog. Vermutung gegen extraterritoriale Anwendung, nach der eine Norm im Zweifel nur territoriale Sachverhalte erfasst. Damit konnte Bundesrecht auf extraterritoriale Sachverhalte nur angewendet werden, wenn ein dahingehender gesetzgeberischer Wille erkennbar war.[109] Die Vermutung gegen extraterritoriale Anwendung entwickelte sich vor

106 Das US-amerikanische Bundesrecht kennt keinen mit dem deutschen IPR, dem IPR der Europäischen Union sowie selbst dem IPR der US-amerikanischen Bundesstaaten vergleichbaren Regelungskomplex. Als Bundeskollisionsrecht werden hier alle Regeln verstanden, die in Sachverhaltskonstellationen mit Auslandsbezügen Aussagen zur Anwendbarkeit des Bundesrechts treffen.

107 Die Regime setzen sich mit unterschiedlichen Kollisionslagen auseinandersetzen. Einerseits regelt das einzelstaatliche Kollisionsrecht als IPR sowohl den Konflikt zwischen einzelstaatlichem Recht und ausländischem Recht als auch – und das ist in der Praxis die bedeutendere Funktion – als interlokales Kollisionsrecht den Konflikt zwischen den einzelstaatlichen Rechtsordnungen. Das Bundeskollisionsrecht löst andererseits nur den Konflikt zwischen Bundesrecht und ausländischem Recht. Das Verhältnis von Bundesrecht zu Staatenrecht ist abschließend durch Art. 6 § 2 der US-amerikanischen Verfassung, die sog. supremacy clause, geregelt, die den Vorrang des Bundesrechts anordnet.

108 *Lauritzen v. Larsen*, 345 U.S. 571 (1953). Dazu Teil 1, § 2. 1. a., S. 29. *Filartiga v. Pena Irala*, 577 F.Supp. 860, 864 (E.D.N.Y. 1984). Dazu Teil 1, § 5. 2. a., S. 89.

109 Als grundlegend gilt: „The foregoing considerations would lead, in case of doubt, to a construction of any statute as intended to be confined in its operation and effect to the territorial limits over which the lawmaker has general and legitimate

dem Hintergrund völkerrechtlicher Wertungen und bezweckte den Schutz fremder Staatensouveränität.[110] Sie stand damit in Verwandtschaft zur sog. Charming-Betsy-Vermutung, nach der das Bundesrecht bei einem vorhandenen Auslegungsspielraum völkerrechtskonform ausgelegt werden muss.[111]

Zunächst orientierte sich der Supreme Court zur Bestimmung des Anwendungsbereichs eines Gesetzes an den völkerrechtlichen Grenzen der Gesetzgebungsgewalt. Unter diesem Ansatz konnte ein Gesetz extraterritoriale Sachverhalte immer dann erfassen, wenn die beteiligten Personen eine völkerrechtlich anerkannte Verbindung zu den USA aufwiesen. Vor diesem Hintergrund wird die frühe Version der Auslegungsregel auch als Vermutung gegen extraterritoriale Jurisdiktionsausübung bezeichnet.[112] Beispielsweise entschied der Supreme Court unter Justice Story im Jahre 1824 im Apollon-Fall, der sich mit der Auslegung des Bundeszollrechts beschäftigte, dass das nationale Recht nicht über das Staatsgebiet hinaus angewendet werden könne, solange es nicht die eigenen Staatsbürger betreffe. Die Gesetze – so Story – müssen, unabhängig davon wie weitreichend ihr Wortlaut sei, immer so ausgelegt werden, dass sie nur auf Orte und Personen angewendet werden, über die der Gesetzgeber nach völkerrechtlichen Wertungen die Gesetzgebungsgewalt besitzt.[113]

---

power." *American Banana Co. v. United Fruit Co.*, 213 U.S. 347, 357 (1909). Eine spätere Formulierung der Vermutung gegen Extraterritorialität ist: „The canon of construction which teaches that legislation of Congress, unless a contrary intent appears, is meant to apply only within the territorial jurisdiction of the United States." *Foley Bros v. Filardo*, 336 U.S. 281, 284 (1949).
Zur Vermutung gegen Extraterritorialität *Dodge*, Understanding the Presumption against Extraterritoriality, 16 Berkeley J. Int'l L. 85 (1998); *Knox*, A Presumption against Extrajurisdictionality, 104 Am. J. Comp. L. 351, 366 ff. (2010); *Knox*, The Unpredictable Presumption against Extraterritoriality, 40 Sw. L. Rev. 635 (2012); *Hay/Borchers/Symeonides*, Conflict of Laws, § 3.64 ff.; *Born/Rutledge*, International Civil Litigation in United States Courts, S. 646 ff.

110 „(T)o lay hold of the actor (...) not only would be unjust, but would be an interference with the authority of another sovereign, contrary to the comity of nations." *American Banana Co. v. United Fruit Co.*, 213 U.S. 347, 356 (1909).

111 *Murray v. Schooner Charming Betsy*, 6 U.S. 64, 118 (1804). Die Verbindung zwischen völkerrechtlichen Grenzen und der Vermutung gegen Extraterritorialität wird deutlich artikuliert in *McCulloch v. Sociedad Nacional de Marineros de Honduras*, 372 U.S. 10, 21 f. (1963)..

112 *Knox*, A Presumption against Extrajurisdictionality, 104 Am. J. Comp. L. 351, 362 ff. (2010). Dazu auch *Dodge*, Understanding the Presumption against Extraterritoriality, 16 Berkeley J. Int'l L. 85, 113 f. (1998).

113 „The laws of no nation can justly extend beyond its own territories, except so far as regards its own citizens. They can have no force to control the sovereignty or rights of any other nation, within its own jurisdiction. And, however general and comprehensive the phrases used in our municipal laws may be, they must always be restricted in construction, to places and persons, upon whom the Legislature have authority and jurisdiction." *The Apollon*, 22 U.S. 362, 370 (1824). Dazu *Knox*,

Die Rechtsprechung erhöhte Anfang des 20. Jahrhunderts sodann die Voraussetzungen für die extraterritoriale Anwendung des Bundesrechts. Ein Gesetz konnte ohne klaren gesetzgeberischen Anwendungsbefehl nicht auf extraterritoriale Sachverhalte angewendet werden. Der Supreme Court entschied im Jahre 1909 in der kartellrechtlichen Entscheidung American Banana v. United Fruit unter Rückgriff auf aus dem einzelstaatlichen Kollisionsrecht bekannte Grundsätze, dass die Rechtmäßigkeit einer Handlung unabhängig von einem möglicherweise offenen Gesetzeswortlaut immer nach dem Recht des Landes beurteilt werden müsse, in dem das Verhalten stattfinde. Justice Holmes führte aus, dass allein das Recht des Landes, in dem das Verhalten stattfinde, die Rechtmäßigkeit eines Verhaltens regeln könne.[114] Für die Feststellung der Rechtmäßigkeit des Verhaltens war mit dem Gericht also das Recht des Orts ausschlaggebend, an dem die Handlung stattgefunden hatte. Daher konnte US-amerikanisches Recht bei Abwesenheit eines gesetzgeberischen Anwendungsbefehls nur noch angewendet werden, wenn eine Handlung in den USA stattgefunden hatte. Ein Grund für die Anwendung der lex loci delicti commissi kann darin gesehen werden, dass bundesrechtliche Normen vorrangig Verhaltensgebote und -verbote durchsetzen und nicht auf eine Schadensregulierung abzielen.

b. Das einzelstaatliche Kollisionsrecht: Vested Rights und Restatement First of the Law

Das völkerrechtliche Territorialitätsprinzip beeinflusste ursprünglich auch das einzelstaatliche deliktische Kollisionsrecht. Dies wird beispielhaft durch das von Joseph Henry Beale verfasste Restatement First of the Law (Conflict of Laws) (1934) veranschaulicht. Nach dem Restatement, das sich auf die Vested-Rights-Theorie stützt, kann ein deliktisches Verhalten nur rechtlich sanktioniert werden, wenn das Tatortrecht einen deliktischen Anspruch für das Verhalten aufweist. Allein das Recht

A Presumption against Extrajurisdictionality, 104 Am. J. Comp. L. 351, 364 f. (2010). Auf völkerrechtlichen Wertungen stellt auch ab *United States v. Palmer*, 16 U.S. 610, 620 (1818). Handlungsbezogene und rechtssubjektbezogene Verbindungen werden schon berücksichtigt in *Rose v. Himely*, 8 U.S. 241, 279 (1808).

114 „But the general and almost universal rule is that the character of an act as lawful or unlawful must be determined wholly by the law of the country where the act is done. (...) The foregoing considerations would lead, in case of doubt, to a construction of any statute as intended to be confined in its operation and effect to the territorial limits over which the lawmaker has general and legitimate power." *American Banana Co. v. United Fruit Co.*, 213 U.S. 347, 356 f. (1909). In der American Banana-Entscheidung wurden US-amerikanischen Bananen-Produzenten vor dem Hintergrund des Sherman Acts auf Costa Rica stattgefundene Wettbewerbsverstöße vorgeworfen. Zu dieser Auffassung von Justice Holmes und der Rezeption durch die unteren Gerichte siehe *Dodge*, Understanding the Presumption against Extraterritoriality, 16 Berkeley J. Int'l L. 85, 105 ff. und 114 f. (1998).

des Tatorts, die lex loci delicti, kann das Tatgeschehen regeln.[115] Das Restatement First of the Law (Conflict of Laws) (1934) sah für die Anspruchsbegründung eine Anknüpfung an das Recht des place of wrong vor. Dies war der Ort, an dem sich der für eine Haftung erforderliche letzte Tatsachenakt ereignet hatte (place of last event). Dies war grundsätzlich der Ort, an dem der Verletzungserfolg eingetreten war.[116] Der place of wrong war auch für die Schadensausfüllung ausschlaggebend.[117] Damit führte das Restatement First of the Law (Conflict of Laws) (1934) in einer ersten Rechtsprechungsphase, anders als das Bundesrecht, grundsätzlich zur Anwendung der lex loci damni.

Unter dem Restatement konnte ausnahmsweise auch das Recht des Handlungsorts Beachtung finden. Dies galt bei Vergiftungsdelikten oder wenn das Recht ein bestimmtes Verhalten vorschrieb oder privilegierte.[118] Alternative Anknüpfungspunkte wie die Nationalität der Parteien, der Wohnsitz der Parteien oder staatliche Anwendungsinteressen spielten hingegen keine Rolle.

2. Territoriale Beschränkung des ATS

Die Anwendung des Lex-loci-delicti-Prinzips auf das ATS war zwar nicht Folge einer im Wortlaut verankerten oder durch die Rechtsprechung ausgesprochenen territorialen Begrenzung. Dass das ATS aber nur Sachverhalte erfasste, die in den USA stattgefunden hatten, wird bei genauerer Betrachtung des geschichtlichen Hintergrunds des ATS und der frühen Anwendungsbeispiele aus dem 18. Jahrhundert deutlich. Aufgrund der territorialen Beschränkung waren in dieser ersten Rechtsprechungsphase bis 1980 überhaupt nur zwei auf das ATS gestützte Klagen erfolgreich.[119]

---

115 So für das Deliktsrecht § 384 Restatement First of the Law (Conflict of Laws) (1934): „(1) If a cause of action in tort is created at the place of wrong, a cause of action will be recognized in other states. (2) If no cause of action is created at the place of wrong, no recovery in tort can be had in any other State." Siehe auch *Beale*, A Treatise on the Conflict of Laws, Vol. 2, S. 1298; *Hay/Borchers/Symeonides*, Conflict of Laws, § 2.7; *von Bar/Mankowski*, Internationales Privatrecht, § 6 Rn. 83.

116 Siehe § 377 Restatement First of the Law (Conflict of Laws) (1934): „The place of wrong is in the state where the last event necessary to make an actor liable for an alleged tort takes place." Siehe auch *Beale*, A Treatise on the Conflict of Laws, Vol. 2, S. 1286 ff.; *Hay/Borchers/Symeonides*, Conflict of Laws, § 17.2.

117 § 412 Restatement First of the Law (Conflict of Laws) (1934).

118 Siehe § 377, Reporters Note 1, Restatement First of the Law (Conflict of Laws) (1934) und § 382 Restatement First of the Law (Conflict of Laws) (1934). Siehe auch *Beale*, A Treatise on the Conflict of Laws, Vol. 2, S. 1293 f. Dazu *Hay/Borchers/Symeonides*, Conflict of Laws, § 17.5.

119 Insgesamt wurden in diesem Zeitraum 21 Klagen auf das ATS gestützt. Siehe *Hailer*, Menschenrechte vor Zivilgerichten – die Human Rights Litigation in den USA, S. 35 ff. Eine vollständige Liste der Fälle findet sich bei *Randall*, Federal

Die anfängliche territoriale Beschränkung des ATS kann zunächst anhand des geschichtlichen Hintergrunds des ATS verdeutlicht werden. Das ATS entstand Ende des 18. Jahrhunderts, als es der US-amerikanischen Bundesregierung noch nicht möglich war, auf dem Staatsgebiet der USA stattfindende Menschenrechtsverletzungen selbst zu sanktionieren und sie zur Rechtsdurchsetzung auf die Kooperation der Staaten angewiesen war.[120] Dieses Problem trat bei zwei Ereignissen aus den 1780er Jahren deutlich zu Tage.[121] Zunächst hatte der französische Abenteurer De Longchamp im sog. Marbois-Vorfall im Jahre 1784 den französischen Konsul Francis Barbe Marbois in Philadelphia verbal und körperlich angegriffen.[122] Als Reaktion darauf hatte der französische Staat protestiert und damit gedroht, seine Botschafter aus den USA zurückzuziehen, wenn das Geschehen in den USA nicht hinreichend rechtlich sanktioniert werden würde. Nachdem ein Gericht aus Pennsylvania De Longchamp strafrechtlich verurteilt hatte,[123] verlangte der französische Staat zudem – letztlich aber erfolglos – die Auslieferung von De Longchamp.[124] Im zweiten Fall drang im Jahre 1787 ein New Yorker Polizist in das Haus des niederländischen Botschafters Van Berckel ein und verhaftete dort dessen Hausangestellten. Die niederländische Regierung legte Protest beim US-amerikanischen Außenminister ein. Dieser konnte den Vorfall aber nicht selbständig sanktionieren und war daher auf die Gerichte von New York angewiesen.[125]

Jurisdiction over International Law Claims: Inquiries into the Alien Tort Statue, 18 N. Y. U. J. Int'l L. & Pol. 1, 5, Fn. 15 (1985).

120 Siehe zum geschichtlichen Hintergrund *Stürner*, Die territorialen Grenzen der Human Rights Litigation in den USA, JZ 2014, S. 14; *Hailer*, Menschenrechte vor Zivilgerichten – die Human Rights Litigation in den USA, S. 32; *Randall*, Federal Jurisdiction over International Law Claims: Inquiries into the Alien Tort Statue, 18 N. Y. U. J. Int'l L. & Pol. 1, 24 (1985); *Bradley*, The Alien Tort Statute and Article III, 42 Va. J. Int'l L. 587, 642 ff. (2002).

121 Unklar ist, ob diese Ereignisse konkret Anlass für die Kodifizierung des ATS gewesen sind. Dazu kritisch mit dem Hinweis, dass es in beiden Vorfällen um strafrechtliche Verfahren und nicht um ein privates Klagerecht ging *Bradley*, The Alien Tort Statute and Article III, 42 Va. J. Int'l L. 587, 641 ff. (2002). Ähnlich mit dem Hinweis, dass das ATS jedenfalls nicht nur Botschafter erfassen wollte *Bellia/ Clark*, Two Myths about the Alien Tort Statute, 89 Notre Dame L. Rev. 1609, 1620 ff. (2014).

122 So habe er zu Marbois gesagt: „Je vous deshonnerera, policon, coquin." Auch habe er mit seinem Gehstock den Gehstock von Marbois geschlagen. Siehe *Respublica v. De Longchamps*, 1 U.S. 111 (1784).

123 Das Gericht wendete Völkerrecht als Teil des pennsylvanischen common law an und verurteilte De Longchamps wegen assault. Siehe *Respublica v. De Longchamps*, 1 U.S. 111, 114 (1784).

124 *Bradley*, The Alien Tort Statute and Article III, 42 Va. J. Int'l L. 587, 640 m.w.N (2002).

125 *Bradley*, The Alien Tort Statute and Article III, 42 Va. J. Int'l L. 587, 641 f. (2002).

Auch frühe Anwendungsbeispiele aus dem 18. Jahrhundert, in denen das ATS erstmals zur Anwendung kam, verdeutlichen die territoriale Begrenzung des ATS. Das ATS kam nicht zur Anwendung, wenn sich Sachverhalte auf fremden Staatsgebiet abgespielt hatten. Zum einen stützte ein Distriktgericht seine Zuständigkeit in der Sache Bolchos v. Darrel im Jahre 1795 auf das ATS. In dieser Entscheidung ging es darum, dass ein französischer Staatsbürger Besitz von Sklaven ergriffen hatte, die sich auf einem spanischen Schiff befanden, welches während des Vorfalls in einem amerikanischen Hafen[126] lag.[127] Zum anderen beschäftigte sich der Generalanwalt (Attorney General) William Bradford in einer rechtlich nicht bindenden Stellungnahme in der sog. Bradford opinion im Jahre 1795 mit der Auslegung und dem territorialen Anwendungsbereich des ATS. Diese Stellungnahme entstand vor dem Hintergrund einer Ende des 18. Jahrhunderts stattfindenden britisch-französischen Auseinandersetzung, bei der sich die USA für neutral erklärt hatten. Dennoch unterstützten einige US-amerikanische Bürger den Angriff eines französischen Schiffs auf eine englische Kolonie in Sierra Leone. Der englische Staat protestierte bei der US-amerikanischen Regierung, woraufhin Attorney General Bradford mit seiner Stellungnahme antwortete. Er führte im Wesentlichen aus, dass Straftaten, die sich auf einem fremden Staatsgebiet ereignen, anders als Straftaten, die sich auf Hoher See abspielen, nicht der US-amerikanischen Gerichtsgewalt unterstünden. Bradford fuhr beiläufig fort, dass Opfer dieser Verbrechen aber vor US-amerikanischen Gerichten zivilrechtlichen Ausgleich erlangen könnten.[128] Inwieweit Bradford bei dieser Aussage davon ausging, dass das ATS auch Tatbestände erfasse, die sich auf einem fremden Staatsgebiet zutragen, oder nur solche, die sich auf hoher See ereignen, ist ungeklärt. Interpretationsfähig bleibt bis heute, worauf sich Bradford bezog, als er von „diesen Verbrechen" sprach.[129]

---

126 Hafenanlagen sind Bestandteil des US-amerikanischen Staatsgebiets. Auch das Küstenmeer, das von der Küste gemessen eine Zone von 3 Seemeilen umfasst, untersteht völkerrechtlich der staatlichen Souveränität. Siehe z.B. *Hailbronner/Kau*, Der Staat und der Einzelne als Völkerrechtssubjekte; in: Graf Vitzthum (Hrsg.), Völkerrecht, S. 204 f.

127 *Bolchos v. Darrel*, 3 F.Cas. 810 (1795). Zum gegenteiligen Ergebnis kam ein Gericht im Jahre 1793 bei einer Klage, mit der die widerrechtliche Beschlagnahme eines englischen Schiffs in US-amerikanischen Gewässern geltend gemacht wurde. Das Gericht wies die Klage mangels Zuständigkeit ab, weil dingliche Herausgabeklagen nicht auf das ATS gestützt werden können. Siehe *Moxon v. Fanny*, 17 F.Cas. 942, 947 f. (1793).

128 „But there can be no doubt that the company or individuals who have been injured by these acts of hostility have a remedy by a civil suit in the courts of the United States; jurisdiction being expressly given to these courts in all cases where an alien sues for a tort only, in violation of the laws of nations (...)." *Bradford Opinion*, 1 U.S. Op. Atty. Gen. 57, 59.

129 Dieser Streit wurde auch in der Kiobel-Entscheidung nicht entschieden. Dazu Teil 1, § 3. 1. b. iii., S. 55.

Nach der Stellungnahme von Bradford spielte das ATS bis ins Jahre 1980 in der US-amerikanischen Rechtsprechung eine zu vernachlässigende Rolle. Mitte des 20. Jahrhundert berücksichtigte ein Distriktgericht das ATS in der Entscheidung Adra v. Clift allerdings in einem extraterritorialen Sachverhalt. Dennoch ist diese Entscheidung nicht Teil der späteren HRL, weil es inhaltlich nicht um die Sanktionierung einer Menschenrechtsverletzung ging. Das Gericht warf den Beklagten in dieser Entscheidung vielmehr vor, mit ihrer Tochter von Land zu Land gereist zu sein und deren Identität und Namen verschleiert zu haben, um sorgerechtliche Ansprüche zu verhindern.[130] Dieses Verhalten sei als Völkerrechtsverletzung zu qualifizieren, weil die libanesische Nationalität der Tochter verschleiert und dadurch völkerrechtliche Positionen des Staates Libanon verletzt worden seien.[131]

§ 2 Menschenrechtsschutz: Extraterritoriale Rechtsanwendung

Das Territorialitätsprinzip verlor in einer zweiten Rechtsprechungsphase an Bedeutung, weil die US-amerikanische Rechtsprechung bei der Gesetzesauslegung verstärkt die im Einzelfall betroffenen Interessen der Parteien berücksichtigte. Das Lex-loci-delicti-Prinzip wurde sowohl im Bundeskollisionsrecht als auch im einzelstaatlichen Kollisionsrecht durchbrochen. Da die Gerichte auch das Ziel eines effektiven Menschenrechtsschutzes verfolgten, wendeten sie in dieser Phase auch das ATS extraterritorial an.

1. Durchbrechung der territorialen Beschränkung

a. Das Bundeskollisionsrecht: Conduct-and-Effects-Test

Die Rechtsprechung wich im Bundeskollisionsrecht seit Mitte des 20. Jahrhunderts vom Lex- loci-delicti-Prinzip ab, weil ein Abstellen allein auf den Handlungsort nicht in allen Fällen zu gerechten Ergebnissen führte. Dies führte zu einem Bedeutungsverlust der Vermutung gegen extraterritoriale Anwendung, die als Auslegungsmethode einen territorialen Bezug bisher allein über den Handlungsort hergestellt hatte.[132]

Zum einen berücksichtigten die Gerichte über das sog. Auswirkungsprinzip im Kartell- und Wertpapierrecht als Anknüpfungspunkt neben dem Handlungsort nun auch den Ort, an dem die Auswirkungen einer Handlung eingetreten waren

130 *Adra v. Clift*, 195 F.Supp. 857, 863 (D. Md. 1961).

131 *Adra v. Clift*, 195 F.Supp. 857, 864 f. (D. Md. 1961). In einer anderen Entscheidung aus dem Jahre 1975 lehnte ein Gericht die Zuständigkeitsbegründung über das ATS in einem Verfahren ab, in dem es um eine betrügerische Anlageberatung ging. Das Gericht stellte klar, dass Diebstahl keine Völkerrechtsverletzung im Sinne des ATS ist. Siehe *IIT v. Vencap*, 519 F.2d 1001, 1015 (2d Cir. 1975).

132 Teil 1, § 1. 1. a., S. 23.

(Conduct and effects-Test). US-amerikanisches Recht konnte auch auf Sachverhalte angewendet werden, in denen ein Verhalten in einem Drittstaat Auswirkungen in den USA hatte. Die Anwendung des Effects-Tests führte zu einer Durchbrechung des Lex-loci-delicti-Prinzips, weil der Auswirkungsort anders als der Erfolgsort nicht vom Lex-loci-delicti-Prinzip erfasst ist. Denn der aus dem Bundesrecht stammende Effects-Test erfasst, anders als der einzelstaatliche place of wrong,[133] nicht nur individualschädigende Delikte, sondern auch die Beeinträchtigung von abstrakten US-amerikanischen Wirtschaftsinteressen.[134]

Die Rechtsprechung entwickelte das Auswirkungsprinzip zunächst im Kartellrecht,[135] wobei die Entscheidung United States v. Aluminium Co. of America (Alcoa) als entscheidender Wendpunkt gilt.[136] In dieser Entscheidung stellte Judge Learned Hand im Jahre 1945 fest, dass ein Staat auch Verhalten sanktionieren kann, das sich außerhalb seines Territoriums abgespielt hat, wenn dieses Auswirkungen innerhalb seines Staatsgebietes nach sich zieht.[137] Der Gesetzgeber schrieb diese Rechtsprechung im Jahre 1982 im Foreign Trade Antitrust Improvements Act gesetzlich fest.[138] In der Entscheidung Hartford Fire Insurance v. California stützte sich auch der Supreme Court auf den Effects-Test und verlangte für eine Rechtsanwendung eine substanzielle Auswirkung im Inland.[139]

---

133 Teil 1, § 1. 1. b., S. 25.

134 Siehe § 402 (1) c und cmt. d. Restatement Second of the Law (Foreign Relations Law) (1987). Vgl. auch *Hay/Borchers/Symeonides*, Conflict of Laws, § 3.67 und § 3.69.

135 Siehe zur extraterritorialen Anwendung des US-amerikanischen Kartellrechts z.B. *Hay/Borchers/Symeonides*, Conflict of Laws, § 3.67 ff.; *Weintraub*, Commentary on the Conflict of Laws, § 12.1.; *Baier*, Das Auswirkungsprinzip im Kartellrecht der USA, S. 50 ff.; *Dlouhy*, Extraterritoriale Anwendung des Kartellrechts im europäischen und US-amerikanischen Recht; *Wiedemann*, in: Handbuch des Kartellrechts, § 5 Internationales Kartellrecht, Rn. 75 ff.

136 *United States v. Aluminium Co. of America*, 148 F.2d 416 (2d Cir. 1945).

137 „(It) it is settled law (...) that any state may impose liabilities, even upon persons not within its allegiance, for conduct outside its borders that has consequences within its borders which the state reprehends (...)." *United States v. Aluminium Co. of America*, 148 F.2d 416, 443 (2d Cir. 1945).

138 15 USC § 6 (a) lautet: „(T)his title shall not apply to conduct involving trade or commerce (...) with foreign nations unless (1) such conduct has a direct, substantial, and reasonably foreseeable effect (A) on trade or commerce which is not trade or commerce with foreign nations, or on import trade or import commerce with foreign nations; or (B) on export trade or export commerce with foreign nations, of a person engaged in such trade or commerce in the United States (...)."

139 „Although the proposition was perhaps not always free from doubt (...) it is well established by now that the Sherman Act applies to foreign conduct that was meant to produce and did in fact produce some substantial effect in the United States." *Hartford Fire Ins. v. California*, 509 U.S. 764, 795 f. (1993).

Im Wertpapierrecht spielte der Conduct-and-Effects-Test im Rahmen der Regulierung von An- und Verkauf von Wertpapieren eine Rolle. Circuit Judge Henry Friendly vom US Court of Appeals des Second Circuit entwickelte den Test in der Entscheidung Schoenbaum v. Firstbrook. Demnach war Sec. 10 (b)-5 des SEA[140] entgegen dem Wortlaut nicht nur anwendbar, wenn ein Unternehmen in den USA gelistet war.[141] Die Gerichte legten Sec. 10 (b)-5 SEA so aus, dass das Gesetz auch dann Anwendung fand, wenn ein Verhalten im Ausland substanzielle Auswirkungen auf die USA oder US-amerikanische Bürger hatte. Dafür war es aber nicht schon ausreichend, dass ein Verhalten irgendwelche allgemeine Auswirkungen auf die US-amerikanische Wirtschaft oder auf US-amerikanische Unternehmen hatte. Hinreichend waren aber indirekte Preisverluste von in den USA gelisteten Wertpapieren.[142]

Zum anderen verloren das Territorialitätsprinzip und die Vermutung gegen extraterritoriale Anwendung an Bedeutung, weil der Supreme Court bei Bestimmung des Anwendungsbereichs des Bundesrechts nun auch nicht-territoriale Anknüpfungspunkte berücksichtigte. Das Gericht wendete etwa im Bereich des Seerechts eine

---

140 Sec. 10 (b) SEA findet sich in 15 USC § 78 j und lautet: „It shall be unlawful for any person, directly or indirectly, by the use of any means or instrumentality of interstate commerce or of the mails, or of any facility of any national securities exchange (...) (b) to use or employ, in connection with the purchase or sale of any security registered on a national securities exchange or any security not so registered, or any securities-based swap agreement any manipulative or deceptive device or contrivance in contravention of such rules and regulations as the Commission may prescribe as necessary or appropriate in the public interest or for the protection of investors."

141 „We believe that Congress intended the Exchange Act to have extraterritorial application in order to protect domestic investors who have purchased foreign securities on American exchanges and to protect the domestic securities market from the effects of improper foreign transactions in American securities." *Schoenbaum v. Firstbrook*, 405 F.2d 200, 206 (2d Cir. 1968). Nach dem ebenfalls von Judge Friendly entwickelten Conduct-Test war für die Anwendung des SEA ausreichend, wenn sich das täuschende Verhalten teilweise in den USA abgespielt hatte. Siehe *Leasco Data Processing Equipment v. Maxwell*, 468 F.2d 1326, 1334 (2d Cir. 1972). Siehe zu beiden Entscheidungen *Mankowski*, Extraterritoriale Reichweite des US-Wertpapierrechts?, Die Entscheidung des US Supreme Court in Morrison v. National Australia Bank und der 2010 Wall Street Reform und Consumer Protection Act, NZG 2010 S. 961, 962 f.

142 So hatte in der Schoenbaum-Entscheidung eine täuschende Handlung zunächst direkte Auswirkungen auf Aktienkurse in Kanada, was in der Folge auch Aktienkurse in den USA beeinflusste. *Schoenbaum v. Firstbrook*, 405 F.2d 200 (2d Cir. 1968). Unklar war zuletzt, inwieweit die Auswirkungen auch zielgerichtet ausgelöst worden sein mussten. Dafür *In re EADS Co. Securities Litigation*, 703 F.Supp.2d 348, 358 (S.D.N.Y. 2010). Siehe auch *Mankowski*, Extraterritoriale Reichweite des US-Wertpapierrechts?, Die Entscheidung des US Supreme Court in Morrison v. National Australia Bank und der 2010 Wall Street Reform und Consumer Protection Act, NZG 2010, S. 961, 962; *Choi/Silberman*, Transnational Litigation and Global Securities Class Action Lawsuits, 2009 Wisc. L. Rev. 465, 475 ff.

kollisionsrechtliche Methode an, die vergleichbar mit der Methodik des Restatement Second of the Law (Conflict of Laws) (1971)[143] auf verschiedene Anknüpfungspunkte abstellte. Ein Beispiel dafür ist die Entscheidung des Supreme Court in der Sache Lauritzen v. Larsen, in der es um den Schadensersatzanspruch eines dänischen Seemanns gegen seine dänischen Arbeitgeber nach dem Jones Act[144] ging. Der Unfall hatte sich im Hafen von Havanna in Kuba ereignet. Eine Verbindung zu den USA bestand nur, weil der Seemann in New York angeheuert hatte. Im Ergebnis erachtete das Gericht den Rechtsstreit für hinreichend durch dänisches Recht geregelt, das aufgrund der engeren Verbindung zum Sachverhalt anwendbar sei.[145] Bei der kollisionsrechtlichen Analyse stützte sich das Gericht aber nicht ausschließlich auf den Tatort, sondern berücksichtigte unter anderem auch die Interessen des Flaggenstaates, des domiciles des Schiffeigners und des Opfers.[146] In einem ähnlichen Fall entschied der Supreme Court einige Jahre später, dass ein ausländischer Seemann, der auf einem ausländischen Schiff gearbeitet hat und Klage gegen einen ausländischen Arbeitgeber erhebt, auch dann keinen Anspruch nach dem Jones Act hat, wenn das schädigenden Ereignisses in US-amerikanischen Küstengewässern eingetreten ist. Der Ort des schädigenden Ereignisses sei nur einer von verschiedenen ausschlaggebenden Anknüpfungspunkten.[147]

---

143 Siehe Teil 1, § 2. 1. b., S. 33.

144 46 USC § 688 (a) lautet: „Any seaman who shall suffer personal injury in the course of his employment may, at his election, maintain an action for damages at law, with the right of trial by jury, and in such action all statutes of the United States modifying or extending the common-law right or remedy in cases of personal injury to railway employees shall apply (...)."

145 *Lauritzen v. Larsen*, 345 U.S. 571, 592 f. (1953). Siehe dazu und zu weiteren seerechtlichen Fällen *Hay/Borchers/Symeonides*, Conflict of Laws, § 3.66.

146 „We therefore review the several factors which, alone or in combination, are generally conceded to influence choice of law to govern a tort claim, particularly a maritime tort claim, and the weight and significance accorded them. 1. Place of Wrongful Act (...) 2. Law of the Flag (...) 3. Allegiance or Domicile of the Injured (...) 4. Allegiance of the Defendant Shipowner (...) 5. Place of Contract (...) 6. Inaccessibility of Foreign Forum (...) 7. The Law of the Forum" *Lauritzen v. Larsen*, 345 U.S. 571, 583 ff. (1953).

147 „Discussing the significance of the place of the wrongful act, we pointed out in Lauritzen that (t)he test of location of the wrongful act or omission, however sufficient for torts ashore, is of limited application to shipboard torts, because of the varieties of legal authority over waters she may navigate." *Romero v. International Terminal Operating Co.*, 358 U.S. 354, 383 f. (1959). Zur Unanwendbarkeit des Labor Management Relations Act, selbst wenn sich ein Schiff in US-Küstengewässern befindet siehe *Benz v. Compania Naviera Hidalgo*, 353 U.S. 138 (1957). Zur Unanwendbarkeit des National Labor Relations Act auf unter ausländischer Flagge fahrende Schiffe, selbst wenn die Muttergesellschaft ihren Sitz in den USA hat *McCulloch v. Sociedad Nacional de Marineros de Honduras*, 372 U.S. 10 (1963).

Das Gericht stellte klar, dass mangels erkennbarem gesetzgeberischen Willen auf allgemeine kollisionsrechtliche Grundsätze abzustellen sei.[148]

b. Das einzelstaatliche Kollisionsrecht: IPR-Revolution

Mit Beginn der sog. IPR-Revolution verlor das Lex-loci-delicti-Prinzip ab dem Jahre 1963 auch im einzelstaatlichen Kollisionsrecht an Bedeutung.[149] Mit dem Ziel über die kollisionsrechtliche Prüfung zu gerechteren und weniger starren Ergebnissen zu kommen,[150] entwickelten Rechtswissenschaftler die governmental interest analysis,[151] die functional analysis,[152] den better law approach[153] und den lex fori approach.[154] Diesen Ansätzen ist gemein, dass sie nicht nur territoriale Anknüpfungspunkte berücksichtigen und nicht allein nach der „räumlich" besten Lösung suchen. Für die modernen Ansätze sind vielmehr die materiell-rechtlichen Interessen der betroffenen Rechtsordnungen der Ausgangspunkt der kollisionsrechtlichen Überlegung. Das von William Reese verfasste Restatement Second of the Law (Conflict of Laws) (1971) versucht zwischen den verschiedenen Ansätzen zu vermitteln und sieht nach § 145 (1) für das deliktische Kollisionsrecht grundsätzlich das wenig aussagekräftige Prinzip der engsten Verbindung (most significant relationship) vor.[155] Die engste Verbindung wird für deliktische Ansprüche nach § 145 (2)

---

148 „But in the absence of a contrary congressional direction, we must apply those principles of choice of law that are consonant with the needs of a general federal maritime law and with due recognition of our self-regarding respect for the relevant interests of foreign nations in the regulation of maritime commerce as part of the legitimate concern of the international community." *Romero v. International Operating Co.*, 358 U.S. 354, 382 f. (1959).

149 Grundlegend für den Rechtsprechungswandel war *Babcock v. Jackson*, 12 N.Y. 2d 473 (1963). Siehe zur US-amerikanischen IPR-Revolution *Symeonides*, The American Choice-of-Law Revolution; *Hay/Borchers/Symeonides*, Conflict of Laws, §§ 2.9 ff.; *Roosevelt*, Conflict of Laws, S. 43 ff.; *Kegel*, The Crisis of Conflict of Laws, Receuil des Cours, Vol. 122 (1964), S. 91; *von Bar/Mankowski*, Internationales Privatrecht, § 6 V; *Kegel/Schurig*, Internationales Privatrecht, § 3 XI, S. 197.

150 Siehe schon die frühe Kritik bei *Cavers*, A Critique of the Choice-of-Law Problem, 43 Harv. L. Rev. 173 (1933).

151 Siehe die Grundlegung bei *Currie*, Selected Essays on the Conflict of Laws, S. 383 ff.

152 Siehe *Mehren/Trautman*, The Law of Multistate Problems, S. 76, 102 ff. 109 ff., 178 ff.

153 Siehe z.B. *Leflar*, American Conflicts Law, S. 233 ff. S. 241 ff.

154 Siehe z.B. *Ehrenzweig*, Private International Law, S. 75 ff.

155 Hierzu *Hay/Borchers/Symeonides*, Conflict of Laws, § 17.24 f.; *Weintraub*, Commentary on the Conflict of Laws, § 6.10 ff. Die engste Verbindung wird grundsätzlich über die in § 6 (2) des Restatements Second of the Law (Conflict of Laws) (1971) aufgezählten Faktoren ermittelt: „When there is no such directive, the factors relevant to the choice of the applicable rule of law include (a) the needs of the interstate and international systems, (b) the relevant policies of the forum, (c) the relevant policies of other interested states and the relative interests of those states in the determination of the particular issue, (d) the protection of justified expectations, (e)

des Restatements über verschiedene Anknüpfungspunkte präzisiert. Diese umfassen Erfolgsort (place of injury), Handlungsort (place of conduct), domicile der Parteien, residence der Parteien, Nationalität der Parteien (nationality), Gründungsort der Parteien (place of incorporation), den Ort der Geschäftstätigkeit der Partien (place of business) sowie den Ort, an dem die Beziehung zwischen den Parteien ihren Mittelpunkt hat. Der place of injury kann wie der place of wrong des Restatement First of the Law (Conflict of Laws) (1934) als der Ort verstanden werden, an dem sich der für die Haftung erforderliche letzte Tatsachenakt ereignet hat.[156] Der place of conduct ist als Handlungsort der Ort, an dem der Täter gehandelt hat.[157]

Obwohl das Restatement Second of the Law (Conflict of Laws) (1971) damit verschiedene Anknüpfungspunkte vorsah, kam dem Erfolgsort im Deliktsrecht weiterhin eine zentrale Rolle zu, weil viele Sonderregeln auf ihn Bezug nahmen. Beispielsweise stellte § 146 des Restatements bei auf Personenschäden gestützten Ansprüchen grundsätzlich auf den Erfolgsort ab.[158] Derjenige, der nach dem Recht des Erfolgsorts einen Schaden verursacht hat, soll für diesen aufkommen. Der Staat, in dem der Erfolg eingetreten ist, hat ein Interesse an einer Opferkompensation, damit dass Opfer nicht zu einem Sozialfall wird.[159]

In der Praxis verlor der Erfolgsort anschließend an Bedeutung, weil die Gerichte staatliche und private Interessen auch über andere Anknüpfungspunkte, insbesondere das domicile der Parteien, in ihre Prüfung einfließen ließen. Über die Berücksichtigung des domicile der Parteien konnte ein als sozial gerecht empfundener Schadensausgleich gefunden werden.[160] Zudem setzte sich die Unterscheidung von verhaltensbestimmenden und schadenszuweisenden Regeln durch.[161] Der Handlungsort gewann

---

the basic policies underlying the particular field of law, (f) certainty, predictability and uniformity of result, and (g) ease in the determination and application of the law to be applied."

156 Siehe Introductory Note vor § 145, Restatements Second of the Law (Conflict of Laws) (1971).

157 Siehe § 145 cmt. e. Restatements Second of the Law (Conflict of Laws) (1971).

158 § 146 Restatements Second of the Law (Conflict of Laws) (1971) lautet: „In an action for a personal injury, the local law of the state where the injury occurred determines the rights and liabilities of the parties, unless, with respect to the particular issue, some other state has a more significant relationship under the principles stated in § 6 to the occurrence and the parties, in which event the local law of the other state will be applied." Zu weiteren Regeln, die den Erfolgsort berücksichtigen siehe *Hay/Borchers/Symeonides*, Conflict of Laws, § 17.25.

159 Zum Anwendungsinteresse des Rechts des Erfolgsorts siehe *Weintraub*, Commentary on the Conflict of Laws, § 6.12, S. 416; § 145 cmt. e. Restatements Second of the Law (Conflict of Laws) (1971).

160 Siehe *Weintraub*, Commentary on the Conflict of Laws, § 6.13 und § 6.15; *Hay/Borchers/Symeonides*, Conflict of Laws, § 17.39, S. 884, Fn. 3.

161 Zur Unterscheidung von conduct regulation rules and loss distribution rules siehe *Hay/Borchers/Symeonides*, Conflict of Laws, § 17.36; *Weintraub*, Commentary on the Conflict of Laws, § 6.34.

an Bedeutung, weil er für verhaltensbestimmende Regeln die zentrale Rolle spielte.[162] Für schadenszuweisende Regeln spielten hingegen Handlungs- und Erfolgsort eine Rolle.[163] Bei aller Unterschiedlichkeit der verschiedenen methodischen Ansätze führte die IPR-Revolution dazu, dass Handlungs- und Erfolgsort aufgrund der Flexibilität des Kollisionsrechts als Anknüpfungspunkte an Bedeutung verloren. In der Folge musste, anders als im deutschen und europäischen Kollisionsrecht, keine präzise Definition dieser Anknüpfungspunkte entwickelt werden. In der Praxis führten die flexiblen Ansätze zu einer Bevorzugung der lex fori.[164]

2. Extraterritoriale Hochphase des ATS

Je nach Sichtweise wurde das ATS im Jahre 1980 von US-amerikanischen Gerichten aus einem „Dornröschenschlaf" wachgeküsst[165] oder erwachte das ATS als „Monster".[166] Vor dem Hintergrund des allgemeinen Bedeutungsverlusts des Lex-loci-delicti-Prinzips veränderte sich auch die Auslegung des ATS. In den Augen der Rechtsprechung hatte das ATS von nun an auch den Sinn, weltweit die Menschenrechte zu verteidigen.[167] Opfer sollten entschädigt und Täter bestraft werden.[168] Damit konnten in ATS-Klagen auch Menschenrechtsverletzungen sanktioniert werden, die sich im Ausland abgespielt hatten. Der sachliche Anwendungsbereich des ATS wurde höchstrichterlich im Jahre 2004 präzisiert. Während das ATS personell zunächst nur von staatsnahen natürlichen Personen begangene Völkerrechtsverletzungen erfasste, wendeten die Gerichte es später auch auf unternehmerische Beihilfenhandlungen an.

a. Extraterritorialer Anwendungsbereich: Filártiga v. Peña Irala

Die Entscheidung Filártiga v. Peña Irala aus dem Jahre 1980 leitete die Hochphase der HRL ein. Hintergrund der Filártiga-Entscheidung war, dass dem paraguayischen Polizist Peña vorgeworfen wurde, den paraguayischen Staatsbürger Joelito Filártiga in Paraguay gefoltert und getötet zu haben. Zum Zeitpunkt der Klageerhebung lebten sowohl die als Klägerin auftretende Tochter von Filártiga als auch der Beklagte Peña in den USA. Der Court of Appeals des Second Circuit nahm die Zuständigkeit der US-amerikanischen Gerichte mit dem Hinweis an,

162 Siehe *Hay/Borchers/Symeonides*, Conflict of Laws, § 17.49, S. 973.
163 Siehe *Hay/Borchers/Symeonides*, Conflict of Laws, § 17.47.
164 Siehe z.B. *Hay/Borchers/Symeonides*, Conflict of Laws, § 17.1.
165 *Schaub*, Verantwortlichkeit von Unternehmen unter dem Alien Tort Statute, 49 Archiv des Völkerrechts 124, 127 (2011).
166 *Hufbauer/Mitrokostas*, Awakening Monster: The Alien Tort Statute of 1789.
167 Zur Bedeutung des ATS für das menschenrechtliche Engagement der USA *Hailer*, Menschenrechte vor Zivilgerichten – die Human Rights Litigation in den USA, S. 252 ff.
168 *Stephens et al.*, International Human Rights Litigation in U.S. Courts, S. xxv.

dass Folter als Menschenrechtsverletzung durch das Völkergewohnheitsrecht sanktioniert sei. Weil das Folterverbot universell gelte, sei unabhängig vom Ort der Menschenrechtsverletzung und der Nationalität der Parteien für die Anwendung des ATS ausreichend, dass sich der Beklagte zum Zeitpunkt der Klageerhebung in den USA aufgehalten habe.[169] Damit konnte das ATS ab der Filártiga-Entscheidung auch foreign cubed cases erfassen, in denen sich die Menschenrechtsverletzung im Ausland ereignet hatte und in denen – wie in der Filártiga-Entscheidung – weder Kläger noch Beklagter die US-amerikanische Nationalität besaßen.[170]

Die Rechtsprechung wendete das ATS anschließend extraterritorial an, ohne den internationalen Anwendungsbereich zu problematisieren. Dennoch sahen die Gerichte die Gefahr des gestiegenen Anwendungspotentials und versuchten das ATS über den sachlichen und persönlichen Anwendungsbereich einzuschränken. Zudem erklärten die Gerichte Verfahren aus politischen Gründen für nicht justiziabel[171] oder stützen Klageabweisungen auf den Gedanken des forum non conveniens.[172] Nur in wenigen Fällen sprachen die Gerichte ab dem Jahre 2011 auch den internationalen Anwendungsbereich des ATS an. Die Gerichte gingen dabei davon aus, dass das ATS nicht territorial beschränkt war, weil es das Ziel verfolge, Menschenrechtsverletzungen weltweit zu sanktionieren.[173]

Infolge dieser Entwicklungen wurde das ATS teilweise als Ausdruck des zivilrechtlichen Weltrechtsprinzips bzw. des Universalitätsprinzips verstanden. Nach diesem Prinzip nehmen die Gerichte eines Staates zur Durchsetzung universell geltender Rechte in einem Sachverhalt die Zuständigkeit an und wenden eigenes Sachrecht an, ohne dass ein tatsächlicher Inlandsbezug besteht.[174] Ob das ATS

---

169 *Filártiga v. Peña-Irala*, 630 F.2d 876, 881 (2d Cir. 1980). Zur Entscheidung z.B. *Hailer*, Menschenrechte vor Zivilgerichten – die Human Rights Litigation in den USA, S. 44. Zu den geteilten Reaktionen *Born/Rutledge*, International Civil Litigation in United States Courts, S. 33, Fn. 204 m.w.N.

170 Diese Möglichkeit stieß in der Folge viele Klagen auch in Foreign-cubed-Konstellationen an. Siehe z.B. in *Kadic v. Karadžić*, 70 F.3d 232 (2d Cir. 1995); *South African Apartheid Litigation v. Daimler*, 617 F.Supp.2d 228 (S.D.N.Y. 2009).

171 Siehe *Koebele*, Corporate Responsibility under the Alien Tort Statute, S. 245 ff. So stützte sich etwa Judge Robb dogmatisch auf die Political-Question-Doktrin. Eine weite Anwendung des ATS führe zu einem Eingriff in die Gewaltenteilung. Weil die Gerichte politische Entscheidungen treffen, griffen sie in den Exekutive und Legislative verfassungsrechtlich zugewiesenen Bereich der internationalen Beziehungen ein. Siehe *Tel-Oren v. Libyan Arab Republic*, 726 F.2d 774, 824 ff. (D.C. Cir. 1984).

172 Siehe *Koebele*, Corporate Responsibility under the Alien Tort Statute, S. 323 ff.

173 „We therefore conclude that the ATS is not limited to conduct occurring within the United States or to conduct committed by United States citizens. (...) There is no extraterritorial bar to applying the ATS to the conduct alleged in this case." *Sarei v. Rio Tinto*, 671 F.3d 736, 747 (9th Cir. 2011); *Doe v. Exxon Mobil*, 654 F.3d 11, 20 (D.C. Cir. 2011).

174 Siehe Einleitung, § 1. 2. b., S. 10.

wirklich einen Fall des zivilrechtlichen Weltrechtsprinzips darstellte, kann unterschiedlich bewertet werden.[175]

b. *Sachlicher Anwendungsbereich: Sosa v. Alvarez Machain*

Wegen der drohenden Gefahr einer uferlosen Anwendung schränkte der Supreme Court den sachlichen Anwendungsbereich des ATS im Jahre 2004 in der Entscheidung Sosa v. Alvarez Machain, der ersten höchstrichterlichen Entscheidung zum ATS, ein. In der Sache war ein Beamter der US-amerikanischen DEA in Mexiko entführt und anschließend ausgefragt, gefoltert und getötet worden. Während der Folter soll das Leben des Beamten durch Humberto Alvarez-Machain, einen mexikanischen Mediziner, verlängert worden sein, damit der Beamte länger verhört und gefoltert werden konnte. Nachdem die mexikanische Regierung einem Auslieferungsgesuch nicht zugestimmt hatte, heuerte die DEA mexikanische Helfer an. Diese entführten Alvarez-Machain in Mexiko und hielten ihn weniger als einen Tag illegal in Gefangenschaft, bevor sie ihn den US-amerikanischen Behörden übergaben. Unter den Helfern war auch Jose Francisco Sosa. Nachdem in den USA ein Strafverfahren gegen Alvarez-Machain mit einem Freispruch endete, ging er auch auf Grundlage des ATS und der Völkerrechtswidrigkeit seiner Entführung gegen den in den USA lebenden Sosa vor.

Der Supreme Court schränkte schließlich mit seiner Entscheidung das ATS sachlich ein und entschied, dass vom ATS nur völkerrechtliche Normen erfasst sind, die genauso bestimmt und anerkannt sind wie die völkerrechtlichen Normen, die ursprünglich durch das ATS durchgesetzt werden sollten. Dies setzt nach dem Supreme Court voraus, dass völkergewohnheitsrechtliche Normen „universal,

---

175 Differenziert *Hailer*, Menschenrechte vor Zivilgerichten – die Human Rights Litigation in den USA, S. 205 ff. Dafür *Bernstorff/Jacob/Stone*, The Alien Tort Statue before the US Supreme Court in the Kiobel Case, ZaöRV 2012, S. 579, 586. Judge Edward nimmt auf das Universalitätsprinzip Bezug in *Tel-Oren v. Libyan Arab Republic*, 726 F.2d 774, 781 (D.C. Cir. 1984). Darauf, dass jedenfalls ein Inlandsbezug in ATS-Fällen nicht erforderlich ist, weisen hin *Winkler/Recke*, US-amerikanischer Gerichtsstand für Klagen gegen ausländische Unternehmen, NZG 2005, S. 241, 243 und *Geulen/Sebok*, Deutsche Firmen vor US-Gerichten, NJW 2003, S. 3244, 3245. Für Völkerrechtswidrig hält das ATS hingegen *Schütze*, Die Verweigerung der Klagzustellung bei völkerrechtswidriger Usurpierung internationaler Zuständigkeit; RIW 2014, S. 497, 499 f.
Dagegen, dass im Rahmen des ATS ein zivilrechtliches Weltrechtsprinzips bestand, kann angeführt werden, dass die US-amerikanischen Gerichte auch im Rahmen des ATS ihre Zuständigkeit nie ohne jeglichen Bezug des Rechtsstreits zum Forum annahmen, sondern nur dann bejahten, wenn der Beklagte Minimalkontakte zu den USA aufwies. Auf der anderen Seite konnte die über die zuständigkeitsrechtlichen Kontakte bestehende Verbindung des Sachverhalts zu den USA sehr gering sein, weil sie schon bei Minimalkontakten angenommen werden konnte. Siehe Teil 2, § 2., S. 115.

definable and obligatory" sind.[176] Dies sei im Fall einer kurzfristigen illegalen Festsetzung nicht der Fall.[177]

Die untergerichtliche Rechtsprechung qualifizierte im Folgenden auf der einen Seite Kriegsverbrechen, Verbrechen gegen die Menschlichkeit, Piraterie, Völkermord, Sklaverei oder Sklavenhandel, die willkürliche Tötung von Personen, das Verschwindenlassen von Personen, Folter, grausame, unmenschliche oder erniedrigende Behandlung, länger andauernde willkürliche Inhaftierung, systematische Diskriminierung aus Gründen der Rassenzugehörigkeit und systematische anderweitige Menschenrechtsverletzungen als derart bestimmte Völkerrechtsnormen.[178] Auf der anderen Seite waren Versuche, umwelt- und arbeitsrechtliche Delikte, die im Rahmen einer Unternehmenshaftung Bedeutung erlangen, über das ATS einzuklagen, weitgehend nicht erfolgreich.[179] Die Rechtsprechung lehnte es zudem ab, das ATS auf bloß fahrlässiges Verhalten anzuwenden.[180] An dieser Stelle bleibt interessant, inwieweit das ATS-Regime zukünftig die UN-Leitprinzipien aufnehmen und eine auf die Verletzung von Sorgfaltspflichten gestützte Fahrlässigkeitshaftung entwickeln wird.[181]

c. Personeller Anwendungsbereich

Im Anschluss an die Filártiga-Entscheidung war der personelle Anwendungsbereich des ATS sehr umstritten. Geklärt war zwar bald, dass sich ATS-Verfahren – abweichend von der Filártiga-Entscheidung – auch gegen natürliche Personen richten konnten, die nicht in staatlicher Funktion gehandelt hatten.[182] Darüber

176 *Sosa v. Alvarez-Machain*, 542 U.S. 692, 732 (2004).
177 *Sosa v. Alvarez-Machain*, 542 U.S. 692, 738 (2004).
178 Siehe *Koebele*, Corporate Responsibility under the Alien Tort Statute, S. 53 ff.; *Hailer*, Menschenrechte vor Zivilgerichten – die Human Rights Litigation in den USA, S. 278 ff.
179 Beispielsweise wird im Bereich des Arbeitsrechts allein diskutiert, inwieweit Zwangsarbeit, Kinderarbeit, Diskriminierung am Arbeitsplatz und Vereinigungsfreiheit vom ATS erfasst sind. Eindeutig bejaht wurde diese Frage allein in Bezug auf das Verbot der Zwangsarbeit. Dazu *Koebele*, Corporate Responsibility under the Alien Tort Statute, S. 123 ff. Umweltrechtsnormen stellen hingegen, selbst wenn sie Leben und Gesundheit der lokalen Bevölkerung beeinträchtigen, keine universell geltenden Normen im Sinne der Sosa-Rechtsprechung dar. Siehe *Koebele*, Corporate Responsibility under the Alien Tort Statute, S. 167 ff.; *Stephens et al.*, International Human Rights Litigation in U.S. Courts, S. 205 ff. Siehe auch *Hailer*, Menschenrechte vor Zivilgerichten – die Human Rights Litigation in den USA, S. 280 ff.
180 Siehe *Stephens et al.*, International Human Rights Litigation in U.S. Courts, S. 278 f. Im Rahmen der europäischen HRL spielen Sorgfaltspflichtverstöße heute schon die zentrale Bedeutung. Siehe Teil 3 § 2. 3. c., S. 223.
181 UN-Leitprinzipien, Annex I A 17.
182 Siehe *Kadic v. Karadžić* 70 F.3d 232, 239 (2d Cir. 1995). Siehe auch *Hailer*, Menschenrechte vor Zivilgerichten – die Human Rights Litigation in den USA, S. 71 f.

hinaus war aber ungeklärt, ob das ATS auch Unternehmen und Teilnehmer erfassen konnte. Die wichtigsten Argumentationslinien waren kollisionsrechtlicher Natur. So war umstritten, ob die Möglichkeit einer Haftung von Unternehmen und die Möglichkeit einer Teilnahme durch US-amerikanisches Recht oder durch Völkerrecht beantwortet werden sollte.

i. Unternehmenshaftung: Berufungsgerichtliche Kiobel-Entscheidung

Im Anschluss an die Filártiga-Entscheidung wendeten die Gerichte das ATS zunächst wie selbstverständlich auch auf Unternehmen an.[183] Nachdem der Court of Appeal des Second Circuit im Kiobel-Verfahren im Jahre 2010 in einer umstrittenen Entscheidung[184] aber die Meinung vertrat, dass Unternehmen als juristische Personen nicht unter dem ATS haften können, war die Frage nach der Unternehmenshaftung zwischen den Berufungsgerichten stark umstritten.[185] Deswegen wurde dem Supreme Court im Jahre 2011 im Kiobel-Verfahren die Frage zur Entscheidung vorgelegt, ob juristische Personen im Rahmen des ATS überhaupt für Völkerrechtsverletzungen haften können. Allerdings blieb die Frage letztlich unbeantwortet, weil der Supreme Court sich in seiner Entscheidung im Jahre 2013 allein auf die zusätzlich zugelassene Vorlagefrage zur extraterritorialen Reichweite des ATS konzentrierte.[186]

Für eine Haftung von Unternehmen führt Judge Leval in der Kiobel-Entscheidung an, dass sie für den Schutz der Menschenrechte unerlässlich sei. Es sei nicht verständlich, warum diejenigen, die von der Verursachung einer Menschenrechtsverletzung wirtschaftlich am meisten profitieren, nicht auch für diese rechtlich haften

---

Anders noch Judge Edwards, der davon ausging, dass die Palestine Liberation Organization (PLO) als nicht-staatlicher Akteur keine Völkerrechtsverletzung begehen könne. Siehe *Tel-Oren v. Libyan Arab Republic*, 726 F.2d 774, 791 ff. (D.C. Cir. 1984).

183 Siehe z.B. *Wiwa v. Royal Dutch Petroleum*, 226 F.3d 88 (2d Cir. 2000); *Doe v. Unocal*, 395 F.3d 932, 947 (9th Cir. 2002). Siehe zu einem frühen, letztlich erfolglosen Versuch, eine Unternehmenshaftung zu begründen *IIT v. Vencap*, 519 F.2d 1001 (2d Cir. 1975).

184 Während die Mehrheit des Gerichts um Judge Cabranes eine Haftung von juristischen Personen für Völkerrechtsverletzungen ablehnte, setzte sich Judge Leval für die gegenteilige Lösung ein. Siehe *Kiobel v. Royal Dutch*, 621 F.3d 111 (2d Cir. 2010).

185 Siehe zum Ganzen *Schaub*, Verantwortlichkeit von Unternehmen unter dem Alien Tort Statute, 49 Archiv des Völkerrechts 124, 150 ff. (2011); *Reynolds/Zimmer*, Haften Unternehmen nach dem US-amerikanischen Alien Tort Statute?, RIW 2012, S. 139, 144 f.; *Thomale*, Internationale Menschenrechtsklagen gegen europäische Gesellschaften vor US-amerikanischen Gerichten, ZIP 2014, S. 1158, 1159 f.; Zur Haftung von Unternehmen auch *Stephens et al.*, International Human Rights Litigation in U.S. Courts, S. 309 ff.; *Koebele*, Corporate Responsibility under the Alien Tort Statute, S. 195 ff.

186 Zur Unternehmenshaftung nach der Kiobel-Entscheidung des Supreme Court siehe Teil 1, § 3. 2. e., S. 64.

sollen.[187] Ein anderes Gericht führt für eine Unternehmenshaftung an, dass Wortlaut, Gesetzgebungsgeschichte und Zweck des ATS einer Unternehmenshaftung nicht entgegenstehen.[188] Zudem wurde darauf hinwiesen, dass das ATS – anders als der TVPA – vom Wortlaut nicht zwischen verschiedenen Beklagten differenziert und, dass im US-amerikanischen Recht juristische und natürliche Personen grundsätzlich gleich behandelt werden.[189] Unternehmen haften jedenfalls dann, wenn die Frage nach der Unternehmenshaftung durch Rückgriff auf US-amerikanisches Recht beantwortet wird, weil dieses eine Haftung juristischer Personen für die Handlungen ihrer Vertreter anerkennt.[190]

Wird die Frage nach der Unternehmenshaftung mit der Mehrheitsentscheidung der berufungsgerichtlichen Kiobel-Entscheidung durch das Völkerrecht beantwortet, ist es schwer, eine Unternehmenshaftung zu begründen. Nach der überwiegenden US-amerikanischen Rechtsauffassung kennt das Völkerrecht weder eine Strafbarkeit noch eine zivilrechtliche Haftung von juristischen Personen für Völkerrechtsverletzungen.[191] Judge Cabranes führt diesbezüglich in der Kiobel-Entscheidung aus, dass es kein Völkervertragsrecht im Sinne von Art. 38 Abs. 1 lit. a) IGH-Statut[192] gebe, das eine straf- oder zivilrechtliche Sanktionierung von Unternehmen für Menschenrechtsverletzungen normiere. Völkerrechtliche Verträge, die eine Verantwortlichkeit von juristischen Personen vorsehen, seien von den Vereinigten Staaten und vielen weiteren Staaten nicht unterzeichnet worden. Internationale Abkommen, die wie im Rahmen des Umweltrechts teilweise eine Haftung von Unternehmen vorsehen, beträfen den Kernbereich der Menschenrechtsverletzungen nicht.[193] Auch aus Völkergewohnheitsrecht im Sinne von Art. 38 Abs. 1 lit. b) IGH-Statut ergebe sich kein völkerrechtlicher Rechtssatz, der eine Unternehmenshaftung anordne, weil keine dahingehende gemeinsame Rechtsüberzeugung bestehe.[194] Diese ergebe sich nicht schon aus

187 *Kiobel v. Royal Dutch*, 621 F.3d 111, 149 f. (2d Cir. 2010).

188 *Doe v. Exxon Mobil*, 654 F.3d 11, 15 (D.C. Cir. 2011).

189 Siehe *Thomale*, Internationale Menschenrechtsklagen gegen europäische Gesellschaften vor US-amerikanischen Gerichten, ZIP 2014, S. 1158, 1160 m.w.N.

190 *Doe v. Exxon Mobil*, 654 F.3d 11, 51 (D.C. Cir. 2011).

191 *Kiobel v. Royal Dutch*, 621 F.3d 111, 117 f. (2d Cir. 2010). So im Ergebnis auch *Schaub*, Verantwortlichkeit von Unternehmen unter dem Alien Tort Statute, 49 Archiv des Völkerrechts 124, 150 ff. (2011).

192 Zu Art. 38 IGH-Statut als Prüfungsstandard *Kiobel v. Royal Dutch*, 621 F.3d 111, 132 (2d Cir. 2010).

193 Siehe *Kiobel v. Royal Dutch*, 621 F.3d 111, 137 f. (2d Cir. 2010). Kritisch zur Argumentationsführung *Schaub*, Verantwortlichkeit von Unternehmen unter dem Alien Tort Statute, 49 Archiv des Völkerrechts 124, 154 f. (2011).

194 Siehe *Kiobel v. Royal Dutch*, 621 F.3d 111, 137 f. (2d Cir. 2010). Zudem bestehe kein von Kulturvölkern allgemein anerkannter Rechtsgrundsatz im Sinne von Art. 38 Abs. 1 lit. c) IGH-Statuts, nach dem Unternehmen völkerrechtlich für Menschenrechtsverletzungen sanktioniert werden können. Siehe *Kiobel v. Royal Dutch*, 621 F.3d 111, 141, Fn. 43 (2d Cir. 2010).

dem bestehenden Völkervertragsrecht. Von den internationalen Gerichtshöfen, die sich mit Menschenrechtsverletzungen beschäftigen, sei eine Strafbarkeit von Unternehmen gerade nicht anerkannt. Dies gelte etwa für den Internationalen Militärgerichtshof, der im Prozess gegen die IG Farben nur scheinbar ein Unternehmen zur Verantwortung gezogen habe.[195] Darüber hinaus sei im Rahmen der Erarbeitung des Römischen Statuts des IStGH der Vorschlag, eine Strafbarkeit von Unternehmen zu kodifizieren, ausdrücklich abgelehnt worden.[196] Zudem haben auch der Internationale Strafgerichtshof für das ehemalige Jugoslawien und der Internationale Strafgerichtshof für Ruanda eine Strafbarkeit von juristischen Personen nicht anerkannt.[197]

ii. Teilnahmehaftung: Doe v. Unocal

Das Berufungsgericht des Ninth Circuit wendete das ATS in der Entscheidung Doe v. Unocal sachlich zudem erstmals auf Teilnahmehandlungen an.[198] Diese Ausweitung des sachlichen Anwendungsbereichs war von großer Bedeutung, weil nichtstaatliche Akteure nach US-amerikanischem Rechtsverständnis Menschenrechtsverletzungen nur in den schwerwiegenden Fällen des Völkermords und der Begehung von Kriegsverbrechen direkt verwirklichen können.[199] Durch die Anerkennung der Teilnahmehaftung konnte Unternehmen nun die Beteiligung an Menschenrechtsverletzungen vorgeworfen werden, die unmittelbar von staatlichen Stellen begangen wurden.

---

195 *Kiobel v. Royal Dutch*, 621 F.3d 111, 132 ff. (2d Cir. 2010). Dies wird teilweise in der Rechtsprechung auch anders gesehen. Siehe z.B.: „Allies determined that IG Farben had committed violations of the law of nations and therefore destroyed it.“ *Doe v. Exxon Mobil*, 654 F.3d 11, 52 (D.C. Cir. 2011). Dazu *Schaub*, Verantwortlichkeit von Unternehmen unter dem Alien Tort Statute, 49 Archiv des Völkerrechts 124, 151, Fn. 118. m.w.N. (2011).

196 Siehe *Kiobel v. Royal Dutch*, 621 F.3d 111, 136 (2d Cir. 2010).

197 Siehe *Kiobel v. Royal Dutch*, 621 F.3d 111, 136 f. (2d Cir. 2010).

198 *Doe v. Unocal*, 395 F.3d 932 (9th Cir. 2002). In der Entscheidung warfen die Kläger verschiedenen MNU die Beteiligung an vom burmesischen Militär begangenen Menschenrechtsverletzungen vor. So seien die Kläger im Zusammenhang mit dem Bau der Yadana-Pipeline zur Arbeit gezwungen worden und im Rahmen der Zwangsarbeit zu Opfern von Mord, Vergewaltigungen und Folter geworden. Zur Entscheidung *Seibert-Fohr*, Die Deliktshaftung von Unternehmen für die Beteiligung an im Ausland begangenen Völkerrechtsverletzungen, ZaöRV 2003, S. 195.

199 Darüber hinaus werden Piraterie, Sklavenhandel, Flugzeugentführung und Kriegsverbrechen genannt. Diese Lösung findet unter Rückgriff auf § 404 Restatement Third of the Law (Foreign Relations Law) (1987) *Kadic v. Karadžić*, 70 F.3d 232, 239 f. (2d Cir. 1995). Siehe *Hailer*, Menschenrechte vor Zivilgerichten – die Human Rights Litigation in den USA, S. 71 f.; *Koebele*, Corporate Responsibility under the Alien Tort Statute, S. 245 ff.

Die Gerichte gingen überwiegend davon aus, dass die Voraussetzungen für eine Haftung eines Teilnehmers bei ATS-Klagen dem Völkerrecht zu entnehmen sind.[200] Weil das Völkerrecht eine Strafbarkeit für Anstiftung und Beihilfe kenne, erfasse das ATS auch Teilnehmer.[201] Die völkerrechtliche Anerkennung der Teilnahmestrafbarkeit folge schon aus der Praxis der Internationalen Strafgerichtshöfe für das ehemalige Jugoslawien und Ruanda. Die Möglichkeit der Teilnahme sei zudem im Römischen Statut des IStGH[202] verankert.[203]

Die genauen Voraussetzungen für den Beilhilfetatbestand des ATS sind zwischen den Berufungsgerichten insbesondere bezüglich des subjektiven Tatbestandes aber umstritten.[204] Der Streit dreht sich im Kern darum, ob eine wissentliche Förderung der Haupttat genügt oder ob der Gehilfe die Haupttat mit Absicht gefördert haben muss.[205]

---

200 Dafür z.B. *Keitner*, Conceptualizing Complicity in Alien Tort Cases, 60 Hastings L. J. 61 (2008); *Ainscough*, Choice of Law and Accomplice Liability under the Alien Tort Statute, 28 Berkeley J. Int'l L. 588 (2010). Für eine Unterscheidung zwischen standards of conduct und remedies *Theophilia*, Holding Corporations Accountable for Violations of the Alien Tort Statute after Kiobel v. Royal Dutch Petroleum Co., 79 Fordham L. Rev. 2859 (2011).

201 Siehe zum Ganzen *Schaub*, Verantwortlichkeit von Unternehmen unter dem Alien Tort Statute, 49 Archiv des Völkerrechts 124, 138 ff. (2011); *Reynolds/Zimmer*, Haften Unternehmen nach dem US-amerikanischen Alien Tort Statute?, RIW 2012, S. 139, 143 f.; *Hailer*, Menschenrechte vor Zivilgerichten – die Human Rights Litigation in den USA, S. 72 f.; *Koebele*, Corporate Responsibility under the Alien Tort Statute, S. 261 ff.; *Stephens et al.*, International Human Rights Litigation in U.S. Courts, S. 265 ff. Zustimmend nach der Kiobel-Entscheidung z.B. *Doe v. Cisco Systems*, 66 F. Supp. 2d 1239, 1247 f. (N.D. Cal. 2014).

202 Art. 25 Ziff. 3 lit. c, d und e Römisches Statut IStGH.

203 *Doe v. Unocal*, 395 F.3d 932, 950 (9th Cir. 2002); *Khulumani v. Barclay National Bank*, 504 F.3d 148, 270 ff. (2d Cir. 2007).

204 Der objektive Tatbestand der Beihilfe ist erfüllt, soweit eine praktische Mithilfe, Aufmunterung oder mentale Unterstützung vorliegt, die eine wesentliche Auswirkung auf die Tatbegehung hatte. Diese Voraussetzungen nimmt die US-amerikanische Rechtsprechung mit Rückgriff auf die Furundžija-Entscheidung des Internationalen Strafgerichtshof für das ehemalige Jugoslawien an. Siehe *Khulumani v. Barclay National Bank*, 504 F.3d 148, 277 (2d Cir. 2007). Dazu und zu weiteren Fragen, ob eine rein mentale Unterstützungshandlung wirklich ausreichend ist, ob Kausalität erforderlich ist, inwieweit auch berufstypische Handlungen eine Strafbarkeit auslösen können und ob eine Beihilfe auch durch Unterlassen begangen werden kann *Schaub*, Verantwortlichkeit von Unternehmen unter dem Alien Tort Statute, 49 Archiv des Völkerrechts 124, 141 ff. m.w.N. (2011).

205 Dafür, dass eine wissentliche Förderung der Haupttat genügt *Doe v. Unocal*, 395 F.3d 932, 947 (9th Cir. 2002). Dafür, dass der Gehilfe die Haupttat mit Absicht gefördert haben muss *Presbyterian Church of Sudan v. Talisman*, 582 F.3d 244, 247 (2d Cir. 2009). Die letztgenannte Ansicht errichtet eine hohe Hürde für die Haftung von Unternehmen. Unternehmen beteiligen sich so gut wie nie

d. US-Menschenrechtsklagen gegen multinationale Unternehmen

Die Ausweitung des Anwendungsbereichs des ATS in der zweiten Rechtsprechungsphase ab 1980 schuf die Möglichkeit, Unternehmen über ATS-Klagen für weltweit mitverursachte Menschenrechtsverletzungen vor US-amerikanischen Gerichten zu verklagen. Die Gerichte weiteten den Anwendungsbereich des ATS im Sinne eines effektiven Menschenrechtsschutzes durch die Lösung vom Territorialprinzip. Damit konnten unter dem ATS weltweit stattgefundene Menschenrechtsverletzungen verfolgt werden. Die Rechtsprechung maß den Souveränitätsinteressen ausländischer Staaten dabei nur wenig Gewicht bei.[206] In der Folge konnten auch foreign cubed cases vor den US-amerikanischen Gerichten eingebracht werden, in denen weder der Tatort in den USA lag, noch Täter oder Opfer die US-amerikanische Nationalität besaßen. Zwar begrenzte die Rechtsprechung den sachlichen Anwendungsbereich des ATS. Das ATS konnte dennoch die Grundlage einer extraterritorialen gegen Unternehmen gerichteten HRL darstellen, weil die Gerichte im Rahmen des ATS eine Teilnehmerhaftung und teilweise auch eine Unternehmensstrafbarkeit anerkannten.

In der Praxis erhoben Kläger – insbesondere beim Southern District of New York, beim Central District of California, beim District of Colombia und beim Southern District of Florida[207] – über 100 ATS-Klagen gegen Unternehmen, wobei sie nur in einem einzigen Verfahren eine rechtskräftige Verurteilung erreichten. Weitere Verfahren wurden entweder aus prozessualen Gründen oder nach kurzer inhaltlicher Prüfung abgewiesen, führten zu Vergleichsschlüssen oder waren zum Zeitpunkt der Kiobel-Entscheidung noch anhängig.[208] Öffentlichkeitswirksame

---

an Menschenrechtsverletzungen, um diese zu fördern, sondern um Gewinn zu erzielen. Anders aber mit dem Argument, dass ein Unternehmen seinen Profit höher gewertet habe als die Beachtung der Menschenrechte *Doe v. Nestle*, 766 F.3d 1013, 1024 (9th Cir. 2014).

206 Zur Kritik an diesem Vorgehen *Hailer*, Menschenrechte vor Zivilgerichten – die Human Rights Litigation in den USA, S. 323 f.

207 Siehe *Drimmer/Lamoree*, Think Globally, Sue Locally: Trends and Out-of-Court Tactics in Transnational Tort Action, 29 Berkeley J. Int'l L. 456, 464 (2011).

208 Dazu, dass von 148 Verfahren zwei mit einem Versäumnisurteil für die Kläger und 13 mit einem Vergleich endeten, während alle anderen Verfahren erfolglos waren *Goldhaber*, Corporate Human Rights Litigation in Non-U.S. Courts, 3 UC Irvine L. Rev. 127, 137 ff. (2013). Insgesamt 120 Verfahren, von denen ein Verfahren zu einer Verurteilung und zwei zu Versäumnisurteilen geführt haben sowie 50 noch anhängige Verfahren, zählt *Schaub*, Verantwortlichkeit von Unternehmen unter dem Alien Tort Statute, 49 Archiv des Völkerrechts 124, 128 (2011). Siehe auch die Untersuchung bei *Drimmer/Lamoree*, Think Globally, Sue Locally: Trends and Out-of-Court Tactics in Transnational Tort Action, 29 Berkeley J. Int'l L. 456, 459 ff. (2011).
Bei Betrachtung dieser Zahlen ist zu bedenken, dass der US-amerikanische Zivilprozess grundsätzlich weniger darauf ausgerichtet ist, Verfahren durch Urteile zu erledigen und die Vergleichszahlen insgesamt wesentlich höher sind

Maßnahmen begleiteten die Gerichtsverfahren im Regelfall.[209] Weil im Rahmen des ATS viele Anwendungsfragen umstritten waren, ging vom ATS ein erhebliches Drohpotential aus.

3. ATS und menschenrechtliches Sonderrechtsregime

Vor dem Hintergrund der aufgezeigten Rechtsprechung entwickelte sich das ATS zum zentralen Baustein eines menschenrechtlichen Sonderrechtsregimes, das Kläger in vielerlei Hinsicht rechtlich privilegiert. Weil das ATS neben privaten, auch öffentliche Interessen verfolgt und Völkerrechtsverletzungen tatbestandlich in Bezug nimmt, konnten auf das ATS gestützte Klagen eine besondere Durchschlagskraft entfalten. Als Zuständigkeitszuweisungsnorm kommt dem ATS normativ zunächst die Funktion zu, Klägern das bundesgerichtliche Forum zu eröffnen. Darüber hinaus hat das ATS normativ aber auch Auswirkungen auf die internationale Zuständigkeit und die materiell-rechtliche Anspruchsbegründung.

a. Das ATS zwischen privaten und öffentlichen Interessen

Für ein tieferes Verständnis des ATS ist von entscheidender Bedeutung, dass das ATS private und öffentliche Interessen verfolgt.[210] Auf den ersten Blick ist das ATS-Regime mit den einzelstaatlichen torts[211] verwandt, weil es einen zivilrechtlichen Anspruch beinhaltet und direkt auf das Deliktsrecht verweist. So ordnet das ATS eine „action (...) for a tort" an. Der hinter dem ATS stehende Federal-Common-Law-Anspruch gibt dem Kläger die Möglichkeit sein privates Interesse an einer Schadenskompensation[212] durchzusetzen. Als Zuständigkeitszuweisungsnorm setzt das ATS

als im deutschen Recht. Siehe *Junker*, Discovery im deutsch-amerikanischen Rechtsverkehr, S. 109 f.; *Schack*, Einführung in das US-amerikanische Zivilprozessrecht, S. 59.

209 Eingehend dazu *Drimmer/Lamoree*, Think Globally, Sue Locally: Trends and Out-of-Court Tactics in Transnational Tort Action, 29 Berkeley J. Int'l L. 456, 473 ff. (2011).

210 Prägnant ist die Aussage von Justice Breyer: „As I have indicated, we should treat this Nation's interest in not becoming a safe harbor for violators of the most fundamental international norms as an important jurisdiction-related interest justifying application of the ATS in light of the statute's basic purposes – in particular that of compensating those who have suffered harm at the hands of, e.g., torturers or other modern pirates." *Kiobel v. Royal Dutch Petroleum Co.*, 133 S.Ct. 1659, 1674 (2013). Siehe auch *Stephens et al.*, International Human Rights Litigation in U.S. Courts, S. xxiii ff.

211 Siehe zu diesen und den Unterschieden Teil 3, § 1. 2., S. 185.

212 Dazu und zu Problemen der Vollstreckung *Hailer*, Menschenrechte vor Zivilgerichten – die Human Rights Litigation in den USA, S. 291 ff.

zudem das Interesse durch, ausländischen Klägern das völkerrechtsfreundlichere und neutralere bundesgerichtliche Forum zu eröffnen.[213]

Bei einer zweiten Betrachtung wird deutlich, dass bei einer Anwendung des ATS-Regimes Privatpersonen als private attorney aber auch öffentliche Interessen durchsetzen.[214] Das ATS verfolgt als bundesrechtliche Norm öffentliche Interessen,[215] die über die im einzelstaatlichen Deliktsrecht verankerten Interessen[216] hinausgehen. Die Rechtsprechung berücksichtigt bei der Anwendung des ATS auch das strafrechtliche Interessen an einer Bestrafung der „Feinde der Menschheit".[217] Zudem setzen Kläger in ATS-Verfahren das öffentliche Interesse durch, Menschenrechtsverletzungen in Gerichtsverfahren klar benennen zu können und nicht nur als „mindere" common law torts zu verfolgen.[218] Zuletzt wird vorgebracht, das ATS helfe

---

213 Vgl. *Hailer*, Menschenrechte vor Zivilgerichten – die Human Rights Litigation in den USA, S. 107.

214 Siehe *Stephens et al.*, International Human Rights Litigation in U.S. Courts, S. xxvi. Die Durchsetzung öffentlicher Interessen durch Privatpersonen in Massenklagen ist im US-amerikanischen Recht auch in anderen Rechtsgebieten – wie dem Kartellrecht, dem Wertpapierrecht oder der civil rights – ein vertrautes Konzept. Siehe Einleitung, § 1. 3., S. 11.

215 Das US-amerikanische Bundesrecht verfolgt überwiegend öffentliche Interessen. Siehe die dem Bundesstaat in Art. 1 § 8 der US-amerikanischen Verfassung zugewiesenen Gesetzgebungskompetenzen. Rechtsbereiche, die im Sinne der deutschen Dichotomie von Zivilrecht und öffentlichem Recht klassischerweise dem Zivilrechts zugeordnet werden, sind im US-amerikanischen Recht vorrangig durch einzelstaatliches Recht geregelt. Dies gilt beispielsweise für das Vertragsrecht, das Deliktsrecht sowie das Familien- und Erbrecht. Siehe *Hay*, US-amerikanisches Recht, Rn. 284, Rn. 353, Rn. 484 und Rn. 531 ff.

216 Dies sind insbesondere die Interessen an einer Entschädigung des Opfers, an einer Regulierung des Verhaltens der Einwohner und an einer Bewahrung der Integrität des Justizverfahrens. Siehe *Weintraub*, Commentary on the Conflict of Laws, §§ 6.12 ff.

217 „Indeed, for purposes of civil liability, the torturer has become like the pirate and slave trader before him hostis humani generis, an enemy of all mankind. Our holding today (...) is a small but important step in the fulfillment of the ageless dream to free all people from brutal violence."*Filártiga v. Peña-Irala*, 630 F.2d 876, 881 (2d Cir. 1980). Auf derselben Linie liegt die Argumentation von Justice Breyer in der Kiobel-Entscheidung. Justice Breyer weist darauf hin, dass die USA nicht zu einem sicheren Hafen für Menschenrechtsverbrecher werden sollten Teil 1, § 3. 1. e. S. 58. Siehe auch *Hailer*, Menschenrechte vor Zivilgerichten – die Human Rights Litigation in den USA, S. 299 ff.

218 „One of the great benefits of ATS litigation is that these violations have been addressed within an international human rights framework." *Hoffmann/Stephens*, International Human Rights Cases under State Law and in State Courts, 3 UC Irvine L. Rev. 9, 20 f. (2013). *Engle*, Alien Torts and Extraterritorial Jurisdiction in U.S. and International Law, S. 31 spricht von wenig „glanzvolle" Verfahren vor

historisches Unrecht aufzuarbeiten.[219] Wird das ATS aus strafrechtlicher Perspektive betrachtet, wird auch klar, warum foreign cubed cases über die im internationalen Strafrecht anerkannten Anknüpfungspunkte Tatort und Nationalität der Parteien definiert werden.[220]

b. *Das ATS als Zuständigkeitszuweisungsnorm*

Lange Zeit war im Rahmen des ATS ungeklärt, ob 28 USC § 1350 nur eine Zuständigkeitszuweisungsnorm darstellt, mit der den Bundesgerichten die sachliche Zuständigkeit zugewiesen wird, oder darüber hinaus auch eine Anspruchsgrundlage ist.[221] Mit der Sosa-Entscheidung verwarf der Supreme Court aber die teilweise vertretene Ansicht, 28 USC § 1350 beinhalte auch eine Anspruchsgrundlage.[222] Mit der höchstrichterlichen Rechtsprechung stellt das ATS nur eine Zuständigkeitszuweisungsnorm dar. Dies folge aus dem Gesetzeswortlaut und der systematischen Stellung des ATS.[223] 28 USC § 1350 stellt nach ganz herrschender Ansicht dabei keine ausschließliche Kompetenzübertragung an die Bundesgerichte dar, so dass die Staatengerichte in ATS-Fällen neben den Bundesgerichten konkurrierend zuständig sind.[224]

---

den Staatengerichten. Siehe auch *Parrish*, State Court International Human Rights Litigation: A Concerning Trend?, 3 UC Irvine L. Rev. 25, 41 (2013).

219 Siehe *Hailer*, Menschenrechte vor Zivilgerichten – die Human Rights Litigation in den USA, S. 302 ff.; *Stephens et al.*, International Human Rights Litigation in U.S. Courts, S. 543 ff.

220 Siehe Einleitung § 1, 2. a., S. 9.

221 Siehe zum Meinungsstreit *Hailer*, Menschenrechte vor Zivilgerichten – die Human Rights Litigation in den USA, S. 47 ff.; *Stephens et al.*, International Human Rights Litigation in U.S. Courts, S. 28 ff.

222 „We thus join the Second Circuit in concluding that the Alien Tort Act, 28 USC § 1350, creates a cause of action (...)."*Human Rights Litigation v. Marcos*, 25 F.3d 1467, 1475 (9th Cir. 1994).

223 „In sum, we think the statute was intended as jurisdictional in the sense of addressing the power of the courts to entertain cases concerned with a certain subject." *Sosa v. Alvarez-Machain*, 542 U.S. 692, 714 ff. (2004). Die Anspruchsgrundlage folgt in der völkergewohnheitsrechtlichen Alternative auch nicht direkt aus dem Völkerrecht. Kritisch zu diesem Ansatz, weil Völkergewohnheitsrecht nur Verbotsnormen aber keine Vorschriften zu deren Durchsetzung enthält *Hailer*, Menschenrechte vor Zivilgerichten – die Human Rights Litigation in den USA, S. 47 f.

224 Siehe z.B. *Hoffmann/Stephens*, International Human Rights Cases under State Law and in State Courts, 3 UC Irvine L. Rev. 9, 10 m.w.N. (2013); *Randall*, Federal Jurisdiction over International Law Claims: Inquiries into the Alien Tort Statue, 18 N.Y.U.J. Int'l L. & Pol. 1, 22 (1985); *Hailer*, Menschenrechte vor Zivilgerichten – die Human Rights Litigation in den USA, S. 107. Eine ausschließliche Zuständigkeitszuweisung an die Bundesgerichte besteht vor allem im See- und Konkursrecht. Siehe *Hay*, US-amerikanisches Recht, Rn. 110.

c. Das ATS und die internationale Zuständigkeit

Problematisch ist, ob das ATS wirklich nur die sachliche Zuständigkeit regelt oder ob es darüber hinaus auch Einfluss auf die internationale Zuständigkeit US-amerikanischer Gerichte hat. Im US-amerikanischen Recht muss grundsätzlich scharf zwischen der personal jurisdiction, die auch die internationale Zuständigkeit US-amerikanischer Gerichte regelt, und der subject matter jurisdiction, die die sachliche Zuständigkeit zwischen Bundes- und Staatengerichten abgrenzt, unterschieden werden.[225] Selbst wenn die Voraussetzungen des ATS erfüllt sind und damit in Sachverhalten mit Auslandsbezug die sachliche Zuständigkeit der Bundesgerichte besteht, muss der Beklagte zusätzlich unter die personal jurisdiction der US-amerikanischen Gerichte fallen, damit ein Gerichtsverfahren durchgeführt werden kann. Wenn der Beklagte den Mangel der personal jurisdiction in diesen Fällen rügt, wird die Klage abgewiesen.[226] Wenn in Konstellationen mit Auslandsbezug die sachliche Zuständigkeit der Bundesgerichte für die Verfolgung von Menschenrechtsverletzungen eröffnet ist, kann es allerdings als widersprüchlich angesehen werden, wenn die Klage an der internationalen Zuständigkeit scheitert. Vor diesem Hintergrund können Bundesgerichte, die in einem Sachverhalt über das ATS sachlich zuständig sind, bei der Ermittlung der personal jurisdiction im Rahmen des ihnen zustehenden Ermessens – etwa bei der Reasonableness-Prüfung, der Forum-non-conveniens-Prüfung oder der Comity-Prüfung[227] – zu Gunsten der Durchführung eines Gerichtsverfahrens durch die Wertung des ATS beeinflusst werden. Im Anschluss an die Essentially-at-Home-Rechtsprechung, durch die der Spielraum für das richterliche Ermessen im Rahmen der Zuständigkeitsbegründung eingeschränkt worden ist,[228] kann bei großzügiger Auslegung des ATS aber vermehrt die Situation auftreten, in der einerseits zwar die Voraussetzungen des ATS erfüllt sind und die Bundesgerichte sachlich zu einer Entscheidung über den Rechtsstreit berufen sind, die Gerichte andererseits aber nicht befugt sind, über den Beklagten zu urteilen.

d. Das ATS und der materiell-rechtliche Federal-Common-Law-Anspruch

Weil das ATS selber nur eine Zuständigkeitszuweisungsnorm ist, muss die Anspruchsgrundlage in ATS-Fällen dem federal common law entnommen werden.[229] Weder föderale Bedenken noch das höchstrichterliche Verbot eines allgemeinen

---

225 Siehe zur Unterscheidung Teil 2, S. 107.
226 Siehe Teil 2, S. 107.
227 Siehe Teil 2, § 2. 1. d., S. 121.
228 Siehe Teil 2, § 3. 2. e., S. 156.
229 „In sum, although the ATS is a jurisdictional statute creating no new causes of action, the reasonable inference from the historical materials is that the statute was intended to have practical effect the moment it became law. The jurisdictional grant is best read as having been enacted on the understanding that the common law would provide a cause of action for the modest number of international law violations with a potential for personal liability at the time." *Sosa v. Alvarez-Machain*, 542 U.S. 692, 724 (2004).

bundesrechtlichen Richterrechts stehen einer richterrechtlichen Anerkennung eines Federal-Common-Law-Anspruchs, der eine Haftung für Völkerrechtsverbrechen anordnet, entgegen. Zwar hat der Supreme Court in der Entscheidung in Erie Railroad v. Tompkins aus dem Jahre 1938 im Rahmen einer auf die diversity jurisdiction[230] gestützten Klage erklärt, dass es kein allgemeines federal common law gebe, das das einzelstaatliche Recht überlagert.[231] Diese Rechtsprechung gilt aber schon dann nicht, wenn Bundesgerichte materiell-rechtlich über Bundesrecht entscheiden und sich die Zuständigkeit der Bundesgerichte durch die federal question jurisdiction ergibt.[232] Mit der Rechtsprechung des Supreme Court kann federal common law darüber hinaus auch bei Abwesenheit von materiell-rechtlichem Bundesrecht bestehen, wenn Interessen des Bundes besonders stark betroffen sind und wenn ohne einheitliches Bundesrecht ein bedeutender Konflikt zwischen den Interessen des Bundes und der Einzelstaaten bestehen würde.[233] Vor diesem Hintergrund hat der Supreme Court im Rahmen des ATS die Schaffung eines Federal-Common-Law-Anspruchs zugelassen. Auch wenn der Gesetzgeber kein materielles Bundesrecht gesetzt habe, könne durch die Existenz der speziellen Zuständigkeitsnorm

---

230 Die im Rahmen der extraterritorialen HRL relevante diversity jurisdiction – bei Beteiligung von Ausländern auch alienage jurisdiction genannt – basiert auf 28 USC § 1332 (a) (2). Diese Norm sieht vor, dass Rechtsstreitigkeiten von den Bundesgerichten entschieden werden können, wenn deren Streitwert die Summe von $ 75.000 überschreitet und ein US-Bürger mit einem ausländischen Rechtssubjekt streitet. Sinn und Zweck der diversity jurisdiction liegt darin, ausländische Beteiligte vor der Benachteiligung durch ein möglicherweise voreingenommenes einzelstaatliches Forum zu schützen. Im Gegenzug eröffnet die Norm auch einem US-amerikanischen Bürger als Kläger das bundesgerichtliche Forum gegenüber einem ausländischen Unternehmen. Siehe zum Ganzen *Schack*, Einführung in das US-amerikanische Zivilprozessrecht, S. 18 ff.; *Born/Rutledge*, International Civil Litigation in United States Courts, S. 21 ff.

231 *Erie Railroad v. Tompkins*, 304 U.S. 64, 78 (1938).

232 Die federal question jurisdiction hat ihre bundesgesetzliche Grundlage in 28 USC § 1331. Demnach sind die Bundesgerichte zuständig, wenn die Klage ihren Ursprung in der Auslegung der US-amerikanischen Verfassung, des Bundesrechts oder völkerrechtlicher Verträge der USA hat. Dabei muss das Bundesrecht einen wesentlichen Teil der Klage ausmachen oder ein besonderes Bundesinteresse gegeben sein. Siehe zum Ganzen *Schack*, Einführung in das US-amerikanische Zivilprozessrecht, S. 18; *Born/Rutledge*, International Civil Litigation in United States Courts, S. 62 ff.

233 „But we have held that a few areas, involving uniquely federal interests, are so committed by the Constitution and laws of the United States to federal control that state law is preempted and replaced, where necessary, by federal law of a content prescribed (absent explicit statutory directive) by the courts – so-called federal common law." Siehe *Boyle v. United Technologies Corp.*, 487 U.S. 500, 504 ff. (1988). Siehe zum Ganzen *Born/Rutledge*, International Civil Litigation in United States Courts, S. 10 ff.

geschlussfolgert werden, dass die Bundesgerichte befugt seien, einen Federal-Common-Law-Anspruch zu schaffen, der eine Haftung für Völkerrechtsverletzungen vorsehe.[234] Dieser hinter dem ATS stehende Federal-Common-Law-Anspruch wird im Folgenden als ATS-Anspruch bezeichnet.

Obwohl 28 USC § 1350 mit dem Supreme Court keine Anspruchsgrundlage ist, spielt die Norm für die Anspruchsbegründung eine wichtige Rolle. Denn erst die Existenz der Zuständigkeitszuweisungsnorm eröffnet die Möglichkeit, dass die Bundesgerichte einen Federal-Common-Law-Anspruch anerkennen. Dies führt dazu, dass die Voraussetzungen der Zuständigkeitszuweisungsnorm ATS und des hinter dem ATS stehenden Federal-Common- Law-Anspruch in der Praxis identisch sind.[235] Sowohl für die Zuständigkeitsbegründung als auch für die materiell-rechtliche Haftung ist erforderlich, dass ein Ausländer durch eine Völkerrechtsverletzung Opfer einer deliktischen Handlung geworden ist.[236] Weil der Supreme Court mit den Entscheidungen in Bell Atlantic v. Twombly und Ashcroft v. Iqbal die Voraussetzungen an den klägerischen Vortrag für Verfahren in den Bundesgerichten angehoben hat,[237] müssen die Tatbestandsvoraussetzungen auch in ATS-Verfahren

234 „The jurisdictional grant is best read as having been enacted on the understanding that the common law would provide a cause of action for the modest number of international law violations with a potential for personal liability at the time." *Sosa v. Alvarez-Machain*, 542 U.S. 692, 724 (2004). Sehr kritisch hierzu die concurring opinion von Justice Scalia, die davon ausgeht, dass Gerichte nur dann federal common law schaffen können, wenn der Gesetzgeber ihnen eine „law-making authority" zugewiesen habe. Dies sei unter dem ATS aber gerade nicht der Fall, weil 28 USC § 1350 nur eine Zuständigkeitszuweisungsnorm sei. Siehe *Sosa v. Alvarez-Machain*, 542 U.S. 692, 743 (2004).

235 Dieses enge Wechselspiel zwischen Zuständigkeits- und Anspruchsbegründung wird beispielhaft durch Justice Breyer artikuliert. In seiner abweichenden Meinung in der Kiobel-Entscheidung führt er aus, dass der Gesetzgeber die Reichweite der Zuständigkeitszuweisungsnorm mit der des materiellen Rechts in Einklang gesehen habe. „In applying the ATS to acts occurring within the territory of a(nother) sovereign, I would assume that Congress intended the statute's jurisdictional reach to match the statute's underlying substantive grasp." *Kiobel v. Royal Dutch Petroleum Co.*, 133 S.Ct. 1659, 1673 (2013). So auch *Stürner*, Die territorialen Grenzen der Human Rights Litigation in den USA, JZ 2014, S. 13, 15; *Stürner*, in: FS Coester-Waltjen 2015, Die Rolle des Kollisionsrechts bei der Durchsetzung von Menschenrechten, S. 843, 848.

236 Siehe zu den Tatbestandsvoraussetzungen z.B. *Hailer*, Menschenrechte vor Zivilgerichten – die Human Rights Litigation in den USA, S. 58 ff.; *Stürner*, Die territorialen Grenzen der Human Rights Litigation in den USA, JZ 2014, S. 13, 15 f.

237 Die höchstrichterliche Rechtsprechung fordert aber dem Jahre 2007 für gewisse Verfahren, dass der Kläger genügend Fakten vorträgt, damit der geltend gemachte Anspruch im Fall einer motion to dismiss durch das Gericht auf seine Plausibilität überprüft werden kann (plausibility pleading standard). Diese Plausibilitätskontrolle nähert sich einer Schlüssigkeitsprüfung an. Siehe *Bell Atlantic v. Twombly*, 550 U.S. 544, 570 (2007) und *Ashcroft v. Iqbal*, 556 U.S. 662,

schon im Rahmen der Zuständigkeitsbegründung vorgetragen werden.[238] Damit stellen diese Tatbestandsvoraussetzungen qualifizierte Prozessvoraussetzungen dar. Verfahren, in denen die Gerichte die Zuständigkeit auf Grundlage des ATS bejaht haben, aber die Voraussetzungen des Federal-Common-Law-Anspruchs als nicht gegeben angesehen haben, sind nicht ersichtlich. Damit verschmelzen im Rahmen von ATS-Verfahren die in Deutschland getrennt gedachten Kategorien von Zuständigkeit und Begründetheit.

Weil das ATS das Ziel verfolgt, Menschenrechtsverletzungen zu sanktionieren, ist das materiell-rechtliche Regime einerseits strenger als das des einfachen Deliktsrechts, weil eine Menschenrechtsverletzung vorgetragen werden muss. Das führt beispielsweise dazu, dass nur vorsätzliches Verhalten unter dem ATS sanktioniert werden kann, weil fahrlässiges Verhalten keine Menschenrechtsverletzung im Sinne des ATS darstellt.[239] Zudem bestehen die aufgezeigten Fragen zur Haftung von juristischen Personen und zur Möglichkeit einer Teilnehmerhaftung. Andererseits bietet das ATS-Regime materiell-rechtliche Vorteile, weil unter dem ATS eine 10-jährige Verjährungsfrist gilt. Diese ergibt sich aus einer analogen Anwendung des TVPA und ist zudem gehemmt, solange sich Opfer von Menschenrechtsverletzungen nicht in den USA aufhalten.[240]

---

678 (2009). Dazu *Chemerinsky*, Closing the Courthouse Doors, 90 Denv. U. L. Rev. 317, 328 ff. (2012).
Nach dem zuvor geltenden Grundsatz des notice pleading gemäß Rule 8 (a) FRCP war im amerikanischen Zivilprozess grundsätzlich eine volle Substantiierung nicht erforderlich. Anders als im deutschen Zivilprozess, in dem der Kläger schlüssig zum Vorliegen der Anspruchsvoraussetzungen vortragen muss, damit das Gericht im Falle des Bestreitens in eine Sachprüfung eintritt, dient die Klageschrift beim notice pleading nur dazu, den Beklagten über den geltend gemachten Anspruch derart zu informieren, dass er sich auf die Verteidigung vorbereiten kann.

238 Im Rahmen von ATS-Verfahren wird überwiegend davon ausgegangen, dass grundsätzlich ein strengerer Prüfungsmaßstab greift. Eine „more searching preliminary review of the merits" hat schon im Jahre 1980 gefordert *Filártiga v. Peña-Irala*, 630 F.2d 876, 887 (2d Cir. 1980). Für eine Anwendung des strengeren plausibility pleading standard auf ATS-Verfahren *Nichols*, Alien Tort Statute Accomplice Liability Cases: Should Courts Apply the Plausibility Pleading Standard of Bell Atlantic v. Twombly?, 76 Fordham L. Rev. 2177 (2008); *Childress*, Escaping Federal Law in Transnational Cases: The Brave New World of Transnational Litigation, 93 N. C. L. Rev. 995, 1033 f. (2015). Siehe auch *Stephens et al.*, International Human Rights Litigation in U.S. Courts, S. 28 ff.

239 Siehe Teil 1, § 2. 2. b., S. 37.

240 Siehe *Stephens et al.*, International Human Rights Litigation in U.S. Courts, S. 385 ff. m.w.N.

§ 3 Neoterritorialismus: Kiobel und Beschränkung

Nachdem sich die Rechtsprechung lange Zeit nicht direkt mit dem internationalen Anwendungsbereich des ATS auseinandergesetzt hatte, rückte das Problem im Jahre 2012 überraschend in den Blickpunkt, als der Supreme Court im Rahmen des Kiobel-Verfahrens weiteren Parteivortrag zur Frage des internationalen Anwendungsbereichs einforderte. Im Folgenden wird dargestellt, dass die Entscheidung in der Sache Kiobel v. Royal Dutch[241] der Beginn einer dritten Rechtsprechungs-Phase ist, in der der Anwendungsbereich des ATS aufgrund einer wieder stärkeren Berücksichtigung des Territorialitätsprinzips eingeschränkt wird.

Hintergrund des Kiobel-Verfahrens waren Ereignisse im nigerianischen Ogoni-Delta, wo Ölförderung und Umweltverschmutzung seit Beginn der 1990er Jahre Proteste der Bevölkerung ausgelöst hatten. Diese wurden vom Movement for the Survival of the Ogoni People und Kenule Beeson Saro-Wiwa geleitet. Die Proteste führten zu gewalttätigen Auseinandersetzungen zwischen der lokalen Bevölkerung und der nigerianischen Regierung unter General Sani Abacha. Royal Dutch Shell, das seit 1958 Öl in Nigeria förderte, gab sein Engagement in Nigeria aufgrund der Unruhen im Jahr 1993 auf. Als Reaktion auf die lokalen Proteste, sollen nigerianische Soldaten zwischen 1993 und 1994 Dörfer in Ogoniland überfallen haben. Nachdem im Jahre 1994 vier lokale Anführer Saro-Wiwa kritisiert hatten, wurden sie von einem Mob getötet. In der Reaktion darauf nahm die nigerianische Regierung Saro-Wiwa und acht weitere Aktivisten fest und ließ sie nach einem Verfahren vor einem Militärtribunal hängen.[242] Als Reaktion auf die Hinrichtung

---

241 *Kiobel v. Royal Dutch Petroleum Co.*, 133 S.Ct. 1659 (2013). Dazu z.B. *Hoffmann*, Kiobel v. Royal Dutch Petroleum Co., First Impressions, 52 Colum. J. Transnat'l L. 28 (2013); *Metz*, Die Entscheidung des Supreme Courts in Kiobel v. Royal Dutch Petroleum – Das Ende der US-amerikanischen Human Rights Litigation?, WM 2013, S. 2059; *Reimann*, Das Ende der Menschenrechtsklagen vor den amerikanischen Gerichten?, IPRax 2013, S. 455; *Reynolds/Zimmer*, Die Einschränkung der extraterritorialen Zuständigkeit amerikanischer Gerichte durch den US Supreme Court, RIW 2013, S. 509; *Sandrock*, Ausländische Unternehmen wegen Menschenrechtsverletzungen und Umweltverstößen vor US-amerikanischen Gerichten, RIW 2013, S. 497; *Thomale*, Internationale Menschenrechtsklagen gegen europäische Gesellschaften vor US-amerikanischen Gerichten, ZIP 2014, S. 1158; *Stürner*, Die territorialen Grenzen der Human Rights Litigation in den USA, JZ 2014, S. 13; *Weinberg*, What we don't talk about Extraterritoriality: Kiobel and the Conflict of Laws; 99 Cornell L. Rev. 1471 (2014). Siehe auch die *Agora: Reflections on Kiobel*, 107 Am. J. Int'l L. 601 (2013), das *Symposium on the Kiobel litigation in the Supreme Court*, 28 Md. J. Int'l L. 1 (2013) sowie die gesamte Ausgabe Nr. 4 aus dem Jahre 2014 der Notre Dame Law Review, 89 Notre Dame L. Rev. 1467 (2014).

242 Siehe zum Hintergrund *Saro-Wiwa*, A Month and a Day, A Detention Diary; *Shell*, Ken Saro Wiwa, http://www.shell.com.ng/environment-society/ogoni/ken-saro-wiwa.html; *Remember Saro-Wiwa*, The Death of Ken Saro-Wiwa; http://remembersarowiwa.com; *Human Rights Watch*, The Ogoni Crisis: A Case-Study

reichten die Angehörigen von Saro-Wiwa im Jahre 1996 eine ATS-Klage vor einem Bundesgericht in New York ein. In dem Gerichtsverfahren spielten vor allem zuständigkeitsrechtliche Fragen zum Agency-Test eine Rolle,[243] bevor ein Vergleich das Verfahren im Jahr 2009 beendete.[244]

1. Die Entscheidung des Supreme Court

a. *Sachverhalt und Prozessgeschichte: Streitpunkt Unternehmensstrafbarkeit*

Im Jahre 2002 reichten Opfer der Militärüberfälle eine weitere ATS-Klage vor einem Bundesgericht in New York ein. Die nigerianischen Kläger lebten ursprünglich in Ogoniland im Nigerdelta in Nigeria und zum Zeitpunkt der Klageerhebung in den USA. Verklagt wurden die niederländische Royal Dutch Petroleum Co. (Royal Dutch), die britische Shell Transport and Trading Co. PLC (Shell) und deren gemeinsame nigerianische Tochtergesellschaft Shell Petroleum Development Co. of Nigeria, Ltd. (SPDC). Royal Dutch und Shell suchten und förderten in Nigeria Öl, wobei in Nigeria allein die SPDC auftrat. In New York besaß Royal Dutch ein kleines Verbindungsbüro.[245]

Die Kläger behaupteten, dass sie Opfer von durch die nigerianische Regierung gesteuerten Militärüberfällen in Ogoniland gewesen seien. Die Überfälle seien auf Nachfrage der Ölfirmen veranlasst worden und hätten sich gegen die Proteste der Bewohner von Ogoniland gerichtet, mit denen die Bewohner auf Umweltschäden im Zusammenhang mit der Ölsuche und -förderung aufmerksam machen wollten. Bei den Militärüberfällen hätten nigerianische Polizei- und Militäreinheiten Dörfer in Ogoniland angegriffen und dabei Dorfbewohner vergewaltigt, getötet und festgenommen. Die Ölfirmen hätten die Einheiten unterstützt, indem sie ihnen Nahrung und Transportmittel zur Verfügung gestellt sowie ihnen erlaubt hätten, Unternehmensliegenschaften als Stützpunkte zu nutzen. Zudem hätte die Regierung sie für weitere Kosten finanziell entschädigt.

In dem Gerichtsverfahren ging es zunächst nur um Auslegungsfragen zu den Tatbestandsvoraussetzungen des ATS. Der Distriktgericht des Southern District of New York gab der Klage im Jahre 2006 zunächst teilweise statt, wobei es in diesem

---

of Military Repression in Southeastern Nigeria, http://www.refworld.org/cgi-bin/texis/vtx/rwmain?docid=3ae6a7d8c.

243 Dazu Teil 2, § 2. 2. d. ii., S. 135.

244 Dazu, dass sich Royal Dutch im Vergleich zur Zahlung von $ 15 Millionen verpflichtet hat *New York Times*, Shell to Pay $ 15.5 Million to Settle Nigerian Case, http://www.nytimes.com/2009/06/09/business/global/09shell.html?ref=global. Siehe zum Verfahren vor Vergleichsschluss auch *Wiwa v. Royal Dutch Petroleum*, 226 F.3d 88 (2d Cir. 2000). Dazu *Rau*, Domestic Adjudication of International Human Rights Abuses and the Doctrine of Forum Non Conveniens, ZaöRV 2001, S. 177.

245 *Kiobel v. Royal Dutch Petroleum Co.*, 133 S.Ct. 1659, 1662 f. (2013).

Verfahren vorrangig darum ging, wann eine Völkerrechtsverletzung im Sinne des ATS vorliegt.[246] Anschließend wies der Court of Appeals des Second Circuit die Klage im Jahre 2010 vollständig ab.[247] Nach der Auffassung des Berufungsgerichts sind juristische Personen überhaupt nicht vom ATS erfasst, weil juristische Personen keine Völkerrechtsverletzungen begehen können.[248]

Um diese Ansicht zu überprüfen, nahm der Supreme Court im Oktober 2011 das Kiobel-Verfahren zur Entscheidung an. Das Gericht klärte in der höchstrichterlichen Entscheidung von April 2013 aber letztlich nicht, ob juristische Personen vom Anwendungsbereich des ATS erfasst sind. In der Kiobel-Entscheidung setzte sich der Supreme Court vielmehr nur noch mit der im März 2012 zusätzlich zugelassenen Vorlagefrage auseinander, unter welchen Voraussetzungen das ATS die Bundesgerichte dazu ermächtigt, Klägern einen Anspruch zuzusprechen, wenn eine Völkerrechtsverletzung außerhalb der USA stattgefunden hat.[249]

Im Ergebnis stimmten alle neun Richter des Supreme Court darin überein, dass das ATS auf den vorliegenden Sachverhalt nicht anwendbar war. Uneinigkeit herrschte allerdings bezüglich der Begründung der Klageabweisung. Die von Justice Roberts geschriebene und von Justice Scalia, Justice Thomas, Justice Alito sowie Justice Kennedy getragene Mehrheitsmeinung (plurality opinion) stützt sich auf die Vermutung gegen extraterritoriale Anwendung. Justice Alito geht in seiner auch von Justice Thomas getragenen concurring opinion weiter als die Mehrheitsmeinung, weil er die Voraussetzungen für die Anwendbarkeit des ATS klar benennt. Justice Kennedys concurring opinion weist darauf hin, dass die aktuelle Entscheidung viele weitere Konstellationen nicht erfasst. Die abweichende Meinung (dissenting opinion), die von Justice Breyer geschrieben und von Justice Ginsburg, Justice Sotomayor und Justice Kagan unterstützt wurde, spricht sich grundsätzlich gegen den Rückgriff auf die Vermutung gegen extraterritoriale Anwendung aus. Diese Meinung wendet einen Auslegungsansatz an, nach dem der Anwendungsbereich des ATS durch die völkerrechtlichen Grenzen der Gerichtsgewalt bestimmt wird.

b. Mehrheitsmeinung von Justice Roberts: Vermutung gegen extraterritoriale Anwendung

Nach der von Chief Justice Roberts geschriebenen Mehrheitsmeinung ist das ATS im Kiobel-Sachverhalt nicht anwendbar, weil die Vermutung gegen extraterritoriale

246 *Kiobel v. Royal Dutch Petroleum*, 456 F.Supp.2d 457 (S.D.N.Y. 2006).

247 *Kiobel v. Royal Dutch Petroleum* Co., 621 F.3d 111 (2d Cir. 2010).

248 Dazu schon Teil 1, § 2. 2. c. i., S. 39.

249 Der englische Wortlaut der Vorlagefrage lautet: „This Court granted certiorari, and ordered supplemental briefing on whether and under what circumstances courts may recognize a cause of action under the ATS, for violations of the law of nations occurring within the territory of a sovereign other than the United States." Siehe *Kiobel v. Royal Dutch Petroleum Co.*, 133 S.Ct. 1659, 1660 (2013).

Anwendung auf das ATS anwendbar und nicht widerlegt ist.[250] Der geltend gemachte Anspruch berühre und betreffe das Territorium der USA nicht mit hinreichender Intensität (touch and concern the territory (...) with sufficient force).[251] Insbesondere sei die Präsenz der beklagten Unternehmen in den USA nicht ausreichend, um einen hinreichenden Inlandsbezug herzustellen.[252]

i. Die Vermutung gegen extraterritoriale Anwendung

Zu Beginn der Entscheidung erläutert Justice Roberts den dogmatischen Hintergrund der Vermutung gegen extraterritoriale Anwendung. Nach dieser Auslegungsregel erfasst ein Gesetz ein im Ausland stattgefundenes Verhalten nur, wenn das Gesetz die internationale Anwendbarkeit klar anordnet.[253]

Diese Auslegungsregel wird von Justice Roberts auf drei Argumente zurückgeführt: Erstens erfasse das US-amerikanische Recht grundsätzlich nur nationale und keine internationalen Sachverhalte.[254] Zweitens könne die extraterritoriale Anwendung von US-amerikanischem Recht auf ausländische Sachverhalte zu Konflikten mit ausländischen Gesetzen und Gesetzgebern führen.[255] Drittens könne vor dem Hintergrund der Gewaltenteilung eine so wichtige Frage, wie die der internationalen Anwendung eines Gesetzes, nur durch den Gesetzgeber, nicht aber durch die Rechtsprechung entschieden werden.[256]

ii. Anwendbarkeit der Vermutung auf das ATS als Zuständigkeitszuweisungsnorm

Im Rahmen der Urteilsbegründung bejaht die Mehrheitsmeinung sodann die Frage, ob die Vermutung gegen extraterritoriale Anwendung auf das ATS angewendet werden kann. Die Frage stellte sich, weil der Supreme Court die Vermutung gegen extraterritoriale Anwendung zuvor nur bei der Auslegung von Sachrechts berücksichtigt

---

250 *Kiobel v. Royal Dutch Petroleum Co.*, 133 S.Ct. 1659, 1669 f. (2013). Sehr kritisch zur Anwendung der Vermutung gegen Extraterritorialität und der Argumentationsführung *Stephens et al.*, Extraterritoriality and Human Rights after Kiobel, 28 Md. J. Int'l L. 256, 267 ff. (2013).

251 „And even where the claims touch and concern the territory of the United States, they must do so with sufficient force to displace the presumption against extraterritorial application." *Kiobel v. Royal Dutch Petroleum Co.*, 133 S.Ct. 1659, 1669 (2013).

252 „Corporations are often present in many countries, and it would reach too far to say that mere corporate presence suffices." *Kiobel v. Royal Dutch Petroleum Co.*, 133 S.Ct. 1659, 1669 (2013).

253 *Kiobel v. Royal Dutch Petroleum Co.*, 133 S.Ct. 1659, 1664 (2013). Siehe zum geschichtlichen Hintergrund der Vermutung gegen Extraterritorialität Teil 1, § 1. 1. a., S. 23.

254 *Kiobel v. Royal Dutch Petroleum Co.*, 133 S.Ct. 1659, 1664 (2013).

255 *Kiobel v. Royal Dutch Petroleum Co.*, 133 S.Ct. 1659, 1664 (2013).

256 *Kiobel v. Royal Dutch Petroleum Co.*, 133 S.Ct. 1659, 1664 (2013).

hatte, das ATS nach der höchstrichterlichen Rechtsprechung aber gerade keine Anspruchsgrundlage, sondern nur eine Zuständigkeitszuweisungsnorm ist. Die Mehrheitsmeinung begründete die Anwendung der Vermutung gegen extraterritoriale Anwendung auf das ATS damit, dass die hinter der Vermutung stehenden Gründe auch in Bezug auf das ATS von Belang seien.[257] So bestehe aufgrund der spärlichen gesetzlichen Regelung gerade bei Anwendung des ATS die Gefahr einer übermäßigen richterlichen Einmischung. Die Möglichkeit potenzieller außenpolitischer Konflikte sei in ATS-Fällen besonders hoch, da hier nicht nur auf Vermeidung von internationalen Konflikten achtende staatliche Stellen, sondern auch Privatpersonen als Kläger auftreten. Etwaige Konflikte seien auch nicht hinreichend durch die die Anspruchsvoraussetzungen einengende Sosa-Rechtsprechung zu vermeiden.[258]

iii. Keine Widerlegung der Vermutung im Rahmen des ATS

Die Mehrheitsmeinung stellt anschließend fest, dass die Vermutung gegen extraterritoriale Anwendung im Rahmen des ATS mangels gesetzgeberischem Anwendungsbefehl nicht widerlegt werden könne. Ein extraterritorialer Anwendungsbefehl ergebe sich weder durch die grammatische, die historische noch durch die teleologische Auslegung.[259]

Zunächst sei dem Wortlaut des ATS keine Aussage über dessen territoriale Reichweite zu entnehmen. Nur weil ein Verhalten von Ausländern geregelt sei, bedeute dies nicht, dass die Norm auch Verhalten im Ausland erfasse. Aus der Verwendung von verallgemeinernden Begriffen wie „any“ oder „every“ lasse sich nicht schließen, dass der Gesetzgeber eine extraterritoriale Wirkung der Norm beabsichtigt habe. Durch die Rechtsprechung sei geklärt, dass derartige allgemeine Begriffe die Vermutung nicht widerlegen. Auch die Tatbestandsvoraussetzung, dass die deliktische Handlung in einer Völkerrechtsverletzung liegen müsse, sei kein Befehl für eine extraterritoriale Anwendung.[260] Der Rückgriff auf die sog. Transitory-Torts-Doktrin, nach der ausländische Anspruchsgrundlagen in den USA durchgesetzt werden können, führe ebenso wenig weiter, weil es hier nicht um die Anwendung von fremdem Recht oder von Völkerrecht, sondern allein um die Frage des Anwendungsbereichs des ATS gehe.[261]

---

257 *Kiobel v. Royal Dutch Petroleum Co.*, 133 S.Ct. 1659, 1664 (2013).

258 *Kiobel v. Royal Dutch Petroleum Co.*, 133 S.Ct. 1659, 1664 f. (2013). So auch schon *Kiobel v. Royal Dutch*, 621 F.3d 111, 140 f. (2d Cir. 2010).

259 *Kiobel v. Royal Dutch Petroleum Co.*, 133 S.Ct. 1659, 1665 ff. (2013).

260 *Kiobel v. Royal Dutch Petroleum Co.*, 133 S.Ct. 1659, 1665 f. (2013).

261 *Kiobel v. Royal Dutch Petroleum Co.*, 133 S.Ct. 1659, 1665 f. (2013). Die Transitory-Torts-Doktrin besagt, dass ein Gericht auch ausländische Anspruchsgrundlagen im Inland durchsetzen kann, wenn die Tatbestandsvoraussetzungen einer ausländischen Anspruchsgrundlage durch ein Verhalten im Ausland erfüllt sind. Damit stellt sie eine Ausprägung der Vested-Rights-Theorie dar. Dazu siehe Teil 1, § 1. 1. b., S. 25. Zur Definition der Transitory-Torts-Doktrin siehe *Cuba Railroad Co. v. Crosby*, 222 U.S. 473, 479 (1912). Zur Bedeutung der Transitory-Torts-Doktrin

Anschließend wendet sich die Mehrheitsmeinung der Gesetzgebungsgeschichte des ATS zu. Justice Roberts arbeitet die Völkerrechtsverstöße heraus, die 1789 im Rahmen des Judiciary Acts Anlass zur Kodifikation des ATS waren: Verstöße gegen diplomatische Vorrechte, Verstöße gegen zugesichertes freies Geleit und Piraterie. Gegen eine durch den Gesetzgeber beabsichtigte extraterritoriale Wirkung des ATS spreche, dass diese Verstöße typischerweise nicht extraterritorial stattfinden.[262] Zunächst seien Verstößen gegen diplomatische Vorrechte sowie gegen zugesichertes freies Geleit nicht notwendigerweise extraterritorial. So haben sich der Marbois- oder der Van Berckel-Vorfall,[263] die zur Kodifikation des ATS geführt haben, auf US-amerikanischem Staatsgebiet zugetragen.[264] Zwar erfasse das ATS Piraterie und damit die Feinde der Menschheit (hostis humanis generis). Nach Ansicht von Justice Roberts spricht aber auch dies nicht dafür, dass die Vermutung gegen extraterritoriale Anwendung widerlegt ist. Zwar müsse das Gericht die hohe See grundsätzlich wie fremdes Territorium behandeln. Nur weil das ATS Piraten auf der Hohen See erfasse, könne noch nicht auf den gesetzgeberischen Willen geschlossen werden, dass das ATS auch auf Verhalten anwendbar ist, das auf einem fremden Territorium stattfindet. Die Anwendbarkeit des ATS auf Piraten lasse sich vielmehr damit erklären, dass bei der Verfolgung von Piraten kein Konflikt mit den Interessen fremder Staaten gedroht habe, weil Piraten herkömmlich als vogelfrei betrachtet wurden, die von allen Staaten verfolgt werden konnten.[265] Auch die Bradford-Opinion aus dem Jahre 1795 genüge nicht, um die Vermutung gegen extraterritoriale Anwendung zu widerlegen, weil sie keinen eindeutigen Aussagegehalt habe. Zwar führe Generalanwalt Bradford aus, dass Ausländer einen zivilrechtlichen Ausgleichsanspruch vor US-amerikanischen Gerichten haben, wenn sie Völkerrechtsverletzungen geltend machen. Es könne aber nicht geklärt werden, ob Bradford neben Völkerrechtsverletzungen, die sich auf hoher See ereignen, auch solche gemeint habe, die auf fremdem Staatsgebiet stattfinden.[266]

Zuletzt legt die Mehrheitsmeinung das ATS teleologisch aus und kommt zum Ergebnis, dass auch Sinn und Zweck der Norm eine extraterritoriale Anwendung des ATS verbieten. Es liege kein Indiz dafür vor, dass das ATS bezweckt habe, das US-amerikanische Gerichtssystem so auszugestalten, dass dort die Durchsetzung

---

im Rahmen der HRL *Keitner*, State Courts and Transitory Torts in Transnational Human Rights Cases, 3 UC Irvine L. Rev. 81 (2013).

262 *Kiobel v. Royal Dutch Petroleum Co.*, 133 S.Ct. 1659, 1666 (2013). Mit Hinweis auf *Blackstone*, Commentaries on the Laws of England, Vol. 4, S. 68 ff. Kritisch dazu, dass der Gesetzgeber nur diese drei Delikte vom ATS als erfasst angesehen habe *Bellia/Clark*, Two Myths about the Alien Tort Statute, 89 Notre Dame L. Rev. 1609, 1630 ff. (2014).

263 Dazu Teil 1, § 1. 2., S. 26.

264 *Kiobel v. Royal Dutch Petroleum Co.*, 133 S.Ct. 1659, 1666 f. (2013).

265 *Kiobel v. Royal Dutch Petroleum Co.*, 133 S.Ct. 1659, 1667 (2013).

266 *Kiobel v. Royal Dutch Petroleum Co.*, 133 S.Ct. 1659, 1667 f. (2013). Siehe zum Hintergrund Teil 1, § 1. 2., S. 26.

von Völkerrecht besonders einfach sei. Die gerade gegründete Republik habe nach internationaler Anerkennung gestrebt und sich nicht als allgemeiner Sittenwächter (custos morum) aufführen wollen. Das Statut sei ursprünglich erlassen worden, um internationalen Konflikten entgegenzuwirken. Denn im 18. Jahrhundert drohten Konflikte mit ausländischen Staaten, weil völkerrechtswidrige Verletzungen von ausländischen Amtsträgern selbst dann nicht durch die Bundesregierung sanktioniert werden konnten, wenn sie in den USA stattgefunden hatten. Wenn das ATS heute extraterritorial angewendet werde, schaffe dies hingegen internationale Konflikte. Zudem spreche die Gefahr, dass ausländische Gerichte im Gegenzug US-amerikanische Firmen für extraterritorial stattgefundene Völkerrechtsverletzungen verurteilen können, gegen eine extraterritoriale Anwendbarkeit des ATS.[267]

c. Concurrence von Justice Kennedy: Weiterer Klärungsbedarf

Justice Kennedy begrüßt in seiner concurring opinion ausdrücklich, dass die Mehrheitsmeinung viele Fragen zur Auslegung des ATS offengelassen habe. Er weist zudem darauf hin, dass extraterritoriale Menschenrechtsverletzungen teilweise schon durch den TVPA geregelt sind. Die Anwendungsvoraussetzungen des ATS können weiter präzisiert werden, wenn zukünftig Fälle auftreten, die weder vom TVPA noch von der Kiobel-Mehrheitsmeinung erfasst sind.[268]

d. Concurrence von Justice Alito: Strenge Territorialität

Die concurring opinion von Justice Alito stimmt mit der Argumentation der Mehrheitsmeinung überein und geht über sie hinaus. Justice Alito weist darauf hin, dass die plurality opinion nicht hinreichend präzisiert habe, wann im Rahmen des ATS ein hinreichender Inlandsbezug besteht, bei dessen Vorliegen das ATS angewendet werden kann. Die Formel, dass ein Anspruch das Territorium der USA mit hinreichender Intensität berühren und betreffen müsse, lasse viele Fragen offen.[269] Justice Alito führt fort, dass die Vermutung gegen extraterritoriale Anwendung im Rahmen des ATS für ihn bedeutet, dass ein hinreichender territorialer Bezug des

---

267 *Kiobel v. Royal Dutch Petroleum Co.*, 133 S.Ct. 1659, 1668 f. (2013).

268 „Other cases may arise with allegations of serious violations of international law principles protecting persons, cases covered neither by the TVPA nor by the reasoning and holding of today's case; and in those disputes the proper implementation of the presumption against extraterritorial application may require some further elaboration and explanation." *Kiobel v. Royal Dutch Petroleum Co.*, 133 S.Ct. 1659, 1669 (2013).

269 „This formulation obviously leaves much unanswered, and perhaps there is wisdom in the Court's preference for this narrow approach. I write separately to set out the broader standard that leads me to the conclusion that this case falls within the scope of the presumption." *Kiobel v. Royal Dutch Petroleum Co.*, 133 S.Ct. 1659, 1669 f. (2013).

Sachverhalts zu den USA nur besteht, wenn „ein Verhalten in den USA eine Norm des Völkerrechts verletzt."[270]

e. *Dissenting Opinion von Justice Breyer: Jurisdiktionsansatz*

Die von Justice Breyer geschriebene abweichende Meinung erachtet die Vermutung gegen extraterritoriale Anwendung im Rahmen des ATS hingegen nicht für anwendbar, weil sie widerlegt sei. Die dissenting opinion bestimmt die Zuständigkeit der Bundesgerichte in ATS-Verfahren daher durch Rückgriff auf die allgemeinen Regeln der Gerichtsgewalt. Dieser Jurisdiktionsansatz, der Ähnlichkeiten mit der frühen Version der Vermutung gegen extraterritoriale Anwendung hat, führt zu drei möglichen Anknüpfungspunkten, die die Anwendung des ATS rechtfertigen können. Die US-amerikanischen Bundesgerichte seien zunächst zuständig, wenn eine Völkerrechtsverletzung in den USA stattgefunden hat. Das ATS sei auch anwendbar, wenn der Beklagte die US-amerikanische Staatsbürgerschaft besitzt. Zuletzt seien die US-amerikanischen Bundesgerichte zuständig, wenn hoheitliche Interessen der USA substanziell betroffen sind. Dies könne insbesondere der Fall sein, wenn die USA bei einer Nichtverfolgung der Täter zu einem „sicheren Hafen" für „moderne Piraten" werden.[271]

Bei Anwendung dieser Definition kommt auch Justice Breyer zum Ergebnis, dass das Kiobel-Verfahren nicht vor die US-amerikanischen Bundesgerichte gehört. Das Verfahren habe sich gegen ausländische Unternehmen gerichtet und das entscheidende deliktische Verhalten habe sich im Ausland abgespielt. Hoheitliche Interessen der USA seien nicht betroffen, weil die Kläger keine US-amerikanischen Bürger seien und die Täter nur minimale Kontakte zu den USA aufwiesen. Daran ändere sich auch nichts dadurch, dass das Büro von Royal Dutch in New York möglicherweise ausreichend sei, um die general jurisdiction über Royal Dutch zu begründen. Zudem werde den Beklagten nur eine Beihilfe[272] zur Begehung von Völkerrechtsverletzungen vorgeworfen.[273]

Justice Breyer führt aus, dass die Vermutung gegen extraterritoriale Anwendung nicht auf das ATS anwendbar ist, weil eine Auslegung der Norm ergebe, dass die Norm auch Verhalten im Ausland erfasst. Dies ergebe sich zum einen aus dem Wortlaut der Norm, der auf Begriffe mit internationalem Bezug wie „Ausländer", „völkerrechtliche Verträge" und „Völkerrecht" zurückgreife. Zudem erfasse die Norm einen eindeutig extraterritorialen Anwendungsfall, weil auf Grundlage des

---

270 „As a result, a putative ATS cause of action will fall within the scope of the presumption against extraterritoriality – and will therefore be barred – unless the domestic conduct is sufficient to violate an international law norm (...)." *Kiobel v. Royal Dutch Petroleum Co.*, 133 S.Ct. 1659, 1670 (2013).

271 *Kiobel v. Royal Dutch Petroleum Co.*, 133 S.Ct. 1659, 1671 (2013).

272 Hieraus wird heute nicht abgeleitet, dass im Rahmen des ATS eine Teilnahmehaftung grundsätzlich ausgeschlossen sein könnte.

273 *Kiobel v. Royal Dutch Petroleum Co.*, 133 S.Ct. 1659, 1677 f. (2013).

ATS auch Piraten verklagt werden können. Entgegen der Argumentation der Mehrheitsmeinung sei ein Schiff, das unter einer fremden Flagge fahre, völkerrechtlich Bestandteil des Flaggenstaats. Finden auf das Schiff Piratenüberfälle statt, erfasse die Sanktionierung von Piraterie damit extraterritoriales Verhalten.[274]

Der Anwendungsbereich des ATS sei über den Jurisdiktionsansatz zu bestimmen, weil er im Einklang mit dem internationalen Recht steht. Der Rückgriff auf völkerrechtliche Wertungen sei konsequent, weil der Supreme Court in Sosa entschieden habe, dass auch der materiell-rechtliche Anwendungsbereich des hinter dem ATS stehenden Common-Law-Anspruchs durch das Völkerrecht bestimmt wird. Insofern sei es schlüssig, auch für die Zuständigkeitsbegründung auf das Völkerrecht zurückzugreifen.[275] Sowohl §§ 402, 403 und 404 des Restatement Third of the Law (Foreign Relations Law) (1987) als auch das Völkerrecht und die Staatenpraxis seien mit der Anknüpfungstrias des Jurisdiktionsansatzes (Ort der Völkerrechtsverletzung, Nationalität des Beklagten und Betroffenheit US-amerikanischer Interessen) vereinbar.[276] Justice Breyer wendet sich aber explizit gegen die Auffassung, dass das ATS unter Rückgriff auf das zivilrechtliche Weltrechtsprinzip auch weltweit begangene Menschenrechtsverletzungen ohne Bezug zu den USA erfassen kann. Das ATS sei nur anwendbar, wenn spezifische US-amerikanischer Interessen betroffen sind, weil auch zur Zeit des Erlass des ATS kein Staat die Rolle eines allgemeinen Sittenwächters eingenommen habe.[277]

Der Jurisdiktionsansatz gehe, anders als die Berücksichtigung der Vermutung gegen extraterritoriale Anwendung, auch mit der höchstrichterlichen Interpretation des ATS durch den Supreme Court in der Sosa-Entscheidung konform. Dort habe das Gericht entschieden, dass unter dem ATS Schadensersatz von Piraten und anderen Tätern, die gegen Völkerrecht verstoßen, verlangt werden könne. Ziel des ATS sei die Durchsetzung der völkerrechtlichen Pflicht, Piraten und „moderne Piraten" zu verfolgen.[278] Dieser Gedanke stehe auch hinter der Filártiga- und der Marcos-Entscheidung, in denen es um extraterritoriale Menschenrechtsverletzungen gegangen sei und in denen sich die Beklagten zum Zeitpunkt der Klageeinreichung in den USA aufgehalten haben.[279]

---

274 *Kiobel v. Royal Dutch Petroleum Co.*, 133 S.Ct. 1659, 1672 f. (2013).

275 *Kiobel v. Royal Dutch Petroleum Co.*, 133 S.Ct. 1659, 1673 (2013).

276 *Kiobel v. Royal Dutch Petroleum Co.*, 133 S.Ct. 1659, 1673 ff. (2013).

277 *Kiobel v. Royal Dutch Petroleum Co.*, 133 S.Ct. 1659, 1674 (2013).

278 „As I have indicated, we should treat this Nation's interest in not becoming a safe harbor for violators of the most fundamental international norms as an important jurisdiction-related interest justifying application of the ATS in light of the statute's basic purposes – in particular that of compensating those who have suffered harm at the hands of, e.g., torturers or other modern pirates." *Kiobel v. Royal Dutch Petroleum Co.*, 133 S.Ct. 1659, 1674 (2013).

279 *Kiobel v. Royal Dutch Petroleum Co.*, 133 S.Ct. 1659 (2013).

2. Beschränkung von Menschenrechtsklagen

Die Kiobel-Entscheidung des Supreme Court führt zu einer bedeutsamen Beschränkung von gegen Unternehmen gerichteten extraterritorialen Menschenrechtsklagen.[280] Auch wenn die vertretenen Meinungen auf unterschiedlichen dogmatischen Ansätzen beruhen, kommen sie alle zum Ergebnis, dass das ATS in der vorliegenden Sachverhaltskonstellation nicht anwendbar ist. Damit besteht zwischen den verschiedenen Ansätzen kein Streit darüber, dass jedenfalls einige Anknüpfungspunkte die Anwendbarkeit des ATS nicht herstellen können.

a. *Foreign cubed cases und zivilrechtliches Weltrechtsprinzip*

Mit der Kiobel-Entscheidung ist geklärt, dass das zivilrechtliche Weltrechtsprinzip[281] in Zukunft nicht mehr zur Begründung der Anwendbarkeit des ATS herangezogen werden kann. In der Kiobel-Entscheidung stimmten alle Richter darin überein, dass das ATS nicht anwendbar ist, weil die Kläger nicht die US-amerikanische Nationalität besaßen, sich das Verfahren gegen ein ausländisches Unternehmen richtete und sich die Völkerrechtsverletzung im Ausland ereignet hatte. Damit ist geklärt, dass in foreign cubed cases ATS-Klagen nicht mehr erhoben werden können. Ein hinreichender Inlandsbezug zwischen dem Anspruch und den USA kann nicht allein durch das Ziel, Menschenrechte zu schützen, hergestellt werden. Sowohl die Mehrheitsmeinung von Justice Roberts[282] als auch die abweichende Meinung von Justice Breyer[283] weisen in der Kiobel-Entscheidung darauf hin, dass die USA kein allgemeiner Sittenwächter sind und das ATS daher in der vorliegenden bezugsarmen Fallkonstellation nicht angewendet werden kann. Die Argumentation wird bei Justice Roberts besonders deutlich, weil er, obwohl er im Rahmen des Jurisdiktionsansatz §§ 402, 403 und 404 des Restatement Third of the Law (Foreign Relations Law) (1987) zitiert, nicht auf das in § 404 enthaltende Weltrechtsprinzip rekurriert.[284]

Diese Auffassung wird vom Court of Appeals des Second Circuit in der Balintulo-Entscheidung bestätigt, in der sich das Gericht ausdrücklich gegen eine Berücksichtigung des zivilrechtlichen Weltrechtsprinzips ausgesprochen hat. Das Gericht führt

---

280 Siehe z.B. *Stephens*, The Curious History of the Alien Tort Statute, 89 Notre Dame L. Rev. 1467 (2014). Die Beschränkung der HRL wird an der untergerichtlichen Entscheidungspraxis ersichtlich, die die Anwendbarkeit des ATS nach der Kiobel-Entscheidung bei 25 Klagen nur in 7 Fällen bejaht hat. Dazu *Skinner*, Beyond Kiobel, 46 Colum. Hum. Rts. L. Rev. 158, 199 f. (2014). Kritisch dazu mit dem Hinweis, dass auch in der Kiobel-Entscheidung bedeutende Inlandsbezüge vorgelegen haben *Weinberg*, What we don't talk about Extraterritoriality: Kiobel and the Conflict of Laws; 99 Cornell L. Rev. 1471, 1515 ff. (2014).

281 Siehe zur Definition des zivilrechtlichen Weltrechtsprinzips Einleitung, § 1. 2. b., S. 10.

282 *Kiobel v. Royal Dutch Petroleum Co.*, 133 S.Ct. 1659, 1668 (2013).

283 *Kiobel v. Royal Dutch Petroleum Co.*, 133 S.Ct. 1659, 1674 (2013).

284 *Kiobel v. Royal Dutch Petroleum Co.*, 133 S.Ct. 1659, 1673 (2013).

aus, dass von den Klägern kein über die Verfolgung von Völkerrechtsverletzungen hinausgehendes hoheitliches Interesse der USA geltend gemacht worden ist.[285]

Weil ATS-Klagen nicht mehr auf das Weltrechtsprinzip gestützt werden können, respektieren – auch aus Sicht des Bundesverfassungsgerichts[286] – weiterhin vor US-amerikanischen Gerichten denkbare ATS-Verfahren das völkerrechtliche Genuine-Link-Erfordernis.[287]

b. Präsenz beklagter juristischer Personen

Aus dem Kiobel-Urteil folgt zudem, dass das ATS nicht anwendbar ist, wenn ein Unternehmen in den USA nur eine zuständigkeitsrechtlich relevante Präsenz besitzt. So besteht der einzige weitergehende Hinweis der Mehrheitsmeinung von Chief Justice Roberts zum Anwendungsbereich des ATS in der Aussage, dass die bloße Unternehmenspräsenz (mere corporate presence) nicht genügt, um einen hinreichenden Inlandsbezug herzustellen.[288] Auch Justice Breyer führt aus, dass es für die Anwendbarkeit des ATS nicht genügt, dass das beklagte Unternehmen in den USA über ein Büro wirtschaftliche tätig gewesen sei.[289] Unter Rückgriff auf die aus dem Zuständigkeitsrecht bekannte Definition der corporate presence, kann ein Unternehmen damit nicht unter dem ATS verklagt werden kann, wenn es allein zuständigkeitsrechtlich relevante Kontakte zu den USA besitzt. Das ATS kann nicht angewendet werden, nur weil ein Unternehmen aufgrund seiner wirtschaftlichen Tätigkeit im Forum gerichtspflichtig ist. Damit ist jedenfalls das herkömmlich weite Verständnis von corporate presence für die Anwendbarkeit des ATS unzureichend.

Die Kiobel-Entscheidung ist allerdings vor der Daimler-Entscheidung ergangen, die mit der Essentially-at-Home-Rechtsprechung die Bedeutung des zuständigkeitsrechtlichen Konzepts von corporate presence eingeschränkt hat.[290] Ungeklärt bleibt daher, ob sich diese Bewertung ändert, wenn ein Unternehmen nach der Daimler-Entscheidung in einem Forum der allgemeinen Gerichtszuständigkeit unterliegt,

---

285 „The plaintiffs also assert that the Kiobel presumption is displaced here because of the compelling American interests in supporting the struggle against apartheid in South Africa. (...). These case-specific policy arguments miss the mark." *Balintulo v. Daimler*, 727 F.3d 174, 191 (2d Cir. 2013). Das Gericht führt weiter aus, dass eine Berücksichtigung hoheitlicher staatlicher Interessen die Anwendung des ATS ins Ermessen des einzelnen Richter stelle, was im Widerspruch mit der vom Supreme Court beabsichtigen Vorhersehbarkeit stehe.

286 *BVerfG*, Beschluss vom 3.11.2015, 2 BvR 2019/09, Rn. 29.

287 So auch *Coester-Waltjen*, in: FS Schütze 2015, Allzuständigkeit oder genuine link – eine unendliche Geschichte?, S. 27.

288 *Kiobel v. Royal Dutch Petroleum Co.*, 133 S.Ct. 1659, 1669 (2013). Kritisch zum Ergebnis mit dem Hinweis, dass der tatsächliche Geschäftsschwerpunkt von Shell in den USA liege *Weinberg*, What we don't talk about Extraterritoriality: Kiobel and the Conflict of Laws; 99 Cornell L. Rev. 1471, 1522 ff. (2014).

289 *Kiobel v. Royal Dutch Petroleum Co.*, 133 S.Ct. 1659, 1677 (2013).

290 Teil 2, § 3. 2., S. 149.

weil es dort aufgrund seiner Geschäftstätigkeit im Wesentlichen beheimatet ist. Das ATS könnte insbesondere anwendbar sein, wenn der principal place of business des beklagten Unternehmens in den USA liegt. Wird dieser Auffassung gefolgt, kann für die weiteren Überlegungen auf die Argumentation zum Gründungsort der Gesellschaft verwiesen werden,[291] weil der Unternehmenssitz neben dem Gründungsort eine besonders enge Verbindung zwischen Unternehmen und Staat herstellt.[292]

c. *Domicile des Klägers zum Zeitpunkt der Klageerhebung*

Der Supreme Court hat mit der Kiobel-Entscheidung auch entschieden, dass das ATS nicht schon anwendbar ist, wenn die Kläger zum Zeitpunkt der Klageerhebung in den USA wohnen. Gegen eine Berücksichtigung des praxisrelevanten domicile des Klägers spricht, dass keine Ansicht das klägerische domicile in der Kiobel-Entscheidung erwähnt,[293] obwohl der Wohnsitz der Kläger im Kiobel-Fall zum Zeitpunkt der Klageerhebung[294] in den USA lag. Damit kann geschlussfolgert werden, dass der Wohnsitz des Klägers als Anknüpfungspunkt für den Supreme Court jedenfalls dann keine Bedeutung hat, wenn er nur zum Zeitpunkt der Klageerhebung in den USA liegt.

Zweifelhaft ist, ob etwas anderes gilt, wenn der Kläger schon zum Zeitpunkt des schädigenden Ereignisses in den USA gelebt hat. Für eine Berücksichtigung des klägerischen Wohnsitzes können in diesem Fall Opferschutz- und Kompensationsinteresse angeführt werden, die im einzelstaatlichen Kollisionsrecht typischerweise über das domicile[295] transportiert werden.[296] Der Wohnsitz des Klägers gewinnt zusätzlich an Gewicht, wenn auch das domicile des Beklagten in den USA liegt.[297]

---

291 Teil 1, § 4. 2. a., S. 78.

292 Dazu *Hoffmann*, Kiobel v. Royal Dutch Petroleum Co., 52 Colum. J. Transnat'l L. 28, 47 (2013). Einen weiteren Ansatz, der wie der Business-Activity-Test die Geschäftstätigkeit berücksichtigt verfolgt *Doyle*, The Evidence of Things not Seen: Divining Balancing Factors from Kiobel's „Touch and Concern" Test, 66 Harv. Int'l L. J. 443, 467 f. (2015).

293 Kritisch dazu *Weinberg*, What we don't talk about Extraterritoriality: Kiobel and the Conflict of Laws; 99 Cornell L. Rev. 1471, 1516 ff. (2014).

294 Dazu, dass im allgemeinen Kollisionsrechtlich auf das domicile zum Zeitpunkt der Klageerhebung abgestellt wird *Allstate Ins. Co. v. Hague*, 449 U.S. 302, 318 (1981).

295 Siehe § 145 (2) c Restatement Second of the Law (Conflict of Laws) (1971); *Weintraub*, Commentary on the Conflict of Laws, § 6.15. Siehe auch Teil 1, § 2. 1. b., S. 33.

296 Dass im Rahmen der Begründung der personal jurisdiction ausschließlich die Kontakte des Beklagten zum Forum, nicht aber die des Klägers untersucht werden, steht einer Berücksichtigung der klägerischen Kontakte im Rahmen des ATS nicht entgegen. Das ATS stellt nicht die personal jurisdiction, sondern die subject matter jurisdiction her.

297 Dazu im Rahmen der HRL *Weinberg*, What we don't talk about Extraterritoriality: Kiobel and the Conflict of Laws; 99 Cornell L. Rev. 1471, 1526 ff. (2014).

Dogmatisch kann gegen eine Berücksichtigung der klägerischen Kontakte aber angeführt werden, dass in dieser Konstellation die teleologischen Bedenken der Kiobel-Mehrheit gegen eine extraterritoriale Anwendung des ATS voll durchgreifen. Wenn die USA ihren Einwohnern einen Anspruch gegen ausländische Beklagte für im Ausland begangene Handlungen zusprechen, besteht die Gefahr von Rechtskonflikten und diplomatischen Verwerfungen.

d. Kein politischer Wille zur Rücknahme der Entscheidung

Der Kongress könnte die Wirkungen der Kiobel-Entscheidung auf das ATS-Regime zwar durch einen Gesetzesakt zurücknehmen.[298] Dass Gesetzesvorschläge, die die Wirkung der Kiobel-Entscheidung zurücknehmen noch nicht vorliegen, schreibt die Beschränkung der Menschenrechtsklagen aber fest. Insbesondere die Wiedereinführung des zivilrechtlichen Weltrechtsprinzips dürfte keinen Zuspruch finden.[299] Politisch denkbar bleibt allein, dass der Gesetzgeber den Anwendungsbereich des ATS mit einer moderaten Gesetzesänderung von einer streng territorialen Anwendung löst und das ATS etwa gegenüber US-amerikanischen Beklagten für anwendbar erklärt.[300]

---

298 Dass der Gesetzgeber eine ihm missfallenden Rechtsprechung korrigiert, ist in den USA aus anderen Rechtsgebieten bekannt. Siehe zum Wertpapierrecht *Mankowski*, Extraterritoriale Reichweite des US-Wertpapierrechts?, Die Entscheidung des US Supreme Court in Morrison v. National Australia Bank und der 2010 Wall Street Reform und Consumer Protection Act, NZG 2010, S. 961, 966. Zur Einführung von 18 USC § 1596, der nachträglich die extraterritoriale Anwendung des TrafVPA angeordnet hat, siehe Teil 3, § 1. 1. d., S. 183.

299 Selbst nach Auffassung der US-amerikanischen Regierung ist im Kiobel-Verfahren eine Anwendung des ATS aufgrund der geringen Verbindung des Sachverhalts zu den USA nicht wünschenswert gewesen. Supplemental Brief for the *United States* as Amicus Curiae in Partial Support of Affirmance, Kiobel v. Royal Dutch, 2012 WL 2161290, *5.

300 Dafür *Skinner*, Beyond Kiobel, 46 Colum. Hum. Rts. L. Rev. 158, 247 ff. (2014). Für eine Gleichstellung einheimischer und ausländischer Unternehmen *Chander*, Unshackling Foreign Corporations: Kiobel's Unexpected Legacy, 107 Am. J. Int'L. 829, 833 ff. (2013). Für eine Neuformulierung des ATS nimmt auf den Federal Corrupt Practice Act Rückgriff *Radcliffe*, The FCPA's Legacy: A Case for Imposing Aiding-and-Abetting Liability on Corporations Through an Amended Alien Tort Claims Act; 49 Tex. L. Rev. 83 (2014). Den Versuch, Sanktionsinteressen der Opfer und Souveränitätsbedenken ausländischer Staaten in Einklang zu bringen, unternehmen Curran und Sloss. Demnach soll Opfern von besonders schweren Menschenrechtsverstößen, wie Genozid oder Kriegsverbrechen, ein zivilrechtlicher Schadensersatzanspruch zustehen. Um Souveränitätsinteressen ausländischer Staaten nicht zu verletzen, soll Voraussetzung für eine Klage aber sein, dass die Staatsanwaltschaft in der Sache Ermittlungen aufgenommen hat. Siehe *Curran/Sloss*, Reviving Human Rights after Kiobel, 107 Am. J. Int'l L. 858, 861 ff. (2013).

e. Keine grundsätzliche Beschränkung der Unternehmenshaftung

Die Beschränkung der gegen Unternehmen gerichteten Menschenrechtsklagen ist hingegen keine Folge davon, dass Unternehmen nicht unter dem ATS verklagt werden können. Nach der Kiobel-Entscheidung spricht mehr dafür, dass Unternehmen – anders als nach der berufungsgerichtlichen Entscheidung im Kiobel-Verfahren – grundsätzlich weiterhin unter dem ATS verklagt werden können.[301] Obwohl der Supreme Court sich mit der Frage der Unternehmenshaftung nicht direkt beschäftigt, ergibt sich aus dem Kiobel-Urteil, dass das Gericht von der Möglichkeit einer Unternehmenshaftung ausgeht. Aus der Aussage von Justice Breyer, nach der eine „mere corporate presence" für eine Anwendbarkeit des ATS nicht genügt, kann im Umkehrschluss gefolgert werden, dass eine Unternehmenshaftung unter anderen Voraussetzungen denkbar ist. Auch in der Praxis werden nach der Kiobel-Entscheidung weiterhin auf das ATS gestützte Klagen gegen Unternehmen erhoben.[302] Selbst im Second Circuit, in dem nach der berufungsgerichtlichen Kiobel-Entscheidung eine unternehmerische Haftung ausgeschlossen ist, legte Judge Scheindlin ausführlich dar, dass unter dem ATS eine Unternehmenshaftung weiter möglich ist. Der berufungsgerichtlichen Kiobel-Entscheidung komme keine Bindungswirkung zu, weil der Supreme Court sie implizit aufgehoben habe.[303]

3. Kiobel als Ausdruck des Neoterritorialismus

Der Rückgriff auf die Vermutung gegen extraterritoriale Anwendung zeigt, dass die Rechtsprechung sich heute bei der Auslegung des ATS in einer dritten Phase wieder dem Territorialitätsgedanken zuwendet.[304] Die Kiobel-Entscheidung ist Ausdruck

---

301 Siehe zum Meinungsstreit Teil 1, § 2. 2. c. i., S. 39. Siehe auch *Stürner*, Transnationale Menschenrechtsklagen im internationalen Privat- und Verfahrensrecht, Int. J. Proc. L. 2014, 359 f.

302 Siehe z.B. *Al Shimari v. CACI Premier Technology*, 758 F.3d 516 (4th Cir. 2014); *Cardona v. Chiquita*, 760 F.3d 1185 (11th Cir. 2014); *Mastafa v. Chevron*, 770 F.3d 170 (2d Cir. 2014); *Doe v. Nestle*, 766 F.3d 1013, 1021 f. (9th Cir. 2014).

303 *In re South African Apartheid Litigation*, 15 F.Supp.3d 454, 457 ff. (S.D.N.Y. 2014). Anders *Chowdhury v. Worldtel Bangladesh Holding*, 746 F.3d 42, 49, Fn. 6 (2d. Cir. 2014). Siehe auch *Coester-Waltjen*, in: FS Schütze 2015, Allzuständigkeit oder genuine link – eine unendliche Geschichte?, S. 27, 31 f.

304 Dies ist ein allgemeiner Trend. Siehe zum Wertpapierrecht *Morrison v. National Australia Bank*, 130 S.Ct. 2869 (2010), zum Kartellrecht *Hoffmann-La Roche v. Empagran*, 542 U.S. 154 (2004), zum Civil Rights Act von 1964 *EEOC v. Aramco*, 499 U.S. 244, 248 (1991) und zum *RICO RJR Nabisco Inc. v. European Community*, 579 U.S. __(2016). Zum Wiedererstarken des Territorialitätsprinzips *Reimann*, in: FS Stürner 2013, Rückzug der „Rechtsweltmacht"?, S. 1779, 1789 ff.; *Hay/Borchers/Symeonides*, Conflict of Laws, § 3.68 ff.
Das Wiedererstarken des Territorialitätsprinzips kann im Rahmen des einzelstaatlichen Kollisionsrechts nicht nachvollzogen werden. Der Supreme Court kann

des Neoterritorialismus, weil sie die Bedeutung einer territorialen Verbindung verstärkt und neben Souveränitätsinteressen auch Wirtschaftsinteressen durchsetzt.

Das Territorialitätsprinzip gewinnt mit der Kiobel-Entscheidung an Bedeutung, weil das ATS in Zukunft nur unstreitig anwendbar ist, wenn sich eine Völkerrechtsverletzung in den USA ereignet hat. In diesem Fall ist die Lex-loci-delicti-Regel erfüllt, die das kollisionsrechtliche Territorialitätsprinzip charakterisiert. Das Wiedererstarken des Territorialitätsprinzips kann zudem daran abgelesen werden, dass mit dem Supreme Court verschiedene nicht-territoriale Anknüpfungspunkte wie die Präsenz beklagter juristischer Personen, das domicile des Klägers und das Weltrechtsprinzip nicht mehr zur Anwendbarkeit des ATS führen können. Andererseits kann die Kiobel-Rechtsprechung – jedenfalls zum gegenwärtigen Zeitpunkt – nicht ohne weitere Begründung als Ausdruck des reinen Lex-loci-delicti-Prinzips betrachtet werden. Es ist ungeklärt, ob beim ATS allein der Tatort als Anknüpfungspunkt berücksichtig werden kann. So ist umstritten, ob das ATS anwendbar ist, wenn US-amerikanische Unternehmen verklagt werden, US-amerikanische Staatsschutzinteressen betroffen sind oder sich eine natürliche Person, die als Täter verklagt wird, in den USA aufhält.[305]

Der Blick auf die Begründung der Entscheidung verdeutlicht die hinter der Entscheidung stehenden neoterritorialen Interessen, die anders als das ursprüngliche strenge Territorialitätsprinzip nicht nur Souveränitätsinteressen, sondern auch Wirtschaftsinteressen umfassen.

Zum einen misst die US-amerikanische Rechtsprechung der Souveränität fremder Staaten bei Anwendung einer erneuerten außenpolitischen Doktrin wieder mehr Bedeutung bei und verfolgt damit dasselbe Ziel wie das ursprüngliche strenge Territorialitätsprinzip.[306] Unter Rückgriff auf Comity-Gedanken, weist die Mehrheitsmeinung in der Kiobel-Entscheidung darauf hin, dass eine uneingeschränkte Anwendung des US-amerikanischen Rechts zu rechtlichen und politischen Konflikten mit ausländischen Gesetzen und Gesetzgebern führen könne.[307] Insbesondere eine weitreichende Anwendung des ATS könne zu diplomatischen Verwerfungen führen.[308] Auch die abweichende Meinung weist auf die Gefahr von internationalen

---

das einzelstaatliche Kollisionsrecht anders als das einzelstaatliche Zuständigkeitsrecht kaum beeinflussen. Dazu, dass die Due-Process-Klausel für die Rechtsanwendung allein einen hinreichenden Inlandsbezug voraussetzt *Allstate Ins. Co. v. Hague*, 449 U.S. 302, 312 f. (1981).

305 Teil 1, § 4. 2., S. 75.

306 Teil 1, § 3. 1. b. i., S. 54.

307 *Kiobel v. Royal Dutch Petroleum Co.*, 133 S.Ct. 1659, 1664 (2013). Dazu *Parrish*, Kiobel, Unilateralism, and the Retreat from Extraterritoriality, 28 Md. J. Int'l L. 208, 230 ff. (2013); *Reimann*, in: FS Stürner 2013, Rückzug der „Rechtsweltmacht"?, S. 1779, 1794 ff.; *Bookman*, Litigation Isolationism, 67 Stan. L. Rev. 1081, 1103 ff. (2015); *Coester-Waltjen*, in: FS Schütze 2015, Allzuständigkeit oder genuine link – eine unendliche Geschichte?, S. 27 f. Zum Hintergrund auch *Hailer*, Menschenrechte vor Zivilgerichten – die Human Rights Litigation in den USA, S. 312 f.

308 *Kiobel v. Royal Dutch Petroleum Co.*, 133 S.Ct. 1659, 1664 und 1669 (2013).

Konflikten hin, die bei einer zu weitreichenden Anwendung des ATS auftreten könnten.[309]

Zum anderen – und über das strenge Territorialitätsprinzip hinausgehend – verfolgt der Supreme Court über die Vermutung gegen extraterritoriale Anwendung auch Wirtschaftsinteressen. Das Gericht stellt klar, dass es US-amerikanische Unternehmen vor Verfahren im Ausland schützen will. Die Beschränkung der Klagemöglichkeiten in den USA senke die Gefahr einer spiegelbildlichen Verurteilung von US-amerikanischen Unternehmen vor ausländischen Gerichten. Denn wenn ausländische Beklagte sich in den USA nicht mehr für Menschenrechtsverletzungen im Ausland verantworten müssen, drohen US-amerikanischen Unternehmen auch keine Verfahren im Ausland.[310] Inwieweit es dem Gericht – wie in der Literatur betont wird[311] – darüber hinaus auch darum geht, US-amerikanische Unternehmen vor Menschenrechtsklagen vor US-amerikanischen Gerichten zu schützen, ist ungeklärt und kann dem Urteil nicht entnommen werden. Je nach Auslegung des Touch-and-Concern-Erfordernisses werden auch US-amerikanische Unternehmen durch die Kiobel-Entscheidung bessergestellt.

Auf der Gegenseite verlieren die weltweite Verfolgung von Menschenrechtsverbrechen und der Opferschutz mit der Kiobel-Entscheidung als Regelungsziele des ATS an Bedeutung. Das Interesse an einer weltweiten Verfolgung von Menschenrechtsverletzungen kann die Anwendung des ATS allein nicht legitimieren. Opfer von Menschenrechtsverletzungen können Klagen nicht allein deswegen vor US-amerikanischen Gerichten einreichen, weil sie in den USA leben.

§ 4 Neoterritorialismus und offene Fragen

Auch wenn die Kiobel-Entscheidung vor US-amerikanischen Gerichten eingebrachte ATS-Klagen beschränkt hat, bleiben viele Fragen über den genauen Anwendungsbereich des ATS offen. Ausgangspunkt der Überlegungen ist, dass das ATS „territoriale“

---

309 *Kiobel v. Royal Dutch Petroleum Co.*, 133 S.Ct. 1659, 1664 und 1674 (2013).

310 Z.B. *Kiobel v. Royal Dutch Petroleum Co.*, 133 S.Ct. 1659, 1669 (2013). Damit unterstützt die Beschränkung der US-amerikanischen Gerichtsgewalt die im Rahmen der Verhandlungen zum IStGH artikulierte Staatsräson, nach der US-amerikanische Staatsbürger oder Unternehmen vor ausländischen oder internationalen Gerichten nicht für im Ausland begangene Menschenrechtsverletzungen zur Verantwortung gezogen werden können sollen. Siehe zur US-amerikanischen Position zum IStGH *van der Vyver*, American Exceptionalism, 50 Emory L. J. 775, 792 ff. (2001).

311 Dazu, dass der Hintergrund der ATS-Rechtsprechung darin liege, dass der Supreme Court die die Bodenschätze fördernde internationale Industrie protegieren will, *Muir Watt*, L'Alien Tort Statute devant la Cour Suprême des Etats-Unis, Rev. Crit. DIP 2013, S. 595, 604. Dass es dem Supreme Court ausschließlich um den Schutz der Extraktionsindustrie geht, muss aber bezweifelt werden, weil sich viele ATS-Klagen – beispielsweise die Daimler-Klage – auch gegen produzierende Unternehmen richteten.

Sachverhalte erfasst, da die Vermutung gegen extraterritoriale Anwendung im Rahmen des ATS anwendbar und nicht widerlegt ist. Diese Feststellung wirft zwei bedeutende Folgefragen auf. Auch wenn unbestritten ist, dass das ATS nach der Kiobel-Entscheidung „territorial" auf Sachverhalte angewendet werden kann, in denen der Ort der Menschenrechtsverletzung in den USA liegt, bedarf der Begriff des Orts der Menschenrechtsverletzung im Anwendungsbereich des ATS einer genaueren Definition. Zu klären bleibt damit zum einen, wann eine Menschenrechtsverletzung als „territorial" im Sinne des ATS eingeordnet werden kann.[312] Besonders umstritten ist zum anderen, ob das ATS nach der Kiobel-Entscheidung ausschließlich „territoriale" Sachverhalte erfasst oder ob es auch Konstellationen gibt, in denen das ATS „extraterritorial" auf Sachverhalte angewendet werden kann, in denen der Ort der Menschenrechtsverletzung im Ausland liegt.

1. „Touch and concern" und Menschenrechtsverletzung in den USA

Zwar stimmen alle neun Richter des Supreme Court darin überein, dass das ATS anwendbar ist, wenn sich eine Menschenrechtsverletzung in den USA ereignet hat.[313] Unklar ist aber schon, wie der Ort der Menschenrechtsverletzung genau zu verstehen ist. Bei Beantwortung dieser Frage hilft ein Blick auf die Rechtsprechung, die auch in anderen Rechtsbereichen auf die Vermutung gegen extraterritoriale Anwendung zurückgegriffen hat. Wenn die Vermutung nicht widerlegt werden konnte, haben die Gerichte für die Feststellung der territorialen Verbindung sowohl auf den Handlungs- als auch auf den Erfolgsort abgestellt.

Zum einen berücksichtigte der Supreme Court in der Entscheidung EEOC v. Arabian American Oil Co. (Aramco) aus dem Jahre 1991 als territoriale Verbindung im Einklang mit der herkömmlichen Dogmatik[314] den Handlungsort. Das Gericht stellte fest, dass die Vermutung gegen extraterritoriale Anwendung im Rahmen von Titel VII des Civil Rights Act von 1964 nicht widerlegt werden kann. Der Civil Rights Act finde keine Anwendung auf Diskriminierungshandlungen, die ein amerikanischer Arbeitgeber gegenüber einem amerikanischen Arbeitnehmer in Saudi-Arabien begangen habe.[315] Aus der Entscheidung folgt damit im Umkehrschluss,

---

312 So schon in der Entscheidung Justice Breyer: „(The majority) makes clear that a statutory claim might sometimes touch and concern the territory of the United States with sufficient force to displace the presumption. It leaves for another day the determination of just when the presumption against extraterritoriality might be overcome." *Kiobel v. Royal Dutch Petroleum Co.*, 133 S.Ct. 1659, 1673 (2013). So auch Justice Alito in *Kiobel v. Royal Dutch Petroleum Co.*, 133 S.Ct. 1659, 1669 f. (2013). So auch *Stephens et al.*, Extraterritoriality and Human Rights after Kiobel, 28 Md. J. Int'l L. 256, 271 ff. (2013).

313 Siehe Teil 1, § 3. 2., S. 60.

314 Siehe Teil 1, § 1. 1. a., S. 23.

315 *EEOC v. Aramco*, 499 U.S. 244 (1991).

dass der Civil Rights Act angewendet werden kann, wenn die diskriminierende Handlung in den USA stattgefunden hat.

Zum anderen stellte der Supreme Court im Bereich des Wertpapierrechts zur Begründung einer territorialen Verbindung auf den Erfolgsort ab. In der Entscheidung Morrison v. National Australia Bank Ltd. ging es um die Anwendung von Sec. 10 (b)-5 SEA. Den Beklagten wurde die manipulative Darstellung von Anlagemodellen vorgeworfen. In der Entscheidung aus dem Jahre 2010 hat der Supreme Court sich vom zuvor im Wertpapierrecht geltenden Auswirkungsprinzip[316] abgewendet und sich explizit auf die Vermutung gegen extraterritoriale Anwendung gestützt.[317] Auch in der Morrison-Entscheidung ging das Gericht davon aus, dass die Vermutung gegen extraterritoriale Anwendung nicht widerlegt werden konnte. Bei der Feststellung auf welche territorialen Sachverhalte der SEA anwendbar war, trat das Problem auf, dass das Verhalten, das die Rechtsverletzung herbeigeführt hatte, teilweise im In- und teilweise im Ausland stattgefunden hatte. Vor diesem Hintergrund entwickelte der Supreme Court den Fokus-Test, nach dem ein Gesetz „das territoriale Ereignis" oder „die territoriale Beziehung" erfasst, die „im Fokus der gesetzgeberischen Regelung" liegen.[318] Dies sei im Wertpapierrecht der Ort des Erwerbs des Wertpapiers, nicht aber der Ort der zum Erwerb führenden täuschenden Handlung.[319] Der Ort des Erwerbs des Wertpapiers kann als Erfolgsort verstanden werden, weil dort der finanzielle Schaden eintritt, den die Täuschungshandlung verursacht hat.[320]

---

316 Siehe Teil 1, § 2. 1. a., S. 29.

317 *Morrison v. National Australia Bank*, 130 S.Ct. 2869, 2877 f. (2010). Dazu z.B. *Mankowski*, Extraterritoriale Reichweite des US-Wertpapierrechts?, Die Entscheidung des US Supreme Court in Morrison v. National Australia Bank und der 2010 Wall Street Reform und Consumer Protection Act, NZG 2010, S. 961; *Brilmayer*, The new Extraterritoriality: Morrison v. National Australia Bank, Legislative Supremacy, and the Presumption against Extraterritorial Application of American Law; 40 Sw. L. Rev. 655 (2011).

318 „The Court concluded, however, that neither that territorial event nor that relationship was the ‚focus' of congressional concern, but rather domestic employment." *Morrison v. National Australia Bank*, 130 S.Ct. 2869, 2884 (2010). Der Fokus-Test wird ausdrücklich in Bezug genommen in *RJR Nabisco Inc. v. European Community*, 579 U.S. ___ (2016).

319 „Applying the same mode of analysis here, we think that the focus of the Exchange Act is not upon the place where the deception originated, but upon purchases and sales of securities in the United States." *Morrison v. National Australia Bank*, 130 S.Ct. 2869, 2884 (2010).

320 Der Erfolgsort im Sinne des Fokus-Tests weist Ähnlichkeiten mit dem einzelstaatlichen place of wrong auf, weil er indirekte finanzielle Schäden nicht erfasst. Siehe auch *Dodge*, Morrison's Effects Test, 40 Sw. L. Rev. 687 (2011); *Dodge*, Loose Canons: International Law and Statutory Interpretation in the Twenty-First Century, in: Sloss, Ramsey, Dodge (Hrsg.), International Law in the U.S. Supreme Court, S. 547, 550; *Vázquez*, Things We Do with Presumptions: Reflections on Kiobel v. Royal Dutch Petroleum Co., 89 Notre Dame L. Rev. 1719, 1739 f. (2014).

Der so entwickelte Fokus-Test kommt damit in einem zweiten Prüfungsschritt zum Tragen, wenn die Vermutung gegen extraterritoriale Anwendung in einem ersten Schritt nicht widerlegt werden kann. Er unterscheidet sich von der Vermutung gegen extraterritoriale Anwendung, weil er den gesetzgeberischen Willen und die Anwendbarkeit eines Gesetzes nur bezüglich territorialer Anknüpfungspunkte ermittelt. Bei der Widerlegung der Vermutung gegen extraterritoriale Anwendung können durch die Bestimmung des gesetzgeberischen Willens hingegen alle Anknüpfungspunkte Berücksichtigung finden.[321] Durch die Anwendung des Fokus-Tests, nähert sich die Vermutung gegen extraterritoriale Anwendung als Auslegungsmethode zugleich dem Conduct-and-Effects-Test an, weil sowohl der Handlungsort als auch der Erfolgsort berücksichtigt werden können.[322]

a. *Alternatives Abstellen auf Handlungs- und Erfolgsort*

Zur Konkretisierung des Orts der Menschenrechtsverletzung sollte der aus dem Wertpapierrecht stammende Fokus-Test auf das ATS angewendet werden. Dafür spricht einerseits, dass der Supreme Court in der Kiobel-Entscheidung auf die Morrison-Entscheidung Bezug genommen hat, in der der Fokus-Test entwickelt worden ist.[323] Eine Übertragung des Fokus-Tests macht andererseits Sinn, weil der Fokus-Test für die Feststellung des territorialen Anwendungsbereichs jedenfalls grobe Leitlinien vorgibt. Bei Übertragung des Fokus-Test und Berücksichtigung weiterer Argumente, umfasst der Ort der Völkerrechtsverletzung nicht nur den Handlungs-, sondern auch den Erfolgsort.[324]

Ähnlich Judge Mikva zum National Environmental Policy Act in *Environmental Defense Fund v. Massey*, 986 F.2d 528, 531 (D.C. Cir. 1993). Vgl. auch Judge Bork zum SEA in *Zoelsch v. Arthur Andersen*, 824 F.2d 27 (D.C. Cir. 1987). Siehe *Dodge*, Understanding the Presumption against Extraterritoriality, 16 Berkeley J. Int'l L. 85, 104 ff. (1998).

321 Siehe zur Widerlegung der Vermutung gegen Extraterritorialität Teil 1, § 5. 2. d, S. 96.

322 Der Conduct-and-Effects-Test bleibt aber weiter, weil er anders als der Erfolgsort auch allgemeine wirtschaftliche Auswirkungen einschließt. Siehe Teil 1, § 2. 1. a., S. 29.

323 *Kiobel v. Royal Dutch Petroleum Co.*, 133 S.Ct. 1659, 1664 (2013). Zustimmend *Mastafa v. Chevron*, 770 F.3d 170, 183 ff. (2d Cir. 2014). Für das Gericht steht jedenfalls der Ort der Handlung im Fokus des ATS. Zustimmend auch Judge Rawlinson concurring in *Doe v. Nestle*, 766 F.3d 1013, 1035 (9th Cir. 2014). Gegen eine Anwendung im Rahmen des ATS mit dem Argument, dass das Gericht in der Kiobel-Entscheidung gerade nicht auf den Fokus-Test abgestellt hat *Doe v. Nestle*, 766 F.3d 1013, 1028 (9th Cir. 2014).

324 Dass die Rechtsprechung in der Vergangenheit in anderen Rechtsgebieten nicht gleichzeitig auf beide Anknüpfungspunkte abgestellt hat, steht dem nicht entgegen, weil der Fokus-Test normbezogen angewendet werden muss. Eine Meinungsverschiedenheit bezüglich des territorialen Anknüpfungspunkts sieht *Doyle*,

Weil das ATS ein besonderes Sanktionsregime bei Menschenrechtsverletzungen schafft, ist zum einen davon auszugehen, dass Verletzungshandlungen in den USA, die zu Menschenrechtsverletzungen führen, im Fokus des ATS stehen. Zum anderen ist der Fokus des ATS aber auch auf den Erfolgsort, d.h. auf Menschenrechtsverletzungen gerichtet, die in den USA eintreten. Es ist nicht wahrscheinlich, dass das ATS bei einem mit den Anschlägen des 11. September vergleichbaren Ereignis, das komplett aus dem Ausland gesteuert wird und bei dem allein der Verletzungserfolg in den USA eintritt, nicht anwendbar ist.

Für ein Abstellen auf den Handlungsort spricht zudem, dass der Supreme Court in der Kiobel-Entscheidung den Begriff der Handlung (conduct) mehrfach erwähnt.[325] Zwar stellt das Gericht in seinem zentralen Entscheidungsausspruch anders als Justice Alito nicht auf den Handlungsort, sondern darauf ab, ob ein Anspruch die USA hinreichend berührt und betrifft.[326] Die Vorlagefrage ist mit dem Gericht aber, ob das ATS „eine Handlung" erfassen kann, die im Ausland stattgefunden habe.[327] Das Gericht stellt der Touch-and-Concern-Prüfung zudem die Aussage voran, dass in casu „die Handlung" im Ausland stattgefunden hat.[328] Für die Berücksichtigung des Handlungsorts spricht zudem, dass dieser Anknüpfungspunkt auch im einzelstaatlichen deliktischen Kollisionsrecht anerkannt ist. Im einzelstaatlichen deliktischen Kollisionsrecht werden die Verhaltensregeln dem Recht des Handlungsorts entnommen.[329] Auch völkerrechtliche Normen, die die Menschenrechte schützen, stellen derartige Verhaltensregeln dar.

Für ein Abstellen auch auf den Erfolgsort spricht neben dem Fokus des Gesetzes systematisch, dass der Erfolgsort nicht nur in der Morrison-Entscheidung im bundesrechtlichen Kollisionsrecht berücksichtigt wurde, sondern im einzelstaatlichen

---

The Evidence of Things not Seen: Divining Balancing Factors from Kiobel's „Touch and Concern" Test, 66 Harv. Int'l L. J. 443, 455 (2015).
Anders Justice Alito, nach dessen concurring opinion eine Norm des Völkerrechts nur durch ein Verhalten in den USA verletzt werden kann: „As a result, a putative ATS cause of action will fall within the scope of the presumption against extraterritoriality – and will therefore be barred – unless the domestic conduct is sufficient to violate an international law norm (...)." *Kiobel v. Royal Dutch Petroleum Co.*, 133 S.Ct. 1659, 1670 (2013).

325 Siehe *Kiobel v. Royal Dutch Petroleum Co.*, 133 S.Ct. 1659, 1664, 1665, 1666, 1667 und 1668 f. (2013). Dazu, dass das Gericht in einer achtseitigen Entscheidung mindestens acht Mal den Begriff des Handlung benutzt *Balintulo v. Daimler*, 727 F.3d 174, 189 f. (2d Cir. 2013).

326 Siehe *Kiobel v. Royal Dutch Petroleum Co.*, 133 S.Ct. 1659, 1670 (2013).

327 Siehe *Kiobel v. Royal Dutch Petroleum Co.*, 133 S.Ct. 1659, 1663 (2013).

328 „On these facts, all the relevant conduct took place outside the United States." *Kiobel v. Royal Dutch Petroleum Co.*, 133 S.Ct. 1659, 1669 (2013).

329 Siehe Teil 1, § 2. 1. b., S. 33. Selbst unter dem Restatement First of the Law (Conflict of Laws) (1934), das grundsätzlich auf den Erfolgsort („place of injury") abgestellt, kam neben dem Erfolgsort auch dem Handlungsort eine Bedeutung zu, soweit das Recht des Handlungsorts ein bestimmtes Verhalten vorschrieb. Siehe Teil 1, § 1. 1. b., S. 25.

Kollisionsrecht auch nach der IPR-Revolution über den place of injury weiterhin eine wichtige Rolle spielt.[330]

b. Der Handlungsort: Teilnahme- und Vorbereitungshandlungen

Der Begriff des Handlungsorts verweist nach allgemeiner Dogmatik auf den Ort, an dem sich der Täter zum Zeitpunkt der Ausführung des zur Verletzung führenden Verhaltens befunden hat.[331] Mit einer ähnlichen Formulierung hat ein Berufungsgericht bei Auslegung des ATS entschieden, dass auf das Verhalten abzustellen ist, das unmittelbar das Völkerrecht verletzt.[332] Inwieweit der Handlungsort auch Teilnahme- und Vorbereitungshandlungen erfasst, die in den USA stattfinden, ist ungeklärt und Gegenstand aktueller Rechtsprechungskontroversen.[333] Im Ergebnis sollte zwischen anspruchsbegründenden Teilnahme- und Vorbereitungshandlungen und nicht anspruchsbegründenden Teilnahme- und Vorbereitungshandlungen unterschieden werden.

Zum einen können nicht anspruchsbegründende Teilnahme- und Vorbereitungshandlungen die Anwendbarkeit des ATS auch dann nicht begründen, wenn sie in den USA stattgefunden haben. Handlungen, die unter dem ATS-Regime keine materiell-rechtliche Haftung für ein eigenes Verhalten auslösen, stehen nicht im Fokus des ATS. Das gilt insbesondere auch für Handlungen, die alleine eine zivilrechtliche Haftung für fremdes Verhalten begründen. Gegen ein Abstellen auf nicht anspruchsbegründende Teilnahme- und Vorbereitungshandlungen spricht, dass das ATS andernfalls einen sehr weiten Anwendungsbereich behielte, weil alle unternehmerischen Entscheidungen Vorbereitungshandlungen darstellen können. Mit einer so weiten Auffassung würde das ATS das weltweite Handeln von Unternehmen erfassen, die aus den USA gesteuert werden. Dies ist aber nur schwer mit der Kiobel-Entscheidung zu vereinbaren, mit der das Gericht den Anwendungsbereich des ATS beschränken wollte. Darüber hinaus ist eine

---

330 Siehe Teil 1, § 2. 1. b., S. 33.

331 Siehe zum Handlungsort im US-amerikanischen Recht Teil 1, § 2. 1. b., S. 33. Zum deutschen Recht *von Bar/Mankowski*, Internationales Privatrecht, § 7 Rn. 53; *Kropholler*, Internationales Privatrecht, § 53 IV, S. 522; *von Hein*, Das Günstigkeitsprinzip im internationalen Deliktsrecht, S. 269 ff.

332 „(A) district court must isolate the relevant conduct in a complaint. That conduct is the conduct of the defendant which is alleged by plaintiff to be (...) a direct violation of the law of nations (...)." *Mastafa v. Chevron*, 770 F.3d 170, 185 (2d Cir. 2014).

333 Siehe zur Möglichkeit einer Teilnahme Teil 1, § 2. 2. c. ii., S. 41. Zur kollisionsrechtlichen Frage auch *Muir Watt*, Après Kiobel. L'Arrêt Sexual Minorities Uganda v. Scott Lively, Rev. Crit. DIP 2013, S. 861, 862 f. Zu beachten ist, dass in ATS-Klagen in der Praxis, regelmäßig verschiedenen Kontakte zu den USA bestehen. Handelt ein Teilnehmer etwa in den USA, ist er oft auch US-Amerikaner oder hat er in den USA sein domicile. Dies bringt Unklarheit in die Analyse, weil sich die Gerichte in ihrer Analyse nicht nur auf einen Anknüpfungspunkt stützen, sondern die bestehenden Inlandskontakte in einer Gesamtschau betrachten.

solche Auffassung nicht mit der neoterritorialen Rechtsprechung in Einklang zu bringen, weil ihr US-amerikanische Wirtschaftsinteressen entgegenstehen. US-amerikanische Unternehmen wären, anders als ausländische Unternehmen, dem Haftungssystem ATS regelmäßig ausgesetzt.

Der Anwendungsbereich des ATS ist nach dem Kiobel-Urteil zum anderen aber eröffnet, wenn sich eine haftungsbegründende Teilnahme- oder Vorbereitungshandlung in den USA ereignet hat, die unter dem ATS zu einer Haftung für eigenes Verhalten führt. Handlungen, die materiell-rechtlich ein tort im Sinne des ATS darstellen, stehen im Fokus des ATS.

Diese Auffassung wird von den untergerichtlichen Entscheidungen bestätigt. Dies gilt zunächst für die Entscheidung Mastafa v. Chevron, in der Chevron und anderen Unternehmen vorgeworfen wurde, das Regime von Saddam Hussein dabei unterstützt zu haben, Sanktionen des UN-Öl-für-Lebensmittel-Programms zu umgehen. Hier hat Judge Cabranes für den Second Circuit ausgeführt, dass eine auf dem Territorium der USA ausgeführte Beihilfe- oder Anstiftungshandlung genügt, um die Vermutung gegen extraterritoriale Anwendung zu widerlegen.[334] Weil die Voraussetzungen für eine Teilnahmehaftung nicht gegeben waren, lehnte das Gericht die Zuständigkeitsbegründung über das ATS aber schließlich ab.[335] Zu einem ähnlichen Ergebnis kommt wiederum Judge Cabranes in der Sache Balintulo v. Daimler. In diesem Verfahren ging es um die Unterstützung des Apartheidregimes in Südafrika durch Daimler und Ford. Die Kläger warfen den Unternehmen vor, dass sie aus den USA Handlungen ihrer Tochterunternehmen in Südafrika gebilligt haben. Diese Tochterunternehmen haben anschließend an Menschenrechtsverletzungen der südafrikanischen Regierung teilgenommen. Auch in dieser Sache stellte der Court of Appeals fest, dass der Ort der Teilnahmehandlung für die Widerlegung der Vermutung gegen extraterritoriale Anwendung Relevanz habe. Weil die haftungsbegründenden Handlungen der Tochterunternehmen in der Balintulo-Konstellation aber in Südafrika liegen, sei das ATS nicht anwendbar. Das Gericht führte aus, dass Handlungen, die allein Grundlage einer zivilrechtlichen Haftungszurechnung sind, aber keinen deliktische Teilnahmetatbestand im Sinne des ATS erfüllen, den Anwendungsbereich des ATS nicht eröffnen. Der Anwendungsbereich des ATS könne nicht eröffnet werden, weil das die Stellvertretungshaftung des Mutterunternehmens zivilrechtlich begründende Verhalten in den USA stattgefunden habe.[336]

---

334 „That conduct is the conduct of the defendant which is alleged by plaintiff to be either a direct violation of the law of nations or (...) conduct that constitutes aiding and abetting another's violation of the law of nations." *Mastafa v. Chevron*, 770 F.3d 170, 185 (2d Cir. 2014). Dazu *Symeonides*, Choice of Law in the American Courts in 2015, available at SSRN: http://ssrn.com/abstract=2543744, S. 15 ff. Auch in dem Verfahren *Al Shimari v. CACI Premier Technology*, berücksichtigte das Gericht in einer faktenbasierten Analyse Begleithandlungen mit. Siehe Teil 1, § 4. 2. a., S. 78.

335 *Mastafa v. Chevron*, 770 F.3d 170, 194 (2d Cir. 2014).

336 „Finally, the plaintiffs argue that the defendants took affirmative steps in this country to circumvent the sanctions regime (...). None of these paragraphs,

Ein weiteres Beispiel, in dem Begleithandlungen berücksichtigt werden, ist die Entscheidung eines District Court aus Massachusetts in der Sache Sexual Minorities Uganda v. Lively. In diesem Verfahren warfen die Kläger dem US-amerikanischen Pfarrer Scott Lively vor, in Massachusetts ein homophobes Zentrum errichtet zu haben. Von diesem aus habe er Aktionen geplant und Aktionen unterstützt, durch die schwule, lesbische, bi-, trans- und intersexuelle Einwohner von Uganda von der ugandischen Regierung eingeschüchtert worden seien. Dabei ging es zum Beispiel um die Neuformulierung des ugandischen HIV/Aids-Hilfeprogramms, bei der Homosexuelle als Leistungsempfänger ausgeschlossen wurden oder die widerrechtliche Durchsuchung der Wohnräume eines Anwalts, der in Uganda Homosexuelle vertrat.[337] In diesem Verfahren hat das Gericht das ATS aus zwei Gründen für anwendbar erklärt und den Sachverhalt von der Kiobel-Entscheidung unterschieden. Zum einen fand Beachtung, dass der Beklagte US-amerikanischer Staatsbürger war. Zum anderen – und das ist an dieser Stelle der entscheidende Punkt – hielt das Gericht fest, dass die Folgen des Verhaltens zwar allein in Uganda eingetreten seien, das Verhalten von Lively jedoch überwiegend in den USA stattgefunden habe.[338] Zum selben Ergebnis kommt im Fall Doe v. Cisco Systems auch ein District Court aus Kalifornien, der sich mit der Verfolgung von Falun-Gong-Anhängern in China beschäftigt. Hier machten die Kläger geltend, dass Cisco Systems die chinesische Regierung mit Computerprogrammen unterstützt habe, mit denen Falun-Gong-Anhänger elektronisch überwacht worden seien. Diese Überwachung habe später unter anderem zu willkürlichen Festnahmen und Foltervorgängen geführt. Dabei habe die in den USA sitzende Geschäftsführung von Cisco Systems von den Vorgängen in China gewusst. In dieser Konstellation führte Judge Davila zwar aus, dass allein das Wissen der Geschäftsführung nicht ausreichend sei, um die Anwendung des ATS zu rechtfertigen. Gleichzeitig stellte er aber klar, dass der Fall anders liegt,

however, ties the relevant human rights violations to actions taken within the United States. The complaint alleges only vicarious liability of the defendant corporations based on the actions taken within South Africa by their South African subsidiaries. Because the defendants' putative agents did not commit any relevant conduct within the United States giving rise to a violation of customary international law – that is, because the asserted violation(s) of the law of nations occur(ed) outside the United States (...)." *Balintulo v. Daimler*, 727 F.3d 174, 192 (2d Cir. 2013). Ähnlich Judge Cabranes auch in *Balintulo v. Ford Motor*, 796 F.3d 160, 169 f. (2d Cir. 2015). Judge Martin dissenting sieht dies anders *Cardona v. Chiquita*, 760 F.3d 1185, 1192 ff. (11th Cir. 2014).

337 Lively veröffentlichte zudem auf seiner Homepage eine Liste von Anwälte aus Uganda, die die Schwulenbewegung unterstützten, und schrieb das Buch „Defend the Family: Activist Handbook and Redeeming the Rainbow"; *Sexual Minorities Uganda v. Lively*, 960 F.Supp.2d 304, 309 ff. (D.Mass. 2013).

338 *Sexual Minorities Uganda v. Lively*, 960 F.Supp.2d 304, 321 (D.Mass. 2013).

wenn Menschenrechtsverletzungen in den USA geplant oder von dort aus gesteuert worden seien.[339]

Der Touch-and-Concern-Ansatz kann vor dem Hintergrund all dieser Entscheidungen jedenfalls nicht so streng verstanden werden, dass ausschließlich das unmittelbare Handeln des Haupttäters die erforderliche territoriale Verbindung zu den USA herstellen kann. In diesem Sinne könnte aber die Aussage der abweichenden Meinung von Justice Breyer verstanden werden, die im Rahmen des Jurisdiktionsansatzes darauf hinweist, dass das ATS nicht anwendbar sei, weil die Kläger nur eine Beihilfe, nicht aber eine Täterschaft geltend gemacht haben.[340] Auch das Berufungsgericht des Eleventh Circuit könnte in der Sache Baloco v. Drummond so verstanden werden, dass eine Beteiligung aus den USA an im Ausland stattgefundenen Menschenrechtsverletzungen grundsätzlich nicht ausreicht, damit das ATS angewendet werden kann.[341]

c. Der Erfolgsort: Das Auswirkungsprinzip und Schadensort

Der Erfolgsort bzw. nach US-amerikanischem Recht der place of wrong oder place of injury umfasst jedenfalls den Ort, an dem sich der für eine Haftung erforderliche letzte Tatsachenakt ereignet hat. Der Erfolgsort liegt damit dort, wo das vom Völkerrecht primär geschützte Rechtsgut verletzt wird.[342]

Problematisch ist, ob über den Ort des unmittelbaren Verletzungserfolgs hinaus ein hinreichender Bezug zu den USA auch dadurch hergestellt werden kann, dass spätere Schädigungen oder Auswirkungen in den USA eintreten. Das könnte der Fall sein, wenn Opfer von Menschenrechtsverletzungen später in die USA ziehen und dort medizinisch behandelt werden müssen.

Dass das ATS – vergleichbar mit dem lange Zeit im Kartell- und Wertpapierrecht anerkannten Auswirkungsprinzip[343] – anwendbar ist, weil in den USA Auswirkungen

---

339 „As articulated by other courts, to overcome the presumption against extraterritoriality, a stronger showing is needed that tortious acts were planned, directed, or executed in the United States." *Doe v. Cisco Systems*, 66 F. Supp. 2d 1239, 1247 (N.D. Cal. 2014).

340 *Kiobel v. Royal Dutch Petroleum Co.*, 133 S.Ct. 1659, 1678 (2013).

341 „Assuming arguendo that Drummond was complicit in these murders in the manner described by Plaintiffs (this is denied by Drummond), the allegations and evidence still do not show conduct focused in the United States." *Baloco v. Drummond*, 767 F.3d 1229, 1238 f. (11th Cir. 2014). In der Sache wurde einem US-amerikanischen Unternehmen vorgeworfen, an den Verbrechen der paramilitärische Autodefensas Unidades de Colombia (AUC) durch Geldzahlungen aus den USA teilgenommen zu haben.

342 Siehe zum US-amerikanischen Recht schon Teil 1, § 1. 1. b., S. 25 und Teil 1, § 2. 1. b., S. 33. Siehe zum deutschen Recht *von Bar/Mankowski*, Internationales Privatrecht, § 7 Rn. 54; *Kropholler*, Internationales Privatrecht, § 53 IV, S. 523; *von Hein*, Das Günstigkeitsprinzip im internationalen Deliktsrecht, S. 306 ff.

343 Siehe Teil 1, § 2. 1. a., S. 29.

der Menschenrechtsverletzung eintreten, ist nur schwer vorstellbar. Als relevante Auswirkungen könnte im Rahmen des ATS nach der Kiobel-Entscheidung höchstens auf konkrete, indirekte Schadensfolgen, nicht aber abstrakt auf die Missachtung der Menschenrechtsordnung abgestellt werden. Aus drei Gründen können allein in den USA aufgetretene Schäden die Anwendung des ATS bei Menschenrechtsklagen aber nicht legitimieren. Erstens berücksichtigen die Gerichte das Auswirkungsprinzip bisher nur im Rahmen von kartellrechtlichen oder wertpapierrechtlichen Vermögensschäden, nicht hingegen bei körperlichen Schäden. Zweitens hat das Auswirkungsprinzip auch in seinem ursprünglichen Anwendungsbereich eine Einschränkung durch die aktuelle höchstrichterliche Rechtsprechung erfahren.[344] Drittens sprechen neoterritoriale Erwägungen gegen ein Abstellen auf den Auswirkungsort, weil dessen Berücksichtigung zu einer weiten Gesetzesauslegung führen würde, die in Konflikt mit den Interessen ausländischer Staaten treten würden. Damit sind auch US-amerikanische Wirtschaftsinteressen betroffen, weil ausländische Staaten möglicherweise zu einer vergleichbaren weiten Regulierung greifen könnten.

Im Rahmen des ATS kann auch nicht über einen Vergleich mit dem einzelstaatlichen Deliktsrecht auf den Schadensort als Anknüpfungspunkt abgestellt werden. Der Erfolgsort des einzelstaatlichen Rechts erfasst als Erfolgsort nur den Ort, an dem der Schadenserfolg unmittelbar eingetreten ist.[345]

2. „Touch and concern" und Menschenrechtsverletzung im Ausland

Besonders umstritten ist, ob nach der Kiobel-Entscheidung auch nicht-territoriale Anknüpfungspunkte die Anwendung des ATS rechtfertigen können. Diese Frage ist von besonderer Brisanz, weil eine Berücksichtigung nicht-territorialer Anknüpfungspunkte zu einer Durchbrechung des Lex-loci-delicti-Prinzips führt. Die praktische Relevanz der Frage ist hoch, weil das ATS bei Berücksichtigung nicht-territorialer Anknüpfungspunkte auch zukünftig Menschenrechtsverletzungen erfassen könnte, die sich im Ausland ereignet haben, das ATS mithin in gewissen Konstellationen weiterhin extraterritorial angewendet werden könnte.

Bei einer streng territorialen Ansicht, die etwa von Justice Alito vertreten wird,[346] ist die Berücksichtigung nicht-territorialer Anknüpfungspunkte einerseits grundsätzlich unzulässig, weil sie mit der Anwendung der Vermutung gegen extraterritoriale Anwendung unvereinbar ist. Für diese Ansicht könnte sprechen, dass bei Berücksichtigung nicht-territorialer Anknüpfungspunkte auch extraterritoriale Sachverhalte in den Anwendungsbereich des ATS fielen. Dies würde dazu führen,

---

344 *Hoffmann-La Roche v. Empagran*, 542 U.S. 154 (2004); *Morrison v. National Australia Bank*, 130 S.Ct. 2869 (2010).

345 Siehe Teil 1, § 1. 1. b., S. 25 und § 2. 1. b., S. 33.

346 Siehe Teil 1, § 3. 1. d., S. 57. Ähnlich auch *Vázquez*, Things We Do with Presumptions: Reflections on Kiobel v. Royal Dutch Petroleum Co., 89 Notre Dame L. Rev. 1719, 1737 ff. (2014).

dass der Wesensgehalt der Vermutung gegen extraterritoriale Anwendung ausgehöhlt würde. Denn das ATS könnte dann, obwohl die Vermutung nach der Auffassung des Supreme Court im Rahmen des ATS nicht widerlegt ist, extraterritoriale Sachverhalte erfassen, bei denen sich die Menschenrechtsverletzung im Ausland ereignet hat. Dieses Ergebnis kann zudem nur schwer damit in Einklang gebracht werden, dass die Vermutung gegen extraterritoriale Anwendung schon mit ihrem Namen die Bedeutung der territorialen Verbindung und der Lex-loci-delicti-Regel verdeutlicht. Systematisch spricht für diese Ansicht weiterhin, dass in anderen Rechtsgebieten, in denen die Vermutung gegen extraterritoriale Anwendung nicht widerlegt ist, nur territoriale Verbindungen die Rechtsanwendung legitimieren.[347]

Andererseits könnten mit einer weitergehenden Auffassung auch nicht-territoriale Anknüpfungspunkte die Anwendbarkeit des ATS rechtfertigen.[348] Bei der Betrachtung des Wortlauts der Kiobel-Entscheidung kann sich eine weitergehende Auffassung insbesondere auf die Touch-and-Concern-Prüfung stützen, die das Gericht in der Kiobel-Entscheidung neu eingeführt hat. Da der Begriff des „touch and concern" aus anderen Rechtsgebieten nicht bekannt ist, könnte die Vermutung gegen extraterritoriale Anwendung im Rahmen des ATS eine autonome Auslegung erfordern, die – anders als in anderen Fällen, in denen die Vermutung gegen extraterritoriale Anwendung den internationalen Anwendungsbereich des US-amerikanischen Rechts bestimmt – auch die Einbeziehung sonstiger Anknüpfungspunkte ermöglicht. Für diese Ansicht könnte argumentiert werden, dass die Aussage, nach der das ATS anwendbar ist, wenn ein Anspruch das Territorium der USA hinreichend berührt und betrifft, nicht unbedingt

347 Siehe Teil 1, § 4. 1., S. 67.

348 Dafür z.B. *Hoffmann*, Kiobel v. Royal Dutch Petroleum, 52 Colum. J. Transnat'l L. 28, 42 ff. (2013); *Stephens et al.*, Extraterritoriality and Human Rights after Kiobel, 28 Md. J. Int'l L. 256, 273 f. (2013); *Weinberg*, What we don't talk about Extraterritoriality: Kiobel and the Conflict of Laws; 99 Cornell L. Rev. 1471, 1515 ff. (2014); *Steinhardt*, Determining Which Human Rights Claims „Touch and Concern" the United States: Justice Kennedy's Filartiga, 89 Notre Dame L. Rev. 1695, 1708 f. (2014); *Casto*, ATS Cause of Action is Sui Generis, 89 Notre Dame L. Rev. 1545, 1563 ff. (2014); *Doyle*, The Evidence of Things not Seen: Divining Balancing Factors from Kiobel's „Touch and Concern" Test, 66 Harv. Int'l L. J. 443 (2015).
Die weitergehende Auffassung könnte die Form des von Justice Beyer entwickelten Jurisdiktionsansatzes annehmen, der auch die Nationalität des Beklagten sowie die hoheitlichen Interessen der USA als Anknüpfungspunkte einbezieht. Vgl. Teil, § 3. 1. e., S. 57.
Alternativ könnte die weitergehende Ansicht auch als verschiedene Faktoren berücksichtigender balancing approach ausgestaltet sein. So hat ein Berufungsgericht ausgeführt, dass das Vorliegen eines hinreichenden Inlandsbezuges in einer faktenbasierte Analyse anhand aller im Einzelfall vorliegenden Inlandsbezüge festzustellen sei. „The touch and concern language set forth in the majority opinion contemplates that courts will apply a fact-based analysis to determine whether particular ATS claims displace the presumption against extraterritorial application." *Al Shimari v. CACI Premier Technology*, 758 F.3d 516, 527 (4th Cir. 2014).

zum strengen Territorialprinzip passt. Zwar könnte ein „Berühren" als territorialer Bezug verstanden werden, der eine Völkerrechtsverletzung in den USA voraussetzt. Vom Wortlaut her könnte ein „Betreffen" aber auch sonstige Anknüpfungspunkte wie Nationalität oder Wohnsitz der Parteien sowie Staatsschutzinteressen der USA einschließen.

Für die weite Auffassung spricht wie von Justice Breyer ausgeführt zudem, dass ein Zurückgreifen auf andere Anknüpfungspunkte nach US-amerikanischem Rechtsverständnis völkerrechtlich zulässig ist.[349] Damit drohen bei einer Durchbrechung der territorialen Anknüpfung keine Souveränitätseingriffe. Vor dem Hintergrund dieses Gedankens könnte die vom Supreme Court im Kiobel-Sachverhalt aufgestellte Vermutung nur gegen eine völkerrechtlich umstrittene universelle, nicht aber gegen eine völkerrechtlich zulässige extraterritoriale, Rechtsanwendung sprechen.[350] Gegen diese Argumentation spricht aber, dass aus völkerrechtlich bestehenden Handlungsspielräumen keine Regelungspflicht gefolgert werden kann. Nur weil eine extraterritoriale Rechtsanwendung möglich ist, heißt dies noch nicht, dass sie vom Gesetzgeber gewollt ist.

Für die weite Auffassung kann zudem argumentiert werden, dass der Supreme Court in der Kiobel-Entscheidung die Filártiga- und Sosa-Entscheidungen nicht ausdrücklich aufgehoben hat. Damit ist aber unklar, inwieweit die Aussagen dieser Entscheidungen weiter Geltung haben.[351] Jedenfalls in mit diesen Fällen vergleichbaren Sachverhalten könnte die Sanktionierung von im Ausland stattgefundenem Verhalten weiterhin möglich sein. Außerdem hat der Supreme Court, obwohl er in der Kiobel-Entscheidung die Vermutung gegen extraterritoriale Anwendung angewendet hat, nicht explizit geklärt, dass das ATS nur anwendbar ist, wenn der Ort einer Menschenrechtsverletzung in den USA liegt. Dass es in der Kiobel-Entscheidung für eine solche Aussage keine Richtermehrheit gab, könnte ein Indiz dafür sein, dass das Gericht diese Auffassung nicht teilt. Dieses Argument gewinnt an Bedeutung, da die Problematik vom Gericht diskutiert worden sein muss, weil die abweichende Ansicht von Justice Alito die streng territoriale Ansicht vertritt.[352]

Bei der aktuellen politischen Blockbildung im Supreme Court spielt für die zukünftige Auslegung des ATS zudem die Rechtsauffassung von Justice Kennedy eine entscheidende Rolle. Für die weite Auffassung spricht, dass daran zu zweifeln ist, dass Justice Kennedy sich in einem problematischen Fall, der starke nicht-territoriale

---

349 Siehe nur §§ 402 ff. Restatement Second of the Law (Foreign Relations Law) (1987). Dazu *Bertele*, Souveränität und Verfahrensrecht, S. 131 ff. Siehe auch *Crawford*, Brownlie's Principles of Public International Law, S. 456 ff.; *Shaw*, International Law, S. 652 ff. Fließen völkerrechtliche Wertungen in die Analyse ein, würde die Auslegung Parallelen zur frühen Version der Vermutung gegen Extraterritorialität aufweisen. Siehe Teil 1, § 1. 1. a., S. 23.

350 Dafür *Kontorovich*, Kiobel Surprise: Unexpected by Scholars but Consistent with International Trends, 89 Notre Dame L. Rev. 1671, 1689 (2014).

351 Siehe Teil 1, § 4. 2. d., S. 84.

352 *Kiobel v. Royal Dutch Petroleum Co.*, 133 S.Ct. 1659, 1669 (2013).

Verbindungen zu den USA aufweist, einfach einer streng territorialen Auffassung folgen würde. Justice Kennedy, der sich im Übrigen der Mehrheitsmeinung anschließt, hat in seinem Sondervotum nämlich klargestellt, dass die Kiobel-Entscheidung noch viele Anwendungsfragen offen gelassen habe.[353]

Dagegen, dass der Supreme Court in Sachverhaltskonstellationen, in denen zwar der Ort der Menschenrechtsverletzung im Ausland liegt, die Verbindung des Sachverhalts zu den USA aber stärker ist als in der Kiobel-Konstellation, auch nicht-territoriale Anknüpfungspunkte berücksichtigen wird, spricht hingegen, dass der Supreme Court eine rechtliche Überprüfung der Chiquita-Entscheidung im Jahre 2015 abgelehnt hat.[354] Das Berufungsgericht hatte die Anwendbarkeit des ATS verneint, obwohl Chiquita als US-amerikanisches Unternehmen aus den USA kolumbianische Paramilitäreinheiten der Autodefensas Unidas de Colombia durch Geldzahlungen und Waffenlieferung unterstützt hatte, die anschließend Gewaltverbrechen an der kolumbianischen Bevölkerung beging.[355] Der Nichtannahme kommt zwar keine rechtliche Bindungswirkung zu und der Supreme Court könnte jederzeit über einen ähnlich gelagerten Fall entscheiden. Dennoch zeigt die Ablehnung der Überprüfung, dass der Supreme Court seine Rechtsprechung zum ATS auch in einem Sachverhalt, in dem im Vergleich zum Kiobel-Sachverhalt eine wesentlich stärkere Verbindung zu den USA gegeben ist, nicht präzisieren wollte. Sachverhalte, die für eine Nuancierung der Kiobel-Rechtsprechung unter Einbeziehung rechtssubjektbezogener Anknüpfungspunkte besser geeignet sind, können kaum konstruiert werden.

Bei Betrachtung aller Umstände ist es im Ergebnis wahrscheinlicher, dass das ATS zukünftig allein auf territoriale Sachverhalte angewendet werden kann. Heute ist die Frage nach der Berücksichtigung von nicht-territorialen Anknüpfungspunkten in den Gerichten aber stark umkämpft und noch nicht abschließend entschieden.

a. Die Beklagtenseite: US-amerikanische Unternehmen

Die nach der Kiobel-Entscheidung wohl umstrittenste Frage ist, ob das ATS anwendbar ist und ein Anspruch die USA hinreichend berührt und betrifft, wenn ein US-amerikanisches Unternehmen verklagt wird.[356] Bei Beantwortung dieser Frage

---

353 Kiobel v. Royal Dutch Petroleum Co., 133 S.Ct. 1659, 1669 (2013).

354 *Reuters*, US Top Court Rejects Colombian Chiquita Human Rights Suit, http://www.reuters.com/article/2015/04/20/us-usa-court-rights-idUSKBN0NB1I520150420.

355 *Cardona v. Chiquita*, 760 F.3d 1185, 1193 (11th Cir. 2014). Chiquita wurde allerdings in Folge einer strafrechtlichen Verfolgung zur Zahlung von $ 25 Millionen verpflichtet. Siehe *Washington Post*, Chiquita to Pay $25M Fine in Terror Case, http://www.washingtonpost.com/wp-dyn/content/article/2007/03/15/AR2007031500354.html.

356 Dafür *Stephens et al.*, Extraterritoriality and Human Rights after Kiobel, 28 Md. J. Int'l L. 256, 273 f. (2013); *Cassel*, Suing Americans for Human Rights Torts Overseas: The Supreme Court Leaves the Door Open, 89 Notre Dame L. Rev. 1773 (2014). Die

müssen die von der neoterritorialen Rechtsprechung verfolgten Regelungsziele und die untergerichtliche Rechtsprechung Berücksichtigung finden. Im Ergebnis spricht bei neoterritorialer Betrachtung mehr dafür, dass es für die Anwendbarkeit des ATS nicht ausreicht, dass ein US-amerikanisches Unternehmen verklagt wird.

Unklar ist, ob Wirtschaftsinteressen einer Anwendung des ATS auf US-amerikanische Unternehmen entgegenstehen. Dagegen spricht, dass das in der Kiobel-Entscheidung gegen die Widerlegung der Vermutung geltend gemachte teleologische Argument bei einer Anwendung des ATS auf US-amerikanische Unternehmen nicht passt. Weil keine fremden Staatsbürger vor die US-amerikanischen Gerichte gezwungen werden, drohen auch keine gegen US-amerikanische Unternehmen gerichteten spiegelbildlichen Verfahren im Ausland.[357]

Ungeklärt ist aber, inwieweit US-amerikanische Unternehmen über neoterritoriale Gedanken nicht nur – wie vom Supreme Court klar artikuliert – vor Gerichtsverfahren im Ausland, sondern darüber hinaus auch in den USA vor Menschenrechtsklagen geschützt werden sollen. Eine Anwendung des ATS allein auf US-amerikanische Unternehmen könnte im globalisierten Wirtschaftsumfeld zu deren Benachteiligung führen, weil andere Länder keine mit dem ATS vergleichbaren zivilrechtlichen Haftungssysteme für Menschenrechtsverletzungen besitzen.[358] Es droht die Gefahr, dass ausschließlich US-amerikanische Unternehmen bei weltweit mitverursachten Menschenrechtsverletzungen Haftungsklagen ausgesetzt wären.

Während die Berücksichtigung wirtschaftlicher Interessen damit keine eindeutige Antwort bietet, sprechen souveränitätsrechtliche Bedenken jedenfalls nicht gegen eine Anwendung des ATS auf US-amerikanische Unternehmen. Denn die USA können als Heimatstaat die Gesetzgebungsgewalt über ihre staatszugehörigen Unternehmen ausüben, weil die Unternehmen in den USA einen allgemeinen Gerichtsstand aufweisen.[359] Die Ausübung der Gesetzgebungsgewalt wird im Rahmen der UN-Leitprinzipien von den Heimatstaaten sogar gefordert. Dies schaffe

---

Nationalität der Kläger kann für die Anwendbarkeit keine Rolle spielen, weil US-amerikanische Kläger vom ATS schon tatbestandlich nicht erfasst sind.

357 So auch *Sexual Minorities Uganda v. Lively*, 960 F.Supp.2d 304, 322 f. (D.Mass. 2013); *Stephens et al.*, Extraterritoriality and Human Rights after Kiobel, 28 Md. J. Int'l L. 256, 273 (2013); *Hoffmann*, Kiobel v. Royal Dutch Petroleum Co., 52 Colum. J. Transnat'l L. 28, 44 f. (2013). Dieses Argument wird auch in Fallkonstellationen gemacht, die sich auf einem Gebiet abspielen, das keiner Hoheitsgewalt unterfällt. Siehe *Harvard Law Review*, Fourth Circuit Allows Alien Tort Statute Claim against Abu Ghraib Contractor, 128 Harv. L. Rev. 1534, 1538 f.

358 Auf die drohende Benachteiligung US-amerikanischer Unternehmen weist hin *Chander*, Unshackling Foreign Corporations: Kiobel's Unexpected Legacy, 107 Am. J. Int'L. 829 (2013). Zur Möglichkeit in Deutschland gegen deutsche Unternehmen Menschenrechtsklagen einzubringen siehe Teil 3 § 2., S. 197.

359 Siehe auch *Tully*, International Corporate Legal Responsibility, S. 47; *Muchlinski*, Multinational Enterprises and the Law, S. 125 ff.

Rechtssicherheit und verteidige die staatliche Reputation.[360] Auch im internationalen Strafrecht dient die Nationalität des Beklagten als Anknüpfungspunkt für die Gerichtsgewalt des Heimatstaates. Nach dem im Völkerrecht anerkannten aktiven Personalitätsprinzip, steht einem Staat die Gerichtsgewalt zu, Auslandstaten zu bestrafen, die durch seine Staatsangehörigen begangen werden.[361]

Vor diesem Hintergrund werden souveränitätsrechtliche Überlegungen sogar für eine Anwendung des ATS auf US-amerikanische Unternehmen vorgetragen. Weil den USA die Regelungskompetenz über US-amerikanische Unternehmen zusteht, führe die Nichtausübung der Regelungskompetenz zu internationalen Verwerfungen.[362] Diesem Argument kommt Überzeugungskraft zu, wenn die Heimatstaaten nicht nur das Recht, sondern auch die Pflicht hätten, ihre Staatsangehörigen und damit auch nationale Unternehmen zu regulieren. Ob aber wirklich – wie von einigen Autoren angeführt[363] – eine derartige Rechtspflicht aus dem Völkerrecht besteht, ist umstritten.[364]

Die Mehrheit der Gerichte lehnt die Anwendung des ATS auf US-amerikanische Unternehmen heute ab. Zwar berücksichtigt der Court of Appeals des Fourth Circuit in der Entscheidung Al Shimari v. CACI Premier Technology auf der einen Seite in einer faktenbasierten Analyse auch die Staatszugehörigkeit des verklagten Unternehmens. Judge Keenan erklärt das ATS in einem Fall für anwendbar, der sich mit Foltereignissen in Abu Ghraib beschäftigte, an denen das US-amerikanische CACI Unternehmen beteiligt war. Das ATS sei anwendbar, weil sich die Klage erstens gegen ein US-amerikanisches Unternehmen richtet, zweitens die in Abu Ghraib für das Unternehmen handelnden Personen US-Amerikaner waren, drittens der Vertrag, auf dessen Grundlage CACI Dienste

360 UN-Leitprinzipien, Annex I A 2.

361 So auch Justice Breyer concurring mit Hinweis auf die Rechtsauffassung der Europäischen Union. Siehe *Kiobel v. Royal Dutch Petroleum Co.*, 133 S.Ct. 1659 1675 f. (2013). So auch *Cardona v. Chiquita*, 760 F.3d 1185, 1193 (11th Cir. 2014). Siehe § 402 (2) und cmt. e. Restatement Second of the Law (Foreign Relations Law) (1987); *Crawford*, Brownlie's Principles of Public International Law, S. 459 f.; *Shaw*, International Law, S. 659 ff.; *Henrich*, Das passive Personalitätsprinzip im deutschen Strafrecht, S. 28 f. Das einzelstaatliche Deliktsrecht stellt nicht auf die Nationalität, sondern gemäß § 145 (2) (c) Restatement Second of the Law (Conflict of Laws) (1971) auf das domicile des Klägers ab.

362 Darauf weist hin *Sexual Minorities Uganda v. Lively*, 960 F.Supp.2d 304, 322 f. (D.Mass. 2013). Ähnlich auch *Weinberg*, What we don't talk about Extraterritoriality: Kiobel and the Conflict of Laws; 99 Cornell L. Rev. 1471, 1509 f. (2014).

363 Siehe z.B. *Skinner*, Beyond Kiobel, 46 Colum. Hum. Rts. L. Rev. 158, 184 ff. (2014).

364 Nach internationalem Recht können Menschenrechtsverletzungen eine Staatshaftung nur auslösen, wenn der Staat die Menschrechte direkt verletzt oder er entgegen einer positiv feststehenden Rechtsplicht nicht einschreitet. Siehe *Muir Watt*, L'Enjeux de l'Affaire Kiobel: Le Chaînon Manquant dans la Mise en Œuvre de la Responsabilité des Entreprises Multinationales en Droit International Public et Privé, Comité Français DIP 2013, 233, 237.

in Abu Ghraib erbrachte, in den USA abgeschlossen worden war und viertens die Geschäftsführung das Verhalten der Mitarbeiter in Abu Ghraib in den USA stillschweigend gebilligt hatte.[365] In den Distriktgerichten stellen zudem Judge Ponsor in Sexual Minorites Uganda v. Lively[366] und Judge Scheindlin in der South African Apartheid Litigation-Entscheidung[367] nach der Kiobel-Entscheidung auf die Nationalität des Beklagten ab.

Auf der anderen Seite hat sich der Court of Appeals des Second Circuit in der Sache Balintulo v. Daimler[368] und in der Entscheidung Mastafa v. Chevron[369] genauso der streng territorialen Ansicht angeschlossen wie der Court of Appeals des Eleventh Circuit in der Entscheidung Cardona v. Chiquita. Das Bundesberufungsgericht hat im Chiquita-Fall, in dem der Supreme Court eine rechtliche Überprüfung der berufungsgerichtlichen Entscheidung abgelehnt hat, die Anwendbarkeit des ATS verneint, obwohl ein US-amerikanisches Unternehmen zugestanden hatte, die in Kolumbien handelnden Täter aus den USA unterstützt zu haben.[370] Ein Distriktgericht folgte der streng territorialen Ansicht zudem in der Entscheidung Jara v. Nuñez. In dieser Sache sind die Angehörigen des chilenischen Musikers Victor Jara, der von dem chilenischen Pinochet-Regime getötet worden ist, gegen den ehemaligen Soldaten Barrientos Nuñez unter dem ATS vorgegangen.[371]

---

365 *Al Shimari v. CACI Premier Technology*, 758 F.3d 516, 528 ff. (4th Cir. 2014). Dazu *Harvard Law Review*, Fourth Circuit Allows Alien Tort Statute Claim against Abu Ghraib Contractor, 128 Harv. L. Rev. 1534. Zum erstinstanzlichen Urteil *Katsuka*, Al Shimari v. Caci International, Inc., The Application of Extraterritorial Jurisdiction in the Wake of Kiobel, 10 S. C. J. Int'l. L. & Bus. 201 (2013).

366 *Sexual Minorities Uganda v. Lively*, 960 F.Supp.2d 304, 321 (D.Mass. 2013).

367 *In re South African Apartheid Litigation*, 15 F.Supp.3d 454, 455 f. (S.D.N.Y. 2014).

368 „The plaintiffs read the opinion of the Court as holding only that mere corporate presence in the United States is insufficient for a claim to ‚touch and concern' the United States, but that corporate citizenship in the United States is enough. (...) We disagree." *Balintulo v. Daimler*, 727 F.3d 174, 189 (2d Cir. 2013).

369 „We disagree with the contention that a defendant's U.S. citizenship has any relevance to the jurisdictional analysis. The Supreme Court made clear in Kiobel that the full focus of the ATS was on conduct." *Mastafa v. Chevron*, 770 F.3d 170, 189 (2d Cir. 2014).

370 *Cardona v. Chiquita*, 760 F.3d 1185, 1189 (11th Cir. 2014). Nur Judge Martin dissenting geht davon aus, dass das ATS anwendbar ist, weil Chiquita ein US-amerikanisches Unternehmen ist. *Cardona v. Chiquita*, 760 F.3d 1185, 1192 (11th Cir. 2014). Zur Entscheidung *Muir Watt*, Compétence Fédérale Américaine au sens de l'Alien Tort Statute, Rev. Crit. DIP 2014, S. 851. Ähnlich *Baloco v. Drummond*, 767 F.3d 1229, 1236 (11th Cir. 2014). Siehe auch schon Teil 1, § 4. 2., S. 75.

371 *Jara v. Nuñez*, No. 6:13-CV-1426-ORL-37, 2014 WL 6608924, *2 (M.D. Fla. Nov. 20, 2014).

b. Staatsschutzinteressen

Unklar ist auch, ob das Vorliegen hoheitlicher Staatsschutzinteressen zur Anwendbarkeit des ATS führen kann. Hoheitliche Interessen der USA könnten einen Anspruch beispielsweise hinreichend mit den USA verbinden, wenn eine Völkerrechtsverletzung nationale Einrichtungen im Ausland betrifft. Auch bei dieser – allerdings nur bedingt praxisrelevanten Fallgruppe – ist unklar, wie sich die Rechtsprechung bei neoterritorialer Auslegung entwickeln wird. Allerdings sprechen einige Gründe dafür, dass in dieser Konstellation das strenge Territorialitätsprinzip durchbrochen werden könnte.

Für eine von Justice Breyer geforderte und über das Schutzprinzip völkerrechtlich zulässige[372] Berücksichtigung von Staatsschutzinteressen kann angeführt werden, dass das politische Interesse der USA an einer Strafverfolgung in besonderem Maße betroffen ist, wenn sich ein Verhalten direkt gegen US-amerikanische Staatseinrichtungen richtet. Das hinter dem neoterritorialen Denken stehende Argument, dass durch die Anwendung des ATS nicht in fremde Hoheitssphären eingegriffen werden soll, verliert durch das Vorliegen US-amerikanischer Hoheitsinteressen an Bedeutung. Beispielhaft kann der Fall eines terroristischen Angriffs auf die US-amerikanische Botschaft in Nairobi in Kenia im Jahre 1998 erwähnt werden. In der Entscheidung Mwani v. Bin Laden hat ein District Court im Jahre 2013 die Fallkonstellation dadurch von der Kiobel-Entscheidung unterschieden, dass hier „offensichtlich" US-amerikanische Interessen intensiver betroffen seien.[373] Damit könne die sachliche Zuständigkeit der Bundesgerichte auf das ATS gestützt werden. In vergleichbaren Fällen, wie etwa dem Angriff auf die US-amerikanische Botschaft in Bengasi in Libyen im Jahre 2012, ist es politisch kaum vorstellbar, dass die USA sich einer rechtlichen Wertung enthalten und die Kläger an ausländischen Gerichte verweisen würden. Andererseits bleibt zu überlegen, inwieweit andere Gesetze diese Konstellation hinreichend regeln.[374]

Wirtschaftliche Interessen geben in dieser Konstellation keine entscheidenden Impulse. Zwar droht die Sanktionierung ausländischer Unternehmen, was zu Gegenmaßnahmen ausländischer Gerichte führen könnte. Diese Gefahr ist allerdings nicht besonders groß, weil von MNU verursachte Angriffe auf US-amerikanische Einrichtungen doch eine seltene Ausnahme darstellen. Erforderlich wäre, dass MNU

---

372 Siehe § 402 (3) und cmt. f. Restatement Third of the Law (Foreign Relations Law) (1987). Zum protective principle *Crawford*, Brownlie's Principles of Public International Law, S. 462; *Shaw*, International Law, S. 666 ff. Zum Schutzprinzip *Ambos*, in: MüKo StGB, Vorbem. §§ 3–7, Rn. 32 f.

373 „The factual circumstances behind the torts claimed in this case are easily distinguishable from the circumstances at issue in Kiobel. (...) It is obvious that a case involving an attack on the United States Embassy in Nairobi is tied much more closely to our national interests than a case whose only tie to our nation is a corporate presence here." *Mwani v. Bin Laden*, 947 F.Supp.2d 1, 5 (D.D.C. 2013).

374 So etwa der ATA, Teil 3, § 1. 1. c., S. 182.

terroristische Gruppen wie Al-Qaida oder den „Islamischen Staat" unterstützen, die die westliche Welt bewusst angreifen.

c. *Notgerichtsstand*

Die Frage, ob das ATS in Zukunft über den mit dem Weltrechtsprinzip verwandten Notgerichtsstand (forum necessitatis) angewendet werden kann, hat aufgrund der subsidiären Funktion des notwendigen Forums nur eingeschränkte praktische Bedeutung. Im Ergebnis ist es zudem unwahrscheinlich, dass das ATS anwendbar ist, weil einem Opfer weder in dem Staat, in dem das schädigende Verhalten stattgefunden hat, noch in seinem Herkunftsland oder im Herkunftsland des Schädigers effektive Rechtsschutzmöglichkeiten offenstehen.

Theoretisch könnten die Bundesgerichte die Zuständigkeit in diesem Fall zwar über einen Notgerichtsstand begründen, damit die Geschädigten nicht völlig schutzlos stehen.[375] In diese Richtung argumentiert das Gericht beispielsweise in der Lively-Entscheidung, als es – allerdings im Rahmen der kollisionsrechtlichen Untersuchung einzelstaatlicher Ansprüche – darauf hinwies, dass die Abwesenheit von Rechtsmitteln im Tatortstaat die Interessen des Forums verstärke.[376]

Letztlich ist es aber überzeugender, dass der Gedanke des forum necessitatis die Anwendbarkeit des ATS nicht legitimieren kann. Ungeklärt ist schon, ob das US-amerikanische Recht das forum necessitatis überhaupt anerkennt.[377] Zudem fand der Notgerichtsstand und der Gedanke eines effektiven Rechtsschutzes in keiner der drei Kiobel-Meinungen Erwähnung. Auch neoterritoriale Überlegungen sprechen gegen eine Anwendung des ATS allein aus Rechtsschutzerwägungen. Weil der Notgerichtsstand in verschiedenen Rechtsordnungen anerkannt ist,[378] drohen zwar keine Souveränitätseingriffe. Gegen die Anerkennung eines Notgerichtsstands sprechen aber US-amerikanische Wirtschaftsinteressen. Wenn die US-amerikanischen Gerichte über das forum necessitatis die Zuständigkeit über

---

375 Darauf weist im Rahmen der HRL hin *Goldhaber*, Corporate Human Rights Litigation in Non-U.S. Courts, 3 UC Irvine L. Rev. 127, 135 (2013). Siehe zum forum necessitatis *Hay/Borchers/Symeonides*, Conflict of Laws, § 6.6 und *Mansel*, Staatlichkeit des Internationalen Privatrechts und Völkerrecht; in: Leible, Ruffert (Hrsg.), Völkerrecht und IPR, S. 89, 124 f.

376 „In the absence of any remedy for Plaintiff in Uganda, the interest of the Commonwealth of Massachusetts in adjudicating Plaintiff's civil conspiracy claim, recognized under its law, becomes more prominent." *Sexual Minorities Uganda v. Lively*, 960 F.Supp.2d 304, 332 (D.Mass. 2013).

377 Das diese Debatte wesentlich prägende Urteil ist *Mullane v. Central Hanover Bank & Trust*, 339 U.S. 306 (1950). *Fraser*, Jurisdiction by Necessity – An Analysis of the Mullane Case, 100 U. Pa. L. Rev. 305 (1951) geht davon aus, dass aus diesem die Anerkennung des notwendigen Forums folgt. *Waits* sieht in der Perkins-Entscheidung einen Beispielsfall für ein notwendiges Forum; *Waits*, The Judicial Process and State Court Jurisdiction, 1983 U. Ill. L. Rev. 917, 940 (1983).

378 Siehe z.B. zum deutschen Recht Teil 3, § 2. 1. b., S. 204.

ausländische Unternehmen begründen, droht die Gefahr, dass ausländische Staaten sich diesem Vorgehen anschließen und sich US-amerikanische Unternehmen auch im Ausland verantworten müssen. Diese Gefahr besteht insbesondere, wenn die US-amerikanischen Gerichte das ATS zukünftig nicht mehr auf US-amerikanische Unternehmen anwenden sollten.[379]

d. *Exkurs: Natürliche Personen als Beklagte*

Einiges spricht dafür, dass auch zukünftig der dauerhafte Aufenthalt einer natürlichen Person in den USA dazu führen kann, dass ein Anspruch die USA hinreichend berührt und betrifft.[380] So hat ein Distriktgericht in der Sache Ahmed v. Magan entschieden, dass es für die Anwendbarkeit des ATS genügt, dass der Beklagte seinen Wohnsitz in den USA hat.[381] Für die Berücksichtigung des Aufenthaltsorts des Beklagten kann angeführt werden, dass dieser in der Vergangenheit in der Filártiga- und Sosa-Rechtsprechung[382] für die Anwendung des ATS mitbestimmend gewesen ist. Es ist nicht geklärt, ob diese Rechtsprechung durch das Kiobel-Urteil aufgehoben worden ist.[383] Entgegen der streng territorialen Auffassung können für die Berücksichtigung des Aufenthaltsorts des Beklagten zudem zivilrechtliche und strafrechtliche Überlegungen angeführt werden. Zivilrechtlich gesehen kann das domicile des Beklagten im deliktischen Kollisionsrecht Berücksichtigung finden, weil der Staat des domiciles ein Interessen daran hat, das Verhalten seiner Einwohner zu regeln.[384] Bei einer strafrechtlichen Betrachtung verlangt das Prinzip der stellvertretenden Strafrechtspflege, dass das Land, in dem sich ein Täter aufhält, dessen Straftaten bestraft, wenn dies dem Tatortstaat rechtlich oder tatsächlich unmöglich ist. In diesem Sinne führt Justice Breyer in seiner abweichenden Meinung aus, dass die USA einen „sicheren Hafen" für „moderne Piraten" darstellen würden, wenn sich Menschenrechtsverbrecher unbestraft in den USA aufhalten könnten.[385] Ob hingegen ein nur vorübergehender Aufenthalt des Täters die Anwendung des

---

379 Siehe Teil 1, § 4. 2. a., S. 78.

380 Dazu, dass damit juristische und natürliche Personen unterschiedlich behandelt werden *Steinhardt*, Kiobel and the Multiple Futures of Corporate Liability for Human Rights Violations, 28 Md. J. Int'l L. 1, 22 f. (2013).

381 *Ahmed v. Magan*, No. 2:10-CV-00342, 2013 WL 4479077, *2 (S.D. Ohio Aug. 20, 2013).

382 *Filartiga v. Pena Irala*, 577 F.Supp. 860 (E.D.N.Y. 1984); *Sosa v. Alvarez-Machain*, 542 U.S. 692 (2004).

383 Dagegen *Hoffmann*, Kiobel v. Royal Dutch Petroleum Co., 52 Colum. J. Transnat'l L. 28, 39 f. (2013); *Curran/Sloss*, Reviving Human Rights after Kiobel, 107 Am. J. Int'l L. 858 (2013). Zweifelnd *Steinhardt*, Kiobel and the Multiple Futures of Corporate Liability for Human Rights Violations 28 Md. J. Int'l L. 1, 20 f. (2013).

384 Siehe § 145 (2) c Restatement Second of the Law (Conflict of Laws) (1971); *Weintraub*, Commentary on the Conflict of Laws, § 6.13.

385 Siehe *Kiobel v. Royal Dutch Petroleum Co.*, 133 S.Ct. 1659, 1674 (2013). Siehe zum Grundsatz „Aut dedere aut judicare" sowie dessen Nähe zum Weltrechtsprinzip

ATS rechtfertigen kann, ist vor dem Hintergrund der Kiobel-Entscheidung fraglich, weil die USA in diesem Fall keinen „sicheren Hafen" darstellen.[386]

§ 5 Die Vermutung gegen extraterritoriale Anwendung

Die Mehrheitsmeinung der Kiobel-Entscheidung stützt sich zentral auf die Vermutung gegen extraterritoriale Anwendung. Damit ist die Entscheidung Teil eines seit Anfang der 1990er Jahren in verschiedenen Rechtsbereichen bestehenden Rechtsprechungstrends, der Vermutung gegen extraterritoriale Anwendung als Auslegungskanon in erneuerter Form Bedeutung zuzusprechen. Hier werden die Rationale und die kollisionsrechtliche Bedeutung der Vermutung gegen extraterritoriale Anwendung untersucht. Zudem wird betrachtet, welche Bedeutung der Rückgriff auf die Vermutung gegen Extraterritorialität für den Prüfungsstandort des Problems der extraterritorialen Rechtsanwendung hat.

1. Die Rationale der Vermutung

a. Keine zwingende Berücksichtigung von Völkerrecht

Anders als die frühe Version der Vermutung gegen extraterritoriale Anwendung hat die aktuelle Version ihre Wurzeln nicht mehr in völkerrechtlichen Wertungen. Zwar muss nach der Charming-Betsy-Vermutung ein Gesetz so ausgelegt werden, dass es nicht gegen das Völkerrecht verstößt.[387] Dem US-amerikanischen Gesetzgeber steht es heute aber frei, extraterritoriale Gesetze zu erlassen.[388] Diese Freiheit wird anders als die des deutschen Gesetzgebers[389] nicht durch völkerrechtliche Wertungen

---

Delbrück/Wolfrum, Völkerrecht Band I/3, § 190 II. Siehe auch *Bassiouni/Wise*, Aut Dedere Aut Judicare, S. 26 ff.

386 Der vorübergehende Aufenthalt könne aber jedenfalls über die tag jurisdiction die personal jurisdiction herstellen. *Burnham v. Superior Court of California*, 495 U.S. 604 (1990).

387 *Murray v. Schooner Charming Betsy*, 6 U.S. 64, 118 (1804).

388 Siehe z.B. *Buxbaum*, Territory, Territoriality, and the Resolution of Jurisdictional Conflict, 57 Am. J. Comp. L. 631, 643 (2009); *Knox*, A Presumption against Extrajurisdictionality, 104 Am. J. Comp. L. 351 (2010). Allein verfassungsrechtliche Grenzen, könnten einer extraterritorialen Rechtsanwendung Grenzen setzen. Siehe dazu *Brilmayer/Norchi*, Federal Extraterritoriality and Fifth Amendment Due Process; 102 Harv. L. Rev. 1217 (1992).

389 Nach deutschem Recht ordnet Art. 25 GG den Vorrang der allgemeinen Regeln des Völkerrechts vor dem Gesetzesrecht an. Der Rang von nach Art. 59 Abs. 2 S. 1 GG inkorporierten völkerrechtlichen Verträgen bestimmt sich nach dem Rang des vollziehenden Rechtsakts. Bei einem Normenkonflikt gilt der Lex-posterior-Grundsatz. Siehe *Nettesheim*, in: Maunz/Dürig GG, Art. 59, Rn. 181 ff.; *Buxbaum*, Territory, Territoriality, and the Resolution of Jurisdictional Conflict, 57 Am. J. Comp. L. 631, 653 (2009).

eingeschränkt. Denn nach US-amerikanischem Recht stehen völkerrechtliche Verträge auf einer Stufe mit dem Gesetzesrecht, während das Völkergewohnheitsrecht darunter angesiedelt ist. Damit ist ein Normenkonflikt nur in dem seltenen Fall zu Gunsten des Völkerrechts aufzulösen, wenn einem völkerrechtlichen Vertrag als lex posterior Vorrang vor dem einfachen Gesetzesrecht zukommt. Da völkerrechtliche Verträge die extraterritoriale Anwendung des US-amerikanischen Rechts aber nicht regeln, ist die Vermutung gegen extraterritoriale Gesetzesanwendung nicht auf zwingende völkerrechtliche Wertungen zurückzuführen.

Bei der normenhierarchischen Behandlung völkerrechtlicher Verträge wird im US-amerikanischen Rechte danach unterschieden, ob ein Vertrag eines weiteren gesetzgeberischen Umsetzungsaktes bedarf. Ist dies nicht der Fall, liegt ein sog. „self executing treaty" vor, während andernfalls von einem „non-self-executing treaty" gesprochen wird.[390] Die Unterscheidung hängt im Wesentlichen vom Willen der USA bei der Ratifiktion des Vertrages ab.[391] Nach Art. VI der US-amerikanischen Verfassung stehen self executing treaties grundsätzlich auf derselben Normebene wie das Bundesrecht.[392] Bei einem Normwiderspruch setzt sich damit das Bundesrecht oder der self executing treaty durch, das oder der später in Kraft getreten ist (last in time rule). Self executing treaties spielen im US-amerikanischen Recht aber nur eine untergeordnete Rolle.[393] Welche Rolle non-self executing treaties als Rechtsquelle zukommt, hängt hingegen vom den Vertrag umsetzenden Gesetzesakt ab.[394]

Die normenhierarchische Bedeutung von Völkergewohnheitsrecht ist hingegen weniger klar. Grundsätzlich setzten US-amerikanische Gerichte Völkergewohnheitsrecht aber durch,[395] weil es wie US-amerikanisches Bundesrecht behandelt wird.[396] Anders als beim Vorliegen eines völkerrechtlichen Vertrags, setzt sich aber nicht nur später erlassenes,[397] sondern auch früher erlassenes[398] Bundesrecht bei einem Konflikt mit dem Völkergewohnheitsrecht durch.

---

390 Vgl. *Askura v. Seattle,* 265 US. 332, 341 (1924); § 111(3) & (4) cmt h. Restatement Third of the Law (Foreign Relations Law) (1987).

391 § 111(4) &Reporters Note 5. Restatement Third of the Law (Foreign Relations Law) (1987).

392 Art. 6 § 2 der US-amerikanischen Verfassung lautet: "(A)ll Treaties made, or which shall be made, under the Authority of the United States, shall be the supreme Law of the Land (...)."

393 Vgl. *Born/Rutledge*, International Civil Litigation in United States Courts, S. 15 ff.; *Hailer*, Menschenrechte vor Zivilgerichten – die Human Rights Litigation in den USA, S. 68 f. Das Völkerrecht setzt der Gesetzgebungskompetenz heute zudem kaum Grenzen. Siehe IGH, *S.S. Lotus* (*France v. Turkey*), 1927 P.C.I.J. (ser. A) No. 10, Rn. 46 (Sept. 7).

394 *Born/Rutledge*, International Civil Litigation in United States Courts, S. 16.

395 *The Paquete Habana*, 175 US. 677 (1900).

396 § 111 Restatement Third of the Law (Foreign Relations Law) (1987).

397 *Head Money Cases*, 112 U.S. 580, 598 f. (1884)

398 § 115 Reporters Note 4, Restatement Third of the Law (Foreign Relations Law) (1987).

b. Berücksichtigung außenpolitischer Bedenken

Der Supreme Court begründet die Anwendung der Vermutung gegen extraterritoriale Anwendung aber mit außenpolitischen Bedenken, die mit völkerrechtlichen Wertungen verwandt sind. Die restriktive Rechtsprechung des Supreme Court macht eine veränderte außenpolitische Doktrin sichtbar, weil die Rechtsprechung der Souveränität fremder Staaten bei der Rechtsanwendung wieder mehr Bedeutung zukommen lässt. Dies wird zum einen im Rahmen der Kiobel-Entscheidung deutlich, in der das Gericht die Entscheidung ausdrücklich mit Comity-Erwägungen begründet und damit die Interessen ausländischer Staaten wahrgenommen hat.[399] Die gestiegene Bedeutung von Comity-Erwägungen tritt zum anderen aber auch in anderen Entscheidungen des Supreme Court zu Tage, in denen sich das Gericht auf die Vermutung gegen extraterritoriale Anwendung gestützt hat.[400] Das Gericht wies erstens in der zum Civil Rights Act ergangenen Entscheidung EEOC v. Aramco im Jahre 1991 auf die Gefahr außenpolitischer Spannungen hin.[401] Zweitens hat der Supreme Court in der Entscheidung Morrison v. National Australia Bank im Jahr 2010 Comity-Erwägungen berücksichtigt, indem es auf die Gefahr von Widersprüchen zum ausländischen Recht und auf die Bedenken ausländischer Staaten hinwies.[402] Drittens hat der Supreme Court im Jahr 2016 auch in der Entscheidung RJR Nabisco Inc. v. European Community die zum RICO ergangen ist, betont, dass eine weitreichende extraterritoriale Anwendung des US-amerikanischen Rechts zu Unstimmigkeiten zwischen den Staaten führen kann.[403] In ähnlicher Weise hat das Gericht im Jahre 2004 in der Entscheidung Hoffmann-La Roche v. Empagran, in der es die Vermutung gegen extraterritoriale Anwendung allerdings nicht berücksichtigte, ausgeführt, dass die Anwendung des US-amerikanischen Kartellrechts die Interessen ausländischer Staaten unterminieren könne und „rechtsimperialistisch“ sei.[404]

---

399 Teil 1, § 3. 3., S. 64.

400 Vgl. z.B. *Dodge*, Understanding the Presumption against Extraterritoriality, 16 Berkeley J. Int'l L. 85, 115 ff. (1998); *Knox*, A Presumption against Extrajurisdictionality, 104 Am. J. Comp. L. 351, 379 ff. (2010); *Sloss*, Kiobel and Extraterritoriality: A Rule without a Rationale, 28 Md. J. Int'l L. 241, 245 ff. (2013).

401 „It serves to protect against unintended clashes between our laws and those of other nations which could result in international discord.“ *EEOC v. Aramco*, 499 U.S. 244, 248 (1991). Siehe auch *Benz v. Compania Naviera Hidalgo*, 353 U.S. 138, 147 (1957); *McCulloch v. Sociedad Nacional de Marineros de Honduras*, 372 U.S. 10, 21 f. (1963)..

402 *Morrison v. National Australia Bank*, 130 S.Ct. 2869, 2885 (2010). Nach der Entscheidung ist ein Widersrpruch mit dem ausländischen Recht für die Anwendung der Vermutung gegen extraterritoriale Anwendung allerings nicht erforderlich. Vgl. *Morrison v. National Australia Bank*, 130 S.Ct. 2869, 2877 f. (2010).

403 *RJR Nabisco Inc. v. European Community*, 579 U.S. ___ (2016).

404 *Hoffmann-La Roche v. Empagran*, 542 U.S. 154, 169 (2004).

c. Gewaltenteilung: Pflicht und Recht des Gesetzgebers

Die Anwendung der Vermutung gegen extraterritoriale Anwendung ist zudem auf ein konservatives Verständnis von Gewaltenteilung zurückzuführen, das eng mit der erneuerten außenpolitischen Doktrin des Supreme Court verbunden ist. Der Supreme Court ist nicht gewillt, US-amerikanisches Recht weltweit durchzusetzen, wenn dies nicht durch einen klaren gesetzgeberischen Anwendungsbefehl angeordnet worden ist. Der Supreme Court führt aus, dass der Gesetzgeber für die wichtige Entscheidung einer extraterritorialen Rechtsanwendung verantwortlich sei. Eine extraterritoriale Rechtsanwendung könne nicht allein die Folge einer richterlichen Gesetzesauslegung sein, sondern müsse durch den Gesetzgeber explizit angeordnet werden.[405] Nach dem Willen des Gesetzgebers können Gesetze grundsätzlich nur auf Inlandssachverhalte angewendet werden, weil diese der natürliche hoheitliche Regelungsbereich seien. Dass Gesetze grundsätzlich nur Inlandssachverhalte erfassen, ergebe sich daraus, dass der Kongress als demokratisch gewähltes Organ mit seinen Rechtsakten seine Wählerschaft erreichen will.[406] Weil die Rechtsprechung damit heute stark durch den Willen des Gesetzgebers gebunden ist, werden die Möglichkeiten des judicial activism im Menschenrechtsbereich eingeschränkt.[407]

---

405 „It is a longstanding principle of American law that legislation of Congress, unless a contrary intent appears, is meant to apply only within the territorial jurisdiction of the United States." *EEOC v. Aramco*, 499 U.S. 244, 248 (1991). Siehe auch *Benz v. Compania Naviera Hidalgo*, 353 U.S. 138, 147 (1957); *McCulloch v. Sociedad Nacional de Marineros de Honduras*, 372 U.S. 10, 21 f. (1963); *.Morrison v. National Australia Bank*, 130 S.Ct. 2869, 2877 f. (2010); *Kiobel v. Royal Dutch Petroleum Co.*, 133 S.Ct. 1659, 1664 (2013). Zum Hintergrund *Dodge*, Understanding the Presumption against Extraterritoriality, 16 Berkeley J. Int'l L. 85, 120 ff. (1998); *Knox*, A Presumption against Extrajurisdictionality, 104 Am. J. Comp. L. 351, 386 ff. (2010).

406 Therefore, unless we must presume it (Congress) is primarily concerned with domestic conditions." *EEOC v. Aramco*, 499 U.S. 244, 248 (1991); *Morrison v. National Australia Bank*, 130 S.Ct. 2869, 2877 (2010); *Kiobel v. Royal Dutch Petroleum Co.*, 133 S.Ct. 1659, 1664 (2013); *RJR Nabisco Inc. v. European Community*, 579 U.S. ___ (2016). Der Begriff der domestic conditions ist dabei ungeklärt. Zum Hintergrund *Dodge*, Understanding the Presumption against Extraterritoriality, 16 Berkeley J. Int'l L. 85, 117 ff. (1998); *Knox*, A Presumption against Extrajurisdictionality, 104 Am. J. Comp. L. 351, 383 ff. (2010). Zur Bedeutung der Gewaltenteilung für die Auslegung des ATS *Sloss*, Kiobel and Extraterritoriality: A Rule without a Rationale, 28 Md. J. Int'l L. 241, 244 (2013); *Ku*, Kiobel and the Surprising Death of Universal Jurisdiction under the Alien Tort Statute, 107 Am. J. Int'l L. 835 (2013).

407 Zur HRL als Teil der public interest litigation *Stephens*, Translating Filártiga: A Comparative and International Law Analysis of Domestic Remedies for International Human Rights Violations, 27 Yale J. Int'l L. 1, 12 ff. (2002).

2. Die kollisionsrechtliche Bedeutung der Vermutung

Weil das ATS eine Zuständigkeitszuweisungsnorm ist und den ATS-Anspruch beeinflusst, betrifft die Festlegung des Anwendungsbereichs des ATS gleichzeitig das Zuständigkeits- und das Sachrecht. Beide Ebenen werden im Rahmen von ATS-Verfahren durch die Vermutung gegen extraterritoriale Anwendung beeinflusst, die den internationalen Anwendungsbereich des US-amerikanischen Rechts regelt.

Weil das Gericht nicht zwischen Zuständigkeit und anwendbarem Recht unterscheidet, führt dies zu einem Gleichlauf von forum und ius.[408] Weil es dem Supreme Court letztlich um die Frage des Anwendungsbereichs des Federal-Common-Law-Anspruchs, nicht aber um die Kompetenzverteilung zwischen Bundes- und Staatengerichten geht,[409] bestimmen sachrechtliche und nicht zuständigkeitsrechtliche Erwägungen den Gleichlauf. Da über die Einschränkung der Zuständigkeitszuweisungsnorm des ATS im Ergebnis der hinter dem ATS stehende Federal-Common-Law-Anspruch begrenzt werden soll, ist eine Analyse der Kiobel-Rechtsprechung aus einem kollisionsrechtlichen Blickwinkel konsequent.[410]

Dabei wird erstens ersichtlich, dass die Vermutung gegen extraterritoriale Anwendung dazu führt, dass in ATS-Fällen eine einseitige Kollisionsnorm vorliegt, die nicht zu einer allseitigen Kollisionsnorm ausgebaut werden kann. Vor diesem Hintergrund kann das ATS als Art Eingriffsrecht verstanden werden. Als Auslegungsregel stellt die Vermutung gegen extraterritoriale Anwendung zuletzt keine clear statement rule dar.

a. Einseitige Bestimmung des internationalen Anwendungsbereichs des ATS

Die Anwendung der Vermutung gegen extraterritoriale Anwendung auf das ATS führt zunächst dazu, dass der internationale Anwendungsbereich des ATS durch ein einseitiges kollisionsrechtliches Vorgehen ermittelt wird. Denn der Auslegungskanon der Vermutung gegen extraterritoriale Anwendung bestimmt, wann ein US-amerikanisches Gesetz in Sachverhalten mit Auslandsberührung anwendbar ist. Die Vermutung hat hingegen keinen Einfluss auf den Geltungsbereich des US-amerikanischen Rechts, weil die Rationale der Vermutung nicht in der territorialen Souveränität und der Beschränkung der Staatsgewalt auf das eigene Staatsgebiet besteht. Anders ausgedrückt

---

408 Zu den Gleichlauftheorien *Pfeiffer*, Internationale Zuständigkeit und prozessuale Gerechtigkeit, S. 91 ff.

409 Teil 1, § 5. 3. e., S. 104.

410 Zum Kollisionsrecht in ATS-Verfahren siehe *Stephens et al.*, International Human Rights Litigation in U.S. Courts, S. 36 ff.; *Randall*, Further Inquiries into the Alien Tort Statute and a Recommendation 18 N. Y. U. J. Int'l L. & Pol. 473, 534 ff. (1986); *Halfmeier*, Menschenrechte und Internationales Privatrecht im Kontext der Globalisierung, RabelsZ 68 (2004), 653, 671 ff. Zu den grundsätzlichen Unterschieden zwischen Staaten- und Bundeskollisionsrecht *Born/Rutledge*, International Civil Litigation in United States Courts, S. 645 ff.

betrifft die Vermutung gegen extraterritoriale Anwendung die jurisdiciton to prescribe und nicht die jurisdiction to enforce.[411]

Eine Rechtsnorm folgt einem einseitigen bzw. unilateralen kollisionsrechtlichen Vorgehen, wenn der Rechtsanwender den Anwendungsbereich der zu untersuchenden Norm mit Rückgriff auf den Regelungsgehalt der Norm – methodisch mit der Statutenlehre vergleichbar[412] – festlegt. Ein einseitiges Vorgehen ist das Gegenteil eines allseitigen oder zweiseitigen Vorgehens, bei dem „bei jedem Rechtsverhältnis dasjenige Rechtsgebiet aufgesucht (wird), welchem dieses Rechtsverhältnis seiner eigenthümlichen Natur nach angehört oder unterworfen ist".[413] Ein einseitiges Vorgehen setzt bei der Rechtsnorm an, während ein allseitiges Vorgehen seinen Ausgangspunkt am Sachverhalt hat.[414] Im deutschen Recht spielt eine einseitige Analyse insbesondere eine Rolle, wenn Normen, etwa das öffentliche Recht oder Eingriffsnormen, öffentliche Interessen durchsetzen.[415]

Unabhängig davon, ob das ATS aus zuständigkeitsrechtlicher oder sachrechtlicher Perspektive betrachtet wird, ist das Ergebnis der Anwendung der Vermutung gegen extraterritoriale Anwendung ein einseitiges kollisionsrechtliches Vorgehen. Der Supreme Court bestimmt durch die Anwendung der Vermutung gegen extraterritoriale Anwendung den internationalen Anwendungsbereich des zuständigkeitsbegründenden ATS. Gleichzeitig wird dadurch aber auch der Anwendungsbereich des materiell-rechtlichen ATS-Anspruchs bestimmt. Der Supreme Court ermittelt die Anwendbarkeit des ATS-Regimes dabei einseitig, weil er feststellt, auf welche Sachverhalte das ATS anwendbar ist. Das sind solche bei denen ein Anspruch die USA hinreichend „berührt und betrifft". Das Gericht legt hingegen nicht erst abstrakt ein Rechtsverhältnis fest und bestimmt dann dessen Sitz. Das Gericht fragt sich nicht, zu welcher Rechtsordnung die Sonderverbindung, die durch die Menschenrechtsverletzung zwischen Täter und Opfer entsteht, ihren stärksten Bezug hat.

Aus kollisionsrechtlicher Perspektive betrachtet überrascht das einseitige Vorgehen heute kaum, weil das US-amerikanische Kollisionsrecht – anders als das deutsche Recht und das Unionsrecht – überwiegend einem einseitigen Ansatz folgt. Insbesondere das Bundeskollisionsrecht folgt grundsätzlich einer einseitigen kollisionsrechtlichen Analyse, weil die Vermutung gegen extraterritoriale Anwendung und der Conduct-and-Effects-Test den internationalen Anwendungsbereich der

---

411 Vgl. zu den Begriffen *von Bar/Mankowski*, Internationales Privatrecht, § 6, Rn. 68.

412 Dazu *von Bar/Mankowski*, Internationales Privatrecht, § 6 II.

413 *Savigny*, System des heutigen römischen Rechts, Achter Band, S. 28.

414 Siehe zur Unterscheidung z.B. *Juenger*, Choice of Law and Multistate Justice, S. 6 ff.; *Dodge*, Extraterritoriality and Conflict of Laws, Theory: An Argument for Judicial Unilateralism, 39 Harv. Int'l L. J. 102, 107 ff. (1998); *Gothot*, Le renouveau de la méthode unilatérale, Rev. Crit. DIP 1971, S. 1; *von Bar/Mankowski*, Internationales Privatrecht, § 6, Rn. 67 ff.; *Kropholler*, Internationales Privatrecht, § 3.

415 Siehe dazu *Vogel*, Der räumliche Anwendungsbereich der Verwaltungsrechtsnorm, S. 194 ff.; *Kropholler*, Internationales Privatrecht, § 3 II; *von Bar/Mankowski*, Internationales Privatrecht, § 4 Rn. 57 ff.

betroffenen Normen bestimmen. Dem einzelstaatlichen Kollisionsrecht sind nach der IPR-Revolution allseitige Kollisionsregeln zwar nicht grundsätzlich fremd, weil einige Staaten noch die allseitigen Regeln des ersten Restatements anwenden.[416] Die Mehrheit der Staaten folgt aber alternativen Ansätzen. Dabei stellt insbesondere die interest analysis einen einseitigen Ansatz dar, weil die in Frage stehende Rechtsnorm der Ausgangspunkt der kollisionsrechtlichen Prüfung ist.[417]

Aus zuständigkeitsrechtlicher Perspektive betrachtet, bietet sich ein weiterer Erklärungsversuch für die einseitige Bestimmung des Anwendungsbereichs des ATS an. Denn nach allgemeinen Grundsätzen des Zuständigkeitsrechts sind nationale Zuständigkeitszuweisungsnormen grundsätzlich einseitig ausgestaltet und können nur das hoheitliche Tätigwerden der eigenen Gerichte anordnen.[418]

Im Rahmen des ATS folgte das US-amerikanische Recht aber nicht immer dem einseitigen Vorgehen,[419] weil die Rechtsprechung in der Anfangsphase in ATS-Verfahren auch ausländisches Sachrecht auf Menschenrechtsverstöße angewendet hat. Einem allseitigen Vorgehen folgten in einer frühen Phase der ATS-Rechtsprechung beispielsweise zwei District Courts, die in ATS-Fällen unter Rückgriff auf Gedanken der interest analysis ausländisches Sachrecht anwendeten.[420] Ein Distriktgericht begründete in der Filártiga-Entscheidung die Anwendung von paraguayischem Recht damit, dass die Interessen des paraguayischen Rechts nicht unbeachtet bleiben dürfen.[421] Diese bestehen, weil Handlungs- und Erfolgsort (anders als teilweise der Schadensort) in Paraguay liegen, Kläger und Beklagter die paraguayische Staatsangehörigkeit besitzen und zum Zeitpunkt des schädigenden Ereignisses in Paraguay gelebt haben.[422] Auch in der Sache Human Rights

---

416 Siehe die Übersicht bei *Symeonides*, The American Choice-of-Law Revolution, S. 37 ff. Siehe auch *Borchers*, The Choice-of-Law Revolution, 49 Wash. & Lee. L. Rev. 357, 370 ff. (1992).

417 Siehe *Kegel/Schurig*, Internationales Privatrecht, § 6 V 323.

418 Siehe *Heldrich*, Internationale Zuständigkeit und anwendbares Recht, S. 71; *Schack*, Internationales Zivilverfahrensrecht, Rn. 215.

419 Dazu, dass US-amerikanische Unternehmen benachteiligt sind, weil sie sich in Haftungsklagen vor US-amerikanischen Gerichten nach US-amerikanischem Sachrecht verteidigen müssen, während Unternehmen aus anderen Staaten nach dem Recht des Tatorts haften *Goldsmith/Sykes*, Lex Loci Delictus and Global Economic Welfare: Spinozzi v. Itt Sheraton Corp., 120 Harv. L. Rev. 1137, 1143 ff. (2007).

420 Eine Anwendung des Tatortrechts sieht in diesen Entscheidungen *Scheffler*, Die Bewältigung hoheitlich begangenen Unrechts durch fremde Zivilgerichte, S. 155 f.

421 „Clearly the court should consider the interests of Paraguay to the extent they do not inhibit the appropriate enforcement of the applicable international law or conflict with the public policy of the United States." *Filartiga v. Pena Irala*, 577 F.Supp. 860, 863 f. (E.D.N.Y. 1984).

422 „In this case the torture and death of Joelito occurred in Paraguay. The plaintiffs and Peña are Paraguayan and lived in Paraguay when the torture took place, although Dolly Filártiga has applied for permanent asylum in the United States. It was in Paraguay that plaintiffs suffered the claimed injuries, with the exception

Litigation v. Marcos griff ein Gericht auf fremdes Recht zurück und wendete philippinisches Schadensersatzrecht an.[423]

Gerade die einseitige Auslegung des ATS-Regimes schafft das Problem der extraterritorialen Rechtsanwendung und führt zu internationalen Spannungen. Eine rechtlich denkbare allseitige kollisionsrechtliche Prüfung könnte das Problem – z.B. über die Anwendung des Tatortrechts – in foreign cubed cases entschärfen.[424] Zudem würde ein allseitiges Vorgehen schon der Annahme der Gerichtszuständigkeit größere Hürden setzen, weil die drohende Anwendung ausländischen Sachrechts die Forum-non-conveniens-Prüfung beeinflusst.[425] Andererseits werden auch durch ein allseitiges Vorgehen nicht alle Bedenken ausländischer Staaten ausgeräumt. US-amerikanische Gerichte wendeten ausländisches Sachrecht in ATS-Verfahren nämlich nur eingeschränkt an, weil es nicht gegen den US-amerikanischen ordre public verstoßen durfte. Zum einen war zu untersuchen, ob das ausländische Recht korrigiert werden musste, wenn es allgemein anerkannte völkerrechtliche Verstöße nicht sanktioniert. Ein anderes Ergebnis widerspreche den in 28 USC § 1350 verankerten US-amerikanischen Interessen.[426] Zum anderen stellte sich die Frage, ob die US-amerikanischen Regelungen zu punitive damages anwendbar sind, wenn das ausländische Recht diese nicht kennt. Im Ergebnis konnte das lokal anwendbare Recht um einen Anspruch auf Strafschadensersatz ergänzt werden, wenn die lex causae Strafschadensersatz nicht vorsah. Sinn und Zweck der Anwendung von US-amerikanischem Recht war, die von den punitive damages verfolgte Abschreckungswirkung auch auf internationaler Ebene durchzusetzen.[427]

b. *Keine Anwendung ausländischen Sachrechts*

Die Vermutung gegen extraterritoriale Anwendung kann im Rahmen des ATS nicht zu einer allseitigen Kollisionsnorm ausgebaut werden. Damit können US-amerikanische

---

of the emotional trauma which followed Dolly Filártiga to this country. The parties' relationships with each other and with Joelito were centered in Paraguay." *Filartiga v. Pena Irala*, 577 F.Supp. 860, 864 (E.D.N.Y. 1984).

423 *Human Rights Litigation v. Marcos*, 978 F2d 493, 496, Fn. 4 (9th Cir. 1992).

424 So auch *Thomale*, Internationale Menschenrechtsklagen gegen europäische Gesellschaften vor US-amerikanischen Gerichten, ZIP 2014, S. 1158, 1162. Ähnlich *Alford*, The Future of Human Rights Litigation after Kiobel, 89 Notre Dame L. Rev. 1749, 1764 (2014).

425 Die Anwendung ausländischen Rechts stellt ein gegen ein Verfahren in den USA streitendes öffentliches Interesse dar. Siehe dazu Teil 3, § 1. 2. a. ii., S. 187.

426 *Filartiga v. Pena Irala*, 577 F.Supp. 860, 863 f. (E.D.N.Y. 1984).

427 „This court concludes that it is essential and proper to grant the remedy of punitive damages in order to give effect to the manifest objectives of the international prohibition against torture." *Filartiga v. Pena Irala*, 577 F.Supp. 860, 865 (E.D.N.Y. 1984). Das philippinische Recht warf diese Probleme nicht auf, weil es in Art. 2176 ff. Civil Code exemplary damages kennt. Siehe *Human Rights Litigation v. Marcos*, 978 F2d 493, 496, Fn. 4 (9th Cir. 1992).

Gerichte bei ATS-Klagen allein US-amerikanisches, nicht aber ausländisches Sachrecht anwenden. Dieses Vorgehen bestätigt, dass die US-amerikanischen Gerichte das ATS als öffentliche Interessen durchsetzendes Gesetzesrecht verstehen.[428]

Die Vermutung gegen extraterritoriale Anwendung stellt eine einseitige Kollisionsnorm dar, bei der, wie bei öffentlich-rechtlichen Kollisionsnormen, die Möglichkeit der Anwendung ausländischen Rechts per se ausgeschlossen ist.[429] Die kollisionsrechtliche Analyse kann im Rahmen des ATS allein zur Anwendung des Rechts des Forumstaats, d. h. des US-amerikanischen Rechts, führen. Soweit das US-amerikanische Recht für nicht anwendbar erklärt wird, hat eine Klage mangels Rechtsgrundlage keinen Erfolg. Ein solches rein einseitiges Vorgehen spielt im internationalen öffentlichen Recht unter dem Schlagwort des „public law taboo“ [430] eine Rolle. Der Hintergrund dieses Vorgehens liegt darin, dass Staaten grundsätzlich nicht willens sind, das Recht eines anderen Staates anzuwenden, wenn es fremde hoheitliche Interessen durchsetzt.[431]

Dass im Rahmen des ATS-Regimes nie ausländisches Sachrecht angewendet werden kann, ist bemerkenswert. Denn im IPR muss ein einseitiges kollisionsrechtliches Vorgehen nicht notwendigerweise ausschließlich zur Anwendung des Rechts des Forums führen, sondern kann auch die Anwendung ausländischen Rechts rechtfertigen. Dies ist der Fall, wenn einseitige Kollisionsnormen zu allseitigen Kollisionsnormen ausgebaut werden.[432] Bei einem solchen Vorgehen wird auch das ausländische Recht einseitig betrachtet und angewendet, wenn es den in Frage stehenden Sachverhalt erfasst.

Ein Beispiel für ein solches Vorgehen bietet die US-amerikanische interest analysis, bei der es – obschon das Vorgehen tendenziell heimwärtsstrebend ist[433] – zu einer Anwendung ausländischen Sachrechts kommen kann. Dies ist etwa der Fall, wenn ein

---

428 Vgl. Teil 1, § 2. 3. a., S. 44.

429 *Bar/Mankowski*, Internationales Privatrecht, § 4 Rn. 61; *Audit/d'Avout*, Droit international privé, S. 158 ff.

430 Das public law taboo wird auf Lord Mansfield zurückgeführt: „For no country ever takes notice of the revenue laws of another.“ *Holman v. Johnson*, 98 Eng. Rep. 1120, 1121 (1775). Den Begriff hat geprägt *Lowenfeld*, Public Law in the International Arena: Conflict of Laws, International Law, and Some Suggestions for their Interaction, Receuil des Cours, Vol. 163 (1979), S. 322 ff.

431 Eine rechtliche Berücksichtigung ausländischen öffentlichen Rechts bleibt natürlich denkbar. Zum Ganzen z.B. *von Bar/Mankowski*, Internationales Privatrecht, § 4 Rn. 52 ff.; *Vogel*, Der räumliche Anwendungsbereich der Verwaltungsrechtsnorm, S. 235 ff; *Menzel*, Internationales Öffentliches Recht, S. 63 ff.; *Lowenfeld*, Public Law in the International Arena: Conflict of Laws, International Law, and Some Suggestions for their Interaction, Receuil des Cours, Vol. 163 (1979), S. 322 ff.; *Mann*, The International Enforcement of Public Rights, 19 N. Y. U. J. Int'l L. & Pol. 603 (1987); *Dodge*, Breaking the Public Law Taboo, 43 Harv. Int'l L. Rev. 161 (2002).

432 *Bar/Mankowski*, Internationales Privatrecht, § 4 Rn. 62; *Audit/d'Avout*, Droit international privé, S. 158 ff.

433 Teil 1, § 2. 1. b., S. 33.

false conflict[434] vorliegt und nur das ausländische Recht, nicht aber die lex fori ein Anwendungsinteresse aufweist.[435] Ein weiteres Beispiel für einen Ausbau von einseitigen zu allseitigen Kollisionsnormen bietet auch das deutsche und das europäische Eingriffsrechts. Während fremde Eingriffsnormen im deutschen Recht über die Sonderanknüpfungslehren Beachtung finden können,[436] ermöglicht Art. 9 VO Abs. 3 Rom I VO heute expressis verbis die Berücksichtigung der Eingriffsnormen des Staates, in dem die durch Vertrag begründeten Verpflichtungen erfüllt werden sollen.[437]

Im Rahmen des ATS findet, anders als bei der interest analysis, aber kein Ausbau der Vermutung gegen extraterritoriale Anwendung zu einer allseitigen Kollisionsregel statt. Denn die US-amerikanischen Gerichte untersuchen heute nicht, ob das Recht des Tatortsstaates bei spiegelbildlicher Anwendung der Vermutung gegen extraterritoriale Anwendung oder bei einer autonomen Bewertung des Anwendungswillens des ausländischen Rechts auf den in Streit stehenden Sachverhalt anwendbar ist. So wird in der Kiobel-Entscheidung durch den Supreme Court einseitig der Anwendungsbereich des ATS und des dahinterstehenden Federal-Common-Law-Anspruchs bestimmt. Nach der Feststellung, dass US-amerikanisches Recht im Kiobel-Verfahren nicht anwendbar ist, beschäftigt sich das Gericht nicht mit der naheliegenden Möglichkeit, nigerianisches Tatortrecht anzuwenden. Auch die Regelungsinteressen des nigerianischen Rechts werden nicht angesprochen.[438] Der Supreme Court erklärt im Rahmen der Widerlegung der Transitory-Torts-Doktrin vielmehr, dass es in casu nicht darum gehe, ob eine ausländische Anspruchsgrundlage durchgesetzt werden kann, sondern allein darum, ob nach US-amerikanischem Recht eine Anspruchsgrundlage besteht.[439]

c. *ATS als Eingriffsrecht?*

Das Kollisionsrecht wird in ATS-Verfahren dadurch beeinflusst, dass der ATS-Anspruch zugleich eine mit dem einzelstaatlichen Deliktsrecht verwandte zivilrechtliche Norm ist und als bundesrechtliche Normen öffentliche Interessen

---

434 Siehe *Hay/Borchers/Symeonides*, Conflict of Laws, § 2.9, S. 30 ff.

435 Dazu *Symeonides*, The American Choice-of-Law Revolution, S. 377 ff. Die interest analysis stellt damit ein auf einseitige Kollisionsnormen aufgebautes Kollisionsrecht dar.

436 *Von Bar/Mankowski*, Internationales Privatrecht, § 4 Rn. 105 ff.

437 Siehe *Martiny*, in: MüKo BGB, Art. 9 Rom I VO, Rn. 112 ff. Zur Frage der Anwendbarkeit fremden Eingriffsrechts auch *Mayer*, Les Lois de Polices Étrangères, Journal du Droit International, S. 277.

438 Kläger müssen die Anwendbarkeit von ausländischem Recht vor den Bundesgerichten allerdings geltend machen. Siehe *Hay/Borchers/Symeonides*, Conflict of Laws, § 12.18, S. 607.

439 „The question (...) is not whether a federal court has jurisdiction to entertain a cause of action provided by foreign or even international law. The question is instead whether the court has authority to recognize a cause of action under U.S. law to enforce a norm of international law." *Kiobel v. Royal Dutch Petroleum Co.*, 133 S.Ct. 1659, 1666 (2013).

verfolgt.[440] Einerseits kann der ATS-Anspruch als deliktischer Anspruch verstanden werden, dessen Anwendungsbereich vor allem durch Privatinteressen bestimmt wird. Eine Anwendung des ATS-Regimes auf Auslandssachverhalte kann aufgrund der öffentlich-rechtlichen Dimension des ATS aber zugleich Souveränitätsinteressen fremder Staaten besonderes beeinträchtigen. Das bestehende Spannungsverhältnis kann entschärft werden, wenn das ATS-Regime als Eingriffsrecht verstanden wird.

Dies gilt unabhängig davon, dass den „overriding mandatory provisions" heute im US-amerikanischen Recht aufgrund systemischer Besonderheiten nur eine untergeordnete Bedeutung zukommt.[441] Öffentliche Interessen werden im US-amerikanischen Kollisionsrecht methodisch auf andere Weise durchgesetzt. Verfolgt eine Norm wichtige öffentlichen Interessen, kann dies im einzelstaatlichen Kollisionsrecht bei Anwendung der interest analysis schon bei der kollisionsrechtlichen Untersuchung Berücksichtigung finden.[442] Dies führt dazu, dass es im US-amerikanischen Recht, anders als im Unionsrecht, nicht zu einer zweistufigen Untersuchung kommt, weil zwingende öffentliche Interessen schon im kollisionsrechtlichen Vorgang Berücksichtigung finden.

Dies gilt auch, obschon sich der Begriff des Eingriffsrechts insgesamt einer klaren Definition entzieht.[443] Savigny beschäftigte sich mit „anomalische(m)" Zweckrecht,[444] Art. 3 Abs. 1 Code Civil spricht von „lois de police" und Francescakis bezeichnete Eingriffsrecht als „loi d'application immédiate".[445] Nach der heute einflussreichen

---

440 Teil 1, § 2. 3. a., S. 44.

441 Allein bei Autoren, die sich mit dem europäischen Kollisionsrecht beschäftigen, werden die „mandatory provisions" oder „rules of immediate application" besprochen. Siehe *Juenger*, Choice of Law and Multistate Justice, S. 81 f.; *Buxbaum*, Mandatory Rules in Civil Litigation: Status of the Doctrine Post-Globalization, 18 Am. Rev. Int'l Arb. 21 (2007).

442 Siehe zur Ähnlichkeit von Eingriffsnormen und der interest analysis *Guedj*, The Theory of the Lois de Police, A Functional Trend in Continental Private International Law, 39 Am. J. Comp. L. 661, 681 ff. (1991); *Audit*, Le Caractère Fonctionnel de la Règle de Conflit: Sur la Crise des Conflits de Lois; Receuil des Cours, Vol. 186, S. 254 f. (1984). Vgl. auch *Schnyder*, Wirtschaftskollisionsrecht, Rn. 355.

443 Siehe zum Ganzen *Juenger*, Choice of Law and Multistate Justice, S. 81 f.; *Audit*, Le Caractère Fonctionnel de la Règle de Conflit: Sur la Crise des Conflits de Lois, Receuil des Cours, Vol. 186 (1984), S. 254 f.; *Bucher*, La Dimension Sociale du Droit International Privé, S. 61 ff.; *Francescakis*, Quelques Précisions sur les „Lois d'Application Immédiate" et Leurs Rapports avec les Règles de Conflits de Lois, Rev. Crit. DIP 1966, S. 1; *von Bar/Mankowski*, Internationales Privatrecht, § 4 Rn. 91; *Kropholler*, Internationales Privatrecht, § 3 II; *Martiny*, in: MüKo BGB, Art. 9 Rom I VO, Rn. 10 f.; *Magnus*, in: Staudinger BGB, Art. 9 Rom I VO, Rn. 45 ff.; *Hauser*, Eingriffsnormen in der Rom I Verordnung.

444 *Savigny*, System des heutigen römischen Rechts, Erster Band, S. 61.

445 *Francescakis*, Quelques Précisions sur les „Lois d'Application Immédiate" et Leurs Rapports avec les Règles de Conflits de Lois, Rev. Crit. DIP 1966, S. 1.

positivrechtlichen Definition aus Art. 9 Abs. 1 Rom I VO ist eine Eingriffsnorm aber „eine zwingende Vorschrift, deren Einhaltung von einem Staat als so entscheidend für die Wahrung seines öffentlichen Interesses, insbesondere seiner politischen, sozialen oder wirtschaftlichen Organisation, angesehen wird, dass sie ungeachtet des (...) auf den Vertrag anzuwendenden Rechts auf alle Sachverhalte anzuwenden ist, die in ihren Anwendungsbereich fallen."[446]

Denn im Ergebnis weist das ATS eingriffsartig nicht nur ein einseitiges kollisionsrechtliches Vorgehen auf, sondern dürfte auch intern und international zwingend sein, soweit der Anwendungsbereich eröffnet ist. In diesem Fall ist das ATS-Regime intern zwingend, weil die Parteien das ATS-Regime nicht abbedingen können. In die unter dem ATS geltend gemachten Menschenrechtsverletzungen kann nicht eingewilligt werden.[447] Das ATS-Regime dürfte in diesem Fall zudem international zwingend sein, weil die US-amerikanischen Gerichte ohne allseitige kollisionsrechtliche Analyse nur das ATS-Regime, nicht aber ausländisches Sachrecht anwenden.

d. *Keine clear statement rule*

Wird die Vermutung gegen extraterritoriale Anwendung durch einen gesetzgeberischen Anwendungsbefehl widerlegt, kann ein Gesetz Sachverhalte erfassen, die sich im Ausland abgespielt haben, selbst wenn sie keine territoriale Verbindung zu den USA aufweisen. Wird sie nicht widerlegt, findet das Gesetz nur Anwendung auf territoriale Sachverhalte.[448]

Für einen gesetzgeberischen Anwendungsbefehl ist einerseits keine ausdrückliche Anordnung wie „dieses Gesetz ist auch auf Sachverhalte im Ausland anwendbar" erforderlich.[449] Andererseits wird davon ausgegangen, dass es für eine Widerlegung

446 Ähnlich schon EuGH, *Arblade*, C-369/96, und C-376/96, ECLI:EU:C:1999:575, Rn. 30. Weniger präzise ist die Definition der Eingriffsnorm in Art. 16 Abs. 1 Rom II VO, der die außervertraglichen Schuldverhältnisse betrifft. Siehe auch Ex-Art. 34 EGBGB.

447 Bei vielen torts kann eine Einwilligung zwar den Tatbestand ausschließen. Eine Einwilligung kommt in den hier behandelten Fällen – wie bei der Folter oder der Vergewaltigung durch Militäreinheiten – aber nicht vor oder ist aufgrund des angewendeten Zwangs unwirksam. Siehe *Keeton et al.*, The Law of Torts, S. 119 ff. Zudem kann die deliktische Haftung nicht durch Einwilligung (consent) ausgeschlossen werden, wenn eine lebensgefährliche Handlung vorgenommen wird, die zugleich strafrechtlich inkriminiert ist. Siehe *Keeton et al.*, The Law of Torts, S. 113 f.

448 Was dies genau bedeutet bestimmt der Fokus-Test. Siehe Teil 1, § 4. 1., S. 67.

449 „But we do not say, as the concurrence seems to think, that the presumption against extraterritoriality is a clear statement rule, if by that is meant a requirement that a statute say this law applies abroad." *Morrison v. National Australia Bank*, 130 S.Ct. 2869, 2883 (2010).

der Vermutung nicht ausreicht, dass ein Gesetz weite Sprachbegriffe wie „alle" oder „jeder" nutzt, die theoretisch auch Auslandssachverhalte einschließen können.[450]

Im Ergebnis kann der gesetzgeberische Wille zu einer extraterritorialen Gesetzesanwendung nicht ausschließlich aus einer direkten Verankerung im Gesetzeswortlaut folgen. Der Supreme Court setzt zwar voraus, dass die gesetzgeberische Anordnung „klar" sein muss.[451] Allerdings können bei der Feststellung des gesetzgeberischen Willens neben dem Wortlaut auch Gesetzgebungsgeschichte, Gesetzessystematik und Sinn und Zwecke des Gesetzes berücksichtigt werden.[452] Die Vermutung gegen extraterritoriale Anwendung stellt damit in der Rechtsprechungspraxis und im Widerspruch zur Entscheidung EEOC v. Aramco heute grundsätzlich keine clear statement rule dar.[453] Die Vermutung könnte wie Justice Marshall in

---

450 Der Supreme Court machte wiederholt klar, dass der Gebrauch von üblichen Textbausteinen („boilerplate language") nicht genügt, um eine extraterritoriale Gesetzesanwendung zu rechtfertigen. Siehe *Foley Bros v. Filardo*, 336 U.S. 281, 287 (1949); *EEOC v. Aramco*, 499 U.S. 244, 252 (1991); *Morrison v. National Australia Bank*, 130 S.Ct. 2869, 2881 f. (2010); *Kiobel v. Royal Dutch Petroleum Co.*, 133 S.Ct. 1659, 1665 (2013). Anders aufgrund der spezifischen Gesetzesformulierung aber im Rahmen von 21 USC § 959, der den Umgang mit Drogen reguliert *United States v. Lawrence*, 727 F.3d 386, 392, Fn. 2 (5th Cir. 2013).

451 Siehe z.B. *Morrison v. National Australia Bank*, 130 S.Ct. 2869, 2877 (2010); *Kiobel v. Royal Dutch Petroleum Co.*, 133 S.Ct. 1659, 1664 (2013).

452 *Morrison v. National Australia Bank*, 130 S.Ct. 2869 (2010); *Kiobel v. Royal Dutch Petroleum Co.*, 133 S.Ct. 1659, 1664 (2013). Damit stellt der Supreme Court im Rahmen des ATS vorrangig auf den gesetzgeberischen Willen (intentionalist theory) und nicht auf den Wortlaut des Gesetzes (Textualismus) ab. Siehe zu den verschiedenen Ansätzen *Eskridge et al.*, Legislation and Statutory Interpretation, S. 221 ff.
Siehe auch *Knox*, A Presumption against Extrajurisdictionality, 104 Am. J. Comp. L. 351 (2010). Der Autor schlägt ein „Ampelsystem" unter Bezugnahme auf die völkerrechtlichen Grenzen der Gesetzgebungsgewalt vor: Soweit den USA die Gesetzgebungsgewalt zustehe, weil sich ein Sachverhalt auf US-amerikanischem Territorium abgespielt habe, sei für eine Gesetzesanwendung bei grüner Ampel kein gesetzgeberischer Anwendungsbefehl notwendig. Stehe den USA die Gesetzgebungsgewalt nur aufgrund rechtssubjektbezogener Verbindungen zu, genüge bei gelbem Licht irgendein ermittelbares Anzeichen des gesetzgeberischen Willens. Stehe den USA hingegen kein völkerrechtlich anerkannter Kompetenztitel zu, werde die Ampel rot und der gesetzgeberische Wille müsse unmissverständlich im Gesetz ausgedrückt sein.

453 Der Supreme Court hat in der Entscheidung *EEOC v. Aramco* beispielhaft diskutiert, ob die Vermutung gegen Extraterritorialität eine clear statement rule ist. Nach der von Chief Justice Rehnquist geschriebenen Mehrheitsmeinung muss eine gesetzgeberische Anordnung dem Wortlaut direkt zu entnehmen sein: „If we were to permit possible, or even plausible, interpretations of language such as that involved here to override the presumption against extraterritorial application, there would be little left of the presumption. (...) Congress' awareness of the need

seiner dissenting opinion in der Entscheidung EEOC v. Aramco ausgeführt hat, aber in Ausnahmefällen eine clear statement rule sein. Dies könnte etwa der Fall sein, wenn es inhaltlich um Rechtsbereiche gehe, in denen eine extraterritoriale Rechtsanwendung besonders sensible Bereiche der internationalen Beziehungen betrifft.[454]

Im Vergleich zwischen dem ATS-Regime und dem Eingriffsrecht der Union besteht bei der Ermittlung des internationalen Anwendungswillens zudem ein interessanter Unterschied. Zwar ist nach beiden Rechtsordnungen zunächst eine ausdrückliche Anordnung im Wortlaut der Norm zu berücksichtigen. Soweit ein klarer gesetzgeberischer Wille nicht erkennbar ist, kann die Norm in beiden Rechtsordnungen sodann ausgelegt werden.[455] Während im Unionsrecht und im deutschen Recht dabei Sinn und Zweck der Norm die größte Bedeutung zukommen,[456] legt der Supreme Court bei Auslegung des ATS aber einen Schwerpunkt auf den historischen Willen

---

to make a clear statement that a statute applies overseas is amply demonstrated by the numerous occasions on which it has expressly legislated the extraterritorial application of a statute." *EEOC v. Aramco*, 499 U.S. 244, 253 und 258 ff. (1991). Ähnlich auch *Benz v. Compania Naviera Hidalgo*, 353 U.S. 138, 147 (1957); *McCulloch v. Sociedad Nacional de Marineros de Honduras*, 372 U.S. 10, 21 f. (1963).
Justice Marshall vertritt in seiner dissenting opinion hingegen die Auffassung, dass alle traditionellen Auslegungsmethoden angewendet werden müssen, um festzustellen, ob die Vermutung widerlegt sei. Nur wenn nach einer solchen Analyse ein gesetzgeberischer Wille nicht erkennbar sei, könne ein Gericht auf die Vermutung zurückgreifen: „Rather, as our case law applying the presumption against extraterritoriality well illustrates, a court may properly rely on this presumption only after exhausting all of the traditional tools whereby unexpressed congressional intent may be ascertained." *EEOC v. Aramco*, 499 U.S. 244, 261 (1991).) Ähnlich schon *United States v. Bowman*, 260 U.S. 94 (1922).
Zur Frage auch *Dodge*, Understanding the Presumption against Extraterritoriality, 16 Berkeley J. Int'l L. 85, 110 (1998). Grundsätzlich zur Widerlegung von Auslegungsregeln, die als Vermutung formuliert sind *Eskridge et al.*, Legislation and Statutory Interpretation, S. 352 ff.

454 „(T)he Court has until now recognized that (the clear-statement rule is) reserved for settings in which the extraterritorial application of a statute would implicat(e) sensitive issues of the authority of the Executive over relations with foreign nations." *EEOC v. Aramco*, 499 U.S. 244, 265 (1991). Siehe auch *Foley Bros v. Filardo*, 336 U.S. 281 (1949).

455 Siehe zur Vermutung gegen Extraterritorialität Teil 1, § 5. 2. d, S. 96. Zur unionsrechtlichen Eingriffsnorm *Magnus*, in: Staudinger BGB, Art. 9 Rom I VO, Rn. 54; *Kropholler*, Internationales Privatrecht, Rn. 3 II 2 ff.

456 Siehe *Martiny*, in: MüKo BGB, Art. 9 Rom I VO, Rn. 13; *Magnus*, in: Staudinger BGB, Art. 9 Rom I VO, Rn. 54 f. Siehe zur Bestimmung des internationalen Anwendungsbereichs über den Gesetzeszweck auch *Vogel*, Der räumliche Anwendungsbereich der Verwaltungsrechtsnorm, S. 383 ff. Siehe insgesamt zur objektiv-teleologischen Auslegung im deutschen Recht *Larenz/Canaris*, Methodenlehre der Rechtswissenschaft, S. 153 ff.

des Gesetzgebers.[457] Somit kann der Anwendungswille des Eingriffsrechts der Union stärker durch die Rechtsprechung geprägt werden als der Anwendungswillen des ATS, der stärker durch den Wortlaut des Gesetzes und die Gesetzgebungsgeschichte beschränkt ist.

3. Die Vermutung und das Problem der Extraterritorialität

Die um die extraterritoriale Anwendung des ATS geführte Debatte wird erst vor dem Hintergrund der öffentlich-rechtlichen Dimension des ATS[458] verständlich. Während das einzelstaatliche Deliktsrecht auch nach der IPR-Revolution im Ausland stattgefundene Sachverhalte regeln kann[459] und diese „extraterritoriale" Anwendung des US-amerikanischen Zivilrechts keine Kritik hervorruft,[460] führt die extraterritoriale Anwendung von öffentliche Interessen durchsetzendem Bundesrecht seit langer Zeit zu Diskussionen.[461] Aus völkerrechtlicher Sicht kann eine extraterritoriale Anwendung des ATS sogar fremde Souveränität verletzten, wenn insbesondere in foreign cubed case kein genuine link besteht.[462] Die Kiobel-Entscheidung bietet Orientierungspunkte dafür, wie das Problem der möglichen Beeinträchtigung fremder Souveränitätsinteressen durch eine extraterritoriale Rechtsanwendung systematisch zu behandeln ist.

a. Gerichtsbarkeit: Keine zwingende Berücksichtigung fremder Hoheitsinteressen

Das Problem der extraterritorialen Rechtsanwendung ist dabei grundsätzlich nicht als Problem der Gerichtsbarkeit zu betrachten. Die US-amerikanische Gerichtszuständigkeit ist in Fällen einer extraterritorialen Rechtsanwendung nicht zwingend durch völkerrechtliche Wertungen beschränkt.[463] Daher verfügt das US-amerikanische Recht auch nicht über ein mit der im deutschen Recht anerkannten Gerichtsbarkeit vergleichbares Rechtsinstitut, über das völkerrechtliche Wertungen Gerichtsverfahren vor US-amerikanischen Gerichten verhindern können.

Während im deutschen Recht, bei der Zuständigkeitsbegründung zwischen Gerichtsbarkeit (facultas jurisdictionis) und internationaler Zuständigkeit unterschieden wird,[464] besteht diese Unterscheidung im US-amerikanischen Recht nicht. Gerichtsbarkeit bedeutet nach deutschem Rechtsverständnis die Befugnis eines Gerichts in

457 Teil 1, § 5. 2. d., S. 96.
458 Teil 1, § 2. 3. a., S. 44.
459 Teil 1, § 2. 1. b., S. 33.
460 Einleitung, § 1, 2. b., S. 10.
461 Teil 1, § 1. 1. a., S. 23 und Teil 1, § 2. 1. a., S. 29.
462 Einleitung, § 1. 2. a., S. 9.
463 Siehe Teil 1, § 5. 1. a., S. 85.
464 Siehe *Pfeiffer*, Internationale Zuständigkeit und prozessuale Gerechtigkeit, S. 24 ff.; *Neuhaus*, Internationales Zivilprozessrecht und Internationales Privatrecht, RabelsZ 20 (1955), 200, 206 ff.

einer Sache Recht zu sprechen. Sie ist nur gegeben, wenn die Durchführung eines Gerichtsverfahrens nicht gegen Regeln des Völkerrechts verstößt.[465] Ein beachtenswerter Völkerrechtsverstoß ist etwa gegeben, wenn Staaten für hoheitliches Verhalten in einem anderen Staat verklagt werden.[466] Die internationale Zuständigkeit beschreibt hingegen die Regeln, mit denen ein Staat im Rahmen der ihm zustehenden Gerichtsbarkeit seinen Gerichten durch konkrete Regeln die Zuständigkeit zuweist.[467]

b. Comity: Keine ermessensabhängige Berücksichtigung fremder Hoheitsinteressen

Dem Problem der extraterritorialen Rechtsanwendung wird bei Rückgriff auf die Vermutung gegen extraterritoriale Anwendung auch nicht vorrangig über das Instrument einer freiwilligen richterlichen Selbstbeschränkung (comity) begegnet. „Comity" ist ein Sammelbegriff, der seine Wurzeln in der völkerrechtlichen comitas gentium hat.[468] Comity bietet im US-amerikanischen Recht einen Ansatzpunkt dafür, die Beeinträchtigung fremder Souveränitätsinteressen zu berücksichtigen. Er beschreibt die richterliche Kooperation und Rücksichtnahme in internationalen Rechtsstreitigkeiten, wenn Souveränitätsinteressen eines anderen Staates betroffen sind.[469] Dieses „diplomatische Vorgehen"[470] steht im Ermessen der Gerichte, das in gewissen Rahmen überprüfbar ist.[471] Die hier interessierende negative comity regelt Jurisdiktionskonflikte und die Frage, inwieweit ein US-amerikanisches Gericht aufgrund der Interessen fremder Staaten seine Zuständigkeit ablehnen oder ein Gesetz

---

465 *Pfeiffer*, Internationale Zuständigkeit und prozessuale Gerechtigkeit, S. 24.

466 Vgl. auch die Immunität des diplomatischen Corps §§ 18 ff. GVG. Siehe zur problematischen Rechtsprechung im Rahmen des in 28 USC § 1605A kodifizierten Antiterrorism and Effective Death Penalty Act (AEDPA), die im Widerspruch mit völkerrechtlichen Immunitätsregeln steht *Hailer*, Menschenrechte vor Zivilgerichten – die Human Rights Litigation in den USA, S. 177 f.

467 *Pfeiffer*, Internationale Zuständigkeit und prozessuale Gerechtigkeit, S. 24.

468 Z.B. *von Bar/Mankowski*, Internationales Privatrecht, § 6 Rn. 30 ff.

469 „Comity refers to the spirit of cooperation in which a domestic tribunal approaches the resolution of cases touching the laws and interests of other sovereign states." *Société Nationale Industrielle Aérospatiale v. U.S. District Court*, 482 U.S. 522 (1987). Siehe zum Ganzen *Späth*, Zum gegenwärtigen Stand der Doctrine of Comity im Recht der Vereinigten Staaten von Amerika, IPRax 2006, S. 184; *Nanda/Pansius*; in: Nanda, Pansius (Hrsg.), Litigation of International Disputes in U.S. courts, § 16:2; *Childress*, Comity as Conflict: Resituating International Comity as Conflict of Laws, 44 U. C. Davis L. Rev. 11 (2010).

470 *Nanda/Pansius*; in: Nanda, Pansius (Hrsg.), Litigation of International Disputes in U.S. courts, § 16:2.

471 „Comity, in the legal sense, is neither a matter of absolute obligation, on the one hand, nor of mere courtesy and good will, upon the other." *Hilton v. Guyot*, 159 U.S. 113, 163 f. (1895).

restriktiv auslegen kann.[472] Wenn ein Gericht seine Zuständigkeit ablehnt, weil ein anderer Staat ein legitimes Interesse an der Ausübung der Gerichtsgewalt besitzt, spricht man von adjudicatory comity oder comity among courts. Die adjudicatory comity grenzt sich von der prescriptive comity ab, die eine Auslegungsregel darstellt, nach der der Anwendungsbereich des US-amerikanischen Rechts aus Gründen der Rücksichtnahme restriktiv ausgelegt werden kann.[473]

Die prescriptive comity ist als Auslegungsregel mit der Vermutung gegen extraterritoriale Anwendung verwandt. Auch in der Kiobel-Entscheidung führte der Supreme Court die Gefahr der Beeinträchtigung fremder Hoheitsinteressen als Argument für die Existenz der Vermutung gegen extraterritoriale Anwendung an.[474] Gleichzeitig unterscheidet sich die prescriptive comity von der Vermutung gegen extraterritoriale Anwendung. Der Supreme Court hat in Hartford Fire Insurance v. California, der aus dem Kartellrecht stammenden Leitentscheidung zur comity mit einer knappen Mehrheit ausgeführt, dass Comity-Grundsätze die Anwendung US-amerikanischen Rechts nur verhindern, wenn es dem Beklagten nicht möglich sei, gleichzeitig das Tatortrecht und das US-amerikanische Recht zu berücksichtigen (true conflict).[475] Die bloße Gefahr von Rechtskonflikten ist für die Ausübung der comity anders als für die Anwendung der Vermutung gegen extraterritoriale Anwendung nicht notwendigerweise ausreichend, um den Anwendungsbereich des US-amerikanischen Rechts einzugrenzen. Vielmehr muss ein für den Täter unauflösbarer Handlungskonflikt vorgelegen haben.

Auch wenn Comity-Erwägungen im Kiobel-Fall nicht isoliert zum Tragen kamen, können Gerichte auch im Rahmen der HRL ihre Zuständigkeit unter Comity-Erwägungen freiwillig beschränken.[476] Insbesondere in foreign cubed cases kann

---

472 Aus der negative comity folgt das Prinzip der Immunität ausländischer Staaten, das heute durch den Foreign Sovereign Immunities Act (FSIA) aus dem Jahre 1976 gesetzlich geregelt ist. Dazu *Born/Rutledge*, International Civil Litigation in United States Courts, S. 231 ff. Die positive comity behandelt hingegen die Frage, wann ausländischen Rechtsakten im Inland eine Wirkung zukommt. Dazu Teil 1, § 5. 3. b., S. 100.

473 Der Begriff der prescriptive comity wurde geprägt von Justice Scalia dissenting in *Hartford Fire Ins. v. California*, 509 U.S. 764, 817 (1993). Zur comity among courts und der Unterscheidung *In re Maxwell Communication v. Société Générale*, 93 F.3d 1036, 1047 (2d. Cir. 1996).

474 *Kiobel v. Royal Dutch Petroleum Co.*, 133 S.Ct. 1659, 1664 (2013).

475 „The fact that conduct is lawful in the state in which it took place will not, of itself, bar application of the United States antitrust laws, even where the foreign state has a strong policy to permit or encourage such conduct. No conflict exists, for these purposes, where a person subject to regulation by two states can comply with the laws of both." *Hartford Fire Ins. v. California*, 509 U.S. 764, 799 (1993). Siehe zum Erfordernis eines Konflikts auch § 403 cmt. e. Restatement Third of the Law (Foreign Relations Law) (1987).

476 Dazu, dass aufgrund von Comity-Erwägungen im Rahmen der HRL jedenfalls das Verfahren ausgesetzt werden kann *Flomo v. Firestone Natural Rubber*, 643 F.3d 1013, 1025 (7th Cir. 2011).

geltend gemacht werden, dass durch eine extraterritoriale Rechtsanwendung hoheitliche Interessen ausländischer Staaten betroffen sind, weil für die Ausübung von Gerichtsgewalt und Regelungskompetenz kein hinreichender Anknüpfungspunkt besteht. Dabei ist im Rahmen der HRL umstritten, inwieweit Fälle auch ohne das Vorliegen eines true conflict abgewiesen werden können, wenn eine andere Rechtordnung eine engere Verbindung zum Sachverhalt aufweist.[477] Ein true conflict wird nur selten vorliegen, weil das ausländische Recht das Begehen von Menschenrechtsverletzungen nur selten vorschreiben wird. Wenn dies etwa im Fall militärischer Anordnungen doch einmal der Fall sein sollte, wird das ausländische Recht vor dem Hintergrund des ordre public zudem kaum rechtlich Beachtung finden können.

Ähnliche Erwägungen können in Menschenrechtsklagen auch in der mit der Comity-Prüfung verwandten Forum-non-conveniens-Prüfung[478] eingebracht werden. Diese Doktrin spielt gerade in gegen Unternehmen gerichteten Verfahren eine Bedeutung, weil in gegen weltweit agierende Konzerne das Aufzeigen eines alternativen Forums oft möglich ist.[479] Bei der Forum-non-conveniens-Prüfung können neben privaten Interessen auch öffentliche Interessen, z.B. hoheitliche Interessen fremder Staaten, gegen die Annahme der Gerichtszuständigkeit sprechen.[480]

c. Vorhersehbare Bestimmung des internationalen Anwendungsbereichs

Einer extraterritorialen Rechtsanwendung können auch bei der Bestimmung des Anwendungsbereichs einer Norm Grenzen gesetzt werden. Genau dies geschieht mit der Kiobel-Entscheidung in ATS-Verfahren, weil die Vermutung gegen extraterritoriale Anwendung auf das ATS angewendet wird.[481] Wenn das Problem der Extraterritorialität der Gesetzesauslegung zugeordnet wird, können klare richterliche

---

477 Dazu *Hailer*, Menschenrechte vor Zivilgerichten – die Human Rights Litigation in den USA, S. 139 f.; *Stephens et al.*, International Human Rights Litigation in U.S. Courts, S. 354 ff. m.w.N. Dagegen z.B. *Mujica v. Airscan*, 771 F.3d 580, 596 ff. (9th Cir. 2014).

478 Zur Verwandtschaft der Doktrinen *Childress*, Comity as Conflict: Resituating International Comity as Conflict of Laws, 44 U. C. Davis L. Rev. 11 (2010). Siehe zur Forum non conveniens-Prüfung auch Teil 2, § 2. 1. d., S. 121. Zur Anwendung bei Verfahren vor den Staatengerichten Teil 3 § 1. 2. a. ii., S. 187.

479 *Hailer*, Menschenrechte vor Zivilgerichten – die Human Rights Litigation in den USA, S. 142. Wenig Anwendungsraum für die Doktrin sieht *Stephens et al.*, International Human Rights Litigation in U.S. Courts, S. 391 ff.

480 Siehe zur Verknüpfung von comity und forum non conveniens auch *Born/Rutledge*, International Civil Litigation in United States Courts, S. 366 f. Siehe zum Beispiel einer Klageabweisung in einem foreign cubed case unter Comity- und Forum non Conveniens-Erwägungen *Sequihua v. Texaco*, 847 F.Supp. 61 (S.D. Tex. 1994).

481 Vgl. Teil 1, § 5. 3. c. 102.

Leitlinien zur extraterritorialen Reichweite des Gesetzes entstehen.[482] Die Ursache dafür ist, dass eine Gesetzesauslegung anders als die ermessensabhängige Ausübung von Comity Erwägungen voll richterlich überprüfbar ist. Die Beschränkung des ATS führt durch die Kiobel-Entscheidung damit zu mehr Rechtssicherheit.[483] Weil zugleich der richterliche Entscheidungsspielraum eingeschränkt wird, verlieren ermessensabhängige Comity-Erwägungen im Rahmen des ATS zukünftig an Bedeutung.

d. *Systemwidrige Anwendung der Vermutung auf das ATS als Zuständigkeitsnorm*

In verschiedenen Bereichen des Bundesrechts beeinflusst Bundesrecht gleichzeitig die materiell-rechtliche Anspruchsbegründung und über die federal question jurisdiction die Zuständigkeit der Bundesgerichte. Der Supreme Court wendete die Vermutung gegen extraterritoriale Anwendung grundsätzlich auf das Sachrecht an.[484] Insbesondere im Wertpapierrecht war lange umstritten, ob dem Problem der Extraterritorialität zusätzlich eine zuständigkeitsrechtliche Relevanz zukommt, d.h., ob das Vorliegen eines extraterritorialen Sachverhalts schon die Zuständigkeit der Bundesgerichte ausschließt oder erst die Anspruchsbegründung hindert. So haben einige Instanzgerichte zu § 10 (b) des SEA[485] entschieden, dass schon die sachliche Zuständigkeit mangels federal question jurisdiction nicht gegeben ist, wenn der Anwendungsbereich der Norm nicht eröffnet ist.[486] Dieser Auffassung hat sich der Supreme Court im Jahre 2010 in der Morrison-Entscheidung entgegengestellt. Dem Gericht zufolge ist die Frage, ob ein Gesetz auch ein Auslandsverhalten erfasst, allein materiell-rechtlich zu verstehen, weil es um den Anwendungsbereich einer

482 So auch *Reimann*, in: FS Stürner 2013, Rückzug der „Rechtsweltmacht"?, S. 1779, 1796 ff. Kritisch dazu, ob die Anwendung der Vermutung gegen Extraterritorialität zu vorhersehbaren Ergebnissen führt *Dodge*, Understanding the Presumption against Extraterritoriality, 16 Berkeley J. Int'l L. 85, 122 f. (1998); *Knox*, A Presumption against Extrajurisdictionality, 104 Am. J. Comp. L. 351, 388 ff. (2010).

483 So auch z.B. *Reimann*, Das Ende der Menschenrechtsklagen vor den amerikanischen Gerichten?, IPRax 2013, S. 455; *Stürner*, Die territorialen Grenzen der Human Rights Litigation in den USA, JZ 2014, S. 13, 17 ff.; *Skinner*, Beyond Kiobel, 46 Colum. Hum. Rts. L. Rev. 158, 196 ff. m.w.N. (2014). Kritisch dazu, ob die Rechtslage nun klarer ist *Coester-Waltjen*, in: FS Schütze 2015, Allzuständigkeit oder genuine link – eine unendliche Geschichte?, S. 27, 30.

484 *EEOC v. Aramco*, 499 U.S. 244, 247 (1991); *Morrison v. National Australia Bank*, 130 S.Ct. 2869 (2010).

485 Siehe zum Gesetzeswortlaut Teil 1, § 2. 1. a., S. 23.

486 Siehe *Schoenbaum v. Firstbrook*, 405 F.2d 200, 206 ff. (2d Cir. 1968); *Morrison v. National Australia Bank*, 547 F.3d 167, 177 (2d Cir. 2008). Der Supreme Court hat die sachliche Zuständigkeit auch im Antidiskriminierungsrechts abgelehnt. Siehe *EEOC v. Aramco*, 499 U.S. 244, 247 (1991).

Norm gehe. Die Zuständigkeit regle nur die Frage, ob ein Gericht befugt sei, ein Gerichtsverfahren durchzuführen.[487]

In der Kiobel-Entscheidung hat der Supreme Court die Vermutung gegen extraterritoriale Anwendung jedoch im Widerspruch zum Wertpapierrecht auf das ATS als Zuständigkeitszuweisungsnorm[488] und nicht auf den materiell-rechtlichen Federal–Common-Law-Anspruch angewendet. Dieses Vorgehen wird teilweise als systemwidrig kritisiert. Die Vermutung hätte dogmatisch im Rahmen des hinter dem ATS stehenden materiell-rechtlichen Federal-Common-Law-Anspruch Berücksichtigung finden müssen.[489]

Diese Kritik ist zwar grundsätzlich berechtigt, weil eine Zuständigkeitsnorm gar nicht extraterritorial angewendet werden kann. Sie beachtet die rechtlichen Besonderheiten des ATS aber nicht hinreichend. Auch dem Supreme Court sind die Besonderheiten des ATS bewusst, weshalb die Anwendung der Vermutung auf das ATS besonders gerechtfertigt wird.[490] Dass die Vermutung auf das ATS als Zuständigkeitsnorm angewendet wird, ist letztlich eine Folge davon, dass hinter dem ATS kein gesetzlich normierter Anspruch steht, auf den die Vermutung angewendet werden könnte. Damit unterscheidet sich das ATS insbesondere vom Wertpapierrecht. Materiell-rechtlich steht hinter dem ATS allein ein Federal-Common-Law-Anspruch.[491] Es ist aber nicht möglich, die Vermutung gegen extraterritoriale Anwendung als Auslegungsinstrument auf einen ungeschriebenen richterrechtlichen Anspruch anzuwenden, weil in diesem Fall jede Äußerung des Gesetzgebers fehlt.

e. Zielführende Einschränkung des Federal-Common-Law-Anspruchs

Dass die Vermutung gegen extraterritoriale Anwendung den Anwendungsbereich des ATS als Zuständigkeitszuweisungsnorm bestimmt, ist bei genauerer Betrachtung

---

487 „But to ask what conduct § 10 (b) reaches is to ask what conduct § 10 (b) prohibits, which is a merits question. Subject matter jurisdiction, by contrast, refers to a tribunal's power to hear a case." *Morrison v. National Australia Bank*, 130 S.Ct. 2869, 2877 (2010). So schon Justice Scalia dissenting in *Hartford Fire Ins. v. California*, 509 U.S. 764, 813 (1993).

488 Teil 1, § 2. 3. b., S. 46.

489 So *Stürner*, Die territorialen Grenzen der Human Rights Litigation in den USA, JZ 2014, S. 13, 18 f. Kritisch auch *Vázquez*, Things We Do with Presumptions: Reflections on Kiobel v. Royal Dutch Petroleum Co., 89 Notre Dame L. Rev. 1719 (2014). Siehe auch *Muir Watt*, L'Alien Tort Statute devant la Cour Suprême des Etats-Unis, Rev. Crit. DIP 2013, S. 595, 598.
Nach einem noch kritischeren Ansatz ist die Vermutung gegen Extraterritorialität überhaupt nicht auf das ATS anwendbar, weil die Normen, die materiell-rechtlich angewendet werden, universell geltendes Völkerrecht seien. Siehe *Colangelo*, Kiobel: Muddling the Distinction between Prescriptive and Adjudicative Jurisdiction, 28 Md. J. Int'l L. 65 (2013).

490 Teil 1, § 3. 1. b. ii., S. 54.

491 Teil 1, § 2. 3. d., S. 47.

zielführend. Denn dem Gericht geht es in der Kiobel-Entscheidung letztlich nicht nur um die Eingrenzung der Gerichtszuständigkeit, sondern insbesondere um die Beschränkung des hinter der Zuständigkeitsnorm stehenden materiell-rechtlichen Federal-Common-Law-Anspruchs.[492] Die Mehrheitsmeinung geht davon aus, dass der Rückgriff auf die Vermutung gegen extraterritoriale Anwendung im Rahmen des ATS legitim ist, weil die Gerichte dadurch auch an der Anerkennung von Common-Law-Ansprüchen gehindert werden.[493] Auch Justice Alito geht davon aus, dass die Vermutung gleichzeitig die Zuständigkeit der US-amerikanischen Gerichte und den Federal-Common-Law-Anspruch betrifft.[494] Auch das methodische Vorgehen des Gerichts weist darauf hin, dass letztlich der Anwendungsbereich des materiell-rechtlichen Anspruchs eingeschränkt werden soll. Den „territorialen" Anknüpfungspunkten, die mit der Kiobel-Entscheidung für die Anwendung des ATS jedenfalls eine Rolle spielen, kommt grundsätzlich im Kollisionsrecht, nicht aber im Zuständigkeitsrecht Bedeutung zu. Mit der Vermutung gegen extraterritoriale Anwendung wählt der Supreme Court einen Auslegungsansatz, der wie im deliktischen Kollisionsrechts[495] grundsätzlich auf den Tatort als Anknüpfungspunkt abstellt.[496] Im US-amerikanischen Zuständigkeitsrecht kommt dem Ort, an dem sich das schädigende Ereignis abgespielt hat, hingegen nur eine eingeschränkte Funktion zu.[497] Beispielsweise liegt im Rahmen der specific jurisdiction eine hinreichende Verbindung zu den USA vor, wenn der Beklagte Kontakte zum Forum hergestellt hat. Anknüpfungspunkte, die wie die Präsenz des Beklagten im Rahmen der personal jurisdiction eine territoriale Verbindung zu den USA herstellen können, berücksichtigt die Mehrheitsmeinung hingegen gerade nicht.[498]

Weil die Zuständigkeitsnorm des ATS und der Federal-Common-Law-Anspruch damit in einem engen Wechselspiel stehen, ist es letztlich konsequent die Vermutung auf die Zuständigkeitszuweisungsnorm anzuwenden. Im Ergebnis beschränkt die

---

492 So auch *Alford*, The Future of Human Rights Litigation after Kiobel, 89 Notre Dame L. Rev. 1749, 1769 (2014); *Vázquez*, Things We Do with Presumptions: Reflections on Kiobel v. Royal Dutch Petroleum Co., 89 Notre Dame L. Rev. 1719, 1725 (2014). In ähnlicher Weise scheint der Supreme Court grundsätzlich über das Zuständigkeitsrecht auch das Kollisionsrecht beeinflussen zu wollen. Kritisch hierzu *Borchers*, J. McIntyre Machinery, Goodyear, and the Incoherence of the Minimum Contacts Test, 44 Creighton L. Rev. 1245, 1269 f. (2011).

493 „But we think the principles underlying the canon of interpretation similarly constrain courts considering causes of action that may be brought under the ATS." *Kiobel v. Royal Dutch Petroleum Co.*, 133 S.Ct. 1659, 1664 (2013).

494 „As a result, a putative ATS cause of action will fall within the scope of the presumption against extraterritoriality – and will therefore be barred (…)." *Kiobel v. Royal Dutch Petroleum Co.*, 133 S.Ct. 1659, 1670 (2013).

495 Teil 1, § 1. 1., S. 22.

496 Teil 1, § 4. 1., S. 67.

497 Teil 2, § 2. 1. c., S. 119.

498 *Kiobel v. Royal Dutch Petroleum Co.*, 133 S.Ct. 1659, 1669 (2013).

Vermutung gleichzeitig die Zuständigkeit der Gerichte und den Anwendungsbereich des Sachrechts. Weil erst die Existenz der Zuständigkeitsnorm den Gerichten die Anerkennung eines Federal–Common-Law-Anspruchs ermöglicht, sind die Tatbestandsvoraussetzungen für die Zuständigkeitsbegründung über das ATS und für den Federal-Common-Law-Anspruch identisch.[499] Damit wird durch die Eingrenzung der Zuständigkeit der Bundesgerichte auch der Anwendungsbereich des Federal-Common-Law-Anspruchs eingeschränkt Die Bundesgerichte können den Federal-Common-Law-Anspruch nur anwenden, wenn sie über das ATS als Zuständigkeitszuweisungsnorm zur Entscheidung in der Sache befugt sind.

Die Anwendung der Vermutung gegen extraterritoriale Anwendung auf das ATS schränkt die Anwendbarkeit des Federal-Common-Law-Anspruch auch vor den Staatengerichten ein. Zwar begründet das ATS nur eine konkurrierende Zuständigkeit der Bundesgerichte, so dass theoretisch auch die Staatengerichte über den Federal-Common-Law-Anspruch entscheiden könnten. Gegen eine solche Entscheidungsbefugnis der Staatengerichte spricht aber, dass der Federal-Common-Law-Anspruch keine Sachverhalte einschließen kann, die nicht von der Zuweisung der besonders geschaffenen bundesrechtlichen Zuständigkeit erfasst sind. Die Bundesgerichte sind nur dazu befugt, den hinter dem ATS stehenden Federal-Common-Law-Anspruch zu schaffen, weil ihnen über das ATS die sachliche Zuständigkeit zugewiesen worden ist.[500] Wenn der materiell-rechtliche Anspruch über die Zuständigkeitszuweisungsnorm hinausginge, würde dies zu paradoxen Folgen führen. Die Einzelstaaten könnten in diesem Fall über einen bundesrechtlichen Anspruch entscheiden, über den die Bundesgerichte selbst nicht entscheidungsbefugt sind.[501] In der Folge würde der weitere Widerspruch entstehen, dass die Bundesgerichte in auf die diversity jurisdiction oder die supplemental jurisdiction gestützten Fällen[502] doch über den Federal-Common-Law-Anspruch entscheiden müssten. Dieselbe Konstellation würde entstehen, wenn der Beklagte bei einer vor den Staatengerichten eingebrachten und auf den Federal-Common-Law-Anspruch gestützten Klagen nach 28 USC § 1441 die Verweisung an die Bundesgerichte beantragt,[503] weil der Federal-Common-Law-Anspruch Bundesrecht darstellt.

---

499 Teil 1, § 2. 3. d., S. 47.

500 Teil 1, § 2. 3. d., S. 47.

501 So auch *Alford*, The Future of Human Rights Litigation after Kiobel, 89 Notre Dame L. Rev. 1749, 1767 ff. (2014).

502 Siehe 28 USC § 1332 (a) (2) und 28 USC § 1367 (a).

503 28 USC § 1441 (a) lautet: „(A)ny civil action brought in a State court of which the district courts of the United States have original jurisdiction, may be removed by the defendant or the defendants, to the district court of the United States for the district and division embracing the place where such action is pending." Zur Verweisung siehe *Schack*, Einführung in das US-amerikanische Zivilprozessrecht, S. 21; *Hay*, US-amerikanisches Recht, Rn. 122.

Teil 2: Die internationale Zuständigkeit US-amerikanischer Gerichte

Der zweite Teil dieser Arbeit beschäftigt sich mit der internationalen Zuständigkeit US-amerikanischer Gerichte. Nur soweit die US-amerikanischen Gerichte international zuständig sind, können Unternehmen in den USA für in Drittstaaten begangene Menschenrechtsverletzungen verklagt werden. Während bei Klagen über US-amerikanische Unternehmen ein allgemeiner Gerichtsstand unproblematisch eröffnet ist, muss bei Klagen gegen ausländische Unternehmen genauer betrachtet werden, ob die US-amerikanischen Gerichte aufgrund der Kontakte des Beklagten zum Forum zuständig sind.

Kann die internationale Zuständigkeit nicht begründet werden, führt dies zur Klageabweisung, wenn der Beklagte die Unzuständigkeit des Gerichts rügt.[504] Weil dieser Grundsatz auch für das ATS gilt, können auch ATS-Klagen nie ohne jede Verbindung zu den USA vor US-amerikanischen Gerichten erhoben werden.[505] Die Zuständigkeit für Klagen gegen ausländische Unternehmen konnte aber lange Zeit schon durch geringe Kontakte der Unternehmen zum US-amerikanischen Forum begründet werden.[506] Daher konnten in der Vergangenheit auch foreign cubed cases vor US-amerikanischen Gerichten eingebracht werden.

Zur Begründung der internationalen Zuständigkeit werden nach US-amerikanischem Recht grundsätzlich die zwischenstaatlichen Zuständigkeitsregeln auf die internationale Ebene übertragen.[507] US-amerikanische Gerichte sind daher nur zuständig, wenn sie die Befugnis haben, über den Beklagten zu urteilen (personal jurisdiction).[508] Die internationale Zuständigkeit ist von der sachlichen Zuständigkeit abzugrenzen (subject

504 Rügt der Beklagte die Unzuständigkeit in seiner Klageerwiderung nicht, lässt er sich nach Rule 12 (h) (1) FRCP auf die Sache ein, wenn die Unzuständigkeit nicht mit dem ersten Parteiantrag geltend gemacht wird. Alternativ kann der Beklagte nach Rule 12 (c) und 56 (a), (b) FRCP einen Antrag auf ein abgekürztes Sachurteil stellen.

505 So wurde auch im Kiobel-Verfahren die Klagen gegen die SPDC mangels personal jurisdiction abgewiesen. *Kiobel v. Royal Dutch*, 621 F.3d 111, 189 (2d Cir. 2010) und *Doe v. Unocal*, 248 F.3d 915, 921 (9th Cir. 2001). Ein interessantes Fallbeispiel bietet *Sikhs for Justice v. Badal*, 736 F.3d 743 (7th Cir. 2013). Dies wird in der Debatte um ein „zivilrechtliches Weltrechtsprinzip" nicht immer hinreichend berücksichtigt. Siehe *Geulen/Sebok*, Deutsche Firmen vor US-Gerichten, NJW 2003, S. 3244, 3245.

506 Siehe Teil 2, § 2. 2., S. 115.

507 Siehe *Schack*, Einführung in das US-amerikanische Zivilprozessrecht, S. 25.

508 Zur personal jurisdiction *Born/Rutledge*, International Civil Litigation in United States Courts, S. 81 ff.; *Hay/Borchers/Symeonides*, Conflict of Laws, § 5.1 ff.; *Hay*, US-amerikanisches Recht, Rn. 130 ff. und *Schack*, Einführung in das US-amerikanische Zivilprozessrecht, S. 24 ff.

matter jurisdiction), bei der es – wie beim ATS – um die Kompetenzverteilung zwischen Bundes- und Staatengerichten geht.[509] Inhaltlich wird die personal jurisdiction heute von drei verfassungsrechtlichen Geboten beeinflusst.[510] Zunächst kontrolliert die Full-Faith-and-Credit-Klausel[511] das Zuständigkeitsrecht indirekt auf dem Anerkennungs- und Vollstreckungsweg. Die Staaten müssen nur Urteile anerkennen und vollstrecken, wenn das erkennende Prozessgericht zuständig gewesen ist.[512] Die zentrale Bedeutung kommt heute aber der Due-Process-Klausel[513] zu, die in den Bundes- und den Staatengerichten die Durchführung eines ordentlichen Gerichtsverfahrens garantiert und eine direkte verfassungsrechtliche Kontrolle des Zuständigkeitsrechts ermöglicht. Zuletzt wird das Zuständigkeitsrecht von Erwägungen der Gewaltenteilung beeinflusst. Die Annahme der Gerichtszuständigkeit setzt neben der Einhaltung der Voraussetzungen der Due-Process-Klausel voraus, dass ein Gesetzesakt die Zuständigkeit der Gerichte begründet.[514]

Vor diesem Hintergrund wird im Folgenden die Entwicklung der personal jurisdiction und insbesondere des allgemeinen Gerichtsstands von Unternehmen aufgezeigt. Bis Mitte des 20. Jahrhunderts war das US-amerikanische Zuständigkeitsrecht stark

---

509 Zur subject matter jurisdiction *Born/Rutledge*, International Civil Litigation in United States Courts, S. 5 ff; *Hay*, US-amerikanisches Recht, Rn. 119 ff.; *Schack*, Einführung in das US-amerikanische Zivilprozessrecht, S. 17 ff.

510 Siehe zu den Bezügen des US-amerikanischen Zuständigkeitsrechts zum Verfassungsrecht *Pfeiffer*, Internationale Zuständigkeit und prozessuale Gerechtigkeit, S. 301 ff. Zur verfassungsrechtlichen Historie *Whitten*, The Constitutional Limitations on State-Court Jurisdiction (Part One) 14 Creighton L. Rev. 499 (1981) und *Whitten*, The Constitutional Limitations on State-Court Jurisdiction (Part Two) 14 Creighton L. Rev. 735 (1981).

511 Art. 4 § 1 der US-amerikanischen Verfassung lautet: „Full faith and credit shall be given in each State to the public acts, records, and judicial proceedings of every other State (...)."

512 Die Annahme einer weitgehenden Gerichtszuständigkeit ist damit nicht verfassungswidrig, sondern führt nur indirekt dazu, dass ergangene Urteile in anderen Staaten nicht anerkannt und vollstreckt werden müssen. Die Gerichtszuständigkeit war nach der Staatsgründung in einer ersten Phase bis ins späte 19. Jahrhundert zunächst allein durch das common law und die Full-Faith-and-Credit-Klausel begrenzt. Siehe *Casad/Richman*, Jurisdiction in Civil Actions, S. 69 ff.; *Hay/Borchers/Symeonides*, Conflict of Laws, § 5.2.

513 Die Due-Process-Klausel ist für die Bundesgerichte im 5. und für die einzelstaatlichen Gerichte im 14. Amendment der US-amerikanischen Verfassung kodifiziert. Das 14. Amendment lautet: „(N)or shall any State deprive any person of life, liberty, or property, without due process of law (...)."

514 Nach dem Gewaltenteilungsprinzip soll der Gesetzgeber und nicht die Gerichte die Grenzen der Gerichtszuständigkeit bestimmen. Siehe *Omni Capital International v. Rudolf Wolff*, 484 U.S. 97, 111 (1987); *Born/Rutledge*, International Civil Litigation in United States Courts, S. 81 und S. 204 f. Die erforderliche gesetzliche Grundlage besteht heute für die Bundes- und die Staatengerichte durch die long arm statutes. Dazu *Casad/Richman*, Jurisdiction in Civil Actions, S. 437 ff.

von territorialen Gedanken geprägt (§ 1). Anschließend weitete der Supreme Court den allgemeinen Gerichtsstand von Unternehmen unter Berücksichtigung der Parteiinteressen an einem fairen Zuständigkeitsrecht aus (§ 2). Mit zwei Entscheidungen aus den Jahren 2011 und 2014 hat der Supreme Court den allgemeinen Gerichtsstand von Unternehmen mit neoterritorialen Überlegungen wieder eingeschränkt (§ 3). Vor dem Hintergrund der aktuellen Rechtsprechung können Lösungsansätze zu offen gebliebenen Fragen entwickelt werden (§ 4). Die Rechtsprechung führt zu systematischen Veränderungen des Zuständigkeitsrechts (§ 5).

§ 1 Territorialitätsprinzip: Physical power doctrine

In einer ersten Phase wurde das US-amerikanische Zuständigkeitsrecht vom strengen Territorialitätsprinzip dominiert, das der Supreme Court im Jahre 1877 in der Pennoyer-Entscheidung höchstrichterlich zum Leitprinzip der personal jurisdiction erklärte. Hinter dem strengen Territorialitätsprinzip standen souveränitätsrechtliche Überlegungen.[515] Weil die Due-Process-Klausel mit dem Supreme Court die Staaten vor einer ausgreifenden Zuständigkeit der Schwesterstaaten schützt, konnten Urteile, die sich nicht im verfassungsrechtlichen Rahmen der Due-Process-Klausel hielten, für verfassungswidrig und nichtig erklärt werden.[516]

Unter dem strengen Territorialitätsprinzip war die Möglichkeit der physischen Machtausübung über den Beklagten oder über eine Sache die Grundlage der Gerichtsgewalt. Physische Macht konnte ausgeübt werden, wenn sich der Beklagte oder der Streitgegenstand im Gerichtsstaat befanden (physical power doctrine).[517] Als Leitprinzip der personal jurisdiction prägte das strenge Territorialitätsprinzip die traditionellen Kategorien der Common-Law-Gerichtsgewalt. Daneben hatte es besondere Auswirkungen auf die zivilprozessuale Behandlung von Unternehmen.

---

515 „One of these principles is, that every State possesses exclusive jurisdiction and sovereignty over persons and property within its territory. (...) The other principle of public law referred to follows from the one mentioned; that is, that no State can exercise direct jurisdiction and authority over persons or property without its territory." *Pennoyer v. Neff*, 95 U.S. 714, 722 (1877). Siehe *Pfeiffer*, Internationale Zuständigkeit und prozessuale Gerechtigkeit, S. 311 ff.; *Casad/Richman*, Jurisdiction in Civil Actions, S. 72 f.; *Hay/Borchers/Symeonides*, Conflict of Laws, § 5.3.

516 „Since the adoption of the Fourteenth Amendment to the Federal Constitution, the validity of such judgments may be directly questioned, and their enforcement in the State resisted, on the ground that proceedings in a court of justice to determine the personal rights and obligations of parties over whom that court has no jurisdiction do not constitute due process of law." *Pennoyer v. Neff*, 95 U.S. 714, 733 (1877).

517 So Justice Holmes: „The foundation of jurisdiction is physical power (...)." *McDonald v. Mabee*, 243 U.S. 90, 91 (1917).

1. Common-Law-Prinzipien

Vor dem Hintergrund des Territorialitätsprinzips und der physical power doctrine entwickelten sich im common law drei Säulen zur Begründung der Gerichtsgewalt: Die jurisdiction in personam, die jurisdiction in rem und die jurisdiction quasi in rem.[518] Auch wenn diese Kategorien heute weitgehend an Bedeutung verloren haben, werden sie in der Rechtspraxis teilweise noch verwandt.[519]

a. In personam jurisdiction

Jurisdiction in personam besteht, wenn ein Anspruch gegen eine bestimmte Person gerichtlich durchgesetzt wird und der Beklagte durch seine Anwesenheit einen Bezug zum US-amerikanischen Forum aufweist. In diesem Fall kann das Gericht tatsächlich Macht über den Beklagten ausüben. Daher sind nach dem strengen Territorialprinzip die Anwesenheit des Beklagten im Gerichtsstaat (presence) und dessen Auftreten im Prozess (appearance) Anknüpfungspunkte für die Zuständigkeit. Ist der Beklagte im Staat des Forums präsent, darf das Gericht über alle gegen ihn gerichteten Klagen befinden. Wird ein Urteil auf die in personam jurisdiction gestützt, liegt nur eine relative Bindungswirkung vor.[520]

Schon unter der Pennoyer-Doktrin bestanden im Rahmen der jurisdiction in personam schon Ausnahmen vom strengen Territorialitätsprinzip. Als Anknüpfungspunkte für die in personam jurisdiction waren auch das domicile des Beklagten[521] oder eine fiktive Einwilligung des Beklagten in die Durchführung eines Gerichtsverfahrens[522] anerkannt. Weitere Sonderregeln bestanden in gegen juristische Personen gerichteten Verfahren.[523]

b. In rem jurisdiction

Die jurisdiction in rem eröffnet die Zuständigkeit bei dinglichen Klagen über Gegenstände, die im Gerichtsbezirk belegen sind, weil sie der Gerichtsgewalt unterliegen. In echten In-rem-Klagen ist die Sache gleichsam „Klagegegner" und es wird um die dingliche Berechtigung an einer Sache gestritten. Das Urteil hat absolute Wirkung und bestimmt gegenüber jedermann den Eigentumstitel an der Sache.[524] Für die Begründung der Gerichtszuständigkeit bei In-rem-Klagen war anfangs für eine

518 *Hay/Borchers/Symeonides*, Conflict of Laws, § 5.2; *Schack*, Einführung in das US-amerikanische Zivilprozessrecht, S. 26 f.
519 *Hay/Borchers/Symeonides*, Conflict of Laws, § 5.9.
520 *Shaffer v. Heitner*, 433 U.S. 186, 199 (1977); *Hay/Borchers/Symeonides*, Conflict of Laws, § 5.8.
521 *Milliken v. Meyer*, 311 U.S. 457 (1940).
522 *Hess v. Pawloski*, 274 U.S. 352 (1927).
523 Dazu sogleich Teil 2, § 1, 2., S. 111.
524 *Shaffer v. Heitner*, 433 U.S. 186, 199 (1977); *Hay/Borchers/Symeonides*, Conflict of Laws, § 5.5.

ausreichende Herrschaft des Gerichts sogar erforderlich, dass die Sache vor Erlass des Urteils durch das Gericht beschlagnahmt worden war.[525]

c. *Quasi in rem jurisdiction*

Grundlage der Gerichtsgewalt für die quasi in rem jurisdiction ist wie bei der in rem jurisdiction die Belegenheit von Eigentum im Gerichtsbezirk. Die jurisdiction quasi in rem ist dem deutschen Vermögensgerichtsstand des § 23 ZPO ähnlich und begründet gegen den Eigentümer der Sache die Gerichtszuständigkeit auch für Klagen, die sich nicht mit der Berechtigung an der Sache beschäftigen. Anders als bei echten In-rem-Urteilen kommt Quasi-in-rem-Urteilen daher nur eine relative Wirkung zu. Die Entscheidungszuständigkeit ist auf das beschlagnahmte Vermögen begrenzt.[526]

Heute kann die Belegenheit von Vermögen nach der höchstrichterlichen Rechtsprechung aber nur noch Grundlage der jurisdiction sein, wenn die Anforderungen der Due-Process-Klausel eingehalten sind.[527] Damit hat die quasi in rem jurisdiction neben der in personam jurisdiction weitgehend ihre eigenständige Bedeutung verloren.[528]

2. Frühe Sonderregeln für Unternehmen

Bei Anwendung des strengen Territorialitätsprinzips kann die Gerichtsgewalt jedenfalls in dem Staat angenommen werden, in dem ein Unternehmen gegründet wurde, weil es dort existiert und ihm dort eine unternehmerische Präsenz zukommt. Problematisch ist aber, ob über ein Unternehmen auch in einem Staat die Gerichtsgewalt ausgeübt werden kann, in dem es nicht gegründet worden ist.[529] Der Supreme Court verneinte diese Frage in der Entscheidung Bank of Augusta im Jahre 1839 unter einer streng territorialen Sichtweise. Eine juristische Person existiere als rechtliches Gebilde nur innerhalb des Geltungsbereichs des

525 *Hay/Borchers/Symeonides*, Conflict of Laws, § 5.2.

526 Siehe *Schack*, Einführung in das US-amerikanische Zivilprozessrecht, S. 26; *Hay/Borchers/Symeonides*, Conflict of Laws, § 5.6.

527 *Shaffer v. Heitner*, 433 U.S. 186, 212 (1977).

528 *Schack*, Jurisdictional Minimum Contacts Scrutinized, S. 59 ff.; *Kleinstück*, Due Process Beschränkungen des Vermögensgerichtsstandes durch hinreichenden Inlandsbezug und Minimum Contacts, S. 51 ff.

529 Siehe *Beale*, A Treatise on the Conflict of Laws,Vol.1, 369 ff.; *Henderson*, The Position of Foreign Corporations in American Constitutional Law, S. 77 ff.; *Hay/Borchers/Symeonides*, Conflict of Laws, § 10.14; *Mehren*, Adjudicatory Authority in Private International Law, S. 93 ff.; *Scott*, Jurisdiction over Nonresidents Doing Business within a State, 32 Harv. L. R. 871 (1919); *Kurland*, The Supreme Court, the Due Process Clause and the in Personam Jurisdiction of State Courts, 25 U. Chi. L. Rev. 569, 577 ff. (1958); *Welp*, Internationale Zuständigkeit über auswärtige Gesellschaften mit Inlandstöchtern im US-amerikanischen Zivilprozeß, S. 34 ff.

Gründungsrechts.[530] Bei dieser Sichtweise konnten juristische Personen in Staaten, in denen sie nicht gegründet wurden, nur verklagt werden, wenn sie dort über Eigentum eine tatsächliche Präsenz hatten. Gleichzeitig entschied das Gericht aber auch, dass Unternehmen aus Comity-Erwägungen in anderen Staaten Verträge abschließen und dort klagen konnten.[531] Dieser Ansatz führte damit zu einem unbefriedigenden Wertungswiderspruch. Juristische Personen konnten in einem fremden Staat einer geschäftlichen Tätigkeit nachgehen, ohne dort aufgrund ihrer Geschäftstätigkeit Gerichtsverfahren ausgesetzt zu sein.[532] Um diesem Wertungswiderspruch entgegenzutreten, entwickelten die Gerichte zwei Ansätze, die zur Begründung der Zuständigkeit auf die geschäftliche Aktivität des Unternehmens im Forum zurückgriffen.[533] Damit konnte die Gerichtszuständigkeit jedenfalls für Ansprüche angenommen werden, die mit der wirtschaftlichen Tätigkeit in Verbindung standen. Umstritten war, ob eine wirtschaftliche Tätigkeit darüber hinaus auch einen allgemeinen Gerichtsstand begründen konnte.

a. Einwilligungstheorie und qualification statutes

Ein erster Ansatz ergänzte die physical power doctrine um eine Einwilligungstheorie. Da Staaten fremde Unternehmen in ihrem Staatsgebiet von der Geschäftstätigkeit ausschließen konnten,[534] stand ihnen auch die Kompetenz zu, Unternehmen nur zur Geschäftstätigkeit zuzulassen, wenn diese sich vor Aufnahme der Tätigkeit per Einwilligung der Gerichtsgewalt des Staates unterwarfen.[535] Schon im Rahmen

---

530 „It is very true that a corporation can have no legal existence out of the boundaries of the sovereignty by which it is created. It exists only in contemplation of law, and by force of the law; and where that law ceases to operate, and is no longer obligatory, the corporation can have no existence. It must dwell in the place of its creation, and cannot migrate to another sovereignty." *Bank of Augusta v. Earle*, 38 U.S. 519, 588 (1839).

531 „(We) shall find proof of the general understanding in the United States, that by the law of comity among the states, the corporations chartered by one were permitted to make contracts in the others." *Bank of Augusta v. Earle*, 38 U.S. 519, 592 (1839).

532 „The manifest injustice which would ensue if a foreign corporation, permitted by a state to do business therein, and to bring suits in its courts, (is that it) could not be sued in those courts, and thus, while allowed the benefits, be exempt from the burdens, of the laws of the state (...)." *Barrow v. Kane*, 170 U.S. 100, 107 (1898).

533 Nach einem dritten von Austin Scott entwickelten Ansatz ergab sich die Zuständigkeit aus Gerechtigkeitserwägungen. Es sei gerecht, dass fremde Unternehmen vernünftigen Gesetzen des Forums unterstellt werden, wenn sie dort geschäftlich tätig werden. Siehe *Scott*, Jurisdiction over Nonresidents Doing Business within a State, 32 Harv. L. R. 871, 883 ff. (1919).

534 Der Gleichbehandlungsgrundsatz von Art. 4 § 2 der US-amerikanischen Verfassung wird nicht auf Unternehmen angewendet. Siehe *Bank of Augusta v. Earle*, 38 U.S. 519, 586 (1839).

535 *Mehren*, Adjudicatory Authority in Private International Law, S. 94 f.

der Einwilligungstheorie war unklar, ob die Einwilligung auch Klagen umfasste, die keinen Bezug zu der Geschäftstätigkeit im Forum hatten.[536]

Weil das strenge Territorialprinzip auch Zustellungen außerhalb des Forums untersagte und für die Zustellung wiederum die Präsenz des Unternehmens erforderlich war, folgten weitere Fragen. Problematisch war, wie einem ausländischen Unternehmen im Forum eine Klage zugestellt werden konnte.[537] Umstritten war zwischen den Staatengerichten, ob eine Zustellung an vertretungsberechtigte Organe möglich war. Der Supreme Court von New Jersey entschied im Jahre 1855, dass Unternehmen überall dort präsent sind, wo Vertreter oder Vorstandsmitglieder des Unternehmens handeln.[538] Bemerkenswert an dieser Entscheidung ist, dass in der Argumentation des Gerichts schon Fairnesserwägungen auftraten, die später die Due-Process-Klausel wesentlich prägen sollten.[539] Der Supreme Court zeigte sich diesem Ansatz im Jahr 1882 aber kritisch gegenüber eingestellt. Das Gericht entschied, dass die Anwesenheit eines Vertreters oder eines Vorstandsmitglieds allein nicht ausreicht, damit ein Unternehmen in einem Staat präsent ist und ihm dort Klagen zugestellt werden können. Erforderlich sei auch, dass ein Unternehmen im Forum wirtschaftlich tätig werde.[540] Um Schwierigkeiten bei der Zustellung entgegenzuwirken, sahen Staatengesetze schließlich vor, dass Unternehmen mit der Einwilligung in die Gerichtsgewalt des Forumstaates auch einen Zustellungsbevollmächtigten im Forum benennen mussten. Diesem

536 *Mehren/Trautman*, Jurisdiction to Adjudicate: A Suggested Analysis, 79 Harv. L. R. 1121, 1142 f. (1966). Dafür *Casad/Richman*, Jurisdiction in Civil Actions, S. 83. Dagegen *Simon v. Southern Railway*, 236 U.S. 115, 130 (1915): „But these possible inconveniences serve to emphasize the importance of the principle (...) that the statutory consent of a foreign corporation to be sued does not extend to causes of action arising in other states."

537 Siehe *Mehren*, Adjudicatory Authority in Private International Law, S. 94.

538 „If it be said that all these acts are performed by its agents, as they may be in a case of a private individual, and that the corporation itself is not present, the answer is, that a corporation acts nowhere, except by its officers and agents. It has no tangible existence, except through its officers. For all practical purposes, its existence is as real, as vital, and efficient elsewhere as within the jurisdiction that created it." *Moulin v. Trenton Mutual Life and Fire Ins. Co.*, 25 N.J.L. 57, 60 f. (1855).

539 „The simple inquiry is, whether the statute of the state of New York, which authorizes the service of process in the mode adopted in this case, is so unreasonable, so contrary to natural justice and the principles of natural law, that it ought not to be sanctioned." *Moulin v. Trenton Mutual Life and Fire Ins. Co.*, 25 N.J.L. 57, 62 (1855).

540 *St. Clair v. Cox*, 106 U.S. 350, 360 (1882). Auch heute kann die presence von Vorstandsmitgliedern nicht mit der presence des Unternehmens gleichgesetzt werden. Vgl. *Martinez v. Aero Caribbean*, 764 F.3d 1062, 1067 f. (9th Cir. 2014).

Bevollmächtigten konnten gegen das Unternehmen gerichtete Klagen zugestellt werden.[541]

Damit war der rechtliche Rahmen für die sog. qualification statutes geschaffen.[542] So bestimmte einzelstaatliches Recht bald in allen Bundesstaaten, dass Unternehmen sich registrieren mussten, wenn sie in einem Staat geschäftlich tätig werden wollten (transacting business oder doing business), in dem sie nicht gegründet worden waren. Für die Registrierung war die Einwilligung in die Gerichtszuständigkeit, die Mitteilung der wesentlichen Informationen der Gesellschaftssatzung und die Benennung eines Zustellungsbevollmächtigten erforderlich.[543]

Probleme bereitete die Einwilligungstheorie, wenn ein Unternehmen seine Einwilligung nicht erteilt hatte, aber dennoch einer Geschäftstätigkeit im Forum nachging.[544] Um auch in diesen Fällen die Gerichtszuständigkeit ausüben zu können, entwickelte der Supreme Court den nachstehenden Ansatz.

b. Fiktion der Einwilligung und der corporate presence

Beim zweiten Ansatz nahm der Supreme Court die Gerichtszuständigkeit allein aufgrund der unternehmerischen Tätigkeit im Forum an. Durch diese wurde entweder eine konkludente Einwilligung (implied consent) konstruiert oder dem Unternehmen im Widerspruch zur Bank-of-Augusta-Entscheidung doch eine fiktive rechtliche Präsenz im Gerichtsstaat (corporate presence) zugesprochen.[545]

Ausgangspunkt der Überlegungen war der Gedanke, dass ein Unternehmen, obschon es als juristische Personen keinen „Körper" hat und es sich die Präsenz der vertretungsberechtigten Organe nicht zurechnen lassen muss, doch irgendwo präsent ist. Der Supreme Court führte im Jahre 1917 in der Entscheidung Philadelphia Railroad aus, dass die Präsenz eines Unternehmens durch eine geschäftliche unternehmerische Aktivität im Forum festgestellt werden kann (doing business).[546] Damit tauchte die Doing-Business-Formel zum ersten Mal in der höchstrichterlichen

---

541 „(M)any states (provided) by statute that a foreign corporation making contracts within the state shall appoint an agent residing therein, upon whom process may be served in actions upon such contracts. This court has often held that, wherever such a statute exists, service upon an agent so appointed is sufficient to support jurisdiction of an action against the foreign corporation, either in the courts of the state, or, when consistent with the acts of congress, in the courts of the United States held within the state." *Barrow v. Kane*, 170 US 100, 107 f. (1898).

542 *Hay/Borchers/Symeonides*, Conflict of Laws, § 23.7; *Casad/Richman*, Jurisdiction in Civil Actions, S. 388 ff.

543 *Müller*, Die Gerichtspflichtigkeit wegen „doing business", S. 21 f.; *Born/Rutledge*, International Civil Litigation in United States Courts, S. 114.

544 Zu den sog. non qualifying corporations *Casad/Richman*, Jurisdiction in Civil Actions, S. 393 ff.

545 *Casad/Richman*, Jurisdiction in Civil Actions, S. 81 ff.

546 „A foreign corporation is amenable to process to enforce a personal liability, in the absence of consent, only if it is doing business within the state in such manner

Rechtsprechung auf. Ein Unternehmen war an all den Orten anwesend, an denen es einer Geschäftstätigkeit nachging.

Auch hier war schon früh umstritten, inwieweit eine geschäftliche Aktivität im Forum die Ausübung der Gerichtsgewalt über Ansprüche rechtfertigen konnte, die keine Beziehung zur Geschäftstätigkeit hatten.[547] Ein frühes Beispiel für eine weite Annahme der Gerichtzuständigkeit bietet die Analyse des späteren Supreme Court Richters Judge Cardozo in der Tauza-Entscheidung, nach der eine besondere Verbindung zwischen Aktivität und Rechtsstreit nicht gegeben sein muss.[548]

§ 2 Parteiinteressen: Ausweitung der Gerichtszuständigkeit

Das strenge Territorialitätsprinzip verlor als Leitgedanke der personal jurisdiction in einer zweiten Rechtsprechungsphase, die im Jahre 1945 mit der Entscheidung International Shoe begann,[549] an Bedeutung. Hintergrund der Rechtsprechungsänderung[550] war zum einen, dass sich im Rahmen der zunehmenden Globalisierung der grenzüberschreitende Handel verstärkte. Vor dem steigenden Bedürfnis, auch Personen verklagen zu können, die sich in einem anderen Staat befanden, traten die praktischen Schwächen des Territorialitätsprinzips zum Vorschein. Zum anderen verlor die einem Beklagten auferlegte Pflicht, sich in einem anderen Staat gerichtlich verantworten zu müssen, durch die modernen Transport- und Kommunikationsmittel viel von ihrer ursprünglichen Unzumutbarkeit.[551] Mit der International-Shoe-Entscheidung spielten im Rahmen der Due-Process-Klausel

---

and to such extent as to warrant the inference that it is present there." *Philadelphia Reading v. Railway Co.*, 243 U.S. 264, 265 (1917).

547 *Mehren/Trautman*, Jurisdiction to Adjudicate: A Suggested Analysis, 79 Harv. L. R. 1121, 1142 (1966); *Casad/Richman*, Jurisdiction in Civil Actions, S. 83.

548 „We hold, then, that the defendant corporation is engaged in business within this state. We hold, further, that the jurisdiction does not fail because the cause of action sued upon has no relation in its origin to the business here transacted." *Tauza v. Susqehanna Coal Co.*, 220 N.Y. 259, 268 (1917).

549 *International Shoe v. State of Washington*, 326 U.S. 310 (1945).

550 *Pfeiffer*, Internationale Zuständigkeit und prozessuale Gerechtigkeit, S. 320 ff.; *Hay/Borchers/Symeonides*, Conflict of Laws, § 5.4; *Born/Rutledge*, International Civil Litigation in United States Courts, S. 86 f.; *Mehren*, Adjudicatory Authority in Private International Law, S. 97 ff.

551 „Today many commercial transactions touch two or more States and may involve parties separated by the full continent. With this increasing nationalization of commerce has come a great increase in the amount of business conducted by mail across state lines. At the same time modern transportation and communication have made it much less burdensome for a party sued to defend himself in a State where he engages in economic activity." *McGee v. International Life Ins. Co.*, 355 U.S. 220, 222 f. (1957).

neben Souveränitätsgedanken nun auch die Parteiinteressen an einem fairen Zuständigkeitsrecht eine Rolle. Im Ergebnis konnte damit über Unternehmen ein allgemeiner Gerichtsstand allein aufgrund einer wirtschaftlichen Tätigkeit im Forum hergestellt werden.

1. Personal jurisdiction nach International Shoe

Für die Begründung der personal jurisdiction über den Beklagten ist seit der International-Shoe-Entscheidung unter der Due-Process-Klausel erforderlich und ausreichend, dass der Beklagte 1) Minimalkontakte (minimum contacts) zum Gerichtsstaat aufweist, aufgrund derer 2) ein Gerichtsverfahren dort nicht im Widerspruch mit überkommenen Fair-Play- und Gerechtigkeitserwägungen steht.[552] Vor dem Hintergrund der International-Shoe-Entscheidung entwickelten Arthur von Mehren und Donald Trautman die dogmatische Unterscheidung von general und specific jurisdiction.[553] Demnach können die Kontakte des Beklagten zum Forum je nach Intensität einen allgemeinen Gerichtsstand (general jurisdiction) oder einen besonderen Gerichtsstand (specific jurisdiction) begründen. Der Supreme Court griff diese Systematisierung im Jahre 1984 in der Entscheidung Helicopteros Nacionales de Colombia auf.[554] Sie ist heute in Rechtsprechung und Lehre anerkannt und hat die traditionellen Common-Law-Prinzipien zur Zuständigkeitsbegründung weitgehend abgelöst.[555] Rückblickend wird vom Supreme Court festgehalten, dass die Unterscheidung schon in der Entscheidung International Shoe angelegt war.[556] Der Bedeutungsverlust der traditionellen Kategorien beschleunigte sich dadurch weiter, dass der Supreme Court in Shaffer v. Heitner

552 „But now that the capias ad respondendum has given way to personal service of summons or other form of notice, due process requires only that in order to subject a defendant to a judgment in personam, if he be not present within the territory of the forum, he have certain minimum contacts with it such that the maintenance of the suit does not offend traditional notions of fair play and substantial justice." *International Shoe v. State of Washington*, 326 U.S. 310, 316 (1945).

553 *Mehren/Trautman*, Jurisdiction to Adjudicate: A Suggested Analysis, 79 Harv. L. R. 1121, 1136 (1966).

554 *Helicopteros Nacionales de Colombia v. Hall*, 466 U.S. 408, 414, Fn. 8 und Fn. 9 (1984).

555 Siehe z.B. *Goodyear Dunlop Tires Operations SA v. Brown*, 131 S.Ct. 2846, 2853 f. (2011); *Daimler AG v. Bauman*, 134 S.Ct. 746, 757 f. (2014); § 421, Reporters Note 3, Restatement Third of the Law (Foreign Relations Law) (1987); *Hay/Borchers/Symeonides*, Conflict of Laws, § 5.10 ff.; *Born/Rutledge*, International Civil Litigation in United States Courts, S. 90; *Casad/Richman*, Jurisdiction in Civil Actions, S. 12 ff.

556 „International Shoe's conception of fair play and substantial justice presaged the development of two categories of personal jurisdiction." *Daimler AG v. Bauman*, 134 S.Ct. 746, 754 (2014).

urteilte, dass alle drei Common-Law-Kategorien derselben verfassungsrechtlichen Due-Process-Kontrolle unterliegen.[557]

a. *Minimum contacts des Beklagten*

Damit personal jurisdiction besteht, muss der Beklagte Minimalkontakte zum Gerichtsstaat aufweisen. Dabei kommt es mit der Rechtsprechung für die Begründung der Zuständigkeit auf die Beziehung zwischen dem Beklagten, dem Forum und dem Rechtsstreit an.[558] Die Auslegung der Due-Process-Klausel differenziert sich von europäischen zuständigkeitsrechtlichen Wertungen, weil sie sich vorrangig an den Kontakten des Beklagten orientiert.[559] Weil klägerische Kontakte zum Forum zunächst unberücksichtigt bleiben, können die Interessen strukturell unterlegener Kläger im Zuständigkeitsrecht nur mittelbar berücksichtigt werden.[560]

Seit der International-Shoe-Entscheidung ist ungeklärt, aus welchem Grund das Due-Process-Gebot der Gerichtszuständigkeit Grenzen setzt. Wird allein der Beklagte vor einer beschwerlichen gerichtlichen Inanspruchnahme geschützt, ein gerechter Interessenausgleich zwischen den Parteien gesucht oder auch die Souveränität der Bundesstaaten verteidigt? Die höchstrichterliche Rechtsprechung war nach der International-Shoe-Entscheidung uneinheitlich, ging aber überwiegend davon aus, dass das Due-Process-Gebot neben Souveränitätsüberlegungen auch die Parteiinteressen an einem fairen Zuständigkeitsrecht verfolgt.[561]

---

557 *Shaffer v. Heitner*, 433 U.S. 186 (1977); *Hay/Borchers/Symeonides*, Conflict of Laws, § 5.9.

558 „The inquiry whether a forum State may assert specific jurisdiction over a nonresident defendant focuses on the relationship among the defendant, the forum, and the litigation." *Walden v. Fiore*, 134 S.Ct. 1115, 1121 (2014).

559 Siehe *Schack*, Einführung in das US-amerikanische Zivilprozessrecht, S. 30 f.; *Schack*, Jurisdictional Minimum Contacts Scrutinized, S. 10 ff.

560 Siehe z.B. *McIntyre Machinery Ltd. v Nicastro*, 131 S.Ct. 2780 (2011); *Goodyear Dunlop Tires Operations SA v. Brown*, 131 S.Ct. 2846 (2011). Justice Brennan kritisierte diesen wesentlich auf den Beklagten gerichteten Fokus in seiner abweichenden Meinung in der World-Wide-Volkswagen-Entscheidung stark. Demnach müssen unter einem modernen Verständnis von due process auch die Interessen des Gerichtsstaates und des Klägers im Rahmen des Due-Process-Gebots Beachtung finden. *World-Wide Volkswagen v. Woodson*, 444 U.S. 286, 299 ff. (1980). Im Unionsrecht können die Kontakte des Klägers bei struktureller Unterlegenheit die Gerichtszuständigkeit begründen. Siehe Art. 11, Art. 18, Art. 21 Brüssel Ia VO.

561 Der Supreme Court stellte Souveränitätserwägungen und Parteiinteressen in der Leitentscheidung World-Wide Volkswagen auf eine Ebene. Siehe *World-Wide Volkswagen v. Woodson*, 444 U.S. 286, 291 f. (1980). Zum Hintergrund *Schack*, Jurisdictional Minimum Contacts Scrutinized, S. 7 ff.; *Mehren*, Adjudicatory Authority in Private International Law, S. 112 ff.

b. *General jurisdiction: Place of incorporation*

Wenn der Beklagte general contacts zum Forum besitzt, begründen diese vergleichbar mit einem allgemeinen Gerichtsstand die Zuständigkeit für alle Ansprüche gegen den Beklagten (general jurisdiction).[562] Der klageweise geltend gemachte Anspruch bedarf keiner Verbindung mit dem die Gerichtszuständigkeit begründenden Kontakt. Aus diesem Grund wird diese Kategorie auch rechtsstreitblind (dispute-blind)[563] oder Allzweck-Zuständigkeit (all purpose jurisdiction)[564] genannt.

Unbestritten ist, dass general jurisdiction über Unternehmen jedenfalls am place of incorporation ausgeübt werden kann. Dies ist der Ort, an dem das Unternehmen gegründet wurde.[565] Der place of incorporation erfüllt die Voraussetzungen des strengen Territorialitätsprinzips, weil ein Gericht im Gründungsforum Macht über das weltweite Handeln des Unternehmens besitzt. Es kann das Unternehmen auflösen, das damit seine rechtliche Existenz verliert und rechtlich nicht mehr handlungsunfähig ist. Denn das Unternehmen erlangt seine Rechtspersönlichkeit durch das Recht des Gründungsstaats. Hinzu kommt, dass das Unternehmen den Gründungsort bewusst auswählt und damit eine einzigartige Verbindung zum Gründungsstaat geschaffen hat. Das Unternehmen ist über das Gründungsverfahren mit dem Recht des Gründungsstaates zudem besonders vertraut. Durch die Unwandelbarkeit sorgt der Gründungsort als Anknüpfungspunkt für Rechtssicherheit. Ein Unternehmen kann diese Verbindung nicht einfach wieder lösen, indem es den Staat verlässt. Der Gründungsort ist immer einfach zu bestimmen, weil er nicht von der Geschäftstätigkeit des Unternehmens abhängig ist. Daher stellt der Gründungsort selbst dann einen geeigneten Anknüpfungspunkt für die general jurisdiction dar, wenn die Gründung der einzige Kontakt des Unternehmens zum Forum ist.[566]

---

562 „When a State exercises personal jurisdiction over a defendant in a suit not arising out of or related to the defendant's contacts with the forum, the State has been said to be exercising general jurisdiction over the defendant." *Helicopteros Nacionales de Colombia v. Hall*, 466 U.S. 408, 414, Fn. 9 (1984).
Siehe *Mehren/Trautman*, Jurisdiction to Adjudicate: A Suggested Analysis, 79 Harv. L. R. 1121 (1966); *Hazard*, A General Theory of State-Court Jurisdiction, 1965 Sup. Ct. Rev. 241; *Brilmayer et al.*, A General Look at General Jurisdiction, 66 Tex. L. Rev. 721 (1988); *Juenger*, The American Law of General Jurisdiction, 2001 U. Chi. Legal F. 141; *Hay/Borchers/Symeonides*, Conflict of Laws, § 5.13.

563 *Twitchell*, The Myth of General Jurisdiction, 101 Harv. L. R. 610, 613 (1988).

564 *Daimler AG v. Bauman*, 134 S.Ct. 746, 751 (2014).

565 Siehe § 421 (2) (e) Restatement Third of the Law (Foreign Relations Law) (1987); *Casad/Richman*, Jurisdiction in Civil Actions, S. 141 f.; *Born/Rutledge*, International Civil Litigation in United States Courts, S. 113 f.; *Schack*, Jurisdictional Minimum Contacts Scrutinized, S. 36 f.

566 Siehe zum Ganzen *Brilmayer et al.*, A General Look at General Jurisdiction, 66 Tex. L. Rev. 721, 733 ff. (1988); *Mehren/Trautman*, Jurisdiction to Adjudicate: A Suggested Analysis, 79 Harv. L. R. 1121, 1141 f. (1966); *Casad/Richman*, Jurisdiction in Civil Actions, S. 142. Auf rechtliche Unsicherheiten bei der Auslegung des

c. *Specific jurisdiction: Insbesondere Stream-of-Commerce-Doktrin*

Weist der Beklagte hingegen nur specific contacts zum Forum auf, können diese wie ein besonderer Gerichtsstand die Zuständigkeit nur in Bezug auf einen mit diesen Kontakten zusammenhängenden Anspruch begründen (specific jurisdiction).[567] Aufgrund der erforderlichen Verbindung wird diese Zuständigkeitsbegründung auch rechtsstreitbezogen (dispute-specific)[568] oder fallbezogen (case linked)[569] genannt.

i. *Objektive Voraussetzung: Kausaler Kontakt*

Der Anspruch muss mit der Diktion des Supreme Court aus dem Kontakt des Beklagten zum Forum entspringen (arise out) oder jedenfalls mit ihm in Bezug stehen (relate to).[570] Die entscheidende Frage, wann ein Anspruch einem Kontakt entspringt oder zu diesem einen Bezug besitzt, blieb bisher aber höchstrichterlich unbeantwortet.[571]

Nach einer weiten Ansicht reicht schon eine But-for-Kausalität (conditio sine qua non) zwischen dem Kontakt des Beklagten zum Forum und dem Anspruch aus, um die specific jurisdiction zu begründen. Der geltend gemachte Anspruch dürfte also nicht entstanden sein, wenn der Kontakt des Beklagten zum Forum hinweggedacht wird. In diesem Sinne hat ein Gericht in Washington in dem Fall Shute v. Carnival Cruise Lines, in dem der Beklagte in Washington Werbung für seine Kreuzfahrten machte und der Kläger später in kalifornischen Küstengewässern verunglückte, entschieden, dass es specific jurisdiction ausüben konnte. Der Kläger wäre ohne die Werbung in Washington nicht in Kalifornien verunglückt.[572] An diesem Ansatz wird kritisiert, dass er die Grenzen zwischen general und specific jurisdiction verwischt, weil er die Kausalität zu großzügig annimmt.[573]

Andere Gerichte gehen hingegen davon aus, dass eine But-for-Kausalität nicht ausreichend ist, um die specific jurisdiction zu begründen. Der klageweise geltend

---

Gründungsorts weisen hin *Cornett/Hoffheimer*, General Personal Jurisdiction after Daimler AG v. Bauman, 76 Ohio St. L. J. 101, 145 ff. (2015).

567 *Schack*, Einführung in das US-amerikanische Zivilprozessrecht, S. 29 ff.; *Hay/Borchers/Symeonides*, Conflict of Laws, §§ 5.10 ff.

568 *Twitchell*, The Myth of General Jurisdiction, 101 Harv. L. R. 610, 613 (1988).

569 *Goodyear Dunlop Tires Operations SA v. Brown*, 131 S.Ct. 2846, 2851 (2011).

570 „It has been said that when a State exercises personal jurisdiction over a defendant in a suit arising out of or related to the defendant's contacts with the forum, the State is exercising specific jurisdiction over the defendant." *Helicopteros Nacionales de Colombia v. Hall*, 466 U.S. 408, 414, Fn. 8 (1984).

571 *Hay/Borchers/Symeonides*, Conflict of Laws, § 5.10; *Brilmayer*, Related Contacts and Personal Jurisdiction, 101 Harv. L. R. 1444 (1988); *Maloney*, Specific Jurisdiction and the "Arise from or Relate to" Requirement, 50 Wash. & Lee. L. Rev. 1265 (1993).

572 *Shute v. Carnival Cruise Lines*, 897 F.2d 377, 385 (9th Cir. 1988). Für weitere Beispiele siehe *Hay/Borchers/Symeonides*, Conflict of Laws, § 5.10, Fn. 26.

573 *Hay/Borchers/Symeonides*, Conflict of Laws, § 5.10, S. 363 f.

gemachte Anspruch müsse vielmehr adäquat kausal aus dem Kontakt des Beklagten zum Forumstaat resultieren (proximate cause). Teilweise wird sogar verlangt, dass der Kontakt für die materiell-rechtliche Begründung des Anspruchs Bedeutung haben muss.[574] Unter diesem Ansatz hat der texanische Supreme Court die Zuständigkeit über ein nicht texanisches Unternehmen, das wegen eines Raftingunfalls in Arizona verklagt wurde, verneint, obwohl das Unternehmen in Texas Werbung für die Raftingfahrten gemacht hatte.[575] An den Auffassungen, die für die Zuständigkeitsbegründung über die But-for-Kausalität hinausgehende Anforderungen stellen, wird kritisiert, dass sie sehr einzelfallabhängig sind.[576]

ii. *Subjektive Voraussetzung: Zielgerichteter Kontakt*

Mit der US-amerikanischen Rechtsprechung genügt eine kausale Beziehung von Kontakt zum geltend gemachten Anspruch für die Begründung eines Gerichtsstandes aber nicht. Allein ein vorhersehbarer Schadenseintritt im Forum kann die Zuständigkeit nicht begründen.[577] Die specific jurisdiction wird heute von der Rechtsprechung dadurch eng ausgelegt, dass subjektiv verlangt wird, dass der Beklagte den Kontakt zum Forum zielgerichtet hergestellt hat. Hintergrund dieses Erfordernisses ist der Gedanke, dass nur derjenige der Gerichtsgewalt des Forums unterworfen sein soll, der von ihr auch profitiert.[578]

Besonders umstritten war lange Zeit, ob die Kontakte des Beklagten auch im Bereich der Produkthaftung zielgerichtet hergestellt worden sein mussten. Der Supreme Court hatte in einem obiter dictum in der Entscheidung World Wide Volkswagen Corp. v. Woodson entschieden, dass das Due-Process-Gebot nicht verletzt ist, wenn specific jurisdiction über einen Hersteller ausgeübt wird, dessen Produkt im Forum einen Schaden verursacht und der Hersteller dieses mit der Erwartung in Verkehr gebracht hat, dass es dort verkauft wird (Stream–of-Commerce-Doktrin).[579] Ungeklärt blieb allerdings, ob es für ausreichende Verkäufererwartungen ausreicht, dass der Schadenseintritt im Forum für den Beklagten vorhersehbar gewesen ist. Während dies teilweise bejaht wurde, war nach der Gegenauffassung subjektiv zusätzlich erforderlich, dass der Hersteller die Kontakte zum Forum zielgerichtet hergestellt hat, indem er seine wirtschaftlichen Aktivitäten auf dieses ausgerichtet und dort vom Rechtsschutz profitiert hat (stream of commerce plus).[580] Über diese

574 *Hay/Borchers/Symeonides*, Conflict of Laws, § 5.10, S. 362 f.

575 *Moki Max River Expeditions v. Drugg*, 221 S.W.3d 569, 584 f. (2007).

576 *Hay/Borchers/Symeonides*, Conflict of Laws, § 5.10, S. 364.

577 *Calder v. Jones*, 465 U.S. 783, 789 f. (1984); *Walden v. Fiore*, 134 S.Ct. 1115, 1122 f. (2014).

578 *Hanson v. Denckla*, 357 U.S. 235, 253 (1958).

579 *World-Wide Volkswagen v. Woodson*, 444 U.S. 286, 297 f. (1980).

580 *Hanson v. Denckla*, 357 U.S. 235, 253 (1958). Die Rechtsprechung hat in der Folge verschiedene Indikatoren herausgearbeitet, die das „Ausrichten der wirtschaftlichen Tätigkeit" charakterisieren: 1) Wurde das Produkt für den entsprechenden

Rechtsfrage entstand im Jahre 1986 der Asahi-Split, bei dem sich jeder Ansicht vier Richter des Supreme Court anschlossen.[581] Auch in der McInytre-Entscheidung aus dem Jahre 2011 konnte sich keine Mehrheitsentscheidung durchsetzen.[582] Allerdings schließen sich die plurality opinion und die dissenting opinion dem strengeren Stream-of-Commerce-plus-Ansatz an, nach dem der Beklagte die Kontakte zum Forum zielgerichtet hergestellt haben muss. Meinungsverschiedenheit bestand aber bezüglich der Folgefrage, auf welche geographische Einheit der Beklagte seine wirtschaftliche Aktivität ausgerichtet haben muss.[583] Während die plurality opinion davon ausgeht, dass der Beklagte Kontakte zum Einzelstaat hergestellt haben muss, in dem das Gerichtsverfahren durchgeführt werden soll,[584] untersucht die dissenting opinion, inwieweit McIntyre Kontakte zu den USA als Gesamtstaat hergestellt hat.[585]

d. *Reasonableness und forum non conveniens*

Die Due-Process-Klausel setzt neben dem Vorliegen von minimum contacts voraus, dass ein Gerichtsverfahren nicht im Widerspruch zu überkommenen Fair-Play- und Gerechtigkeitserwägungen steht. Ein Widerspruch besteht, wenn die Durchführung eines Gerichtsverfahrens im Forum nicht vernünftig (reasonable) ist,[586] was

---

Markt entwickelt? 2) Wurde das Produkt im Forumstaat beworben? 3) Besteht im Forumstaat ein Kundenservice? 4) Besteht ein Vertriebssystem bis in den Forumsstaat? *Asahi Metal Industry v. Superior Court*, 480 U.S. 102, 112 (1986).

581 *Asahi Metal Industry v. Superior Court*, 480 U.S. 102 (1986).

582 Von neun Richtern trugen drei Richter weder Ergebnis noch Begründung (dissenting opinion) und zwei Richter zwar das Ergebnis, nicht aber die Begründung (concurring opinion) der Entscheidung mit. *McIntyre Machinery Ltd. v Nicastro*, 131 S.Ct. 2780 (2011). Zur zweifelhaften Präjudizwirkung der Entscheidung *Borchers*, J. McIntyre Machinery, Goodyear, and the Incoherence of the Minimum Contacts Test, 44 Creighton L. Rev. 1245, 1265 (2011).
Im McIntyre-Rechtsstreit verlangte Robert Nicastro vor den Staatengerichten von New Jersey Schadensersatz von der englischen McIntyre Machinery, Ltd. (McIntyre). Er hatte bei dem Betrieb einer Metallschneidemaschine in New Jersey eine schwere Handverletzung erlitten. McIntyre hatte die Maschine hergestellt, die später von der namensgleichen, aber gesellschaftsrechtlich unabhängigen McIntyre Machinery America, Ltd. (McIntyre America) in den USA verkauft worden war. McIntyre hatte in New Jersey nie selber Werbung gemacht oder dorthin Produkte versandt. McIntyre war aber regelmäßig auf Metall-Messen in anderen US-Bundesstaaten aufgetreten und besaß US-amerikanische Patente. McIntyre America hatte vor Beginn des Gerichtsverfahrens Insolvenz angemeldet und wurde daher nicht mitverklagt.

583 Siehe *Born*, Reflections on Judicial Jurisdiction in International Cases, 17 Ga. J. Int'l & Comp. L. 1, 9 f. und 36 ff. (1987).

584 *McIntyre Machinery Ltd. v Nicastro*, 131 S.Ct. 2780, 2787 (2011).

585 *McIntyre Machinery Ltd. v Nicastro*, 131 S.Ct. 2780, 2797 (2011).

586 *World-Wide Volkswagen v. Woodson*, 444 U.S. 286, 292 (1980); *Hay/Borchers/Symeonides*, Conflict of Laws, § 5.12.

in der Praxis selten angenommen wird. Auch wenn die Reasonableness-Prüfung die Gerichtszuständigkeit nur negativ ausschließt, führt sie doch Fairnesserwägungen in das Zuständigkeitsrecht ein, weil die wechselseitigen Parteiinteressen im Rahmen einer Abwägungsentscheidung Berücksichtigung finden können. In die Abwägung einzustellende Interessen sind die Belastung des Beklagten, vor dem angerufenen Gericht erscheinen zu müssen, das Interesse des Klägers, effektiven Rechtsschutz zu erlangen, das überstaatliche Interesse an einer effektiven Lösung des Rechtsstreits und das öffentliche Interesse des Forums, die Klage zu behandeln.[587] Vor der Essentially-at-Home-Rechtsprechung war umstritten, ob der Reasonableness-Prüfung nur im Rahmen der specific jurisdiction oder auch im Rahmen der general jurisdiction Bedeutung zukommt. Die unteren Gerichte gingen überwiegend davon aus, dass die Reasonableness-Prüfung auch im Rahmen der general jurisdiction durchzuführen sei.[588]

Die Forum-non-Conveniens-Doktrin, nach der ein Gericht die Zuständigkeit im Einzelfall ablehnen kann, wenn es ein anderes Forum zur Durchführung des Gerichtsverfahrens für geeigneter ansieht, ist mit der Reasonableness-Prüfung verwandt. Mit der höchstrichterlichen Rechtsprechung in der Sache Piper Aircraft kann eine Klage mit einer Ermessensentscheidung abgewiesen werden, wenn ein anderes zur Streitentscheidung geeignetes Forum besteht und eine Abwägung von privaten und öffentlichen Faktoren gegen ein Verfahren in den USA spricht.[589]

e. Besonderheiten beim Auftreten ausländischer Beklagter

Richtet sich eine Klage – wie in der Mehrheit der aktuellen Entscheidungen des Supreme Court[590] – nicht nur gegen einen Beklagten aus einem anderen US-Bundesstaat (foreign state), sondern aus einem anderen Land (foreign country), treten Fragen zur Übertragbarkeit der Due-Process-Rechtsprechung auf, die vorrangig zu zwischenstaatlichen und nicht zu internationalen Konstellationen ergangen ist.

---

587 „Thus courts in appropriate (cases) may evaluate the burden on the defendant, the forum State's interest in adjudicating the dispute, the plaintiff's interest in obtaining convenient and effective relief, the interstate judicial system's interest in obtaining the most efficient resolution of controversies, and the shared interest of the several States in furthering fundamental substantive social policies." *Burger King v. Rudzewicz*, 471 U.S. 462, 476 f. (1985).

588 *Born/Rutledge*, International Civil Litigation in United States Courts, S. 127 m.w.N. Ein Beispiel hierfür bietet auch die ausführliche Analyse des Berufungsgerichts im Daimler-Verfahren. *Bauman v. DaimlerChrysler AG*, 644 F.3d 909, 924 ff. (9th Cir. 2011). Anders *Kleinstück*, Due Process Beschränkungen des Vermögensgerichtsstandes durch hinreichenden Inlandsbezug und Minimum Contacts, S. 12 f.

589 *Piper Aircraft v. Reyno*, 454 U.S. 235 (1981).

590 *McIntyre Machinery Ltd. v Nicastro*, 131 S.Ct. 2780 (2011); *Goodyear Dunlop Tires Operations SA v. Brown*, 131 S.Ct. 2846 (2011); *Daimler AG v. Bauman*, 134 S.Ct. 746 (2014). Anders nur *Walden v. Fiore*, 134 S.Ct. 1115 (2014).

i. Anwendbarkeit

Die Due-Process-Klausel ist auch auf ausländische Beklagte anwendbar. Dagegen könnte zwar sprechen, dass die Due-Process-Klausel als verfassungsrechtliches Schutzgebot nur US-amerikanische Staatsbürger schützt.[591] In diesem Sinne entschied der Supreme Court im Verdugo-Urquidez-Fall, dass die Verfahrensgarantie des 4. Amendments der US-amerikanischen Verfassung,[592] die vor behördlichen Durchsuchungen und Beschlagnahmen schützt, nicht gilt, wenn eine US-amerikanische Behörde im Ausland gegenüber Ausländern tätig wird.[593] Zudem können sich ausländische Kläger, die sich im Ausland befinden, beim Zugang zu US-amerikanischen Gerichten nicht auf das Due-Process-Gebot berufen.[594]

Für eine Anwendbarkeit der Due-Process-Klausel auf ausländische Beklagte spricht aber, dass die Verdugo-Urquidez-Entscheidung von der Frage nach der Anwendung der Due-Process-Klausel auf ausländische Beklagte unterschieden werden kann. In der Entscheidung stützte sich der Supreme Court nämlich erstens entscheidend auf den Wortlaut des 4. Amendments, nach dem „the people" geschützt sind, während sich die Due-Process- Klausel auf „persons" bezieht. Zweitens handelte der US-amerikanische Staat in dem Verdugo-Urquidez-Fall im Ausland und nicht auf US-amerikanischem Staatsgebiet. Für eine Anwendung des Due-Process-Gebots auf ausländische Beklagte streiten drittens Gerechtigkeitserwägungen. Beklagte, die sich vor US-amerikanischen Gerichten verantworten müssen, sollten sich vor Gericht auch auf die Due-Process-Klausel berufen können.[595]

ii. Erhöhtes Schutzniveau

Klärungsbedürftig ist weiter, ob das Schutzniveau des Due-Process-Gebots bei Beteiligung eines ausländischen Beklagten dasselbe ist wie in intraamerikanischen Konstellationen oder, ob es vom nationalen Standard nach oben oder unten abweicht.[596] Überwiegend wird vertreten, dass ausländische Beklagte stärker geschützt werden als

---

591 Siehe *Parrish*, Sovereignty, Not Due Process: Personal Jurisdiction over Nonresident Alien Defendants, 41 Wake Forest L. Rev. 1 (2006).

592 Das 4. Amendment der US-amerikanischen Verfassung lautet: „The right of the people to be secure in their persons, houses, papers, and effects, against unreasonable searches and seizures, shall not be violated, and no Warrants shall issue, but upon probable cause, supported by Oath or affirmation, and particularly describing the place to be searched, and the persons or things to be seized."

593 *United States v. Verdugo-Urquidez*, 494 U.S. 259, 274 f. (1990).

594 *Shaughnessy v. United States*, 345 U.S. 206, 211 (1953).

595 So schon *Home Ins. v. Dick*, 281 U.S. 397, 411 (1930). Siehe auch *Born*, Reflections on Judicial Jurisdiction in International Cases, 17 Ga. J. Int'l & Comp. L. 1, 21 f. (1987).

596 Siehe *Born/Rutledge*, International Civil Litigation in United States Courts, S. 104 f.

US-amerikanische Beklagte.[597] Dies ergibt sich erstens daraus, dass es für ausländische Beklagte umständlicher ist, sich vor den US-amerikanischen Gerichten zu verantworten als für US-amerikanische Beklagte. Zweitens nehmen US-amerikanische Gerichte in internationalen Fällen mehr Rücksicht auf fremde staatliche Interessen, weil anders als in nationalen Konstellationen auch Retorsionsmaßnahmen drohen. In der Folge ist beim Auftreten ausländischer Beklagter auch die Reasonableness-Prüfung strenger als in rein nationalen Konstellationen.[598]

Damit ergibt sich ein zum Unionsrecht entgegengesetztes Ergebnis. Unter der Brüssel Ia VO werden unionsangehörige Beklagte bevorzugt behandelt, weil nur gegenüber diesen die exorbitanten Zuständigkeiten der europäischen Staaten nicht mehr anwendbar sind.[599]

iii. Umstrittenes Anknüpfungsgebiet

Das Due-Process-Gebot gilt nach dem 5. Amendment für Verfahren vor den Bundesgerichten und nach dem 14. Amendment für Verfahren vor den Staatengerichten, wobei die Klausel grundsätzlich identisch ausgelegt wird. Unterschiede können aber bezüglich des für die Kontakte relevanten territorialen Anknüpfungsgebiets entstehen. Problematisch ist, ob die Kontakte des Beklagten in den Einzelstaat (state contacts) oder in die USA als Gesamtstaat (national contacts) führen müssen.[600]

Mit der plurality opinion der McIntyre-Entscheidung müssen die Kontakte des Beklagten in Verfahren vor den Staatengerichten bei Geltendmachung von einzelstaatlichem Recht in das einzelstaatliche Forum führen.[601] Damit können nicht alle Kontakte ausländischer Beklagter zu den USA, sondern nur solche zum Staat, dessen Gerichte angerufen werden, Berücksichtigung finden. Also ist es

---

597 Siehe *Born*, Reflections on Judicial Jurisdiction in International Cases, 17 Ga. J. Int'l & Comp. L. 1, 25 f. (1987).

598 Siehe z.B. „The procedural and substantive policies of other nations whose interests are affected by the forum State's assertion of jurisdiction over an alien defendant must be taken into account, and great care must be exercised when considering personal jurisdiction in the international context." *Asahi Metal Industry v. Superior Court*, 480 U.S. 102, 103 (1986).

599 Art. 4 Brüssel Ia VO. Dass das Unionsrecht drittstaatliche Beklagte schlechter stellt als unionsangehörige Beklagte, wird auch in den USA gesehen und die Frage aufgeworfen, ob dies Folgen für das US-amerikanische Zuständigkeitsrecht haben sollte. *Born/Rutledge*, International Civil Litigation in United States Courts, S. 106 f. Kritisch schon *Mehren*, Recognition and Enforcement of Foreign Judgments, Receuil des Cours, Vol. 167 (1980), S. 101.

600 *Hay/Borchers/Symeonides*, Conflict of Laws, § 10.2; *Born*, Reflections on Judicial Jurisdiction in International Cases, 17 Ga. J. Int'l & Comp. L. 1, 9 f. (1987); *Born/Rutledge*, International Civil Litigation in United States Courts, S. 205 f.

601 *McIntyre Machinery Ltd. v Nicastro*, 131 S.Ct. 2780, 2790 (2011).

schwieriger das Erfordernis der Minimalkontakte zu erfüllen.[602] Dasselbe müsste auch gelten, wenn die Bundesgerichte ihre Zuständigkeit auf Rule 4 (k) (1) (A) FRCP[603] stützen, nach der sie das Zuständigkeitsrecht des Sitzstaates und damit auch die Due-Process-Klausel des einzelstaatlichen Rechts anwenden. Ob materiell-rechtlich Bundes- oder Staatenrecht angewendet wird, sollte in diesem Fall keine Rolle spielen.[604] Der Ansatz, allein auf die Kontakte des Beklagten zum Einzelstaat abzustellen, ist nicht ohne Kritik geblieben, weil ausländische Unternehmen bei geschicktem Vorgehen ihre Gerichtspflichtigkeit in den USA unterlaufen können.[605] Wenn sie zwar zu den USA insgesamt, aber nicht zu einem Einzelstaat hinreichende Kontakte aufweisen, sind sie in keinem Staat der Gerichtsgewalt unterworfen, obwohl die USA von außen als Gesamtstaat und nicht als 50 unabhängige Staaten wahrgenommen werden.[606]

Wenn ein Bundesgericht die Zuständigkeit über Rule 4 (k) (2) FRCP herleitet, müssen aber die Kontakte des ausländischen Beklagten zu den USA als Gesamtstaat ausschlaggebend sein. Denn in diesem Fall wird die Zuständigkeit damit begründet, dass materiell-rechtlich Bundesrecht geltend gemacht wird. Weil der Regelungsbereich des Bundesrechts aber das ganze Bundesgebiet umfasst, sollte in diesem Fall auf die Kontakte des Beklagten zum Bundesgebiet abgestellt werden. Bei der Geltendmachung eines bundesrechtlichen Anspruchs können keine Kompetenzkonflikte zwischen den Einzelstaaten entstehen.[607]

---

602 *Weintraub*, Commentary on the Conflict of Laws, § 4.7; *Borchers*, Conflict-of-Laws Considerations in State Court Human Rights Actions, 3 UC Irvine L. Rev. 45, 58 (2013).

603 Rule 4 (k) FRCP beinhaltet das für die Bundesgerichte geltende long arm statute und lautet: „(1) Serving a summons or filing a waiver of service establishes personal jurisdiction over a defendant: (A) who is subject to the jurisdiction of a court of general jurisdiction in the state where the district court is located (...). (2) Federal Claim Outside State-Court Jurisdiction. For a claim that arises under federal law, serving a summons or filing a waiver of service establishes personal jurisdiction over a defendant if: (A) the defendant is not subject to jurisdiction in any state's courts of general jurisdiction; and (B) exercising jurisdiction is consistent with the United States Constitution and laws."

604 Vgl. das Vorgehen in der Daimler-Entscheidung. Teil 2, § 3. 1. b., S. 142.

605 *Born*, Reflections on Judicial Jurisdiction in International Cases, 17 Ga. J. Int'l & Comp. L. 1, 36 ff. (1987).

606 Soweit diese Lücke als problematisch empfunden wird, kann der Gesetzgeber intervenieren. Siehe *McIntyre Machinery Ltd. v Nicastro*, 131 S.Ct. 2780, 2790 (2011); *Borchers*, J. McIntyre Machinery, Goodyear, and the Incoherence of the Minimum Contacts Test, 44 Creighton L. Rev. 1245, 1275 (2011).

607 Siehe *Born/Rutledge*, International Civil Litigation in United States Courts, S. 205.

f. Menschenrechtsklagen im Spannungsfeld von general und specific jurisdiction

Werden Menschenrechtsklagen gegen US-amerikanische Unternehmen eingereicht, kann sich die Zuständigkeit jedenfalls über den allgemeinen Gerichtstand und möglicherweise zusätzlich über die specific jurisdiction ergeben.

Wenn Menschenrechtsklagen aber gegen ausländische Unternehmen gerichtet werden, kann sich die Zuständigkeit der US-amerikanischen Gerichte regelmäßig nur über einen exorbitanten allgemeinen Gerichtsstand ergeben, der sich auf die weltweite unternehmerische Aktivität des Unternehmens, mithin auf die Doing-Business-Zuständigkeit, stützt.[608] Specific jurisdiction kann insbesondere in foreign cubed cases regelmäßig nicht begründet werden, weil keine hinreichende Verbindung zwischen den zuständigkeitsrechtlich relevanten Kontakten des ausländischen Unternehmens zu den USA und den klageweise geltend gemachten Ansprüchen besteht. Die Kontakte ausländischer Unternehmen zu den USA weisen nur in außergewöhnlichen Fällen eine Verbindung zu einer Menschenrechtsverletzung im Drittstaat auf. Denkbar ist beispielsweise, dass Unternehmen in den USA Waffen oder Güter produzieren, die später in einem Drittstaat bei der Menschenrechtsverletzung eine Rolle spielen, oder dass Unternehmen in den USA die Entscheidung treffen, in einem Drittstaat eine Menschenrechtsverletzung zu begehen. Auch in diesen Konstellationen besteht aber nur ausnahmsweise die specific jurisdiction US-amerikanischer Gerichte.

Die Produktion von Waffen oder Gütern in den USA kann aus zwei Gründen nur selten zur Grundlage der specific jurisdiction werden. Zum einen kann eine Produktion in den USA specific jurisdiction nur herstellen, wenn eine kausale Verbindung zwischen Kontakt und Anspruch gegeben ist. Dies ist unproblematisch nur der Fall, wenn das angerufene Gericht für die Verbindung eine Kausalität im Sinne des But-for-Tests ausreichen lässt, und nicht verlangt, dass der Kontakt die proximate cause für den Anspruch ist.[609] Zum anderen kommt dieser Fallgruppe nur eine eingeschränkte praktische Bedeutung zu, weil ausländische Unternehmen ihre Produktionsstätten nur selten in den USA, sondern regelmäßig in ihren Heimatländern oder in Niedriglohnländern haben.

Es wird auch schwer die specific jurisdiction auf die Tatsache zu stützen, dass ausländische Unternehmen in den USA eine unternehmerische Entscheidung getroffene haben, die später zu einer Menschenrechtsverletzung geführt hat. Einerseits treffen ausländische Unternehmen ihre Entscheidungen regelmäßig nicht in den USA. Andererseits ist die Entscheidung eines Unternehmens, eine zu einer Menschenrechtsverletzung führende Handlung vorzunehmen, nur schwer zu beweisen.

---

608 So auch *Reimann*, Das Ende der Menschenrechtsklagen vor den amerikanischen Gerichten?, IPRax 2013, S. 455, 461, Fn. 41; *Doe v. Unocal*, 248 F.3d 915, 924 f. (9th Cir. 2001).

609 Siehe Teil 2, § 2. 1. c. i., S. 119.

2. Wirtschaftliche Tätigkeit und allgemeiner Gerichtsstand von Unternehmen

Nach der International-Shoe-Entscheidung konnte general jurisdiction über ein Unternehmen nicht nur durch den Gründungsort (place of incorporation), sondern auch durch eine wirtschaftliche Tätigkeit des Unternehmens im Forum begründet werden.[610] Weil dies auch zu der exorbitanten Doing-Business-Zuständigkeit führte, konnten in der Vergangenheit extraterritoriale Menschenrechtsklagen vor US-amerikanischen Gerichten auch gegen ausländische Unternehmen erhoben werden.

a. Die lückenhafte Supreme-Court-Rechtsprechung

Der Supreme Court regelte die allgemeine Gerichtzuständigkeit nach der International-Shoe-Entscheidung nur lückenhaft und verlangte für die Begründung eines allgemeinen Gerichtsstands allein, dass ein Unternehmen im Forum andauernd und systematisch geschäftlich tätig sein muss (doing continuous and systematic business).[611] Wann eine andauernde und systematische geschäftliche Aktivität gegeben ist, blieb aber ungeklärt. Zwar hat sich der Supreme Court im Jahre 1952 in Perkins v. Benguet Consolidated Mining Co.[612] und im Jahre 1984 in Helicopteros Nacionales de Columbia v. Hall[613] mit der Frage auseinandergesetzt, wann ein Unternehmen aufgrund seiner wirtschaftlichen Tätigkeit einen allgemeinen Gerichtsstand in den USA hat. In beiden Fällen hat der Supreme Court aber von einer genauen Definition abgesehen.

In dem der Perkins-Entscheidung zu Grunde liegenden Sachverhalt wollte ein nicht in Ohio wohnender Kläger ein philippinisches Unternehmen in Ohio verklagen. Der Geschäftsführer des Unternehmens hatte während des zweiten Weltkriegs

610 Das common law oder normative Ansätze, wie die qualification statutes oder die long arm statutes, stellen die Grundlage für die zuständigkeitsrechtliche Berücksichtigung einer geschäftlichen Tätigkeit stellen dar.

611 „There have been instances in which the continuous corporate operations within a state were thought so substantial and of such a nature as to justify suit against it on causes of action arising from dealings entirely distinct from those activities." *International Shoe v. State of Washington*, 326 U.S. 310, 318 (1945). „We thus must explore the nature of (the) contacts with the State (...) to determine whether they constitute the kind of continuous and systematic general business contacts the Court found to exist in Perkins." *Helicopteros Nacionales de Colombia v. Hall*, 466 U.S. 408, 415 f. (1984). Die Formeln „continuous and substantial" und „continuous and systematic" sind gleichzusetzen. So Justice Sotomayor in *Daimler AG v. Bauman*, 134 S.Ct. 746, 767, Fn. 6 (2014). Siehe auch § 421 (2) (h) Restatement Third of the Law (Foreign Relations Law) (1987). Diese Vorschrift verlangt im Gegensatz zu § 421 (2) (i) gerade keine Verbindung zwischen der geschäftlichen Aktivität und dem Rechtsstreit.

612 *Perkins v. Benguet Consolidated Mining Co.*, 342 U.S. 437 (1952).

613 *Helicopteros Nacionales de Colombia v. Hall*, 466 U.S. 408 (1984).

wesentliche Aufgaben für das Unternehmen von seinem Haus in Ohio aus gesteuert. Er hatte dort ein Konto unterhalten, Sekretärinnen eingestellt, den Kontakt zu den Angestellten des Unternehmens aufrechterhalten und von dort die Unternehmenskorrespondenz geführt.[614] Obwohl die geltend gemachten gesellschaftsrechtlichen Ansprüche keine Verbindung zu diesen Kontakten besaßen, entschied der Supreme Court, dass andauernde und systematische Kontakte zu Ohio vorlagen, aufgrund derer general jurisdiction über das philippinische Unternehmen angenommen werden konnte.[615]

In der Sache Helicopteros Nacionales lehnte das höchste Gericht einen allgemeinen Gerichtsstand hingegen ab, weil es die Kontakte des Beklagten zum Forum für nicht ausreichend erachtete.[616] In diesem Fall hatten US-amerikanische Kläger das kolumbianische Unternehmen Helicopteros Nacionales de Colombia (Helicol) in Texas verklagt, weil bei einem Transportflug nicht texanische Angestellte eines peruanischen Unternehmens in Peru tödlich verunglückt waren. Helicol hatte mit dem peruanischen Unternehmen, das ein alter ego[617] eines texanischen Unternehmens darstellte, einen Transportvertrag abgeschlossen. Für die Verhandlungen der Transportverträge war der Geschäftsführer von Helicol nach Houston geflogen und die Schecks, mit denen die Transportverträge beglichen wurden, waren von einer texanischen Bank ausgestellt. Das kolumbianische Unternehmen hatte zudem den Großteil seiner Hubschrauberflotte in Texas erworben und Piloten zur Ausbildung nach Texas gesandt.

b. Der principal place of business als anerkannter Anknüpfungspunkt

Die wirtschaftliche Tätigkeit kann jedenfalls am principal place of business eines Unternehmens die Annahme der general jurisdiction rechtfertigen, weil der principal place of business eine enge tatsächliche und rechtliche Verbindung des Unternehmens zum Forum vermittelt.[618] Zudem kann die Perkins-Entscheidung des Supreme Court so gelesen werden, dass in der Entscheidung ein allgemeiner

614 Perkins v. Benguet Consolidated Mining Co., 342 U.S. 437, 447 f. (1952).

615 „The corporation has been carrying on in Ohio a continuous and systematic, but limited, part of its general business." *Perkins v. Benguet Consolidated Mining Co.*, 342 U.S. 437, 414 (1952).

616 *Helicopteros Nacionales de Colombia v. Hall*, 466 U.S. 408, 411 (1984). Die weiterführende Frage, inwieweit diese Kontakte zur Begründung der specific jurisdiction ausreichend sind, beantwortete das Gericht nicht, weil es davon ausging, dass die Kläger in ihrem Schriftsatz zugestanden hatten, dass für die Begründung der specific jurisdiction keine ausreichende Verbindung gegeben sei. *Helicopteros Nacionales de Colombia v. Hall*, 466 U.S. 408, 415 (1984).

617 Zum Alter ego-Test vgl. Teil 2, § 2. 2. d. i., S. 133.

618 Siehe *Mehren/Trautman*, Jurisdiction to Adjudicate: A Suggested Analysis, 79 Harv. L. R. 1121, 1141 f. (1966); *Brilmayer et al.*, A General Look at General Jurisdiction, 66 Tex. L. Rev. 721, 727 und 734 f. (1988); *Schack*, Jurisdictional Minimum Contacts Scrutinized, S. 36 f.

Gerichtsstand am principal place of business des Unternehmens angenommen worden ist.[619]

Der principal place of business wirft als Anknüpfungspunkt Probleme auf, weil er nicht so eindeutig bestimmbar ist wie der Gründungsort eines Unternehmens.[620] Der Supreme Court hat sich allerdings schon in der Hertz-Entscheidung aus dem Jahre 2010 im Rahmen der diversity jurisdiction[621] mit dem Begriff des principal place of business beschäftigt und auf die zwei zentralen Auslegungsansätze hingewiesen.[622] Bei der diversity jurisdiction kommt dem principal place of business bei der Auslegung von 28 USC § 1332 (a) (c) (1)[623] eine Rolle zu, weil ein Unternehmen für die Feststellung der diversity nicht nur dem Staat zugeordnet wird, in dem es gegründet wurde, sondern auch dem Staat, in dem es seinen principal place of business hat.[624] Tatsächlicher Hintergrund der Hertz-Entscheidung war eine von

---

Der principal place of business stand lange Zeit nicht im Fokus von Rechtsprechung und Literatur, weil die Gerichtszuständigkeit nicht auf den principal place of business, sondern allein auf das Bestehen einer geschäftlichen Aktivität gestützt wurde. So erwähnt etwa § 421 (2) Restatement Third of the Law (Foreign Relations Law) (1987) den principal place of business nicht explizit als Anknüpfungspunkt für die Zuständigkeitsbegründung.

619 Siehe *Keeton v. Hustler Magazine*, 465 U.S. 770, 779, Fn. 11 (1983); *Daimler AG v. Bauman*, 134 S.Ct. 746, 756 (2014); *Mehren/Trautman*, Jurisdiction to Adjudicate: A Suggested Analysis, 79 Harv. L. R. 1121, 1144 (1966). Die Perkins-Entscheidung wird heute teilweise auch so verstanden, dass der Supreme Court die Gerichtszuständigkeit allein auf die quantitative geschäftliche Tätigkeit in Ohio gestützt hat und damit „das Unheil" („the evil") der Doing-Business-Zuständigkeit begann. Siehe *Schack*, Jurisdictional Minimum Contacts Scrutinized, S. 37 f. Justice Sotomayor in *Daimler AG v. Bauman*, 134 S.Ct. 746, 769, Fn. 8 (2014).

620 Vgl. *Hertz Corp. v. Friend*, 559 U.S. 77, 89 (2010). Der vom Gesetzgeber für die Begriffsklärung angedachte Rückgriff auf die im Insolvenzrecht bestehende Judikatur erwies sich nicht als hilfreich, weil diese ebenfalls uneinheitlich war. *Hertz Corp. v. Friend*, 559 U.S. 77, 89 (2010). Dazu, dass damit die Gefahr besteht, dass widerstreitende Auslegungsansätze und unterschiedliches Staatenrecht zu einer uneinheitlichen Rechtsanwendung führen *Brilmayer et al.*, A General Look at General Jurisdiction, 66 Tex. L. Rev. 721, 734 f. (1988).

621 Dazu *Schack*, Internationales Zivilverfahrensrecht, Rn. 42 ff.

622 Zur entscheidenden rechtlichen Frage, inwieweit die Rechtsprechung zur diversity jurisdiction auch im Rahmen der personal jurisdiction Bedeutung erlangen kann Teil 2, § 4. 1., S. 162.

623 28 USC § 1332 (a) (c) (1) lautet: „ The courts shall have original jurisdiction of all civil actions where the matter in controversy (...) is between citizens of different States (...). For the purposes of this section (...) a corporation shall be deemed to be a citizen of every State and foreign state by which it has been incorporated and of the State or foreign state where it has its principal place of business (...)."

624 Mit dieser Vorschrift soll verhindert werden, dass ein Unternehmen sich durch Manipulation der Unternehmensstruktur auf die diversity jurisdiction berufen und die Zuständigkeit der Bundesgerichte begründen kann, obwohl es eigentlich sehr

zwei kalifornischen Bürgern vor kalifornischen Gerichten erhobene Klage, mit der sie als Arbeitnehmer Schadensersatz von Hertz verlangten, weil Hertz gegen das kalifornische Arbeitsrecht verstoßen habe. Hertz wurde in New Jersey gegründet und hat dort den Sitz seiner Hauptverwaltung. Es generierte in Kalifornien aber gut 1/5 seines Gesamtumsatzes und schloss dort gut 1/5 seiner Verträge ab. Vor diesem Hintergrund war unklar, ob Hertz nicht nur in New Jersey, sondern auch in Kalifornien einen principal place of business besitzt. Wenn dies der Fall gewesen wäre, hätte keine Staatenverschiedenheit im Sinne der diversity jurisdiction vorgelegen.

Einige Gerichte vertraten vor der Hertz-Entscheidung mit dem Business-Activity-Test, dass der principal place of business auf den tatsächlichen Schwerpunkt der Geschäftstätigkeit (locus of operations) abstellt.[625] Dieser Auffassung folgten etwa der District Court[626] und das Bundesberufungsgericht des Ninth Circuit[627] im Hertz-Verfahren. Der Supreme Court hat sich in seiner Entscheidung aber der Gegenauffassung[628] angeschlossen, nach der der principal place of business am Ort des unternehmerischen Nervenzentrums (nerve center) liegt.[629] Dies sei der Ort, von dem aus die Vorstandsmitglieder das Unternehmen steuern, kontrollieren und koordinieren (Nerve-Center-Test).[630] Das Nervenzentrum sei regelmäßig der Ort des Verwaltungshauptsitzes (headquarter), soweit die Vorstandsmitglieder das Unternehmen auch de facto von diesem Ort aus steuern und dort nicht nur pro forma Vorstandssitzungen abhalten. Für diese Auslegung führt der Supreme

starke Kontakte zum Forumstaat besitzt. Siehe *Hertz Corp. v. Friend*, 559 U.S. 77, 84 ff. (2010).

625 „Scot's analysis, however, did not go far enough. For it did not answer what courts should do when the operations of the corporation are not far-flung but rather limited to only a few States. When faced with this question, various courts have focused more heavily on where a corporation's actual business activities are located."*Hertz Corp. v. Friend*, 559 U.S. 77, 90 m.w.N. (2010).

626 *Friend v. Hertz*, No. C-07-5222 MMC, 2008 WL 7071465, (N.D. Cal. Jan. 15, 2008).

627 *Friend v. Hertz Corp.*, 297 Fed. Appx. 690 (9th Cir. 2008).

628 Neben diesen beiden Hauptströmungen kombinierte eine weitere Ansicht die beiden Ansichten und hob auf das unternehmerische Gravitationszentrum („center of gravity") ab. *Hertz Corp. v. Friend*, 559 U.S. 77, 90 m.w.N. (2010).

629 *Hertz Corp. v. Friend*, 559 U.S. 77 (2010). Dazu *Chaplin*, Resolving the Principal Place of Business Conundrum, 30 Rev. Litig. 75 (2010).

630 „We conclude that principal place of business is best read as referring to the place where a corporation's officers direct, control, and coordinate the corporation's activities. It is the place that Courts of Appeals have called the corporation's nerve center."*Hertz Corp. v. Friend*, 559 U.S. 77, 92 f. (2010. Ähnlich schon: „Where a corporation is engaged in far-flung and varied activities which are carried on in different states, its principal place of business is the nerve center from which it radiates out to its constituent parts and from which its officers direct, control and coordinate all activities without regard to locale, in the furtherance of the corporate objective." *Scot Typewriter v. Underwood Corp.*, 170 F.Supp. 862, 865 (S.D.N.Y. 1959).

Court erstens den Wortlaut des Gesetzes an, weil „place“ in 28 USC § 1332 (c) (1) im Singular und nicht im Plural steht. Mit dieser Auslegung könne zweitens das Ziel einer einfachen Rechtsanwendung erreicht werden. Mit diesem Regelungsziel stehe der Business-Activity-Test hingegen „im Krieg“,[631] der zu einer uneinheitlichen Rechtsanwendung führe. Auch dem Gesetzgeber sei es vorrangig um eine einfache Rechtsauslegung gegangen. Teleologisch weist das Gericht drittens darauf hin, dass der Business-Activity-Test das Ziel der diversity jurisdiction – die Benachteiligung von Parteien zu verhindern, die nicht aus dem Forumstaat kommen – gar nicht erreichen könne, weil die im Rahmen des Business-Activity-Tests anerkannten Faktoren nicht typischerweise zu einer Voreingenommenheit der Gerichte führen.[632]

c. *Die großzügige untergerichtliche Doing-Business-Rechtsprechung*

Die Instanzgerichte stützten die allgemeine Gerichtszuständigkeit nach der International-Shoe-Entscheidung nicht nur auf eine geschäftliche Tätigkeit, wenn ein Unternehmen in einem Staat seinen principal place of business hatte.[633] Vielmehr nahmen die unteren Gerichte regelmäßig an, dass schon eine dauerhafte und systematische geschäftliche Aktivität ausreiche, um die general jurisdiction zu begründen.[634] Damit nahmen die Gerichte die general jurisdiction über ausländische Unternehmen von den Gerichten großzügig und in exorbitanter Weise an.[635] Die Doing-Business-Zuständigkeit entwickelte sich zu einem mächtigen „litigation tool“,[636] das auf europäisches Unverständnis stieß.[637]

---

631 „(T)his approach is at war with administrative simplicity.“ *Hertz Corp. v. Friend*, 559 U.S. 77, 92 (2010).

632 *Hertz Corp. v. Friend*, 559 U.S. 77, 92 ff. (2010).

633 *Hay/Borchers/Symeonides*, Conflict of Laws, § 6.9, Fn. 21; *Born/Rutledge*, International Civil Litigation in United States Courts, S. 123 f.; *Winkler/Recke*, US-amerikanischer Gerichtstand für Klagen gegen ausländische Unternehmen, NZG 2005, S. 241, 245 f.; *Miller*, in: Federal Practice & Procedure, § 1067.5, Fn. 5.

634 *Casad/Richman*, Jurisdiction in Civil Actions, S. 394 ff.; *Hay/Borchers/Symeonides*, Conflict of Laws, § 6.9; *Born/Rutledge*, International Civil Litigation in United States Courts, S. 116 ff.; *Schack*, Jurisdictional Minimum Contacts Scrutinized, S. 37 ff.; *Hay*, US-amerikanisches Recht, Rn. 133; *Rothschild*, Jurisdiction of Foreign Corporations in Personam, 17 Va. L. Rev. 129 (1931); *Müller*, Die Gerichtspflichtigkeit wegen „doing business“, S. 19 ff.; *Schack*, Einführung in das US-amerikanische Zivilprozessrecht, S. 28 f.

635 „Looking back over this long history of litigation a trend is clearly discernible toward expanding the permissible scope of state jurisdiction over foreign corporations and other nonresidents.“ *McGee v. International Life Ins. Co.*, 355 U.S. 220, 222 (1957).

636 *Born/Rutledge*, International Civil Litigation in United States Courts, S. 117.

637 So wurde der Doing business-Ansatz bei den Verhandlungen zum Haager Entwurf aus dem Jahre 2000 direkt auf die Liste der verbotenen Gerichtsstände gesetzt. Siehe Art. 18 Abs. 2 (e) des Haager Entwurfs. Kritisch auch *Schack*, Jurisdictional

Bei der Festlegung und der Bewertung der für die Geschäftstätigkeit zu berücksichtigenden Kontakte bestanden allerdings Schwierigkeiten und ungelöste Fragen. Anerkannt war allein, dass dauerhaften und physischen Kontakten eine besondere Bedeutung zukam.[638] Als relevante Kontakte wurden u.a. die Existenz unselbstständiger unternehmerischer Einrichtungen (offices), die Anwesenheit von Arbeitnehmern (employees), die Belegenheit von Unternehmenseigentum (ownership of property), die Erwirtschaftung von unternehmerischem Umsatz (substantial income), Verkäufe (sales) oder Dienstleistungen (performing services), Kundenwerbung (solicitation) oder das Benennen eines Zustellungsbevollmächtigten (agent for service of process) diskutiert.

Vor diesem Hintergrund nahmen einige Gerichte die Zuständigkeit schon an, wenn ein Unternehmen im Forum ein kleines Verwaltungs- oder Verkaufsbüros besaß. So hat der New Yorker Court of Appeals general jurisdiction über ein finnisches Flugunternehmen angenommen, weil dieses in New York ein kleines Büro betrieb. Dieses besaß zwar ein US-amerikanisches Konto, hatte vor Ort einen Mietvertrag abgeschlossen und dort Personal eingestellt. Andererseits konnte es aber noch nicht einmal selber Reservierungen vornehmen oder gar Flugtickets verkaufen.[639]

Auch der im Forum erwirtschaftete Umsatz war in der Rechtsprechung als Anknüpfungspunkt für den allgemeinen Gerichtsstand anerkannt. Wann der Umsatz für die Annahme eines allgemeinen Gerichtsstandes ausreichte, blieb ungeklärt und einzelfallabhängig. In einem Fall unterstellte ein Gericht einen Möbelhersteller aus North Carolina in Texas der general jurisdiction, weil er dort einen Jahresumsatz von 3,2 % oder US $ 5,7 Millionen erwirtschaftet hatte.[640] Der Abschluss von Kaufverträgen allein konnte die general jurisdiction im Forum nach der höchstrichterlichen Rechtsprechung allerdings nicht begründen.[641]

d. Die großzügige Zurechnung von Prozesspositionen

Die zuständigkeitsrechtliche Anknüpfung an eine wirtschaftliche Aktivität gewinnt weiter an Komplexität, wenn sich eine Klage gegen ein Konzernunternehmen richtet. Grundsätzlich reicht nach dem Trennungsprinzip auch nach US-amerikanischem Recht eine Tochtergesellschaft ihre zuständigkeitsrechtlich relevanten Kontakte nicht an die

Minimum Contacts Scrutinized, S. 39; *Bertele*, Souveränität und Verfahrensrecht, S. 303 ff.

638 *Casad/Richman*, Jurisdiction in Civil Actions, S. 394 ff.; *Hay/Borchers/Symeonides*, Conflict of Laws, § 6.9; *Born/Rutledge*, International Civil Litigation in United States Courts, S. 123 ff.

639 *Bryant v. Finnish National Airline*, 15 N.Y. 2d 426, 441 f. (1965).

640 *Mieczkowski v. Masco Corp.*, 997 F.Supp. 782 (E.D. Tex. 1998).

641 „(T)he Court's opinion (...) makes clear that purchases and related trips, standing alone, are not a sufficient basis for a State's assertion of jurisdiction." *Helicopteros Nacionales de Colombia v. Hall*, 466 U.S. 408, 417 (1984).

Muttergesellschaft weiter, weil zwei verschiedene juristische Personen bestehen.[642] Nach der Rechtsprechung kann eine wechselseitige prozessuale Zurechnung von Kontakten aber ausnahmsweise über den Agency-Test oder den Alter-Ego-Test erfolgen.[643] Die Möglichkeit der Kontaktzurechnung weitet den allgemeinen Gerichtsstand von Unternehmen aus, wenn die Gerichte nicht nur die konkret bestehenden tatsächlichen Kontakte, sondern darüber hinaus auch Prozesspositionen als solche zurechnen. In diesem Fall kann die Annahme von general jurisdiction über ein Tochterunternehmen auch die general jurisdiction über das Mutterunternehmen begründen, wenn die Zurechnungsvoraussetzungen erfüllt sind.

i. Alter-Ego-Doktrin: Kontrolle v. Missachtung von Formalitäten

Die Alter-Ego-Doktrin bereitet in der Praxis besondere Schwierigkeiten, weil sie nicht durch long arm statutes, sondern nur durch das common law geregelt ist.[644] Der Grundgedanke der Doktrin ist, dass Mutter- und Tochtergesellschaft unter bestimmten Voraussetzungen als ein einheitliches Unternehmen angesehen und damit die Kontakte wechselseitig zugerechnet werden können. Da über die Details Unklarheit herrscht, ist die Alter-Ego-Doktrin mit den Worten von Judge Cardozo von einem „mists of metaphor" umgeben.[645]

Umstritten ist schon, nach welchem Recht das Bestehen einer Alter-Ego-Beziehung zu beurteilen ist. Ungeklärt ist, ob das Recht des Gründungsorts der Muttergesellschaft, das Recht des Gründungsorts der Tochtergesellschaft, das Recht des Forums, federal common law oder das Recht des Staates mit der engsten Verbindung zum Klageanspruch anwendbar ist.[646] Weiter ist ungeklärt, welche Voraussetzungen gegeben sein müssen, damit Mutter- und Tochtergesellschaft als alter ego angesehen werden können. Überwiegend wird vertreten, dass die Voraussetzungen für die Missachtung der Personenverschiedenheit zur Begründung der personal jurisdiction nicht so streng sind wie die Voraussetzungen, die für eine materielle Haftung der Muttergesellschaft

---

642 *United States v. Bestfoods*, 524 U.S. 51, 61 (1998).

643 *Casad/Richman*, Jurisdiction in Civil Actions, S. 412 ff.; *Hay/Borchers/Symeonides*, Conflict of Laws, § 10.16; *Born/Rutledge*, International Civil Litigation in United States Courts, S. 175 ff.; *Vandekerckhove*, Piercing the Corporate Veil, S. 76 ff.; *Brilmayer/Paisley*, Personal Jurisdiction and Substantive Legal Relations: Corporations, Conspiracies and Agency, 74 Cal. L. Rev. 1 (1986); *Winship*, Personal Jurisdiction and Corporate Groups, 9 J. Priv. Int. L. 431, 438 ff. (2013); *Bertele*, Souveränität und Verfahrensrecht, S. 289 ff.; *Welp*, Internationale Zuständigkeit über auswärtige Gesellschaften mit Inlandstöchtern im US-amerikanischen Zivilprozeß, S. 95 ff. Siehe auch § 52 cmt. b. Restatement Second of the Law (Conflict of Laws) (1971).

644 Die Alter-Ego-Doktrin wird teilweise auch als „merger" bezeichnet. Vgl. *Brilmayer/Paisley*, Personal Jurisdiction and Substantive Legal Relations: Corporations, Conspiracies and Agency, 74 Cal. L. Rev. 1, 12 (1986).

645 *Berkey v. Third Avenue*, 244 N.Y. 84, 94 (N.Y. 1926).

646 *Born/Rutledge*, International Civil Litigation in United States Courts, S. 177.

für ein Verhalten der Tochtergesellschaft gegeben sein müssen.[647] In der Rechtsprechung haben sich zwei Ansätze zur Begründung einer Alter-Ego-Beziehung entwickelt.[648] Auf der einen Seite wird mit der Cannon-Manufacturing-Entscheidung vorrangig auf die Missachtung gesellschaftsrechtlicher Formalitäten abgestellt, während auf der anderen Seite mit der Scophony-Entscheidung vor allem der Kontrolle, die die Muttergesellschaft über die Tochtergesellschaft ausübt, Bedeutung zukommt.

In der Cannon-Manufacturing-Entscheidung betont der Supreme Court die Bedeutung des Trennungsprinzips. Eine Zurechnung der Kontakte könne selbst dann nicht erfolgen, wenn die Tochtergesellschaft der Muttergesellschaft zu 100 % gehöre und die Tochtergesellschaft von der Muttergesellschaft in vergleichbarer Weise kontrolliert werde wie ein unselbstständiger Unternehmensteil. Nach der Cannon-Manufacturing-Entscheidung kann die Trennung von verschiedenen juristischen Personen aber ausnahmsweise ignoriert werden, wenn die gesellschaftsrechtlichen Formalitäten nicht eingehalten wurden. Dies sei beispielsweise der Fall, wenn die Geschäftsbücher nicht getrennt geführt werden.[649] Die rechtliche Bedeutung der Cannon-Manufacturing-Entscheidung ist allerdings umstritten. Aus verschiedenen Gründen gehen einige Gerichte davon aus, dass die Cannon-Manufacturing-Entscheidung keinen Wert als Präjudiz hat. So sei die Entscheidung in Cannon-Manufacturing nicht zur Due-Process-Klausel ergangen. Auch hätten die auf die Cannon-Manufacturing-Entscheidung folgenden long arm statutes die Rechtslage verändert. Zudem habe der Supreme Court in der Entscheidung US v. Scophony Corp. of America seine Rechtsprechung geändert. Andere Gerichte gehen aber davon aus, dass der Cannon-Manufacturing-Entscheidung weiter Bedeutung als Präjudiz zukommt.[650]

Nach der Scophony-Entscheidung kommt es für eine Missachtung der juristischen Persönlichkeit darauf an, dass die Muttergesellschaft die Tochtergesellschaft hinreichend kontrolliert. Dafür müsse die Kontrolle des Mutterunternehmens über die normale aktienrechtliche Kontrolle hinausgehen.[651] Weil die Scophony-Entscheidung

---

647 *Dakota Industries v. Ever Best*, 28 F.3d 910, 915 (8th Cir. 1994); *Born/Rutledge*, International Civil Litigation in United States Courts, S. 178; *Hoffman*, Further Thinking about Vicarious Jurisdiction, 34 U. Pa. J. Int'l L. 765, 104 ff. (2013).
Die materiell-rechtliche Alter-Ego-Haftung hängt von verschiedenen Faktoren ab und setzt insbesondere voraus, dass 1) die gesellschaftsrechtlichen Formvorgaben missachtet wurden und 2) eine vorsätzliche Schädigung gegeben ist. Siehe *Born/Rutledge*, International Civil Litigation in United States Courts, S. 178 m.w.N.

648 Daneben gibt es Gerichte, die verlangen, dass Mutter- und Tochtergesellschaft hinreichend integriert sein müssen. Siehe *Born/Rutledge*, International Civil Litigation in United States Courts, S. 180.

649 *Cannon Manufacturing v. Cudahy Packing*, 267 U.S. 333, 335 (1925). Siehe *Born/Rutledge*, International Civil Litigation in United States Courts, S. 178.

650 *Born/Rutledge*, International Civil Litigation in United States Courts, S. 179; *Winship*, Personal Jurisdiction and Corporate Groups, 9 J. Priv. Int. L. 431, 439 (2013).

651 *United States v. Scophony*, 333 U.S. 795, 816 (1948).

im Rahmen des Kartellrechts ergangen ist, herrscht Uneinigkeit, inwieweit die Entscheidung die Cannon-Manufacturing-Rechtsprechung modifiziert hat.[652]

In der Praxis haben sich viele Gerichte jedenfalls von dem als zu streng empfundenen Cannon-Manufacturing-Test verabschiedet und für eine Durchbrechung der Personenverschiedenheit im Sinne der Scophony-Entscheidung darauf abgestellt, ob die Muttergesellschaft die Tochtergesellschaft komplett und täglich kontrolliert oder dauerhaft die Geschäfte der Tochter überwacht oder bei diesen interveniert.[653] Um eine derartige Kontrolle feststellen zu können, ziehen die Gerichte als Indikatoren die Mehrheitsbeteiligung des Mutterunternehmens, den Einfluss des Mutterunternehmens auf Personalentscheidungen, Marketing-Entscheidungen und kaufmännische Entscheidungen, die finanzielle Abhängigkeit des Tochterunternehmens, die Beachtung gesellschaftsrechtlicher Formalien, die Überschneidung des Führungspersonals und die Ähnlichkeit der Geschäftsmodelle heran.[654]

ii. Agency-Test: Kontrolle v. Substitution

Die US-amerikanische Gerichtsgewalt ist auch gegeben, wenn eine in den USA bestehende Einrichtung zu einem ausländischen Unternehmen in einer Agency-Beziehung steht.[655] Über die von der Rechtsprechung entwickelte Agency-Doktrin können die Kontakte des agent dem vertretenen Unternehmen zugerechnet werden.[656] Dies weitet den allgemeinen Gerichtsstand von Unternehmen aus, wenn – wie in nach der International-Shoe-Entscheidung – die Annahme von general

652 Siehe *Born/Rutledge*, International Civil Litigation in United States Courts, S. 179; *Hoffman*, The Case against Vicarious Jurisdiction, 152 U. Pa. L. Rev. 1023, 1062 ff. (2004).

653 *Born/Rutledge*, International Civil Litigation in United States Courts, S. 186 f. Siehe auch § 52 cmt. b. Restatement Second of the Law (Conflict of Laws) (1971): „Judicial jurisdiction over a subsidiary corporation will likewise give the state judicial jurisdiction over the parent corporation if the parent so controls and dominates the subsidiary as in effect to disregard the latter's independent corporate existence." Ein Beispiel für eine großzügige Durchbrechung der Personenverschiedenheit bietet die von einem Bundesgericht vorgenommene Analyse in der Sache Telectronics. Hier nahm das Gericht die Zuständigkeit über das australische Mutterunternehmen eines US-amerikanischen Herstellers von Herzschrittmachern an, weil dieses Unternehmen einer täglichen Kontrolle durch die Muttergesellschaft unterstand. Siehe *In re Telectronics Pacing Systems*, 953 F.Supp. 909, 915 (S.D. Ohio 1997).

654 *Born/Rutledge*, International Civil Litigation in United States Courts, S. 186; *Reynolds/Zimmer*, Haften Unternehmen nach dem US-amerikanischen Alien Tort Statute?, RIW 2012, S. 139, 142.

655 *Born/Rutledge*, International Civil Litigation in United States Courts, S. 190.

656 Dieses Vorgehen wird auch als „vicarious liabity" oder „attribution" bezeichnet. Siehe *Hoffman*, Further Thinking about Vicarious Jurisdiction, 34 U. Pa. J. Int'l L. 765 (2013) und *Brilmayer/Paisley*, Personal Jurisdiction and Substantive Legal Relations: Corporations, Conspiracies and Agency, 74 Cal. L. Rev. 1, 12 (1986).

jurisdiction über den agent auch die general jurisdiction über den Vertretenen herstellen kann.[657] Ungeklärt war, ob der agent dafür in einer besonders intensiven Verbindung zum Geschäftsherrn stehen musste.[658]

Auch die Voraussetzungen des Agency-Tests sind weitgehend ungeklärt, obwohl einige long arm statutes ihn ausdrücklich behandeln.[659] Höchstrichterliche Rechtsprechung zum Agency-Test bestand bis zur Daimler-Entscheidung aus dem Jahre 2014 nicht.[660] Auch für den Agency-Test wird überwiegend angenommen, dass eine zuständigkeitsrechtliche Agency-Beziehung geringere Voraussetzungen verlangt als die materiell-rechtliche Stellvertretung. Die Gerichte stützen sich meist auf die Formel, dass nicht rechtliche Strukturen, sondern die tatsächlichen Gegebenheiten entscheidend sind.[661] Dabei ist geklärt, dass – anders als beim Alter-Ego-Test – eine wirtschaftliche Beteiligung des Mutterunternehmens am Tochterunternehmen oder dessen rechtliche Einbindung in die Unternehmensstruktur nicht erforderlich sind. Tendenziell geht die Rechtsprechung aber davon aus, dass eine Agency-Beziehung umso eher besteht, je stärker der agent in die Unternehmensstruktur eingebunden ist.[662]

In der US-amerikanischen Jurisprudenz gibt es drei Ansätze, die Agency-Beziehung zu definieren. Alle drei setzen jedenfalls ein Handeln des agent für den Vertretenen und die Kenntnis des Vertretenen von der Handlung voraus. Der herrschende Ansatz stellt darüber hinaus auf die Kontrolle des Mutterunternehmens ab, wobei die erforderliche Kontrollintensität zwischen den Gerichten weiter umstritten ist. Während einige Gerichte eine tägliche, allumfassende Kontrolle als ausreichend erachten, wird teilweise mit einer engeren Auffassung auf das materiell-rechtliche Agency-Recht rekurriert.[663] Für eine zweite Auffassung kommt es hingegen darauf an, welche Bedeutung die Tätigkeit des agent für das Mutterunternehmen hat. Demnach liegt eine Agency-Beziehung vor, wenn das Mutterunternehmen die Handlungen des agent

---

657 Z.B. *Bauman v. DaimlerChrysler AG*, 644 F.3d 909, 924 (9th Cir. 2011). Siehe *Born/Rutledge*, International Civil Litigation in United States Courts, S. 200 m.w.N.; *Peddie*, Enterprise Theory and General Jurisdiction over Foreign Corporations after Goodyear Dunlop Tires Operations, 63 S. C. L. Rev. 697, 705 m.w.N. (2012).

658 Siehe *Born/Rutledge*, International Civil Litigation in United States Courts, S. 200 f. m.w.N.

659 Siehe *Born/Rutledge*, International Civil Litigation in United States Courts, S. 190 und S. 199. Zur Frage, aus welcher Rechtsquelle der Zurechnungsstandard folgt *Brilmayer/Paisley*, Personal Jurisdiction and Substantive Legal Relations: Corporations, Conspiracies and Agency, 74 Cal. L. Rev. 1, 24 ff. (1986).

660 Dazu Teil 2, § 3. 2. b., S. 151.

661 *B.E.E. International v. Hawes*, 267 F.Supp.2d 477, 483 (M.D.N.C. 2003); *Born/Rutledge*, International Civil Litigation in United States Courts, S. 190 f.

662 Siehe *Born/Rutledge*, International Civil Litigation in United States Courts, S. 191.

663 Siehe *Born/Rutledge*, International Civil Litigation in United States Courts, S. 191 m.w.N.

selbst vornehmen würde, wenn der agent sie nicht ausführte.[664] Teilweise werden die beiden Ansichten auch kumulativ angewendet.[665]

Beispiele für großzügige Annahmen der general jurisdiction, die sich auf die Bedeutung der Tätigkeit des agent für das Mutterunternehmen stützen, finden sich auch im Bereich der Menschenrechtsklagen. Im Verfahren Wiwa v. Royal Dutch nahm beispielsweise ein New Yorker Bundesgericht die general jurisdiction an, weil die US-amerikanische Tochtergesellschaft von Royal Dutch in New York ein Investor-Relations-Büro besaß. Dieses wurde vollumfänglich von Royal Dutch finanziert, beantwortete Fragen von Investoren und Interessenten und organisierte Treffen zwischen der Geschäftsführung von Royal Dutch und Investoren, Interessenten und Finanzanalysten.[666] Schon das Eingangsgericht ging von einer Agency-Beziehung aus und das verklagte Unternehmen drang auch vor dem Berufungsgericht nicht mit seinen Argumenten durch, dass erstens die Tätigkeit des Büros für das Unternehmen nicht hinreichend wichtig genug gewesen sei, um überhaupt einen Agency-Beziehung zu begründen, zweitens die Tätigkeit die jurisdiction deswegen nicht begründen könne, weil sie nur eine vorbereitende Tätigkeit im Rahmen der Börsennotierung gewesen sei, drittens die Kontakte jedenfalls für eine Begründung von general jurisdiction unzureichend gewesen seien und viertens bei einer Annahme der general jurisdiction das Due-Process-Gebot verletzt sei.

Auch in den Hotel- und Reisefällen nahmen die Gerichte ihre Zuständigkeit aufgrund einer wirtschaftlichen unternehmerischen Aktivität über den Agency-Test großzügig an. Dies galt insbesondere wenn sich ein US-Amerikaner bei einer Reise im Ausland in einem von einem ausländischen Unternehmen geführten Hotel oder Ressort verletzt hatte und anschließend in den USA gerichtlich gegen ein US-amerikanisches Unternehmen desselben Konzerns vorgehen wollte.[667]

e. *Fairness-Erwägungen und Klägerschutz v. Territorialität*

Die Instanzgerichte nahmen die general jurisdiction in der zweiten Hälfte des 20. Jahrhunderts unter Rückgriff auf eine andauernde und systematische wirtschaftliche Tätigkeit von Unternehmen großzügig an. Zum einen reichte schon eine dauerhafte und systematische geschäftliche Aktivität im Forum, um die general jurisdiction zu

---

664 Siehe *D'Jamoos v. Pilatus Aircraft*, 566 F.3d 94, 108 (3d Cir. 2009); *Doe v. Unocal*, 248 F.3d 915, 928 (9th Cir. 2001); *Gelfand v. Tanner Motor Tours*, 385 F.2d 116, 121 (2d Cir. 1967).

665 *Bauman v. DaimlerChrysler AG*, 644 F.3d 909, 920 f. (9th Cir. 2011).

666 *Wiwa v. Royal Dutch Petroleum*, 226 F.3d 88, 95 ff. (2d Cir. 2000). Zum Hintergrund siehe Teil 1, § 3., S. 51. Ein weiteres Anwendungsbeispiel für die großzügige Begründung der general jurisdiction über den Agency-Test ist *Bauman v. DaimlerChrysler AG*, 644 F.3d 909, 928 f. (9th Cir. 2011). Dazu Teil 2, § 3. 1. b. i., S. 142.

667 *Frummer v. Hilton Hotels International*, 19 N.Y.2d 533 (1967); *Meier v. Sun International Hotels*, 288 F.3d 1264 (11th Cir. 2002); *Stubbs v. Wyndham Nassau Resort*, 447 F.3d 1357 (11th Cir. 2006).

begründen. Zum anderen konnten auch Prozesspositionen als solche zugerechnet werden. Die Annahme von general jurisdiction über ein Tochterunternehmen konnte bei Vorliegen der Zurechnungsvoraussetzungen auch die general jurisdiction über das Mutterunternehmen begründen.

Durch diese weite Auslegung stellte die general jurisdiction auf der einen Seite einen Auffangmechanismus (safety valve)[668] dar, durch den klägerische Interessen und Fairnessüberlegungen in das Zuständigkeitsrecht Einfluss finden konnten.[669] Obschon im US-amerikanischen Zuständigkeitsrecht grundsätzlich nur auf die Kontakte des Beklagten abgestellt wird,[670] konnten die Interessen des Klägers durch eine weite Auslegung der general jurisdiction indirekt berücksichtigt werden. Klägern konnte über die general jurisdiction in Konstellationen Zugang zu den US-amerikanischen Gerichten verschafft werden, in denen ein Gerichtsstand in den USA als fair empfunden wurde, specific jurisdiction aber nicht begründet werden konnte. Die Rechtsprechung sah Kläger dabei als schutzwürdig an, wenn sie Klagen gegen weltweit operierende Unternehmen erhoben. Beispielsweise haben die Gerichte im Rahmen von Menschenrechtsklagen oder bei den Hotel- und Reisefällen auch geringe Kontakte der verklagten Unternehmen zu den USA für die Begründung der personal jurisdiction als ausreichend erachtet.[671] Um zu gerechten Ergebnissen zu kommen und die Interessen des Beklagten nicht unberücksichtigt zu lassen, konnte die Zuständigkeit im Einzelfall aus Fairnessgründen wieder durch die ermessensabhängigen Institute der reasonableness, des forum non conveniens oder durch Comity-Erwägungen eingeschränkt werden. Die Möglichkeit Gerechtigkeitserwägungen im Einzelfall zu berücksichtigen, erhöhte aber zugleich die Rechtsunsicherheit, weil der Ausgang der Zuständigkeitsprüfung einzelfallabhängig und wenig vorhersehbar war.

Weil nach der International-Shoe-Entscheidung eine wirtschaftliche Tätigkeit die Grundlage der general jurisdiction sein konnte, verlor auf der anderen Seite das Territorialitätsprinzip im Rahmen der personal jurisdiction an Bedeutung. Ein Gericht konnte nun über Klagen entscheiden, ohne über das beklagte Unternehmen oder den Streitgegenstand wirklich Macht ausüben zu können. Wird ein allgemeiner Gerichtsstand beispielsweise allein auf ein kleines Verkaufsbüro gestützt, ist es für ein Gericht schwer, effektiv Macht über den Gesamtkonzern auszuüben. Wird ein Unternehmen wegen einer Verletzungshandlung im Ausland in den USA verurteilt, das dort nur eine geringe wirtschaftliche Präsenz besitzt, ist eine zwangsweise Durchsetzung von Rechtspositionen nur schwer möglich.

---

668 *Borchers*, The Problem with General Jurisdiction, 2001 U. Chi. Legal F. 119, 139.

669 Auch der Supreme Court führt für eine großzügige Auslegung der Gerichtszuständigkeit die Interessen des Klägers an. Siehe z.B. *McGee v. International Life Ins. Co.*, 355 U.S. 220, 223 (1957); Justice Ginsburg dissenting in *McIntyre Machinery Ltd. v Nicastro*, 131 S.Ct. 2780, 2803 (2011); Justice Sotomayor dissenting in *Daimler AG v. Bauman*, 134 S.Ct. 746, 773 (2014).

670 Siehe Teil 2, § 2. 1., S. 116.

671 Siehe Teil 2, § 2. 2. d. ii., S. 135.

§ 3 Neoterritorialismus: Essentially-at-Home-Rechtsprechung und Beschränkung

Nachdem der Supreme Court zuvor knapp 30 Jahre lang geschwiegen hatte, beschäftigte er sich im Jahre 2011 und im Jahre 2014 in der Goodyear- und in der Daimler-Entscheidung wieder mit dem allgemeinen Gerichtsstand von Unternehmen. Damit über ein Unternehmen ein allgemeiner Gerichtsstand besteht, muss es im Forum im Wesentlichen beheimatet sein.[672] Die Essentially-at-Home-Rechtsprechung führt in der aktuellen dritten Phase zu einer Beschränkung des allgemeinen Gerichtsstands, die die Möglichkeiten von extraterritorialen Menschenrechtsklagen einschränkt. Die Rechtsprechungsentwicklung kann auf neoterritoriale Gedanken zurückgeführt werden.

1. Die Essentially-at-Home-Rechtsprechung

a. Die Goodyear-Entscheidung

i. Sachverhalt und Prozessgeschichte: Türkische Reifen in Paris

Tatsächlicher Hintergrund der Goodyear-Entscheidung[673] ist der tödliche Unfall von zwei 13-jähigen Jungen aus North Carolina bei einem Busunglück in Paris. Kläger waren die Angehörigen der Opfer. Verklagt waren ein US-amerikanischer Reifenhersteller (Goodyear USA) und dessen türkisches Tochterunternehmen (Goodyear Türkei). Goodyear USA hat Produktionsstätten in North Carolina

672 Aus deutscher Perspektive zur Essentially-at-Home-Rechtsprechung *Metz*, Die aktuelle Einschränkung der US-amerikanischen Gerichtszuständigkeit durch den Supreme Court, IPRax 2014, S. 365; *Zekoll/Schulz*, Neue Grenzen für die internationale Zuständigkeit amerikanischer Gerichte?, RIW 2014, S. 321; *Coester-Waltjen*, in: FS Schütze 2015, Allzuständigkeit oder genuine link – eine unendliche Geschichte?, S. 27, 32 ff. Aus US-amerikanischer Sicht z.B. *Silberman*, Daimler v. Bauman: A New Era for Judicial Jurisdiction in the United States, 16 Yearbook of PIL 217 (2015).

673 *Goodyear Dunlop Tires Operations SA v. Brown*, 131 S.Ct. 2846 (2011). Dazu *Borchers*, J. McIntyre Machinery, Goodyear, and the Incoherence of the Minimum Contacts Test, 44 Creighton L. Rev. 1245 (2011); *Peterson*, The Timing of Minimum Contacts after Goodyear and McIntyre, 80 Geo. Wash. L. Rev. 202 (2011); *Feder*, „Home", and the Uncertain Future of Doing Business Jurisdiction, 63 S.C.L. Rev. 671 (2012); *Peddie*, Enterprise Theory and General Jurisdiction over Foreign Corporations after Goodyear Dunlop Tires Operations, 63 S. C. L. Rev. 697 (2012); *Stein*, The Meaning of „Essentially at Home" in Goodyear Dunlop, 63 S. C. L. Rev. 527 (2012); *Quick*, Staying Afloat in the Stream of Commerce, 37 N. C. J. Int'l L. & Comp. Reg. 547 (2012); *Blanchard*, Goodyear and Hertz: Reconciling Two Recent Supreme Court Decisions, 44 McGeorge L. Rev. 865 (2013); *Hoffman*, Further Thinking about Vicarious Jurisdiction, 34 U. Pa. J. Int'l L. 765 (2013).

und geht dort regelmäßig geschäftlichen Aktivitäten nach. Goodyear Türkei ist weder aufgrund seiner Geschäftstätigkeit in North Carolina registriert noch hat es dort einen Verwaltungssitz, Angestellte oder ein Bankkonto. Goodyear Türkei produzierte zum Transport besonders schwerer Lasten spezielle Reifen für den europäischen und asiatischen Markt. Goodyear USA – und nicht Goodyear Türkei – verkaufte einige dieser Reifen für Sonderfahrzeuge wie Zementmixer, Müllautos sowie Boot- und Pferdeanhänger auf speziellen Kundenwunsch hin auch in den USA. Auch der Bus, in dem die Jungen in Paris verunglückten, war mit solchen Reifen ausgestattet. Diese verursachten nach dem klägerischen Vorbringen aufgrund ihrer Mangelhaftigkeit den Autounfall.[674]

Nach dem Unfall reichten die Familien der Opfer vor den Staatengerichten von North Carolina Klage ein. Während Goodyear USA die Zuständigkeit der Staatengerichte nicht in Frage stellte, beantragte Goodyear Türkei die Klageabweisung und begründete den Antrag damit, dass die personal jurisdiction nicht gegeben sei. Der Superior Court of North Carolina wies den Antrag mit dem Hinweis auf die Verbindungen von Goodyear Türkei zu North Carolina ab. Die Beklagten hätten andauernde und systematische Verbindungen zu North Carolina, weil das Unternehmen Reifen für den Markt in North Carolina produziert habe und diese dort auch verkauft worden seien.[675] Damit habe Goodyear Türkei seine wirtschaftliche Aktivität auf North Carolina ausgerichtet.[676]

Der Court of Appeals of North California bestätigte dieses Ergebnis und stützte die general jurisdiction auf die Stream-of-Commerce-Doktrin.[677] Goodyear Türkei habe seine Reifen in den Warenstrom gegeben und damit den Schutz des Rechts von North Carolina in Anspruch genommen, weil einige Reife auch dorthin gelangt seien. Damit bestehe dort general jurisdiction über das Unternehmen.[678] Dieses Ergebnis sei erforderlich um die Kläger aus North Carolina zu

---

674 *Goodyear Dunlop Tires Operations SA v. Brown*, 131 S.Ct. 2846, 2850 ff. (2011).

675 *Brown v. Meter*, No. 05 CVS 1922, 2008 WL 8187601, Nr. 10 (N.C. Super. Apr. 25, 2008). Die Annahme der jurisdiction erfolgte dabei unter Anwendung des long arm statute von North Carolina. N.C. Gen. Stat. Ann. § 1–75.4 (1) (d) lautet: „A court of this State having jurisdiction of the subject matter has jurisdiction over a person (...) under any of the following circumstances: (1) Local Presence or Status. In any action, whether the claim arises within or without this State, in which a claim is asserted against a party who when service of process is made upon such party: (...) d. Is engaged in substantial activity within this State, whether such activity is wholly interstate, intrastate, or otherwise."

676 *Brown v. Meter*, No. 05 CVS 1922, 2008 WL 8187601, Nr. 17 (N.C. Super. Apr. 25, 2008).

677 Dazu Teil 2, § 2. 1. c. ii., S. 120.

678 *Brown v. Meter*, 199 N.C. App. 50, 68 f. (2009).

schützen, denen eine gerichtliche Geltendmachung in Paris nicht zumutbar sei.[679] Zur Überprüfung dieser Rechtsauffassung ließ der Supreme Court im September 2010 die Revision zu.

ii. Die einstimmige Entscheidung: Keine jurisdiction mangels Kontakt

Die entscheidende rechtliche Frage war nach der von Justice Ginsburg geschriebenen und von allen neun Richtern unterstützten opinion of the Court, ob in North Carolina über Goodyear Türkei general jurisdiction bestand.[680] Dies verneinte der Supreme Court und hob die Entscheidungen der Vorinstanzen auf. Justice Ginsburg führte aus, dass eine natürliche Person am Ort ihres domiciles einen allgemeinen Gerichtsstand habe. Für Unternehmen gelte dasselbe an vergleichbaren Orten, an denen sie fairerweise als im Wesentlichen beheimatet angesehen werden können (fairly regarded at home).[681] Die Sprache der einstimmigen Entscheidung weicht an dieser Stelle leicht von dem im einführenden Teil gebrauchten Wortlaut ab. Dort heißt es, dass general jurisdiction über ein Unternehmen ausgeübt werden kann, wenn aufgrund andauernder und systematischer Handelskontakte die Verbindungen des Unternehmens mit dem Forumstaat so stark sind, dass es dort im Wesentlichen beheimatet ist (to render them essentially at home in the forum State).[682] Der Supreme Court nimmt zudem auf einen Aufsatz von Lea Brilmayer Bezug, nach dem Gründungsort und principal place of business eines Unternehmens mit dem domicile vergleichbare Ort seien.[683]

Anschließend präzisierte das Gericht aber nicht weiter, wann ein Unternehmen in einem Forum im Wesentlichen beheimatet ist. Der Supreme Court entschied allein, dass die general jurisdiction nicht über die Stream-of-Commerce-Doktrin hergestellt werden kann. Die Gerichte von North Carolina würden die Unterschiede zwischen general und specific jurisdiction missachten, wenn sie die Stream-of-Commerce-Doktrin im Rahmen der general jurisdiction anwenden. Die geringen Kontakte, die über diese Doktrin zum Forum hergestellt werden können, seien zwar ausreichend, um die besondere Gerichtszuständigkeit zu begründen. Keinesfalls reichen sie aber aus, um den Beklagten wegen jeglicher Klageansprüche der Gerichtzuständigkeit zu unterstellen.[684]

---

679 „In addition, the record reflects that requiring plaintiffs, who have no ties to France, to litigate their claims in the French courts would impose a considerable burden on them.“ *Brown v. Meter*, 199 N.C. App. 50, 67 (2009).

680 *Goodyear Dunlop Tires Operations SA v. Brown*, 131 S.Ct. 2846, 2850 (2011).

681 „For an individual, the paradigm forum for the exercise of general jurisdiction is the individual's domicile; for a corporation, it is an equivalent place, one in which the corporation is fairly regarded as at home.“ *Goodyear Dunlop Tires Operations SA v. Brown*, 131 S.Ct. 2846, 2853 f. (2011).

682 *Goodyear Dunlop Tires Operations SA. v. Brown*, 131 S.Ct. 2846, 2851 (2011).

683 *Goodyear Dunlop Tires Operations SA. v. Brown*, 131 S.Ct. 2846, 2854 (2011).

684 *Goodyear Dunlop Tires Operations SA v. Brown*, 131 S.Ct. 2846, 2854 ff. (2011).

Der Supreme Court kam anschließend durch einen Vergleich des Goodyear-Sachverhalts mit seinen zwei zur general jurisdiction ergangenen Entscheidungen zu dem Schluss, dass Goodyear Türkei nicht in North Carolina im Wesentlichen beheimatet sei. Das Gericht wendete sich der Perkins- und der Helicopteros-Entscheidung zu.[685] Die Perkins-Entscheidung sei weiterhin das Musterbeispiel dafür, wann eine geschäftliche Tätigkeit die general jurisdiction begründen könne.[686] Eine vergleichbare Fremd-Steuerung des Unternehmens liege im Goodyear-Sachverhalt aber nicht vor. Der Goodyear-Fall weise vielmehr Parallelen zum Helicopteros-Fall auf.[687] Würde man der ausufernden Gegenauffassung der Kläger und der Gerichte von North Carolina zur general jurisdiction folgen, habe ein Unternehmen überall dort einen allgemeinen Gerichtsstand, wo seine Produkte verteilt werden.[688]

b. *Die Daimler-Entscheidung*

i. *Sachverhalt und Prozessgeschichte: Menschenrechtsverletzungen in Argentinien*

Wie in der Goodyear-Entscheidung richtete sich die Klage im Daimler-Fall[689] gegen ein MNU. Während sich die Klage im Goodyear-Fall auf einen Produkthaftungsanspruch stützte, ging es im Daimler-Fall in einem foreign cubed case um eine

---

685 Dazu Teil 2, § 2. 2. a., S. 127.

686 *Goodyear Dunlop Tires Operations SA v. Brown*, 131 S.Ct. 2846, 2856 (2011). Mit Zitat einer im Jahre 1981 von Justice Ginsburg als Circuit Judge geschriebenen Entscheidung *Donahue v. Far Eastern Air Transport Corp.*, 652 F.2d 1032, 1037 (D.C. Cir. 1981).

687 Goodyear Dunlop Tires Operations AS v. Brown, 131 S.Ct. 2846, 2856 f. (2011).

688 „Under the sprawling view of general jurisdiction urged by respondents and embraced by the North Carolina Court of Appeals, any substantial manufacturer or seller of goods would be amenable to suit, on any claim for relief, wherever its products are distributed." *Goodyear Dunlop Tires Operations SA v. Brown*, 131 S.Ct. 2846, 2856 f. (2011).
Abschließend wendete sich das Gericht dem von den Klägern im Revisionsverfahren vorgebrachten Einwand zu, dass die general jurisdiction über Goodyear Türkei gegeben sei, weil Goodyear Türkei und Goodyear USA im Rahmen der Begründung der jurisdiction als einheitliches Unternehmen („single entreprise theorie") zu betrachten seien. Siehe Brief for Respondents, *Goodyear v. Dunlop Tires SA v. Brown*, 2010 WL 5125441, 44 f. Mit diesem Argument setzt sich der Supreme Court aber nicht inhaltlich auseinander. Das Gericht weist darauf hin, dass die Kläger dieses weder in den Staatengerichten in North Carolina noch im gegen die Zulassung der Revision gerichteten Schriftsatz vorgebracht haben und damit auf das Argument verzichtet hätten. *Goodyear Dunlop Tires Operations SA v. Brown*, 131 S.Ct. 2846, 2857 (2011).

689 *Daimler AG v. Bauman*, 134 S.Ct. 746 (2014). Dazu *Childress*, General Jurisdiction after Bauman, 68 Vand. L. Rev. En Banc 197 (2014); *Denker*, The Future of General Jurisdiction: The Effects of Daimler AG v. Bauman, 20 Fordham J. Corp. & Fin. L. 145 (2014); *Cornett/Hoffheimer*, General Personal Jurisdiction after Daimler AG v.

Menschenrechtsklage. Zudem unterschieden sich die Fälle dadurch, dass es in der Goodyear-Entscheidung um die Zuständigkeit für Klagen gegen die ausländische Filiale eines US-amerikanischen Mutterunternehmens ging, während die Daimler-Entscheidung die umgekehrte Fallkonstellation betraf, in der die Zuständigkeit für Klagen über ein ausländisches Mutterunternehmen über dessen US-amerikanische Filiale hergestellt werden sollte.

In dem Rechtsstreit verklagten 22 Argentinier, die ihren Wohnsitz in Argentinien hatten, die DaimlerChrysler AG (Daimler) mit Hauptverwaltungssitz in Stuttgart. Daimler hat eine argentinische (MB Argentina) und eine US-amerikanische Tochtergesellschaft (MB USA). MB USA wurde in Delaware gegründet, hat seinen Verwaltungshauptsitz aber in New Jersey. Das Verhältnis von Daimler und MB USA wird durch einen Beherrschungsvertrag geregelt, nach dem Daimler wesentlichen Einfluss auf MB USA hat. MB USA kann Daimler nach diesem Vertrag aber nicht rechtsgeschäftlich vertreten.[690] MB USA ist der exklusive Importeur von Daimler in den USA und hat auch in Kalifornien verschiedene Verkaufseinrichtungen wie ein regionales Büro, ein Fahrzeugvorbereitungszentrum und ein Oldtimer-Zentrum. 10 % der Verkäufe von MB USA werden in Kalifornien abgewickelt. Diese stellen wiederum 2,4 % der weltweiten Verkäufe von Daimler dar.[691]

Die Kläger behaupten, dass MB Argentina während der Argentinischen Militärdiktatur von 1976 bis 1983 mit den argentinischen Sicherheitsbehörden zusammengearbeitet habe. So habe MB Argentina geholfen, die Kläger oder deren nahe Angehörigen zu entführen, widerrechtlich festzuhalten, zu foltern und zu töten. Vor diesem Hintergrund reichten die Kläger im Jahre 2004 gegen Daimler eine auf zivilrechtlichen Schadensersatz gerichtete Klage vor dem Federal District Court for the Northern District of California ein. Materiell-rechtlich führten sie Ansprüche nach dem ATS, dem TVPA und nach dem kalifornischen und argentinischen Deliktsrecht ein. Die Beklagte rügte die Unzuständigkeit des Gerichts, weil die personal jurisdiction des Gerichts nicht gegeben sei. Die Kläger vertraten hingegen die Ansicht, dass die Gerichtszuständigkeit schon über Daimlers eigene Präsenz in Kalifornien hergestellt sei. Jedenfalls sei Daimler aber aufgrund der Kontakte von MB USA der Gerichtszuständigkeit in Kalifornien unterstellt, weil diese Daimler zuzurechnen seien.[692] Das erstinstanzliche Gericht gab dem Antrag der Beklagten statt und lehnte die Zuständigkeit ab. Es sei weder general jurisdiction über Daimler gegeben noch müsse Daimler sich die Kontakte von MB USA zurechnen lassen, da die Voraussetzungen des Agency-Tests nicht festgestellt werden können.[693]

Bauman, 76 Ohio St. L. J. 101 (2015); *Winship*, Personal Jurisdiction and Corporate Groups, 9 J. Priv. Int. L. 431 (2013).

690 Zum Wortlaut des Beherrschungsvertrages *Bauman v. DaimlerChrysler AG*, 644 F.3d 909, 914 ff. (9th Cir. 2011)..

691 *Daimler AG v. Bauman*, 134 S.Ct. 746, 750 ff. (2014).

692 *Daimler AG v. Bauman*, 134 S.Ct. 746, 751 f. (2014).

693 *Bauman v. DaimlerChrysler AG*, No. C-04-00194 RMW, 2005 WL 3157472, *19 (N.D. Cal. Nov. 22, 2005).

Der Court of Appeals des Ninth Circuit entschied als Berufungsgericht im Jahre 2011 hingegen, dass kalifornische Gerichte die general jurisdiction über Daimler ausüben können.[694] Die Voraussetzungen für eine Kontaktzurechnung über den Agency-Test seien erfüllt. Nach dem Berufungsgericht bestehen diese darin, dass das Tochterunternehmen erstens Dienste erbringt, die so wichtig für das ausländische Mutterunternehmen sind, dass es sie selber vorgenommen hätte, wenn das Tochterunternehmen sie nicht ausgeführt hätte (Substitutionselement). Das Tochterunternehmen müsse zweitens einer hinreichenden Kontrolle durch das Mutterunternehmen unterstehen (Kontrollelement). Beide Voraussetzungen seien hier erfüllt. Daimler würde die Autos in Kalifornien selber verkaufen, wenn MB USA dies nicht tun würde. Auch sei die von Daimler durch den Beherrschungsvertrag über MB USA ausgeübte Kontrolle ausreichend. Die Ausübung der jurisdiction über Daimler sei auch reasonable, weil Daimler bewusst und in beträchtlichem Maße über MB USA Kontakte zu Kalifornien hergestellt habe.[695]

Als Reaktion auf diese Entscheidung nahm der Supreme Court folgende Vorlagefrage zur Entscheidung an: Steht es im Einklang mit der Due-Process-Klausel des 14. Amendment, wenn kalifornische Gerichte die Gerichtszuständigkeit über einen ausländischen Beklagten ausüben, wenn auch der Kläger aus dem Ausland stammt und sich das schädigende Verhalten außerhalb der USA ereignet hat?[696]

ii. Mehrheitsmeinung: Keine jurisdiction mangels Kontakt

Dies verneint die von acht Richtern getragene Mehrheitsmeinung, die die Entscheidung des Berufungsgerichts aufhob. Nach der wiederum von Justice Ginsburg geschriebenen Mehrheitsmeinung hat die deutsche Daimler AG in Kalifornien keinen allgemeinen Gerichtsstand, weil sie keine hinreichenden Kontakte zu Kalifornien besitzt.[697]

---

694 *Bauman v. DaimlerChrysler AG*, 644 F.3d 909, 931 (9th Cir. 2011).

695 *Bauman v. DaimlerChrysler AG*, 644 F.3d 909, 920 ff. (9th Cir. 2011).

696 „We granted certiorari to decide whether, consistent with the due process clause of the Fourteenth Amendment, Daimler is amenable to suit in California courts for claims involving only foreign plaintiffs and conduct occurring entirely abroad." *Daimler AG v. Bauman*, 134 S.Ct. 746, 753 (2014).

697 Zu Beginn der Entscheidungsgründe erklärt der Supreme Court seinen Prüfungsmaßstab und warum hier eine verfassungsrechtliche Frage gegeben ist. Dies folge daraus, dass sich die personal jurisdiction der Bundesgerichte nach Rule 4 (k) (1) (A) FRCP grundsätzlich nach dem Zuständigkeitsrecht des Staates bestimme, in dem das angerufene Bundesgericht seinen Sitz habe. § 410.10 des kalifornischen Zivilprozessbuches sehe vor, dass die kalifornischen Gerichte zuständig sind, soweit die Annahme der Zuständigkeit nicht im Widerspruch mit der Verfassung von Kalifornien oder des Bundes steht. *Daimler AG v. Bauman*, 134 S.Ct. 746, 753 (2014).
§ 410.10 California Code of Civil Procedure (CCP) lautet: „A court of this state may exercise jurisdiction on any basis not inconsistent with the Constitution of this state or of the United States."

Das Gericht arbeitet zunächst heraus, welche rechtlichen Fragen es nicht prüft und von welchen Annahmen es ausgeht.[698] Zunächst prüft das Gericht weder das Vorliegen von specific jurisdiction noch, ob MB USA ein alter ego von Daimler ist, weil dies von den Klägern in der ursprünglichen Klage nicht vorgetragen worden sei. Mangels berufungsrechtlichen Bestreitens durch die Kläger geht das Gericht mit dem erstinstanzlichen Urteil weiter davon aus, dass Daimlers eigene Kontakte zu Kalifornien die general jurisdiction kalifornischer Gerichte nicht begründen. Zuletzt nimmt das Gericht an, dass in Kalifornien über MB USA general jurisdiction besteht, weil dies von der Beklagten nicht streitig gestellt worden sei.

Sodann steigt das Gericht in die rechtliche Prüfung ein und beschäftigt sich mit dem zuständigkeitsrechtlichen Agency-Test und der Frage, ob die Kontakte von MB USA Daimler zugerechnet werden können.[699] Nach Ansicht des Supreme Court hat der Court of Appeal fehlerhaft eine Agency-Beziehung angenommen, weil dessen Auslegung zu großzügig gewesen sei. Der Supreme Court kritisiert an der Rechtsanwendung des Berufungsgerichts, dass das Substitutionselement der Möglichkeit der Zurechnung keinerlei Grenzen setze und immer zu einer Zurechnung der Kontakte führe. Denn alle geschäftlichen Handlungen, die ein Unternehmen durch Tochterunternehmen oder Vertreter abwickle, würde dieses bei Abwesenheit des agent selber vornehmen. Damit gehe der vom Court of Appeal gewählte Ansatz über das schon in der Goodyear-Entscheidung missbilligte weite Verständnis der general jurisdiction hinaus. Das vom Berufungsgericht zu Grunde gelegte weite Zuständigkeitsverständnis werde auch nicht dadurch eingegrenzt, dass das Gericht weiter untersucht habe, ob MB USA einer strengen Kontrolle durch Daimler ausgesetzt gewesen sei. So sei das Kontrollelement hier angenommen worden, obwohl der Beherrschungsvertrag expressis verbis die Begründung eines Vertretungsverhältnisses ausschließe.

Anschließend verändert die plurality opinion ihren Blickwinkel und nimmt für die weitere Prüfung zusätzlich an, dass nicht nur in Kalifornien general jurisdiction über MB USA besteht, sondern dass diese Kontakte Daimler zudem zurechenbar sind. Selbst bei dieser Annahme sei aber die general jurisdiction kalifornischer Gerichte über Daimler nicht gegeben.[700] Dieses Ergebnis erreicht das Gericht, indem es die Formel des „fairly at home" aufgreift und auf die beispielhaften Anknüpfungspunkte des Gründungsorts und des principal place of business Bezug nimmt.[701] Ein Unternehmen müsse durch seine Kontakte im Forum im Wesentlichen beheimatet sein, damit es dort der general jurisdiction unterstehe.[702] Das Gericht entwickelt

---

698 Siehe *Daimler AG v. Bauman*, 134 S.Ct. 746, 758 (2014).

699 *Daimler AG v. Bauman*, 134 S.Ct. 746, 758 ff. (2014).

700 *Daimler AG v. Bauman*, 134 S.Ct. 746, 760 ff. (2014).

701 „With respect to a corporation, the place of incorporation and principal place of business are paradig(m) (...) bases for general jurisdiction." *Daimler AG v. Bauman*, 134 S.Ct. 746, 760 (2014).

702 „Accordingly, the inquiry under Goodyear is not whether a foreign corporation's in forum contacts can be said to be in some sense continuous and systematic, it is whether that corporation's affiliations with the State are so continuous and

den Essentially-at-Home-Ansatz nun aber weiter und erklärt, dass der Vorteil der beispielhaften Anknüpfungspunkte sei, dass diese regelmäßig einzigartig und einfach zu identifizieren seien. Die Essentially-at-Home-Formel bedeute nicht, dass ein Unternehmen ausschließlich am Ort seiner Gründung oder an seinem principal place of business einen allgemeinen Gerichtsstand habe. Im Goodyear-Fall sei nur entschieden worden, dass ein allgemeiner Gerichtsstand nicht schon vorliege, wenn ein Unternehmen in einem Staat substantielle, andauernde und systematische Handelskontakte besitze, weil diese Formel die Gerichtszuständigkeit inakzeptabel ausweite.[703] In einer Fußnote wird weiter ausgeführt, dass bei einer Prüfung der general jurisdiction die Aktivitäten des Unternehmens in ihrer Gesamtheit, national und weltweit, betrachtet werden müssen. Denn ein Unternehmen, das an vielen Orten unternehmerisch tätig werde, könne kaum an allen im Wesentlichen beheimatet sein. Andernfalls ersetze der Essentially-at-Home-Ansatz nur die Doing-Business-Zuständigkeit.[704]

Anders als in der Goodyear-Entscheidung kommt der Supreme Court anschließend nicht durch einen Vergleich, sondern durch Subsumtion zum Ergebnis, dass Daimler keinen allgemeinen Gerichtsstand in Kalifornien hat.[705] Ausgeführt wird, dass weder Daimler noch MB USA in Kalifornien gegründet wurden oder dort ihren Hauptgeschäftssitz haben. Die Daimler zurechenbaren wirtschaftlichen Aktivitäten von MB USA reichen mit dem Supreme Court ebenso wenig dafür aus, dass Daimler in Kalifornien im Wesentlichen beheimatet sei. Andernfalls hätte Daimler in allen Staaten in denen MB USA einen bedeutenden Umsatz aufweist, einen allgemeinen Gerichtstand. Gegen ein solches Ergebnis spreche, dass ausländische Beklagte ein Interesse daran haben, ihr Auftreten in den USA so zu strukturieren, dass für sie eine gerichtliche Inanspruchnahme in gewissem Rahmen vorhersehbar sei.

Das Gericht führt vor dem Hintergrund des transnationalen Sachverhalts zwei Policy-Gründe zur Begründung des Ergebnisses an.[706] Erstens würde eine großzügige Annahme der eigenen Gerichtszuständigkeit ausländische Investoren abschrecken. Zweitens sei besondere richterliche Vorsicht angebracht, weil ein transnationaler Sachverhalt Anlass des Rechtsstreits sei und daher Comity-Erwägungen besonders

systematic as to render (it) essentially at home in the forum State." *Daimler AG v. Bauman*, 134 S.Ct. 746, 761 (2014).

703 „Plaintiffs would have us look beyond the exemplar bases Goodyear identified, and approve the exercise of general jurisdiction in every State in which a corporation engages in a substantial, continuous, and systematic course of business. (...) That formulation, we hold, is unacceptably grasping." *Daimler AG v. Bauman*, 134 S.Ct. 746, 760 f. (2014).

704 „A corporation that operates in many places can scarcely be deemed at home in all of them. Otherwise, at home would be synonymous with doing business tests framed before specific jurisdiction evolved in the United States." *Daimler AG v. Bauman*, 134 S.Ct. 746, 762, Fn. 20 (2014).

705 *Daimler AG v. Bauman*, 134 S.Ct. 746, 761 f. (2014).

706 *Daimler AG v. Bauman*, 134 S.Ct. 746, 762 f. (2014).

zu berücksichtigen seien. Comity-Erwägungen stritten hier aber gegen die Annahme eines weiten allgemeinen Gerichtsstands, weil andere Staaten und auch die Brüssel Ia VO keine mit der Doing-Business-Zuständigkeit vergleichbare weite allgemeine Zuständigkeit kennen. Diese grundsätzlich unterschiedliche Sichtweise habe in der Vergangenheit die Verhandlung von internationalen Verträgen über die gegenseitige Anerkennung und Vollstreckung von Urteilen verhindert.

iii. Justice Sotomayor: Keine jurisdiction mangels reasonableness

Justice Sotomayor kommt in ihrer concurring opinion über eine andere rechtliche Begründung zum selben Ergebnis. Sie ist der Ansicht, dass Daimler in Kalifornien nicht der allgemeinen Zuständigkeit der Bundesgerichte untersteht, weil die Ausübung der Gerichtsgewalt nicht reasonable ist. Justice Sotomayor kritisiert aber das prozessrechtliche Vorgehen und die rechtliche Lösung der Mehrheitsmeinung.[707]

Justice Sotomayor geht anders als die Mehrheitsmeinung davon aus, dass auch im Rahmen der general jurisdiction untersucht werden muss, ob der Beklagte erstens Minimalkontakte zum Forum aufweist und ob zweitens die Ausübung der jurisdiction im Einzelfall reasonable ist. Im Ergebnis lehnt Justice Sotomayor die Zuständigkeit ab, weil Daimler zwar für die general jurisdiction ausreichende Minimalkontakte zu Kalifornien habe, die Ausübung der jurisdiction aber nicht reasonable sei. Gegen die reasonableness spreche, dass ein ausländischer Kläger mit einem ausländischen Beklagten über ein im Ausland stattgefundenes Verhalten stritt.[708]

Der Auffassung der Mehrheitsmeinung sei vorzuwerfen, dass sie die Kontakte des Beklagten zum Forum mit dessen Kontakten zu anderen Foren vergleiche. Eine relative Prüfung der Berührungspunkte der Unternehmen sei der Rechtsprechung zur general jurisdiction aber fremd. Vielmehr seien die Kontakte des beklagten Unternehmens zum Forum absolut zu betrachten. Dabei ist nach Justice Sotomayor die Essentially-at-Home-Formel so zu verstehen, dass die Kontakte des Unternehmens mit denen eines einheimischen Unternehmens vergleichbar sein müssen, damit es im Forum im Wesentlichen beheimatet ist.[709] Bei einer solchen Betrachtung bestehe in Kalifornien grundsätzlich general jurisdiction über Daimler, weil Daimler über starke Kontakte zu Kalifornien verfüge.[710]

Sodann setzt sich die concurrence mit den von der Mehrheitsmeinung für einen vergleichenden Ansatz vorgebrachten Argumenten auseinander.[711] Erstens sei eine absolute Auslegung des Essentially-at-Home-Kriteriums genauso

---

707 *Daimler AG v. Bauman*, 134 S.Ct. 746, 763 (2014).

708 *Daimler AG v. Bauman*, 134 S.Ct. 746, 764 f. (2014).

709 „We used the phrase at home to signify that in order for an out-of-state defendant to be subject to general jurisdiction, its continuous and substantial contacts with a forum State must be akin to those of a local enterprise that actually is at home in the State." *Daimler AG v. Bauman*, 134 S.Ct. 746, 769 (2014).

710 *Daimler AG v. Bauman*, 134 S.Ct. 746, 767 ff. (2014).

711 *Daimler AG v. Bauman*, 134 S.Ct. 746, 770 f. (2014).

bestimm- und vorhersehbar wie der relative Ansatz der Mehrheit. Dieser habe nämlich den Nachteil, dass auch die Kontakte des Unternehmens zu allen anderen Staaten und Ländern betrachtet werden müssen, die damit Gegenstand einer aufwendigen jurisdictional discovery werden könnten. Dass ein Unternehmen bei entsprechend umfangreicher Tätigkeit in verschiedenen Staaten der general jurisdiction unterstehe, sei nicht unvorhersehbarer als die vergleichende Analyse, nach der general jurisdiction nur in einem Staat angenommen werden könne. Zweitens sei es auch nicht ungerecht, dass Unternehmen bei entsprechender wirtschaftlicher Tätigkeit in einer Vielzahl von Staaten einen allgemeinen Gerichtsstand haben. Dies sei nicht etwa exorbitant, sondern logische Folge der globalen wirtschaftlichen Entwicklung und des Entstehens multinationaler Unternehmen. Problematische Anwendungsfälle können durch alternative Rechtsinstitute wie den Reasonableness-Test, die Forum-non-Conveniens-Doktrin oder das bundesrechtliche Verweisungsrecht entschärft werden. Drittens seien wirtschaftliche Interessen der USA nicht durch die Gerichte, sondern durch den Gesetzgeber zu schützen.

Zuletzt wendet sich Justice Sotomayor den Folgen der Mehrheitsentscheidung zu, die aus vier Gründen zu sehr ungerechten Ergebnissen führe.[712] Erstens werde die Souveränität US-amerikanischer Bundesstaaten durch die Mehrheitsentscheidung unzulässig eingegrenzt. Diese haben das Recht, vor ihren Gerichten Verfahren gegen Unternehmen durchzuführen, die im Forum andauernd und systematisch Handel betreiben. Der vergleichende Ansatz der Mehrheit bevorzuge zweitens große Unternehmen. Auch wenn sie insgesamt sehr starke Kontakte zu einem Bundesstaat hätten, würden sie dort nicht der Gerichtsgewalt unterstehen, nur weil sie noch stärkerer Kontakte zu anderen Staaten oder Ländern besäßen. Kleinere Unternehmen, die nur in einem Staat tätig seien, aber dort weniger Geschäfte abwickelten als ein großer Konzern, hätten im Forum hingegen einen allgemeinen Gerichtsstand.[713] Drittens würden juristische Personen in unvereinbarer Weise gegenüber natürlichen Personen bevorzugt, weil sie trotz starker Kontakte zum Forum dort keinen allgemeinen Gerichtsstand haben. Natürliche Personen seien nach der höchstrichterlichen Rechtsprechung hingegen schon aufgrund ihrer bloßen Anwesenheit im Forumstaat der allgemeinen Gerichtszuständigkeit unterstellt. Zuletzt führe der Ansatz der Mehrheit zu Ungerechtigkeiten, wenn eine natürliche Person oder ein kleines Unternehmen in einen Rechtsstreit mit einem multinationalen Unternehmen verwickelt sei. Verletze sich zum Beispiel ein US-amerikanischer Bürger in Frankreich in dem Hotel eines internationalen Hotelunternehmens, könne

712 *Daimler AG v. Bauman*, 134 S.Ct. 746, 771 ff. (2014).

713 Dagegen kann allerdings argumentiert werden, dass alle Unternehmen gleich behandelt werden, weil sie alle nur an ihrem Gründungsort und an ihrem principal place of business verklagt werden können. Einer weitergehenden Geschäftstätigkeit größerer Unternehmen kann zuständigkeitsrechtlich dadurch Rechnung getragen werden, dass sie die Grundlage für die specific jurisdiction bilden kann.

er keinen Schadensersatz in den USA verlangen, obschon das Unternehmen dort ebenfalls viele Hotels führe. Ähnliches gelte, wenn ein kleines US-amerikanisches Unternehmen im Ausland mit einem multinational agierenden Unternehmen einen Vertrag abschließe, der später zu Rechtsstreitigkeiten führt.

2. Beschränkung der general jurisdiction

Mit der Essentially-at-Home-Rechtsprechung muss ein Unternehmen aufgrund andauernder und systematischer Handelskontakte im Forum im Wesentlichen beheimatet sein, damit es dort der allgemeinen Gerichtszuständigkeit untersteht.[714] Der Supreme Court bestätigt in der Goodyear- und der Daimler-Entscheidung den principal place of business neben dem Gründungsort als Grundlage für die Ausübung der general jurisdiction und setzt diese Orte mit dem für natürliche Personen anerkannten Anknüpfungspunkt des domiciles gleich.[715] Mit dieser Rechtsprechung hat der Supreme Court die Möglichkeit, die allgemeine Gerichtszuständigkeit auf eine wirtschaftliche Aktivität des Unternehmens zu stützen, durch drei Aussagen eingeschränkt.[716]

---

714 *Goodyear Dunlop Tires Operations SA v. Brown*, 131 S.Ct. 2846, 2851 (2011); *Daimler AG v. Bauman*, 134 S.Ct. 746, 761 (2014).

715 „For an individual, the paradigm forum for the exercise of general jurisdiction is the individual's domicile; for a corporation, it is an equivalent place, one in which the corporation is fairly regarded as at home. (...) With respect to a corporation, the place of incorporation and principal place of business are paradig(m) (...) bases for general jurisdiction." *Daimler AG v. Bauman*, 134 S.Ct. 746, 760 (2014); *Goodyear Dunlop Tires Operations SA v. Brown*, 131 S.Ct. 2846, 2853 f. (2011). So auch *McIntyre Machinery Ltd. v Nicastro*, 131 S.Ct. 2780, 2787 (2011).

716 Vgl. *Miller/Steinman*, in: Federal Practice & Procedure, § 1067.5; *Roosevelt*, Conflict of Laws, S. 187; *Childress*, General Jurisdiction after Bauman, 68 Vand. L. Rev. En Banc 197, 199 (2014); *Cornett/Hoffheimer*, General Personal Jurisdiction after Daimler AG v. Bauman, 76 Ohio St. L. J. 101, 155 (2015). Kritisch bleiben *Thomale*, Internationale Menschenrechtsklagen gegen europäische Gesellschaften vor US-amerikanischen Gerichten, ZIP 2014, S. 1158, 1162 f.; *Zekoll/Schulz*, Neue Grenzen für die internationale Zuständigkeit amerikanischer Gerichte?, RIW 2014, S. 321, 327.
Dies wurde im Anschluss an die Goodyear-Entscheidung aus dem Jahre 2011 noch unterschiedlich bewertet. Einen Überblick bietet *Blanchard*, Goodyear and Hertz: Reconciling Two Recent Supreme Court Decisions, 44 McGeorge L. Rev. 865, 875 ff. (2013). Von einer starken Einschränkung ging schon aus *Feder*, „Home", and the Uncertain Future of Doing Business Jurisdiction, 63 S.C.L. Rev. 671, 678 ff. (2012). Gegen eine Einschränkung mit dem Argument, dass der Supreme Court in der Goodyear-Entscheidung nur entschieden habe, dass die general jurisdiction nicht über die Stream-of-Commerce-Doktrin begründet werden könne *Peterson*, The Timing of Minimum Contacts after Goodyear and McIntyre, 80 Geo. Wash. L. Rev. 202, 217 (2011).

a. Geschäftstätigkeit: Keine absolute Betrachtung

Mit der Essentially-at-Home-Rechtsprechung kann die allgemeine Gerichtszuständigkeit in Zukunft bei einer Geschäftstätigkeit im Forum erstens nicht mehr über den weiten Doing-Business-Ansatz begründet werden. Die entscheidende Rechtsänderung liegt darin, dass der Supreme Court im Daimler-Fall entschieden hat, dass ein Unternehmen aufgrund seiner Geschäftstätigkeit nicht in einer Vielzahl von Foren im Wesentlichen beheimatet sein kann. Darauf weisen schon die Wortwahl des „beheimatet sein" und der Vergleich mit dem domicile natürlicher Personen hin, weil auch das domicile natürlicher Personen grundsätzlich nur an einem Ort besteht.[717] Der Supreme Court weist darauf hin, dass sich die Anknüpfungspunkte Gründungsort und principal place of business durch ihre einzigartige Verbindung zum Forum auszeichnen.[718] Vor allem führte der Supreme Court aber aus, dass ein Unternehmen nicht schon in jedem Staat, in dem es andauernd und systematisch geschäftlich tätig wird, einen allgemeinen Gerichtsstand hat. Vielmehr muss mit der Mehrheitsmeinung die geschäftliche Tätigkeit im Forum im Vergleich zur gesamten geschäftlichen Tätigkeit des Unternehmens betrachtet werden.[719] Diese Auffassung steht mit der Mehrheitsmeinung zudem im Einklang mit der Perkins-Entscheidung.[720]

---

717 Das domicile ist der Ort, zu dem eine Person die engste Verbindung aufweist, an dem sie „zu Hause" ist. Siehe *Weintraub*, Commentary on the Conflict of Laws, § 2.2, S. 17; *Hay/Borchers/Symeonides*, Conflict of Laws, § 4.21. Siehe auch § 18 cmt. e. Restatement Second of the Law (Conflict of Laws) (1971).

718 *Daimler AG v. Bauman*, 134 S.Ct. 746, 760.

719 „(T)he general jurisdiction inquiry does not focus solely on the magnitude of the defendant's in-state contacts. General jurisdiction instead calls for an appraisal of a corporation's activities in their entirety, nationwide and worldwide." *Daimler AG v. Bauman*, 134 S.Ct. 746, 762, Fn. 20 (2014). Dazu sehr kritisch Justice Sotomayor: „In every case where we have applied (the continuous and systematic general business contacts) test, we have focused solely on the magnitude of the defendant's in-state contacts, not the relative magnitude of those contacts in comparison to the defendant's contacts with other States." *Daimler AG v. Bauman*, 134 S.Ct. 746, 767 (2014). Dazu *Cornett/Hoffheimer*, General Personal Jurisdiction after Daimler AG v. Bauman, 76 Ohio St. L. J. 101, 140 ff. (2015).

720 Zur Entscheidung siehe Teil 2, § 2. 2. a., S. 127. Dies wird von Justice Sotomayor in Frage gestellt, weil sich die Perkins-Entscheidung nur auf die quantitative Geschäftstätigkeit bezogen habe, weil das Unternehmen in Ohio nur einer eingeschränkten („limited") Geschäftstätigkeit nachgegangen sei und auch in weiteren Staaten unternehmerischen tätig geworden sei. Siehe *Daimler AG v. Bauman*, 134 S.Ct. 746, 769, Fn. 8 (2014). Anders aber die Mehrheitsmeinung, nach der sich das „limited" nicht darauf bezieht, dass das Unternehmen auch in anderen Staaten vergleichbar bedeutende unternehmerische Aktivitäten aufgewiesen habe, sondern allein beschreibt, dass die unternehmerische Aktivität des Unternehmens während des 2. Weltkrieges insgesamt stark eingeschränkt war. Siehe *Daimler AG v. Bauman*, 134 S.Ct. 746, 756, Fn. 8 (2014).

Damit hat der Supreme Court entschieden, dass absolute Auslegungsansätze, wie die herkömmliche Doing-Business-Zuständigkeit, den Essentially-at-Home-Test nicht bestehen können, weil sie die allgemeine Gerichtszuständigkeit in einer Vielzahl von Foren eröffnen. Nach absoluten Auffassungen sind die Kontakte des Unternehmens zum Forum isoliert zu betrachten und die übrigen nationalen und weltweiten Kontakte des Unternehmens außer Acht zu lassen. Weil sie damit keine einzigartige wirtschaftliche Verbindung herstellen, kann ein Unternehmen bei entsprechender wirtschaftlicher Tätigkeit beispielsweise in allen 50 Staaten der USA einen allgemeinen Gerichtsstand haben.[721]

Aus europäischer Sicht überrascht bei der vergleichenden Analyse, dass der Supreme Court in der Daimler- und der Goodyear-Entscheidung die Kontakte der ausländischen Beklagten zum Einzelstaat und nicht zu den USA betrachtet.[722] Dadurch wird eine Akkumulation von Kontakten aus verschiedenen Staaten auch verhindert, wenn sich eine Klage gegen ein ausländisches Unternehmen richtet, für das die USA eher einen Gesamtstaat als 50 Einzelstaaten darstellen.

b. Agency-Test: Keine Zurechnung prozessualer Rechtspositionen

In der Daimler-Entscheidung hat sich der Supreme Court auch mit der umstrittenen Frage beschäftigt, wie Unternehmensfamilien bei der Zuständigkeitsbegründung zu behandeln sind. Das Gericht setzte sich insbesondere mit der Frage auseinander, inwieweit bei Annahme einer Agency-Beziehung eine wechselseitige prozessuale Zurechnung von Kontakten möglich ist.[723] Mit der Entscheidung setzt der Supreme Court dem einzelstaatlichen Zurechnungsstandard Grenzen ohne einen bundeseigenen Standard einzuführen. Geklärt ist, dass die nach einzelstaatlichem Recht vorgenommene Zurechnung der bundesrechtlichen Due-Process-Kontrolle unterliegt.

Der allgemeine Gerichtsstand von Unternehmen wird durch die Daimler-Entscheidung zweitens beschränkt, weil dem Geschäftsherrn bei Annahme einer Agency-Beziehung nur noch die tatsächlichen Kontakte des agent zugerechnet werden können. Es ist nicht mehr möglich, dem Vertretenen eine in den USA über den agent bestehenden Gerichtsstand zuzurechnen. Dies bedeutet insbesondere, dass über das vertretene Mutterunternehmen general jurisdiction nicht schon

---

721 *Daimler AG v. Bauman*, 134 S.Ct. 746, 762, Fn. 20 (2014). Für absolute Auslegungsansätze *Stein*, The Meaning of „Essentially at Home" in Goodyear Dunlop, 63 S. C. L. Rev. 527, 546 (2012); *Quick*, Staying Afloat in the Stream of Commerce, 37 N. C. J. Int'l L. & Comp. Reg. 547, 592 f. (2012).

722 Siehe zum relevanten Anknüpfungsgebiet Teil 2, § 2. 1. e. iii., S. 124.

723 Diese Frage nach der Zurechnung von prozessualen Kontakten hatte ursprünglich das Revisionsbegehren ausgelöst: „The question presented is whether it violates due process for a court to exercise general personal jurisdiction over a foreign corporation based solely on the fact that an indirect corporate subsidiary performs services on behalf of the defendant in the forum State." *Daimler AG v. Bauman*, Petition for Writ of Certiorari, i (No. 11–965).

angenommen werden kann, wenn – wie in der Daimler-Konstellation – über den agent general jurisdiction besteht.[724] Vielmehr muss unter Einbeziehung der Kontakte des agent und des Mutterunternehmens überlegt werden, wo das Gesamtunternehmen (single enterprise) beheimatet ist.[725] Damit kann durch eine Agency-Beziehung über das Mutterunternehmen nur noch selten general jurisdiction[726] begründet werden. Dies ist der Fall, wenn der agent im Gesamtunternehmen eine wichtigere wirtschaftliche Rolle spielt als das Mutterunternehmen.

Der Supreme Court kritisiert in der Daimler-Entscheidung zudem den vom Berufungsgericht vorgenommen Agency-Test, nach dem eine Agency-Beziehung besteht, wenn Substitutions- und Kontrollkriterium erfüllt sind.[727] Das Gericht führt aus, dass das Substitutionskriterium, nach dem zu untersuchen ist, ob das Mutterunternehmen Handlungen selber vornehmen würde, wenn der agent dies nicht täte, zu einer zu großzügigen Zurechnung führe. Dies ist überzeugend, weil ein Unternehmen bei Untätigkeit des agent fast alles selber machen würde, was es in der Unternehmensfamilie delegiert. Das Kontrollkriterium ist bei enger Auslegung hingegen durchaus geeignet, einer weiten Zurechnung Grenzen zu setzen.

Bei der Subsumtion unter das Kontrollkriterium überrascht der Supreme Court, weil er nicht auf tatsächlich durch den Beherrschungsvertrag zugestandenen Kontrollkompetenzen, abhebt. Anders als das Berufungsgericht[728] geht der Supreme Court davon aus, dass Daimler und MB USA schon deshalb nicht

---

724 „Even if we were to assume that MB USA is at home in California, and further to assume MB USA's contacts are imputable to Daimler, there would still be no basis to subject Daimler to general jurisdiction in California, for Daimler's slim contacts with the State hardly render it at home there." *Daimler AG v. Bauman*, 134 S.Ct. 746, 760 (2014). So auch *Roosevelt*, Conflict of Laws, S. 187; *Childress*, General Jurisdiction after Bauman, 68 Vand. L. Rev. En Banc 197, 199 (2014). Vgl. auch *Cornett/Hoffheimer*, General Personal Jurisdiction after Daimler AG v. Bauman, 76 Ohio St. L. J. 101, 151 ff. (2015).

725 So schon der Brief for Petitioners in *Daimler AG v. Bauman*, 2013 WL 3362080, *31, Fn. 5 „Even if MB USA were the agent of Daimler AG – and agency could be a basis for attributing contacts for purposes of general jurisdiction – that would mean at most that the two corporations should be treated as a single enterprise for jurisdictional purposes. The question would remain whether that combined enterprise is at home in California."

726 Zur Anwendung des Agency-Tests auf die specific jurisdiction nach der Daimler-Entscheidung siehe *In re Chinese-Manufactured Drywall Products Liab. Litig.*, 753 F.3d 521, 529 ff. (5th Cir. 2014).

727 Siehe zu den Kriterien Teil 2, § 2. 2. d. ii., S. 135. So auch *Miller/Steinman*, in: Federal Practice & Procedure, § 1069.4; *Zekoll/Schulz*, Neue Grenzen für die internationale Zuständigkeit amerikanischer Gerichte?, RIW 2014, S. 328. Die Abschaffung des Agency-Tests nehmen zu weitgehend an *Ranza v. Nike*, 793 F.3d 1059, 1071 (9th Cir. 2015); *Denker*, The Future of General Jurisdiction: The Effects of Daimler AG v. Bauman, 20 Fordham J. Corp. & Fin. L. 145, 163 f. (2014).

728 *Bauman v. DaimlerChrysler AG*, 644 F.3d 909, 924 (9th Cir. 2011)..

in einem Agency-Verhältnis gestanden haben, weil der Beherrschungsvertrag in einer deklaratorischen Klausel das Bestehen eines Vertretungsverhältnisses ausgeschlossen habe.[729] Es ist aber nicht überzeugend, dass die Agency-Beziehung allein durch eine deklaratorische Klausel ausgeschlossen werden kann.

c. *Stream-of-Commerce-Doktrin: Keine Grundlage für die general jurisdiction*

Die Essentially-at-Home-Rechtsprechung schränkte die Möglichkeit, einen allgemeinen Gerichtsstand über eine wirtschaftliche Tätigkeit herzuleiten, drittens durch die Klarstellung ein, dass general jurisdiction nicht über die Stream-of-Commerce-Doktrin begründet werden kann. Ein Unternehmen ist nicht nur deswegen in einem Staat beheimatet, weil seine Produkte mit dem Warenstrom dorthin getragen werden. Mit der Goodyear-Entscheidung kann die Stream-of-Commerce-Doktrin allein die besondere Gerichtszuständigkeit begründen.[730]

d. *Beschränkung der general jurisdiction*

Die Essentially-at-Home-Rechtsprechung hat den allgemeinen Gerichtsstand von Unternehmen in den USA beutend beschränkt. Erforderlich ist für die Annahme eines allgemeinen Gerichtsstands zukünftig, dass die Unternehmen im Wesentlichen in den USA beheimatet sind. Weil es für einen allgemeinen Gerichtstand hingegen nicht mehr ausreicht, dass ein Unternehmen in den USA einer dauerhaften und systematischen geschäftlichen Aktivität nachgeht, besteht über Unternehmen aus anderen Staaten zukünftig in der Regel kein allgemeiner Gerichtsstand mehr in den USA.

Dies macht zunächst die Subsumtion des Supreme Court in der Daimler-Entscheidung deutlich.[731] Zwar nimmt das Gericht hier mangels Bestreitens durch die Beklagte an, dass in Kalifornien general jurisdiction über MB USA besteht und dass Daimler die Kontakte von MB USA aufgrund der Agency-Beziehung gegen sich gelten lassen muss. Daher muss sich Daimler die 10 % des von MB USA in Kalifornien erwirtschafteten Jahresumsatzes zurechnen lassen, so dass Daimler selber 2,4 % seines Jahresumsatzes in Kalifornien erwirtschaftet. Dies genügt im Ergebnis aber nicht dafür, dass Daimler selber in Kalifornien als beheimatet angesehen werden kann, weil ein Jahresumsatz von 2,4 % keine einzigartige Verbindung zwischen dem Unternehmen und dem Forum herstellt. Daher kann geschlussfolgert werden, dass Daimler auch in keinem anderen Bundesstaat der USA aufgrund seiner Geschäftstätigkeit einen allgemeinen Gerichtsstand hat, weil Kalifornien mit 10 % des gesamten Umsatzes einer der größten Absatzmärkte von MB USA in den USA ist.

---

729 *Daimler AG v. Bauman*, 134 S.Ct. 746, 760, Fn. 15 (2014).
730 *Goodyear Dunlop Tires Operations SA v. Brown*, 131 S.Ct. 2846, 2855 f. (2011).
731 Siehe *Daimler AG v. Bauman*, 134 S.Ct. 746, 760 (2014).

Die einschränkenden Folgen der Essentially-at-Home-Rechtsprechung werden weiter ersichtlich, wenn die Rechtsprechung auf den Goodyear-Sachverhalt angewendet wird. In dem Rechtsstreit hat Goodyear USA die Zuständigkeit der Staatengerichte von North Carolina nicht in Frage gestellt. Was vor der Entscheidung aufgrund der bisherigen Auslegung der Doing-Business-Zuständigkeit verständlich war, stellt nun vor dem Hintergrund der Essentially-at-Home-Rechtsprechung ein fahrlässiges Verhalten dar. Auch wenn Goodyear USA in North Carolina Produktionsstätten hat und dort einer regelmäßigen wirtschaftlichen Aktivität nachgeht, hat das Unternehmen in North Carolina wohl keinen allgemeinen Gerichtsstand. Das Unternehmen wurde weder in North Carolina gegründet, noch sitzt dort seine Hauptverwaltung. Es bestehen zudem starke Zweifel daran, dass das Unternehmen in North Carolina aufgrund seiner wirtschaftlichen Tätigkeit im Wesentlichen beheimatet ist.[732]

Zwar wendeten die Instanzgerichte die Essentially-at-Home-Rechtsprechung zunächst teilweise zögerlich an.[733] Beispielhaft hat ein Bundesberufungsgericht aus Florida einen Monat nach der Daimler-Entscheidung in alter Façon im Reiserecht einen allgemeinen Gerichtsstand auf die Geschäftstätigkeit des beklagten Unternehmens und die Schutzwürdigkeit des US-amerikanischen Klägers gestützt. In der Sache Barriere v. Juluca wurde ein Hotelunternehmen aus Anguilla vor den Bundesgerichten in Florida verklagt, wo das britische Unternehmen ein Verkaufsbüro besaß und von wo aus der Vermögensverwalter des Unternehmens agierte.[734] Die Kläger machten zudem geltend, dass ein in Florida agierendes Hotelunternehmen[735] zu Juluca in einer Agency-Beziehung stehe. Das Gericht wies in seiner Entscheidung zunächst auf die Goodyear- und Daimler-Rechtsprechung hin. Anschließend stellte es aber fest, dass ein Unternehmen schon in einem Staat beheimatet ist, wenn es dort einer andauernden wirtschaftlichen Tätigkeit nachgeht.[736] Das Gericht wies darauf hin, dass amerikanischen Bürgern der Klageweg offenstehen müsse, wenn sie sich in einem Ressort verletzen und der Reiseveranstalter seine wirtschaftlichen Aktivtäten auf den US-amerikanischen Markt ausgerichtet habe.[737] Zudem unterscheide sich

732 So auch *Borchers*, J. McIntyre Machinery, Goodyear, and the Incoherence of the Minimum Contacts Test, 44 Creighton L. Rev. 1245, 1266 f. (2011).

733 Siehe *Zekoll/Schulz*, Neue Grenzen für die internationale Zuständigkeit amerikanischer Gerichte?, RIW 2014, S. 321, 327, Fn. 87 m.w.N.

734 *Barriere v. Juluca*, No. 12-23510-CIV, 2014 WL 652831, *9 (S.D. Fla. Feb. 19, 2014).

735 Zu den Hotel-Fällen siehe Teil 2, § 2. 2. d. ii, S. 135.

736 „What is clear from Daimler is that, for a court to exercise general jurisdiction over a foreign corporation, that corporation must be at home in the forum. At home can be read to mean instances in which the continuous corporate operations within a state (are) so substantial and of such a nature as to justify suit on causes of action arising from dealings entirely distinct from those activities."*Barriere v. Juluca*, No. 12-23510-CIV, 2014 WL 652831, *7 (S.D. Fla. Feb. 19, 2014).

737 „While Daimler has undoubtedly limited the application of general jurisdiction to foreign defendants, this Court does not view Daimler as mandating the complete

der Sachverhalt dadurch von Daimler, dass das beklagte Unternehmen Kontakte zu Florida hergestellt habe, weil es in Florida um Kunden geworben habe. Weiterhin sei anders als in Daimler auch der agent, über den in Florida general jurisdiction besteht, von Juluca mitverklagt worden.

Die Juluca-Entscheidung ist kritisch zu bewerten, weil Juluca in Florida nicht die Voraussetzungen der Essentially-at-Home-Rechtsprechung erfüllt. Juluca wurde dort weder gegründet, noch hat es dort seinen principal place of business. Auch ist nicht ersichtlich, dass Juluca in Florida beheimatet ist. Zwar weicht der Sachverhalt dadurch vom Daimler-Fall ab, weil er stärkere Kontakte zu Florida aufweist. Die Kontakte dürften aber nur ausreichen, um die Annahme der specific jurisdiction zu rechtfertigen.

Heute werden die einschränkenden Folgen der Essentially-at-Home-Rechtsprechung von den Berufungsgerichten einheitlich bestätigt. Aus einer Vielzahl von Entscheidungen sollen hier nur drei Beispiele vorgestellt werden.[738] Erstens haben die Gerichte auch im Reiserecht die Begrenzung der general jurisdiction akzeptiert. Das Berufungsgericht des 11th Circuit lehnte die Annahme von general jurisdiction über ein mit einem

---

casting off of the above logic (...). Doing so would effectively deprive American citizens from litigating in the United States for virtually all injuries that occur at foreign resorts maintained by foreign defendants even where, as here, the corporations themselves maintain an American sales office in Florida and heavily market in the jurisdiction."*Barriere v. Juluca*, No. 12-23510-CIV, 2014 WL 652831, *9 (S.D. Fla. Feb. 19, 2014).

738 Zu einem gegen ein Pharmaunternehmen gerichteten Verfahren, in dem die pränatale Schädigung eines Kindes geltend gemacht wurde *Whitener v. Pliva, Inc.*, 606 Fed.Appx. 762, 764 f. (5th Cir. 2015). Zur Abweisung einer in Illinois erhobenen Klage eines Einwohners von Illinois gegen einen Skiliftbetreiber aus Wisconsin wegen eines Skiliftunfalls in Wisconsin *Kipp v. Ski Enter. Corp. of Wisconsin*, 783 F.3d 695, 697 ff. (7th Cir. 2015). Zu einer gegen die türkische Çukurova-Holding gerichteten Klage, in der verschiedene Geschäftskontakte zu den USA vorgetragen wurden *Sonera Holding v. Çukurova Holding*, 750 F.3d 221 (2d Cir. 2014). Zu einer Klage, die gegen eine Bank von den Kaimaninseln gerichtet wurde, die mit Texas Geschäftsverbindungen unterhielt *Monkton Ins. Servs., Ltd. v. Ritter*, 768 F.3d 429, 431 ff. (5th Cir. 2014). Zustimmend und mit dem Hinweis auf die Möglichkeit, die Zuständigkeit über die specific jurisdiction herzuleiten bei einer gegen die Bank of China gerichteten einstweiligen Verfügung, mit der die Bank aufgefordert wurde, die Konten von Produktfälschern zu sperren *Gucci Am., Inc. v. Weixing Li*, 768 F.3d 122, 134 ff. (2d Cir. 2014). Zustimmend auch im Rahmen des Bankrechts, wobei das Gericht hier davon ausgeht, dass ein regionaler Hauptsitz die general jurisdiction begründen kann *In re Hellas Telecommunications (Luxembourg) II SCA*, 524 B.R. 488, 503 ff. (Bankr. S.D.N.Y. 2015). Siehe dazu Teil 2, § 4. 2., S. 164. Dazu, dass die Annahme von general jurisdiction über die Diözese von New York in Vermont offensichtlich fehlerhaft ist, wenn allein einige Priester auch in Vermont Messen gelesen haben *In re Roman Catholic Diocese of Albany, New York, Inc.*, 745 F.3d 30, 37 ff. (2d Cir. 2014).

US-amerikanischen Kreuzfahrtunternehmen zusammenarbeitendes ausländisches Reiseunternehmen ab, obwohl dieses in den USA unter anderem ein Konto führte, mit dem US-amerikanischen Kreuzfahrtunternehmen vertraglich verbunden war und in den USA über zwei Postanschriften verfügte.[739] Ebenso wenig konnte zweitens bei einer gegen einen französischen Flugzeughersteller gerichteten Produkthaftungsklage, bei der es um einen Flugzeugabsturz in Kuba ging, ein allgemeiner Gerichtsstand in Kalifornien begründet werden. Dies galt, obwohl Kontakte des Rechtsstreits zu Kalifornien bestanden, weil die Kläger in Kalifornien ansässig waren und der französische Flugzeughersteller zu kalifornischen Unternehmen in Geschäftsbeziehung stand.[740] Beispielhaft wies drittens das Berufungsgericht des Ninth Circuit eine von einer US-amerikanischen Bürgerin gegen ein niederländisches Tochterunternehmen der US-amerikanischen NIKE Inc. erhobene Antidiskriminierungsklage mangels general jurisdiction ab, die auf ein Verhalten gestützt wurde, das sich in den Niederlanden ereignet hatte.[741]

Im Ergebnis kann die vorherige großzügige untergerichtliche Rechtsprechung[742] den Essentially-at-Home-Test heute nicht mehr bestehen. Ein allgemeiner Gerichtsstand kann nicht mehr auf ein besonderes Interesse des US-amerikanischen Forums an der Durchführung eines Gerichtsverfahrens gestützt werden, selbst wenn ein MNU einen US-amerikanischen Kläger verletzt hat.

In der Folge des Erstarkens des Territorialitätsgedankens drohen Rechtschutzlücken, wenn in Bereichen, in denen die Rechtsprechung US-amerikanische Kläger bisher über eine weite Annahme der general jurisdiction schützte, zukünftig auch die specific jurisdiction eng ausgelegt wird. Dies gilt beispielsweise in den Hotelfällen, in denen bisher über eine weite Annahme der general jurisdiction der Schutz US-amerikanischer Reisender sichergestellt war. Dasselbe gilt aber auch im Fall der Menschenrechtsklagen. Wenn der Schutzmechanismus general jurisdiction nicht mehr greift und eine Klage auch nicht über die specific jurisdiction begründet werden kann, müssen US-amerikanische Kläger zukünftig im Heimatstaat der internationalen Unternehmen Klage erheben.

e. Bedeutungsverlust von reasonableness und forum non conveniens

Sowohl die Reasonableness-Prüfung als auch die Forum-non-Conveniens-Doktrin[743] verlieren mit der Essentially-at-Home-Rechtsprechung im Rahmen der general jurisdiction an Bedeutung.

Mit der Essentially-at-Home-Rechtsprechung hat der Supreme Court in einer Fußnote der Daimler-Entscheidung ausgeführt, dass die Reasonableness-Prüfung

---

739 Siehe *Carmouche v. Tamborlee Mgmt., Inc.*, 789 F.3d 1201, 1202 (11th Cir. 2015). Zustimmend zum Reiserecht auch *Aronson v. Celebrity Cruises Inc.*, 30 F.Supp.3d 1379, 1386 ff. (S.D. Fla. 2014).

740 *Martinez v. Aero Caribbean*, 764 F.3d 1062, 1070 f. (9th Cir. 2014).

741 *Ranza v. Nike*, 793 F.3d 1059, (9th Cir. 2015).

742 Teil 2, § 2. 2. c. und d., S. 131.

743 Teil 2, § 2. 1. d., S. 121.

nur noch im Rahmen der specific jurisdiction anwendbar ist.[744] Denn wenn general jurisdiction nur noch an Orten bestehe, die sich durch ihre einzigartige Verbindung zum Unternehmen auszeichnen, könne an diesen Orten die Ausübung der allgemeinen Gerichtszuständigkeit nicht unreasonable sein.[745]

Auch die Forum-non-Conveniens-Doktrin wird durch die Essentially-at-Home-Rechtsprechung beeinflusst und verliert im Rahmen der general jurisdiction systematisch an Bedeutung.[746] Weil die Rechtsprechung die Gerichtszuständigkeit insgesamt beschränkt hat, werden weniger Fälle auftreten, in denen im Einzelfall eine andere Jurisdiktion zur Durchführung eines Gerichtsverfahrens besser geeignet ist als das Forum, in dem general jurisdiction begründet werden kann. Die Forum-non-Conveniens-Doktrin verliert insbesondere in Verfahren an Bedeutung, die sich gegen ausländische Unternehmen richten, weil diese von der Einschränkung des allgemeinen Gerichtsstandes besonders betroffen sind.

Anders als die Reasonableness-Prüfung behält die Forum-non-Conveniens-Prüfung aber auch im Rahmen der general jurisdiction deshalb praktische Bedeutung, weil der Supreme Court entschieden hat, dass über Forum-non-Conveniens-Anträge schon vor der Prüfung der personal jurisdiction entschieden werden kann.[747] Der Forum-non-Conveniens-Doktrin kommt zudem weiterhin Bedeutung zu, wenn sich eine Klage gegen ein US-amerikanisches Unternehmen richtet. Gegen eine Ablehnung der Gerichtszuständigkeit spricht in diesen Fällen zwar regelmäßig, dass der Kläger das Forum bewusst gewählt hat und es für das beklagte Unternehmen nicht beschwerlich ist, sich dort zu verteidigen, wo es gegründet wurde oder wo seine Hauptverwaltung sitzt. Andererseits spricht bei auf Auslandssachverhalte gestützten Klagen für eine Klageabweisung weiterhin, dass die Beweisgewinnung möglicherweise im Ausland stattfinden muss, dass die Anwendung ausländischen Rechts droht und dass der Tatortstaat ein stärkeres Interesse an der Durchführung eines Gerichtsverfahrens hat.[748]

---

744 Dazu, dass dies zuvor noch umstritten war siehe Teil 2, § 2. 1. d., S. 121.

745 „When a corporation is genuinely at home in the forum State, however, any second-step inquiry would be superfluous." *Daimler AG v. Bauman*, 134 S.Ct. 746, 762, Fn. 20 (2014). So auch *Childress*, General Jurisdiction after Bauman, 68 Vand. L. Rev. En Banc 197, 200 (2014); *Erichson*, The Home-State Test for General Personal Jurisdiction, 66 Vand. L. Rev. En Banc 81, 93 (2013); *Winship*, Personal Jurisdiction and Corporate Groups, 9 J. Priv. Int. L. 431, 446 (2013). Kritisch Justice Sotomayor in *Daimler AG v. Bauman*, 134 S.Ct. 746, 764 f. (2014).

746 Die Gerichte stehen heute Klagen mit Auslandsbezügen grundsätzlich kritischer gegenüberstehen, so dass Forum-non-Conveniens-Anträge in 63 % der Fälle erfolgreich sind. Siehe *Whytock*, The Evolving Forum Shopping System, 96 Cornell L. Rev. 481 (2011). Vgl. auch *Childress*, Escaping Federal Law in Transnational Cases: The Brave New World of Transnational Litigation, 93 N. C. L. Rev. 995, 1036 ff. (2015); *Bookman*, Litigation Isolationism, 67 Stan. L. Rev. 1081, 1093 ff. (2015).

747 *Sinochem Int'l Co. v. Malaysia Int'l Shipping Corp.*, 549 U.S. 422, 428 ff. (2007).

748 Siehe z.B. *Ranza v. Nike*, 793 F.3d 1059, 1076 ff. (9th Cir. 2015).

3. Beschränkung von Menschenrechtsklagen

Bei Betrachtung der Folgen der Essentially-at-Home-Rechtsprechung ist zwischen gegen US-amerikanische und gegen ausländische Unternehmen gerichteten Klagen zu unterscheiden. Zuständigkeitsrechtlich können Menschenrechtsklagen weiterhin unproblematisch auf einen allgemeinen Gerichtsstand – und zusätzlich möglicherweise auf einen besonderen Gerichtsstand – gestützt werden, wenn Klagen gegen US-amerikanische Unternehmen erhoben werden. Die Rechtsprechung zur general jurisdiction hat allerdings auch gegen US-amerikanische Unternehmen gerichtete Klagen in gewissem Maße beschränkt. Heute sind US-amerikanische Unternehmen nicht mehr, wie unter der weiten Doing-Business-Zuständigkeit, in allen Bundesstaaten der allgemeinen Gerichtszuständigkeit und der Anwendung von in den Einzelstaaten unterschiedlichem Prozess-, Kollisions- und Sachrecht ausgesetzt, in denen sie einer bedeutenden Geschäftstätigkeit nachgehen. Auch über US-amerikanische Unternehmen besteht ein allgemeiner Gerichtsstand nur noch in den Staaten, in denen sie im Wesentlichen beheimatet sind. Dies schränkt für US-amerikanische Unternehmen die Gefahr des intrastaatlichen forum shoppings ein.

Gegen ausländische Unternehmen gerichtete Menschenrechtklagen scheitern aufgrund der Essentially-at-Home-Rechtsprechung in Zukunft aber schon an der Voraussetzung der internationalen Zuständigkeit. Über ausländische Unternehmen kann im Rahmen von extraterritorialen Menschenrechtsklagen zukünftig regelmäßig weder ein besonderer[749] noch ein exorbitanter allgemeiner Gerichtsstand begründet werden.[750] Die Begründung eines allgemeinen Gerichtsstands scheitert daran, dass der allgemeine Gerichtsstand von Unternehmen durch die Essentially-at-Home-Rechtsprechung des Supreme Court stark beschränkt worden ist. Über ausländische Unternehmen kann in der Regel kein allgemeiner Gerichtsstand mehr angenommen werden, weil sie nicht im Wesentlichen in den USA beheimatet sind. Sie sind nicht in den USA gegründet worden und haben auch ihren Unternehmenssitz nicht in den USA. Zudem können ausländischen Unternehmen über den Agency-Test in Zukunft nur noch die tatsächlichen Kontakte eines agent, nicht aber dessen Prozessposition, zugerechnet werden.

Darüber hinaus hat der Supreme Court in der Daimler-Entscheidung ein starkes Präjudiz gegen extraterritoriale Menschenrechtsklagen gesetzt. Die Daimler-Entscheidung beeinflusst nicht nur die Auslegung der general jurisdiction, sondern ihr lag darüber hinaus ein menschenrechtlicher foreign cubed case zu Grunde. Im Rechtsstreit verlangte ein ausländischer Kläger von einem ausländischen Unternehmen aufgrund einer im Ausland stattgefundenen Menschenrechtsverletzung Schadensersatz vor den US-amerikanischen Gerichten. Genau vor diesem Hintergrund hat das Gericht aber entschieden, dass die Klage nicht

749 Teil 2, § 2. 1. f., S. 126.

750 So auch *Borchers*, J. McIntyre Machinery, Goodyear, and the Incoherence of the Minimum Contacts Test, 44 Creighton L. Rev. 1245, 1270 f. (2011).

vor die US-amerikanischen Gerichte gehört und auf die Bedeutung dieser Fallkonstellation schon in seinem Eingangssatz hingewiesen.[751]

Ausländische Unternehmen müssen sich damit in Zukunft nur noch in zwei Sonderkonstellationen vor US-amerikanischen Gerichten für in Drittstaaten begangene Menschenrechtsverletzungen verantworten. Entweder wenn eine der ausgefallenen Konstellationen vorliegt, in denen ein Aufhänger für die specific jurisdiction besteht.[752] Oder wenn das beklagte Unternehmen den Mangel der personal jurisdiction nicht rügt.[753]

4. Essentially-at-Home-Rechtsprechung als Ausdruck des Neoterritorialismus

Die Beschränkung des Zuständigkeitsrechts durch die Essentially-at-Home-Rechtsprechung ist Ausdruck einer neoterritorialen Rechtsanwendung. Denn durch die aktuelle Rechtsprechung gewinnen im Bereich der general jurisdiction einerseits territoriale Anknüpfungspunkte an Bedeutung und werden andererseits neben Souveränitätsinteressen auch Wirtschaftsinteressen durchgesetzt.

Zum einen gewinnen im Rahmen des Zuständigkeitsrechts territoriale Anknüpfungspunkte wieder an Bedeutung, während gleichzeitig das Interesse der Parteien an einem fairen Zuständigkeitsrecht als Leitgedanke an Bedeutung verliert. Die vom Gericht für die general jurisdiction beispielhaft genannten Anknüpfungspunkte nähern sich dem Idealbild des strengen Territorialitätsprinzips an, nach dem ein Gerichtsverfahren nur dort stattfinden kann, wo sich der Beklagte oder dessen Eigentum befinden und ein Gericht physische Macht ausüben kann. Nach der Essentially-at-Home-Rechtsprechung kann general jurisdiction über ein Unternehmen unstreitig nur noch am Gründungsort und am principal place of business und mithin an Orten, an denen ein Unternehmen der Ausübung der Gerichtsgewalt besonders ausgeliefert ist, angenommen werden. Am Gründungsort können die Gerichte die Auflösung des Unternehmens anordnen. Unabhängig davon wie der principal place of business letztlich definiert wird,[754] kann ein Gericht an diesem Ort jedenfalls in nicht unerheblichem Maße Macht über das Unternehmen und dessen Eigentum ausüben. Wird der principal place of business als Verwaltungshauptsitz verstanden, können die Gerichte an diesem Ort Macht über das Unternehmen ausüben, weil sie die Geschäftstätigkeit der Unternehmensführung verhindern und auf die Vorstandsmitglieder physisch zugreifen können.

---

751 „This case concerns the authority of a court in the United States to entertain a claim brought by foreign plaintiffs against a foreign defendant based on events occurring entirely outside the United States." *Daimler AG v. Bauman*, 134 S.Ct. 746, 750 (2014).

752 Teil 2, § 2. 1. f., S. 126.

753 Teil 2, S. 107.

754 Siehe zu den möglichen Ansätzen Teil 2, § 2. 2. b., S. 128 und zur Auflösung der Frage im Rahmen der general jurisdiction Teil 2, § 4. 1., S. 162.

Zudem befinden sich am Verwaltungshauptsitz regelmäßig Vermögensgegenstände des Unternehmens, auf die das Gericht zugreifen kann. Wird der principal place of business als Schwerpunkt der Geschäftstätigkeit verstanden, kann das Gericht erheblich in die Geschäftstätigkeit des Unternehmens eingreifen. Zudem befindet sich am Schwerpunkt der Geschäftstätigkeit Unternehmensvermögen, das dem staatlichen Zugriff zugänglich ist.

Das Territorialitätsprinzip gewinnt mit der Essentially-at-Home-Rechtsprechung an Bedeutung, weil – anders als unter dem Doing-Business-Ansatz – allein die Existenz eines kleinen Verkaufsbüros oder das Vorhandenseins eines agent die Annahme eines allgemeinen Gerichtsstands nicht mehr rechtfertigen kann. Die Zuständigkeitsbegründung über die Anknüpfungspunkte widersprach dem ursprünglichen Territorialitätsprinzip, da ein Gericht am Ort eines kleinen Verkaufsbüros oder dem Tätigkeitsort eines agent kaum Macht über ein ausländisches Unternehmen ausüben kann.

Die Essentially-at-Home-Rechtsprechung ist aber nicht Ausdruck des strengen Territorialitätsprinzips, weil ein allgemeiner Gerichtstand nicht nur am Gründungsort des Unternehmens, sondern eben auch am principal place of business begründet werden kann. Einem derart zuständigen Gericht kommt aber, anders als den Gerichten des Gründungsorts, nicht Macht zu, ein Unternehmen aufzulösen.

Zum anderen belegt der Blick auf die Ratio der Due-Process-Klausel und die Interessen, die mit dem neuen Konzept der general jurisdiction verfolgten werden, das neoterritoriale Denken. Die Klausel ist zwar weiterhin von Souveränitätserwägungen geleitet. Mit der aktuellen Rechtsprechung steht neben diesen Erwägungen aber nicht mehr das Ziel, einen gerechten Interessenausgleich zwischen den Parteien zu finden, sondern das Interesse, den Beklagten und damit Wirtschaftsinteressen zu schützen.

So schützt die Due-Process-Klausel mit der Daimler-Rechtsprechung einerseits – im Einklang mit dem strengen Territorialitätsprinzip – weiterhin die Interessen ausländischer Staaten. Das Gericht führt Comity-Erwägungen und den Respekt vor dem Zuständigkeitsrecht fremder Staaten als Hintergrund der Essentially-at-Home-Rechtsprechung an. Die weite Doing-Business-Zuständigkeit könne zu internationalen Konflikten führen, weil andere Staaten keine vergleichbar weite allgemeine Zuständigkeit kennen.[755]

Die neoterritoriale Rechtsprechung richtet sich andererseits aber auch an Wirtschaftsinteressen und den Interessen ausländischer Unternehmen aus, die vor beschwerlichen Verfahren vor US-amerikanischen Gerichten geschützt werden

755 Siehe *Daimler AG v. Bauman*, 134 S.Ct. 746, 763 (2014). Dazu, dass die Due-Process-Klausel neben dem Beklagten auch die Staaten vor einer ausgreifenden Zuständigkeit ihrer Schwesterstaaten schützt *McIntyre Machinery Ltd. v Nicastro*, 131 S.Ct. 2780, 2789 (2011). Dazu *Metz*, Die aktuelle Einschränkung der US-amerikanischen Gerichtszuständigkeit durch den Supreme Court, IPRax 2014, S. 365, 369 f. Kritisch zur Entscheidung *Borchers*, J. McIntyre Machinery, Goodyear, and the Incoherence of the Minimum Contacts Test, 44 Creighton L. Rev. 1245, 1263 ff. (2011).

sollen. Das Gericht ist der Ansicht, dass die klare Definition des allgemeinen Gerichtsstands den beklagten Unternehmen die Möglichkeit verschafft, ihre Geschäftstätigkeit in den USA so strukturieren, dass vorhersehbar ist, in welchen Bundesstaaten über sie ein allgemeiner Gerichtsstand besteht.[756] Der Supreme Court weist ausdrücklich darauf hin, dass ausländische Unternehmen bei einem weitgreifenden Zugriff US-amerikanischer Gerichte nur vorsichtig in den USA investieren würden.[757] Der Schutz ausländischer Unternehmen wird auch durch die Rechtsprechungsergebnisse erkennbar, weil sich ausländische Unternehmen – wie die deutsche Daimler AG, die englische McIntyre Ltd. oder das türkische Tochterunternehmen von Goodyear – nicht vor US-amerikanischen Gerichten verantworten mussten. Inwieweit das Gericht durch die Essentially-at-Home-Rechtsprechung auch die Besserstellung von US-amerikanischen Unternehmen anstrebt und sie vor ausufernden Rechtsstreitigkeiten schützen möchte, ist unklar, weil der Supreme Court sich zu dieser Frage nicht äußert. Die Besserstellung, die auch US-amerikanische Unternehmen durch die Daimler-Entscheidung erfahren,[758] könnte auch allein einen Rechtsreflex darstellen.[759]

Zugleich verlieren durch die Einschränkung des allgemeinen Gerichtsstands Fairnesserwägungen als Leitgedanke der personal jurisdiction an Bedeutung, weil die Gerichte heute weniger als zuvor auf die Zuständigkeitsgerechtigkeit zwischen den Parteien und die Interessen der Kläger abstellen können. Die Gegebenheiten des Einzelfalls können weniger berücksichtigt werden, weil die allgemeine Gerichtszuständigkeit nicht mehr zunächst als Sondertatbestand über die wirtschaftliche Tätigkeit des Unternehmens weit eröffnet und anschließend durch ermessensabhängige Institute wieder eingeschränkt wird.

---

756 *Daimler AG v. Bauman*, 134 S.Ct. 746, 761 f. (2014). Allein auf den Schutz des Beklagten und nicht auf die Interessen des Klägers stellt im Rahmen der specific jurisdiction ab *Walden v. Fiore*, 134 S.Ct. 1115, 1122 (2014). Inhaltlich geht es dabei allein um die Vorhersehbarkeit der anwendbaren rechtlichen Regeln. Soweit es um den Schutz vor einem Gerichtsverfahren in einem räumlich weit entfernten Forum geht, sind ausländische Unternehmen heute kaum schützenswert, weil es für sie keinen Unterschied macht, in welchem US-amerikanischen Bundesstaat sie räumlich auftreten müssen.

757 *Daimler AG v. Bauman*, 134 S.Ct. 746, 763 (2014). So auch Brief for the *United States* as Amicus Curiae Supporting Petitioner, DaimlerChrysler AG v. Bauman, 2013 WL 3377321, *2. Dazu auch *Hufbauer/Mitrokostas*, Awakening Monster: The Alien Tort Statute of 1789, S. 40. Kritisch zur Berücksichtigung wirtschaftlicher Argumente aber Justice Sotomayor, weil diese vom Gesetzgeber zu gewichten seien *Daimler AG v. Bauman*, 134 S.Ct. 746, 771 (2014).

758 Teil 2, § 3. 3., S. 158.

759 Vgl. zur Unternehmensfreundlichkeit des Supreme Court *Chemerinsky*, Closing the Courthouse Doors, 90 Denv. U. L. Rev. 317, 318 (2012). Vgl. auch die eingehende Analyse bei *Epstein et al.*, How Business Fares in the Supreme Court, 97 Minn. L. Rev. 1431, 1470 (2013).

§ 4 Neoterritorialismus und offene Fragen

Der Supreme Court hat im Rahmen der Essentially-at-Home-Rechtsprechung drei Fragen zur general jurisdiction offengelassen. Hier werden die Lösungen aufgezeigt, zu denen die Rechtsprechung bei einer konsequent neoterritorialen Gesetzesanwendung kommen müsste.

1. Definition des principal place of business

Die Essentialy-at-Home-Rechtsprechung hat höchstrichterlich bestätigt, dass ein Unternehmen nicht nur an seinem Gründungsort,[760] sondern aufgrund seiner wirtschaftlichen Tätigkeit auch an seinem principal place of business einen allgemeinen Gerichtsstand hat. Der Supreme Court hat den Begriff des principal place of business aber nicht weiter präzisiert. Daher ist nicht abschließend geklärt, ob der principal place of business im Rahmen der personal jurisdiction den Ort der Hauptverwaltung oder den Ort des tatsächlichen Geschäftsschwerpunkts bezeichnet.[761]

Bei neoterritorialer Auslegung ist der principal place of business aber als Ort der Hauptverwaltung zu verstehen. Zwar liefert eine Betrachtung der von der neoterritorialen Rechtsprechung verfolgten Interessen keine entscheidenden Impulse. Weder Souveränitätsüberlegungen noch Wirtschaftsinteressen sprechen dagegen, einen allgemeinen Gerichtsstand am Hauptverwaltungssitz oder am tatsächlichen Geschäftsschwerpunkt eines Unternehmens anzunehmen. Sitzt die Hauptverwaltung eines Unternehmens in den USA oder liegt der tatsächliche Geschäftsschwerpunkt des Unternehmens in den USA, drohen keine Souveränitätseingriffe. Diese Anknüpfungspunkte sind für die allgemeine Gerichtszuständigkeit international anerkannt wie Art. 63, Abs. 1 Brüssel Ia VO,[762] Art. 3, Abs. 2 des letztlich aus anderen Gründen gescheiterten Entwurfs einer Haager Konvention über die internationale Zuständigkeit und Anerkennung ausländischer Entscheidungen in Zivil-und Handelssachen und Art. 3, Abs. 2 des Vorläufigen Entwurfs des Judgments Projekt zeigen.[763] Auch Wirtschaftsinteressen sprechen nicht gegen die Ausübung der Gerichtsgewalt am Ort der Hauptverwaltung oder des Schwerpunkts der Geschäftstätigkeit, weil es für Unternehmen weder unvorhersehbar noch beschwerlich ist, sich dort zu verteidigen. Bei Nichtberücksichtigung von einem der beiden Anknüpfungspunkte droht vielmehr eine Überprivilegierung von Unternehmen, die mit den wirtschaftlichen Interessen der USA in Konflikt treten könnte. Es wäre nicht gesichert, dass Unternehmen mit starken wirtschaftlichen Verbindungen zu den USA vor US-amerikanischen Gerichten verklagt werden könnten. Mangels

---

760 Dazu schon Teil 2, § 2. 1. b., S. 118.

761 Zu beiden Ansätzen siehe Teil 2, § 2. 2. b., S. 128.

762 Dazu Teil 2, § 5. 2. a., S. 170.

763 Report of the Fifth Meeting of the Working Group on the Judgments Project (26–31 October 2015) and Proposed Draft Text Resulting from the Meeting, Prel. Doc. No 7A.

Gerichtsschutz könnten ausländische Investoren Geschäfte mit diesen Unternehmen als risikoreich betrachten.

Bei genauerer Analyse der Daimler-Entscheidung sprechen aber drei Gründe dafür, dass die Definition des principal place of business aus der diversity jurisdiction[764] auf die general jurisdiction übertragen werden sollte, nach dem der principal place of business der Ort der Hauptverwaltung ist.[765] Erstens geht es dem Gericht in beiden Konstellationen darum, den principal place of business als vorhersehbaren Anknüpfungspunkt auszugestalten.[766] Der Supreme Court hat sich in der Hertz-Entscheidung für den Ort des Verwaltungshauptsitzes und gegen den tatsächlichen Geschäftsschwerpunkt entschieden, weil dieser einzigartig[767] und einfach zu bestimmen ist.[768] Genau diese Eigenschaften werden vom Supreme Court auch im Rahmen der Diskussion der Anknüpfungspunkte der general jurisdiction betont.[769] Zweitens zitiert der Supreme Court in der Daimler-Entscheidung bei seinen Ausführungen zu den möglichen Anknüpfungspunkten die Hertz-Entscheidung.[770] Damit nimmt er aber auf die in der Hertz-Entscheidung gefundene Definition Bezug. Drittens wird durch die Diskussion der Perkins-Entscheidung klar, dass für den Supreme Court auch im Rahmen der general jurisdiction der Ort der Hauptverwaltung entscheidend ist. Das Gericht weist darauf hin, dass in Perkins general jurisdiction am principal place of business in Ohio angenommen worden sei. Dabei sei von entscheidender Bedeutung gewesen, dass das Unternehmen von Ohio aus gesteuert worden ist. Der tatsächlichen wirtschaftlichen Aktivität des Unternehmens sei in der Entscheidung hingegen keine Bedeutung zugekommen.[771]

---

764 Teil 2, § 2. 2. b., S. 128.

765 So auch *Blanchard*, Goodyear and Hertz: Reconciling Two Recent Supreme Court Decisions, 44 McGeorge L. Rev. 865, 885 (2013). Anders *Stein*, The Meaning of „Essentially at Home“ in Goodyear Dunlop, 63 S. C. L. Rev. 527, 546 (2012) und *Cornett/Hoffheimer*, General Personal Jurisdiction after Daimler AG v. Bauman, 76 Ohio St. L. J. 101, 147 ff. (2015). Auch wenn die diversity jurisdiction die sachliche Zuständigkeit der Bundesgerichte begründet und die personal jurisdiction die territoriale Zuständigkeit von Bundes- und Staatengerichten betrifft, sprechen systemische Unterschiede nicht gegen eine Übernahme der Rechtsprechung Vgl. *Blanchard*, Goodyear and Hertz: Reconciling Two Recent Supreme Court Decisions, 44 McGeorge L. Rev. 865, 866 (2013).

766 So auch *Blanchard*, Goodyear and Hertz: Reconciling Two Recent Supreme Court Decisions, 44 McGeorge L. Rev. 865, 885 (2013).

767 „The word ‚principal‘ requires us to pick out the main, prominent or leading place.“ *Hertz Corp. v. Friend*, 559 U.S. 77, 92 ff. (2010).

768 „Simple jurisdictional rules also promote greater predictability. Predictability is valuable to corporations making business and investment decisions.“ *Hertz Corp. v. Friend*, 559 U.S. 77, 94 (2010).

769 *Daimler AG v. Bauman*, 134 S.Ct. 746, 760 (2014).

770 *Daimler AG v. Bauman*, 134 S.Ct. 746, 760 (2014).

771 *Daimler AG v. Bauman*, 134 S.Ct. 746, 756, Fn. 8 (2014). Justice Sotomayor kritisch dazu *Daimler AG v. Bauman*, 134 S.Ct. 746, 769, Fn. 8 (2014).

Als weitere Folgefrage bleibt ungeklärt, ob ein Unternehmen eine Vielzahl von principal places of business haben kann, wenn es mehrere Verwaltungshauptsitze aufweist, weil das Unternehmen gleichermaßen von zwei Orten aus gesteuert wird.[772] Für derartige Ausnahmen hat der Supreme Court die Tür offen gehalten, weil er in der Daimler-Entscheidung davon spricht, dass Gründungsort und principal place of business normalerweise einzigartig sind.[773]

2. Tatsächlicher Geschäftsschwerpunkt als alternativer Anknüpfungspunkt für die general jurisdiction?

Mit der Daimler-Entscheidung hat der Supreme Court festgestellt, dass die Essentially-at-Home-Formel nicht bedeutet, dass ein Unternehmen ausschließlich am Gründungsort oder an principal place of business einen allgemeinen Gerichtsstand hat.[774] Offengeblieben ist damit, ob und unter welchen Voraussetzungen ein Unternehmen im Forum im Sinne der Essentially-at-Home-Rechtsprechung im Wesentlichen beheimatet sein kann, ohne dass es dort gegründet wurde oder dort seinen principal place of business hat.

Bei neoterritorialer Betrachtung kann ein allgemeiner Gerichtsstand auch am tatsächlichen Geschäftsschwerpunkt eines Unternehmens begründet werden. Denn der tatsächliche Geschäftsschwerpunkt wird den dogmatischen Vorgaben der Daimler-Entscheidung gerecht, weil der Schwerpunkt der Geschäftstätigkeit, wie die beispielhaft genannten Anknüpfungspunkte, relativ ermittelt wird und zu einer einzigartigen Verbindung des Unternehmens mit dem Forum führt.[775] Die Berücksichtigung des tatsächlichen Geschäftsschwerpunktes löst zudem keine souveränitätsrechtlichen oder wirtschaftlichen Bedenken aus. Bei Berücksichtigung wirtschaftlicher Interessen ist es sogar wünschenswert, dass am tatsächlichen Geschäftsschwerpunkt ein allgemeiner Gerichtsstand besteht.[776]

---

772 Dafür *Mehren/Trautman*, Jurisdiction to Adjudicate: A Suggested Analysis, 79 Harv. L. R. 1121, 1142 (1966); *Erichson*, The Home-State Test for General Personal Jurisdiction, 66 Vand. L. Rev. En Banc 81, 86 (2013).

773 „Those affiliations have the virtue of being unique – that is, each ordinarily indicates only one place – as well as easily ascertainable." *Daimler AG v. Bauman*, 134 S.Ct. 746, 760 (2014).

774 „Goodyear did not hold that a corporation may be subject to general jurisdiction only in a forum where it is incorporated or has its principal place of business; it simply typed those places paradigm all-purpose forums." *Daimler AG v. Bauman*, 134 S.Ct. 746, 760 (2014).

775 Eine dauerhafte wirtschaftliche Präsenz wird gefordert von *Borchers*, J. McIntyre Machinery, Goodyear, and the Incoherence of the Minimum Contacts Test, 44 Creighton L. Rev. 1245, 1267 (2011). Auf die wirtschaftliche Aktivität stellen auch ab *Cornett/Hoffheimer*, General Personal Jurisdiction after Daimler AG v. Bauman, 76 Ohio St. L. J. 101, 151 ff. (2015).

776 Teil 2, § 4. 1., S. 162.

Eine Entscheidung aus dem Bankrecht folgt einem anderen Ansatz und ist davon ausgegangen, dass ein Unternehmen auch dann im Wesentlichen in den USA beheimatet ist, wenn es dort über einen eigenen – und nicht über ein Tochterunternehmen vermittelten – regionalen Hauptsitz verfügt. Die Deutsche Bank habe einen allgemeinen Gerichtsstand in den USA, weil das regionale Büro Unternehmenseigentum im Wert von $ 5 Milliarden verwalte, ein knapp 150.000 Quadratmeter großes Büro auf der Wall Street angemietet habe und über 1600 Mitarbeiter verfüge.[777] Vor dem Hintergrund der Essentially-at-Home-Rechtsprechung kann kritisch angemerkt werden, dass ein Regionalbüro noch keine einzigartige Verbindung eines Unternehmens zu den USA herstellt.[778]

Stimmen aus der Literatur haben zudem soziologische Auslegungsansätze vorgeschlagen. Demnach muss ein Unternehmen sich als Mitglied der Gesellschaft des Forums verstehen[779] oder als „Insider" im Forum politisch partizipieren,[780] damit die Zuständigkeit begründet werden kann. Auch gegen die Berücksichtigung soziologischer Auslegungsansätze spricht aber, dass sie nicht zur vom Supreme Court geforderten einzigartigen Anknüpfung führen, weil ein Unternehmen gleichzeitig in verschiedenen Foren gesellschaftlich aktiv sein kann.

a. *Feststellung des tatsächlichen Geschäftsschwerpunktes*

Problematisch ist, wie der tatsächliche Geschäftsschwerpunkt im Sinne der Essentially-at-Home-Rechtsprechung zu ermitteln ist. Die Bestimmung des Geschäftsschwerpunkts steht vor der Herausforderung, dass die wirtschaftlichen Aktivitäten von MNU regelmäßig zwischen verschiedenen Jurisdiktionen verteilt sind. Dieses Problem der national und international verstreuten Unternehmensaktivitäten[781] hat im Rahmen der

---

777 „Rather, they allege that Deutsche Bank's (DB) New York office is the North American Regional Head Office for DB itself, which serves as a critical hub of DB's core banking operations, and physically spans over 1.6 million square feet of space, for which DB pays some $ 67 million annually in rent, pursuant to a 15-year lease. These allegations portray DB's presence in the U.S. as more than merely transitory, but rather so continuous and systematic as to render (it) essentially at home (here)." *In re Hellas Telecommunications (Luxembourg) II SCA*, 524 B.R. 488, 507 f. (Bankr. S.D.N.Y. 2015).

778 Zudem überzeugt es nicht, den Sachverhalt allein dadurch von der Daimler-Entscheidung zu unterscheiden, dass das Mutterunternehmen selber – und nicht ein Tochterunternehmen – in den USA wirtschaftlich tätig wurde. So aber *In re Hellas Telecommunications (Luxembourg) II SCA*, 524 B.R. 488, 508 (Bankr. S.D.N.Y. 2015).

779 *Stein*, The Meaning of „Essentially at Home" in Goodyear Dunlop, 63 S. C. L. Rev. 527, 543 f. (2012).

780 *Brilmayer et al.*, A General Look at General Jurisdiction, 66 Tex. L. Rev. 721, 742 f. (1988).

781 Siehe zur Kritik im intraamerikanischen Kontext *Scot Typewriter v. Underwood Corp.*, 170 F.Supp. 862, 864 f. (S.D.N.Y. 1959). Eine Aufspaltung der geschäftlichen Aktivität auf verschiedene Staaten wird aufgrund der föderalen Struktur der USA

diversity jurisdiction letztlich dazu geführt, dass der Supreme Court sich gegen den Business-Activity-Test entschieden hat.[782] Vor der Hertz-Entscheidung haben Gerichte mit dem Business-Activity-Test aber auch auf die tatsächliche Geschäftstätigkeit eines Unternehmens abstellt. Diese Entscheidungen können für die Definition des tatsächlichen Geschäftsschwerpunkts Denkanstöße liefern.[783]

Im Jahre 1960 stellte das Berufungsgericht des Third Circuit in der Sache Kelly v. United States Steel Corp. im Rahmen der diversity jurisdiction zum ersten Mal auf den unternehmerischen Geschäftsschwerpunkt ab. Dieser liege am Zentrum der unternehmerischen Produktion oder der Erfüllung der unternehmerischen Dienstleistungen.[784] Wie der tatsächliche Geschäftsschwerpunkt ermittelt werden sollte, war im Anschluss zwischen den verschiedenen Gerichten stark umstritten. Es bestand Unklarheit darüber, welche Faktoren bei der Bewertung des Geschäftsschwerpunkts wie zu gewichten waren. Bedeutung wurde u.a. dem Belegenheitsort von Unternehmenseigentum, dem Erfüllungsort der Gehaltszahlungen, der Erwirtschaftung von Umsatz, Verkäufen und Dienstleistungen zugemessen.[785]

Werden diese Punkte zusammengefasst, könnte der tatsächliche Geschäftsschwerpunkt im Sinne der Essentially-at-Home-Rechtsprechung durch die zentralen Anknüpfungspunkte der Belegenheit der Sachmittel des Unternehmens, der Personalmittel des Unternehmens und der Erwirtschaftung des Umsatzes bestimmt werden. Diese Hauptfaktoren erfassen die meisten der von der untergerichtlichen Rechtsprechung angewendeten Faktoren.

b. Mindestintensität der Geschäftstätigkeit

Im Einklang mit der Essentially-at-Home-Rechtsprechung sollte der tatsächliche Geschäftsschwerpunkt nicht nur voraussetzen, dass der Schwerpunkt der

---

in der Realität häufig vorkommen. Selbst wenn auf die Kontakte des ausländischen Beklagten zu den USA insgesamt abgestellt wird, bestehen bei globalen Wirtschaftsunternehmen mit Kontakten in der ganzen Welt Schwierigkeiten, einen Schwerpunkt der geschäftlichen Tätigkeit festzustellen.

782 Teil 2, § 2. 2. b., S. 128.

783 Vgl. *Hertz Corp. v. Friend*, 559 U.S. 77, 90 ff. m.w.N. (2010). Dazu Teil 2, § 2. 2. b., S. 128. Vgl. zu denkbaren Faktoren auch § 2115 des California Corporate Codes zu „pseudo-ausländischen" Unternehmen, der den Belegenheitsort des Eigentums des Unternehmens, den Erfüllungsort der Gehaltszahlungen, den Ort der Vertragsschlüsse des Unternehmens und den Ort, an dem stimmberechtigte Aktien des Unternehmens gehalten werden, berücksichtigt. Die Venue-Vorschriften zur örtlichen Zuständigkeit bieten hingegen kein Anschauungsmaterial, weil sich die Venue-Voraussetzungen für juristische Personen an der personal jurisdiction orientieren. Siehe 28 USC § 1391 (c) (2).

784 *Kelly v. United States Steel Corp.*, 284 F.2d 850, 853 (3rd Cir. 1960).

785 *Hertz Corp. v. Friend*, 559 U.S. 77, 90 (2010). Siehe *Miller*, in: Federal Practice & Procedure, § 3625. Siehe zu Parallelen und Unterschieden zu den Faktoren des Doing business-Test Teil 2, § 2. 2. c., S. 131.

Geschäftstätigkeit im Forum liegt. Würde allein die derart vermittelte Einzigartigkeit des Anknüpfungspunktes genügen, wäre unverständlich, warum der Supreme Court mit der Essentially-at-Home-Rechtsprechung nicht auch den Schwerpunkt der Geschäftstätigkeit als beispielhaften Anknüpfungspunkt erwähnt hat.

Damit ein Unternehmen aufgrund seiner Geschäftstätigkeit wirklich in einem Forum im Wesentlichen beheimatet ist, sollte zusätzlich vorausgesetzt werden, dass die Geschäftstätigkeit in dem Forum eine Mindestintensität erreicht. Andernfalls könnte es zur paradoxen Konstellation kommen, dass ein Unternehmen bei gleichmäßiger Aufspaltung seiner Tätigkeit in vielen Staaten schon bei einer sehr geringen Geschäftstätigkeit in einem Staat im Wesentlichen beheimatet sein könnte. Ein Unternehmen hätte in den USA etwa in einem Staat seinen tatsächlichen Geschäftsschwerpunkt, in dem es 3 % seiner geschäftlichen Tätigkeit ausübt (in 48 anderen Staaten 2% und in einem Staat 1 %). In diesem Fall spricht aber schon der allgemeine Sprachgebrauch dagegen, das Unternehmen in dem Staat als im Wesentlichen beheimatet anzusehen.

Eine wirtschaftliche Mindestintensität könnte durch die Überschreitung gewisser Grenzen nachgewiesen werden. So könnte verlangt werden, dass ein Unternehmen im Forum den Schwerpunkt seiner geschäftlichen Tätigkeit aufweist und dass es im Forum mindestens 20 %, 30 % oder 50 % seines Umsatzes erwirtschaftet hat, seiner Betriebsmittel besitzt oder seiner Arbeitnehmer beschäftigt. Die Grenzwerte könnten bei verschiedenen Unternehmensgrößen variieren.

c. Anknüpfungspunkt als Sicherheitsventil

Setzt der tatsächliche Geschäftsschwerpunkt eine Mindestintensität an Geschäftstätigkeit im Forum voraus, ist denkbar, dass ein Unternehmen überhaupt nicht über diesen Anknüpfungspunkt verfügt. Dies wäre schon der Fall, wenn die Geschäftstätigkeit in keinem Forum die gesetzten Grenzwerte überschreitet.

Die derart entstehende Rechtsunsicherheit stellt aber im Rahmen der general jurisdiction – anders als im Rahmen der diversity jurisdiction – kein Problem dar. Es geht im Rahmen der Essentially-at-Home-Rechtsprechung nicht darum, über jedes Unternehmen einen dritten allgemeinen Gerichtsstand zu begründen, sondern darum, ein Sicherheitsventil für problematische Konstellationen bereitzuhalten. Der Schwerpunkt der unternehmerischen Tätigkeit im Rahmen des Essentially-at-Home-Rechtsprechung stellt nur einen Sondertatbestand dar, der Kläger im Einzelfall zusätzlich schützt. Es geht darum, den vollstreckungsrechtlichen Zugriff von Gläubigern zu schützen, wenn die Geschäftstätigkeit eines Unternehmens schwerpunktmäßig in einer anderen Jurisdiktion liegt als dessen Gründungsort und am Sitz seiner Hauptverwaltung. Weil das Unternehmen jedenfalls an diesen beiden Orten verklagt werden kann, ist es unbedenklich, wenn einem Unternehmen im Rahmen der general jurisdiction kein tatsächlicher Geschäftsschwerpunkt zugewiesen werden kann.

3. Kontaktzurechnung in Unternehmensfamilien: Alter ego

Weil sich der Supreme Court in der Daimler-Entscheidung im Rahmen der Kontaktzurechnung innerhalb von Konzernfamilien nur mit der Agency-Zurechnung beschäftigt hat, sind die Voraussetzungen für eine Alter-Ego-Zurechnung[786] und die Rechtsfolgen einer Zurechnung weiter ungeklärt. Bei einer Zurechnung über den Alter-Ego-Test ist ungewiss, ob über die tatsächlichen Kontakte hinaus auch Prozesspositionen zugerechnet werden können. Wenn eine Zurechnung von prozessualen Positionen zugelassen wird, würde das zusammen betrachtete Gesamtunternehmen zwei Gründungsorte und zwei Verwaltungshauptsitze besitzen. Wie im Rahmen der Daimler-Rechtsprechung zum Agency-Test könnte ein allgemeiner Gerichtsstand über das Gesamtunternehmen aber auch allein am Gründungsort und am Verwaltungshauptsitz des Gesamtunternehmens bestehen.

Die neoterritoriale Rechtsprechung wird voraussichtlich der letztgenannten Ansicht folgen und sich auch im Rahmen der Alter-Ego-Doktrin einer Zurechnung von Prozesspositionen verschließen. Denn wenn über ein ausländisches Mutterunternehmen in den USA ein allgemeiner Gerichtsstand angenommen wird, nur weil ein möglicherweise sehr kleines US-amerikanisches Unternehmen als alter ego angesehen wird, können Souveränitätsprobleme auftreten. Eine derartige Begründung der Zuständigkeit ist beispielsweise im Rahmen der Brüssel Ia VO[787] nicht vorgesehen. Zudem sprechen wirtschaftliche Gründe gegen eine Zurechnung von Prozesspositionen durch den Alter-Ego-Test. Ein zu weites Zuständigkeitsrecht kann, wie in der Daimler-Entscheidung vom Supreme Court vorgetragen, dazu führen, dass ausländische Investoren vor einer Zusammenarbeit mit US-amerikanischen Unternehmen Abstand nehmen. Zuletzt ist auch kein Unterschied zwischen Alter-Ego-Test und Agency-Test ersichtlich, aufgrund dessen beim Alter-Ego-Test, anders als beim Agency-Test, eine Zurechnung von Prozesspositionen erfolgen sollte.[788]

Wenn damit das zusammen betrachtete Gesamtunternehmen nur einen Gründungsort und einen Verwaltungshauptsitz hat, werden diese regelmäßig mit dem

786 Vgl. zu diesem Zurechungsmodell Teil 2, § 2. 2. d. i, S. 133.

787 Die Annahme der allgemeinen Gerichtszuständigkeit über ein ausländisches Mutterunternehmen aufgrund des Alter-Ego-Tests kann insbesondere nicht mit dem Gerichtsstand der Niederlassung aus Art. 7 Nr. 5 Brüssel Ia VO verglichen werden, der auf Streitigkeiten aus dem Betrieb der der Niederlassung beschränkt ist. So auch Art. 11 Abs. 2 Brüssel Ia VO zum Gerichtsstand des drittstaatlichen Versicherungsunternehmens.

788 Eine Zurechnung prozessualer Positionen im Rahmen des Alter-Ego-Tests schließt nicht aus *Childress*, General Jurisdiction after Bauman, 68 Vand. L. Rev. En Banc 197, 199 (2014). Für eine Zurechnung auch von Prozesspositionen könnte unter Straferwägungen streiten, dass ein Unternehmen, das ein Tochterunternehmen gründet und selbstverschuldet die gesellschaftsrechtlichen Formalitäten nicht einhält, eben an vier Orten einen allgemeinen Gerichtsstand hat.

Gründungsort und Verwaltungshauptsitz des Mutterunternehmens übereinstimmen.[789] Nur wenn in einem Gesamtunternehmen die wirtschaftliche Tätigkeit des Tochterunternehmens umfangreicher ist als die des Mutterunternehmens, ergibt sich ein anderes Ergebnis. Daher erwachsen dem Mutterunternehmen bei Annahme einer Alter-Ego-Beziehung keine zusätzlichen allgemeinen Gerichtsstände.

Über das Tochterunternehmen kann damit aber faktisch an mindestens vier Orten die allgemeine Gerichtszuständigkeit begründet werden. Bei Annahme einer Alter-Ego-Beziehung hat das Tochterunternehmen auch am Gründungsort und Sitz der Hauptverwaltung des Mutterunternehmens einen allgemeinen Gerichtsstand. Weil ein Kläger sich aber nicht auf die Alter-Ego-Beziehung berufen muss, kann er auch am Gründungsort und am Verwaltungssitz des Tochterunternehmens klagen.

§ 5 Über die HRL hinausgehende Folgen der Essentially-at-Home-Rechtsprechung

Die Beschränkung der general jurisdiciton durch die Essentially-at-Home-Rechtsprechung betrifft keinesfalls nur die HRL, sie schränkt das US-amerikanische Zuständigkeitsrecht insgesamt ein. Denn im Rahmen der Due-Process-Klausel ist die Essentially-at-Home-Rechtsprechung in allen vor den Bundes- und den Staatengerichten geführten Verfahren zu berücksichtigen.[790]

1. Zivilprozessuale Folgen: Vorhersehbarkeit und Gleichlauf

Die zum allgemeinen Gerichtsstand von Unternehmen ergangene Essentially-at-Home-Rechtsprechung verändert den Zivilprozess vor US-amerikanischen Gerichten in zweierlei Hinsicht.

Mit der Einschränkung der general jurisdiction werden einzelfallabhängige ex post Lösungen durch ex ante vorhersehbare Regeln abgelöst.[791] Denn die Anknüpfungspunkte des Gründungsorts, des Verwaltungshauptsitzes oder des tatsächlichen Geschäftsschwerpunktes sind einfacher zu bestimmen als eine ausreichende andauernde und systematische Geschäftstätigkeit. Die Vorhersehbarkeit steigt zudem, weil mit der Essentially-at-Home-Rechtsprechung auch die ermessensabhängigen Reasonableness- und Forum-non-Conveniens-Prüfungen an Bedeutung verlieren. Die Beschränkung der weiten Doing-Business-Zuständigkeit führt aber zugleich auch zu einem Verlust an Einzelfallgerechtigkeit, weil die Besonderheiten des konkreten

---

789 So auch *Ranza v. Nike*, 793 F.3d 1059, 1071 f. (9th Cir. 2015).

790 Vgl. Teil 2, S. 107.

791 Ähnlich *Noll*, The New Conflicts Law; 2 Stan. J. Complex Litig. 41, 65 ff. (2014). Die Stärkung der Vorhersehbarkeit zivilprozessualer Regeln ist eine allgemeine Rechtsprechungstendenz und wird beispielsweise auch durch die höchstrichterliche Anerkennung und Durchsetzung von Gerichtsstandsvereinbarungen gefördert. Siehe *M/S Bremen v. Zapata Off-Shore Co.*, 407 U.S. 1 (1972); *Carnival Cruise Lines, Inc. v. Shute*, 499 U.S. 585 (1991).

Falls und die Interessen der Kläger nicht mehr im Rahmen von Fairnesserwägungen berücksichtigt werden.

Die Einschränkung der allgemeinen Gerichtszuständigkeit verstärkt im US-amerikanischen Zivilprozess zudem den Gleichlauf von forum und ius. Je enger das Zuständigkeitsrecht gefasst ist, desto wahrscheinlicher ist es, dass ein zuständiges Gericht aufgrund der engen Verbindung des Sachverhalts zum Forum materiell-rechtlich die lex fori anwendet. Weil zukünftig ein stärkerer Inlandsbezug gegeben sein muss, damit die Zuständigkeit US-amerikanischer Gerichte angenommen werden kann, verstärkt sich auch das Heimwärtsstreben[792] des US-amerikanischen Kollisionsrechts.

Aus kollisionsrechtlicher Perspektive betrachtet, schränkt der Supreme Court mit der Essentially-at-Home-Rechtsprechung de facto auch die Anwendbarkeit des US-amerikanischen Sachrechts ein, da die Gerichte US-amerikanisches Sachrecht nur anwenden können, wenn sie zuständig sind. Damit bietet die Einschränkung der personal jurisdiction dem Supreme Court die Möglichkeit, die Anwendung des US-amerikanischen Sachrechts und des US-amerikanischen Kollisionsrechts indirekt zu beeinflussen.[793] Auch wenn der Supreme Court in den Entscheidungen keinen dahingehenden Regelungswunsch äußert, kann die Einschränkung der Anwendung des US-amerikanischen Sachrechts ein Regelungsziel darstellen. Wenn der Supreme Court das Sachrecht einschränken will, ist eine indirekte Einschränkung über das Zuständigkeitsrecht im Rahmen der ausdifferenzierten Due-Process-Rechtsprechung rechtsprechungstechnisch leichter durchzuzusetzen als eine direkte Beeinflussung des Kollisionsrechts.[794]

2. Rechtsvergleichende Folgen

a. Annäherung an das Unionsrecht

Weil die Essentially-at-Home-Rechtsprechung die general jurisdiction beschränkt hat, nähern sich die general jurisdiction des US-amerikanischen Rechts und der allgemeine Gerichtsstand der Brüssel Ia VO einander an. Ursächlich dafür ist insbesondere, dass nach dem US-amerikanischen Recht die allgemeine Gerichtszuständigkeit nicht mehr allein durch eine andauernde und systematische geschäftliche Tätigkeit hergestellt werden kann.

Das Unionsrecht sieht in Art. 4 Abs. 1, Art. 63 Abs. 1 Brüssel Ia VO vor, dass ein allgemeiner Gerichtsstand über Gesellschaften und juristische Personen an dem Ort besteht, an dem sich ihr satzungsmäßiger Sitz, ihre Hauptverwaltung oder ihre Hauptniederlassung befinden.[795] Allerdings ist die Brüssel Ia VO nach Art. 4 Abs. 1

---

792 Dazu Teil 1, § 2. 1., S. 29.

793 Kritisch dazu *Borchers*, J. McIntyre Machinery, Goodyear, and the Incoherence of the Minimum Contacts Test, 44 Creighton L. Rev. 1245, 1269 f. (2011).

794 *Allstate Ins. Co. v. Hague*, 449 U.S. 302, 312 f. (1981).

795 Nach Art. 2 Abs. 1, Art. 53 Abs. 1 des zunächst geltenden Europäischen Gerichtsstands- und Vollstreckungsübereinkommens von 1968 (EuGVÜ) bestand

nur anwendbar, wenn ein Unternehmen aus einem Mitgliedstaat der Europäischen Union (EU) verklagt wird. Ist dies nicht der Fall, wenden die angerufenen Gerichte nach Art. 4 Abs. 2 Brüssel Ia VO das nationale Recht an. Der Vergleich mit der Brüssel Ia VO geschieht damit unabhängig davon, dass die Verordnung – anders als Justice Ginsburg in der Daimler-Entscheidung andeutet[796] – im transatlantischen Verkehr die Zuständigkeit für Klagen gegen US-amerikanische Unternehmen über einen allgemeinen Gerichtsstand gar nicht begründen kann.[797] Dennoch bietet Art. 63 Brüssel Ia VO, der die unterschiedlichen Zuständigkeitskonzepte der Mitgliedstaaten zusammengeführt hat, einen guten Einblick über die zwischen den Mitgliedstaaten der Europäischen Union mehrheitsfähigen Anknüpfungspunkte.[798]

---

ein allgemeiner Gerichtsstand über Gesellschaften und juristische Personen an deren Sitz. Dieser war nach den Vorschriften des nationalen IPR des Forums zu ermitteln, was zu einer uneinheitlichen Rechtslage und Kompetenzkonflikten führte.

796 Siehe *Daimler AG v. Bauman*, 134 S.Ct. 746, 763 (2014).

797 So auch *Mariottini*, U.S. Jurisdiction in Products-Liability in the Wake of McIntyre, MPILux Working Paper 1 2013, 17. Art. 11 Abs. 2, 18 Abs. 1, 21 Abs. 2, 25 Abs. 1, S. 1 Brüssel Ia VO können freilich besondere Gerichtsstände über Unternehmen aus Drittstaaten eröffnen.

798 Der Gesetzgeber bezweckte mit Art. 63 Abs. 1 Brüssel Ia VO zum einen die Vereinheitlichung der Rechtslage und die Vermeidung von positiven und negativen Kompetenzkonflikten. Proposal for a Council Regulation (EC) on jurisdiction and enforcement of judgments in civil and commercial matters, Com (1999) 348 final, S. 24. Zum anderen ist der Wortlaut der Norm vom Wunsch einer Harmonisierung mit Art. 54 des Vertrages über die Arbeitsweise der Europäischen Union (AEUV) getragen, der sich im Rahmen der Niederlassungsfreiheit mit der Unionszugehörigkeit von Gesellschaften beschäftigt. Für die Harmonisierung der allgemeinen Gerichtspflichtigkeit von Gesellschaften mit deren primärrechtlich garantierter Niederlassungsfreiheit wurde vorgebracht, dass Gesellschaften, die sich aufgrund ihrer Unionszugehörigkeit auf die Grundfreiheiten berufen können, sich auch in der Union gerichtlich verantworten müssen. *Pocar*, Explanatory Report on the Convention on Jurisdiction and the Recognition and Enforcement of Judgments in Civil and Commercial Matters, Official Journal of the European Union, OJ 2009/C 319/1, Rn. 31. Die Dreifach-Anknüpfung im Rahmen von Art. 54 AEUV ist Folge davon, dass die nationalen Rechtsordnungen zur Bestimmung einer Staatszugehörigkeit auf unterschiedliche Anknüpfungspunkte zurückgreifen. *Forsthoff*, in: EUV/AEUV, Art. 60, Rn. 15. Daher hat auch Art. 63 Abs. 1 Brüssel Ia VO kein hierarchisiertes Anknüpfungssystem geschaffen. Vielmehr kann bei einem Auseinanderfallen der Anknüpfungspunkte theoretisch in drei Foren ein allgemeiner Gerichtsstand über eine juristische Person bestehen. Siehe *Staudinger*, in: Rauscher, Art. 63 Brüssel Ia VO, Rn. 1; *Vlas*, in: Magnus/Mankowski, Art. 60 Brussel I Regulation, Rn. 3. Dem Kläger steht ein Wahlrecht zu, was aus Rechtsschutzgründen sinnvoll ist. Siehe *Pocar*, Explanatory Report on the Convention on Jurisdiction and the Recognition and Enforcement of Judgments in Civil and

Der im US-amerikanischen Recht als Anknüpfungspunkt anerkannte Gründungsort weist Parallelen zum satzungsmäßigen Sitz (statutory seat) im Sinne des Art. 63 Abs. 1 lit. a) Brüssel Ia VO auf, der sich am im Gesellschaftsvertrag genannten Sitz befindet. Wie der Gründungsort bietet dieser Anknüpfungspunkt den Vorteil, dass er vorhersehbar und nur schwer manipulierbar ist. Anders als der Gründungsort, kann der satzungsmäßige Sitz allerdings unter Beachtung der erforderlichen Formvorschriften nachträglich geändert werden.[799] Beide Orte können im Rahmen der Vollstreckung nachteilhaft sein, wenn das Unternehmen an seinem satzungsmäßigen Sitz oder seinem Gründungsort kein Eigentum besitzt.[800] Die Verwandtschaft von Gründungsort und satzungsmäßigem Sitz wird auch durch Art. 63 Abs. 2 Brüssel Ia VO verdeutlicht. Für EU-Mitgliedsstaaten mit einer Common-Law-Tradition, denen ein satzungsmäßiger Sitz fremd ist, sieht die Norm vor, dass der Ort der Erlangung der Rechtsfähigkeit (place of incorporation) oder, wenn ein solcher nirgendwo besteht, der Ort, nach dessen Recht die Gründung (formation) erfolgt ist, ausschlaggebend sind.

Der US-amerikanische principal place of business ähnelt dem Sitz der Hauptverwaltung (central administration) im Sinne von Art. 63 Abs. 1 lit. b) Brüssel Ia VO, der den Ort bezeichnet, von dem aus das Unternehmen gesteuert und kontrolliert wird. Beide Begriffe stellen auf den Ort ab, an dem die grundlegenden unternehmerischen Entscheidungen getroffen werden. Dieser Ort ist, insbesondere im Zeitalter der modernen Telekommunikation mit E-Mail und Videokonferenzen, aber nicht so einfach zu bestimmen wie der Gründungsort oder der satzungsmäßige Sitz. Daher können bei der Rechtsanwendung Schwierigkeiten auftreten. Der Sitz der Hauptverwaltung ist klägerfreundlich, weil am Ort der Hauptverwaltung regelmäßig Vermögen des Unternehmens belegen ist.[801]

Die beiden Rechtsregime gleichen sich weiter an, soweit mit der hier vertretenen Ansicht[802] ein Unternehmen in den USA unter der Essentially-at-Home-Rechtsprechung auch an seinem tatsächlichen Geschäftsschwerpunkt verklagt werden kann. Der Anknüpfungspunkt des tatsächlichen Geschäftsschwerpunkts würde Parallelen zum Ort der Hauptniederlassung im Sinne von Art. 63 Abs. 1

Commercial Matters, Official Journal of the European Union, OJ 2009/C 319/1, Rn. 29.

799 Siehe z.B. *Pentz*, in: MüKo AktG, § 45, Rn. 5.

800 Siehe *Pocar*, Explanatory Report on the Convention on Jurisdiction and the Recognition and Enforcement of Judgments in Civil and Commercial Matters, Official Journal of the European Union, OJ 2009/C 319/1, Rn. 29 und *Vlas*, in: Brussel I Regulation, Art. 60, Rn. 4.

801 Vgl. *Pocar*, Explanatory Report on the Convention on Jurisdiction and the Recognition and Enforcement of Judgments in Civil and Commercial Matters, Official Journal of the European Union, OJ 2009/C 319/1, Rn. 29; *Vlas*, in: Magnus/Mankowski, Art. 60 Brussel I Regulation, Rn. 5.

802 Siehe Teil 2, § 4. 2., S. 164.

lit. c) Brüssel Ia VO (europäischer principal place of business)[803] aufweisen. Der Ort der Hauptniederlassung bezeichnet den tatsächlichen Geschäftsschwerpunkt eines Unternehmens, welcher durch die Konzentration bedeutender Personal- und Sachmittel gekennzeichnet ist. Beide Begriffe hängen stark von den Gegebenheiten des Einzelfalls ab, weil eine Bewertung und Abwägung verschiedener Faktoren zu erfolgen hat.[804] Beide Rechtssysteme würden zudem das Erfordernis einer Mindestintensität aufweisen, weil auch das europäische Recht die Konzentration „bedeutender" Mittel verlangt. In der Rechtspraxis kommt dem Ort der Hauptniederlassung, wohl aufgrund der Schwierigkeit des Nachweises, bisher in keiner der beiden Rechtsordnungen eine große Bedeutung zu.[805]

Weil mit der Essentially-at-Home-Rechtsprechung in Konzernen keine Prozesspositionen, sondern nur noch konkrete Kontakte zugerechnet werden können,[806] kann die Zuständigkeitsbegründung über den Agency-Test mit dem Niederlassungsgerichtsstand aus Art. 7 Nr. 5 Brüssel Ia VO verglichen werden.[807] Da dem Mutterunternehmen eine über das Tochterunternehmen bestehende general jurisdiction nicht mehr als solche zugerechnet werden kann, rechtfertigen die Kontakte des Tochterunternehmens in beiden Rechtsordnungen eine Klageerhebung gegen das Mutterunternehmen nur noch, wenn die Rechtsstreitigkeiten aus der Tätigkeit des Tochterunternehmens entstanden sind.

b. Benachteiligung US-amerikanischer Kläger

Das US-amerikanische Zuständigkeitsrecht geht heute für die Eröffnung eines allgemeinen Gerichtsstands sogar über eine Angleichung an das Unionsrecht hinaus. Der Gedanke, dass eine strukturell unterlege Partei zuständigkeitsrechtlich privilegiert

---

803 In der englischen Version der Brüssel Ia VO wird der Ort der Hauptniederlassung als principal place of business bezeichnet. Der unionsrechtliche Begriff des principal place of business darf daher nicht mit dem US-amerikanischem principal place of business verwechselt werden, weil der US-amerikanische Begriff den Sitz der Hauptverwaltung bezeichnet.

804 Siehe *Vlas*, in: Magnus/Mankowski, Art. 60 Brussel I Regulation, Rn. 6. Dafür, dass die Hauptniederlassung sich durch ein qualitatives Element hinsichtlich der ausgeübten Tätigkeit, ein sachliches und personelles Element, ein zeitliches Element, ein organisatorisches Element sowie ein klassifizierendes Element auszeichnet *Albers*, Die Begriffe der Niederlassung und der Hauptniederlassung im Internationalen Privat- und Zivilverfahrensrecht, S. 108 ff. Dafür, dass der Ort der Hauptniederlassung einfacher zu bestimmen ist als der Ort der Hauptverwaltung *Pocar*, Explanatory Report on the Convention on Jurisdiction and the Recognition and Enforcement of Judgments in Civil and Commercial Matters, Official Journal of the European Union, OJ 2009/C 319/1, Rn. 29.

805 Siehe *Albers*, Die Begriffe der Niederlassung und der Hauptniederlassung im Internationalen Privat- und Zivilverfahrensrecht, S. 108.

806 Siehe Teil 2, § 3. 2. b., S. 151.

807 Siehe *Mankowski*, in: Magnus/Mankowski, Art. 5 Brussel I Regulation, Rn. 270 ff.

wird, ist Wesensmerkmal des Unionsrechts.[808] In den USA wird es zukünftig aber auch strukturell unterlegenen Klägern schwer fallen, einen Gerichtsstand zu begründen, wenn sie Wirtschaftsunternehmen verklagen. Weil die general jurisdiction durch die Essentially-at-Home-Rechtsprechung eingeschränkt worden ist, wird einerseits die Begründung eines allgemeinen Gerichtsstands häufig scheitern.[809] Die Kläger werden andererseits aber auch die specific jurisdiction nur selten darlegen können, weil die specific jurisdiction heute ebenfalls eng ausgelegt wird. In Produkthaftungsfällen genügt die Vorhersehbarkeit eines Schadenseintritts im Forum für eine Zuständigkeitsbegründung nicht aus. Der Beklagte muss darüber hinaus subjektiv einen zielgerichteten Kontakt zum Forum hergestellt haben. Daher können US-amerikanische Verbraucher, anders als europäische Verbraucher, beispielsweise Produkthaftungsansprüche gegen ausländische Hersteller nicht am Ort des Schadenseintritts geltend machen.[810] Auch im Rahmen des Gerichtsstands der unerlaubten Handlung aus Art. 7 Nr. 2 Brüssel I a VO muss der Schadenseintritt für den Schädiger zwar vorhersehbar sein. Ein subjektives Herstellen von Kontakten zum Forum ist darüber hinaus aber nicht erforderlich.[811]

Wollen US-amerikanische Gerichte in Zukunft strukturell unterlegene US-amerikanische Kläger schützen, besteht der erfolgversprechendste Ansatz darin, Lösungen über die specific jurisdiction zu finden. Die Fairness-Argumente, die heute im Rahmen der general jurisdiction geltend gemacht werden, können durchaus auch bei Begründung der specific jurisdiction Bedeutung erlangen.[812] So tragen die Kläger oft vor, dass das beklagte Unternehmen seine wirtschaftlichen Aktivitäten auf das US-amerikanische Forum ausgerichtet hat. Für einen systemischen Bedeutungsgewinn der specific jurisdiction ist aber erforderlich, dass die Gerichte den Kausalitätsstandard zukünftig weit auslegen.[813]

3. Positive Folgen für die transatlantischen Beziehungen

Die Essentially-at-Home-Rechtsprechung und die Annäherung der zuständigkeitsrechtlichen Regime kann sich positiv auf die transatlantischen Beziehungen auswirken. So sind die bei der Haager Konferenz geführten Verhandlungen um

808 Teil 3, § 2. 1. a., S. 203.

809 Teil 2, § 3. 3., S. 158.

810 Siehe zum US-amerikanischen Recht Teil 2, § 2. 1. c. ii., S. 120. So auch *Mariottini*, U.S. Jurisdiction in Products-Liability in the Wake of McIntyre, MPILux Working Paper 1 2013, 18 f.

811 Siehe *Leible*, in: Rauscher, Art. 7 Brüssel Ia VO, Rn. 103. In komplizierten Fällen soll auch im Zuständigkeitsrecht auf die Wertungen des Art. 5 Rom II VO zurückgegriffen werden. Siehe *Mankowski*, in: Magnus/Mankowski, Art. 5 Brussel I Regulation, Rn. 257e.

812 Vgl. z.B. zur Juluca-Entscheidung Teil 2, § 3. 2. d., S. 153.

813 Siehe Teil 2, § 2. 1. c. i., S. 119.

das Judgments Projekt nach der Essentially-at-Home-Rechtsprechung wieder in Bewegung geraten.[814]

Dass internationale Verhandlungen durch die Essentially-at-Home-Rechtsprechung positiv beeinflusst werden können, hat auch der Supreme Court in der Daimler-Entscheidung hervorgehoben. Mit dem Gericht verschafft die Begrenzung der US-amerikanischen Gerichtsgewalt der Exekutive die Möglichkeit, wieder internationale Verhandlungen zu führen, die in der Vergangenheit aufgrund der weitgreifenden US-amerikanischen Jurisdiktion Schwierigkeiten gescheitert sind. Denn nach Ansicht des Supreme Court sind die Verhandlungen zur Haager Konvention über internationale Zuständigkeit und Anerkennung ausländischer Entscheidungen in Zivil- und Handelssachen aus dem Jahre 2000 am exorbitanten US-amerikanischen Zuständigkeitsrecht gescheitert.[815] Dabei führten vor allem Meinungsverschiedenheiten über den Doing-Business-Ansatz zum Scheitern der Verhandlungen. Aufgrund des europäischen Drängens sah der Entwurf in Art. 18 Abs. 2 (e) vor, dass eine Geschäftstätigkeit die Gerichtszuständigkeit nur für direkt mit der Tätigkeit in Bezug stehende Ansprüche begründen darf. Dass damit der Doing-Business-Ansatz nicht anerkannt werden sollte, wollte die US-amerikanische Delegation nicht akzeptieren.[816]

---

814 Siehe Report of the Fifth Meeting of the Working Group on the Judgments Project (26–31 October 2015) and Proposed Draft Text Resulting from the Meeting, Prel. Doc. No 7A.

815 Siehe *Daimler AG v. Bauman*, 134 S.Ct. 746, 763 (2014).

816 Siehe zur US-amerikanischen Perspektive *Silbermann*, Can the Hague Judgments Project be Saved?, in: Barceló, Clermont (Hrsg.), A Global Law of Jurisdiction and Judgments: Lessons from the Hague, S. 159, 174 ff.; *Silbermann/Lowenfeld*, A Different Challenge for the ALI: Herein of Foreign Country Judgments, an International Treaty and an American Statute, 75 Ind. L. J. 635 (2000). Insbesondere wegen der Unterschiede im Rahmen der Schadensausfüllung bleibt kritisch *Borchers*, One Step Forward and Two Back: Missed Opportunities in Refining the United States Minimum Contact Test and the European Union Brussels I Regulation, 31 Ariz. J. Int'l & Comp. L 1, 18 f. (2014).

Teil 3: Ausweichmöglichkeiten für Menschenrechtsklagen

Im dritten Teil wird untersucht, ob die Beschränkung des Anwendungsbereichs des ATS und der internationalen Zuständigkeit gegen Unternehmen gerichtete extraterritoriale Menschenrechtsklagen vor den US-amerikanischen Gerichten insgesamt eingeschränkt hat.[817] Im Fokus steht insbesondere die Frage, ob zukünftig Menschenrechtsklagen in foreign cubed cases noch vor den US-amerikanischen Gerichten geltend gemacht werden können. Dies ist nur der Fall, wenn sich Menschenrechtsklagen auf andere Rechtsgrundlagen stützen können (§ 1).

Um die Folgen der US-amerikanischen Rechtsprechung im transnationalen Kontext zu betrachten, wird abschließend untersucht, inwieweit Menschenrechtsklagen vor die deutschen Zivilgerichte ausweichen könnten. Zu klären ist, inwieweit Menschenrechtsklagen gegen deutsche MNU Erfolg haben, wenn ausländische Tochterunternehmen im Ausland an der Verursachung von Menschenrechtsverletzungen beteiligt sind (§ 2).

§ 1 Alternative Klagemöglichkeiten vor US-amerikanischen Gerichten

Als alternative Möglichkeiten für Menschenrechtsklagen vor US-amerikanischen Gerichten werden sonstige bundesrechtliche Anspruchsgrundlagen[818] und Schadensersatzklagen nach dem einzelstaatlichen Deliktsrecht untersucht. Zur Sanktionierung von Menschenrechtsverletzungen werden heute zudem weitere Ansätze ins Spiel gebracht, die systematisch aber nicht mit zivilrechtlichen Menschenrechtsklagen vergleichbar sind.

---

817 Zu den systemischen Folgen der Kiobel-Entscheidung für die HRL *Childress*, The Alien Tort Statute, Federalism, and the Next Wave of Transnational Litigation, 100 Geo. L. J. 709 (2012); *Hoffmann/Stephens*, International Human Rights Cases under State Law and in State Courts, 3 UC Irvine L. Rev. 9, 12 (2013); *Alford*, The Future of Human Rights Litigation after Kiobel, 89 Notre Dame L. Rev. 1749 (2014), *Skinner*, Beyond Kiobel, 46 Colum. Hum. Rts. L. Rev. 158 (2014); *Reimann*, Das Ende der Menschenrechtsklagen vor den amerikanischen Gerichten?, IPRax 2013, S. 455, 460 ff.

818 Nicht besprochen wird im Rahmen des Bundesrechts der Foreign Corrupt Practices Act (FCPA), der sich primär mit der Bestechung ausländischer Amtsträger beschäftigt. Vgl. 15 USC §§ 78dd-1 ff.

1. Alternative Anspruchsgrundlagen des Bundesrechts

a. *Torture Victim Protection Act*

Zunächst wird untersucht, inwieweit die HRL zukünftig auf Grundlage des TVPA fortgeführt werden kann.[819] Der TVPA ist besonders eng mit dem ATS verwandt, weil er einen gesetzgeberischen Zusatz zum ATS darstellt. Er wurde im Jahre 1992 verabschiedet und ist vor dem Hintergrund des 1984 beschlossenen Übereinkommens gegen Folter und andere grausame, unmenschliche oder erniedrigende Behandlungen oder Strafen vom 10. Dezember 1984 (UN-Antifolterkonvention) entstanden. Nach Art. 2 der Konvention sind die Vertragsstaaten dazu verpflichtet, bei einem Foltervorwurf gegen Täter vorzugehen, die sich auf ihrem Staatsgebiet aufhalten.[820] Der TVPA unterscheidet sich vom ATS, weil er eine eigene Anspruchsgrundlage enthält. Nach dem Wortlaut des Gesetzes sind natürliche Personen, die eine andere Person mit der Genehmigung eines ausländischen Staates foltern oder außergerichtlich töten, schadensersatzpflichtig. Aus der Gesetzessystematik folgt, dass der TVPA auch auf extraterritoriale Sachverhalte anwendbar ist. Der TVPA verlangt nämlich eine Erschöpfung lokaler Rechtsmittel, wenn sich der Tatort im Ausland befindet.[821] Der TVPA ist damit Ausdruck des Weltrechtsprinzips, weil im Ausland stattgefundene Foltervorgänge erfasst und von ausländischen Klägern angestoßene Verfahren gegen ausländische Täter durchgeführt werden können, sobald jene sich vorübergehend in den USA aufhalten.[822]

Unternehmen können zukünftig aber nicht unter Anwendung des TVPA sanktioniert werden, weil sie aufgrund des klaren Gesetzeswortlauts gar nicht vom TVPA erfasst sind. So sieht der TVPA ausschließlich die Haftung eines „individuals“ vor.

---

819 Der TVPA lautet: „An individual who, under actual or apparent authority, or color of law, of any foreign nation – (1) subjects an individual to torture shall, in a civil action, be liable for damages to that individual; or (2) subjects an individual to extrajudicial killing shall, in a civil action, be liable for damages to the individual's legal representative, or to any person who may be a claimant in an action for wrongful death (...).“
Zum TVPA *Hailer*, Menschenrechte vor Zivilgerichten – die Human Rights Litigation in den USA, S. 81 ff.; *Stephens et al.*, International Human Rights Litigation in U.S. Courts, S. 75 ff.

820 Zur Gesetzgebungsgeschichte siehe *Stephens et al.*, International Human Rights Litigation in U.S. Courts, S. 77 ff.

821 Sec. 2 (b) lautet: „A court shall decline to hear a claim under this section if the claimant has not exhausted adequate and available remedies in the place in which the conduct giving rise to the claim occurred.“

822 So etwa in einer gegen den früheren Bürgermeister von Peking Liu Qi gerichteten Klage, die sich mit dem Vorgehen der chinesischen Regierung gegenüber der Falun Gong auseinandersetzt. Hier wurde Liu Qi die Klage zugestellt als er sich zur Weiterreise zu den Olympischen Spielen in Salt Lake City am Flughafen von San Francisco befand. Siehe *Doe v. Qi*, 349 F.Supp.2d 1258 (N.D. Cal. 2004).

Der Supreme Court hat in der Entscheidung Mohamad v. Palestina[823] bestätigt, dass damit nur natürliche Personen gemeint sind.

Im Bereich der gegen natürliche Personen gerichteten Verfahren ist aufgrund der Einschränkung des ATS grundsätzlich ein Bedeutungszuwachs des TVPA zu erwarten. Es ist damit zu rechnen, dass Kläger zukünftig versuchen werden, die Begriffe der Folter und der außergerichtlichen Tötung extensiv auszulegen. Derart könnte der TVPA auch Sachverhaltsgeschehen erfassen, die Kläger bisher unter dem ATS als Völkermord, Sklaverei oder Kriegsverbrechen geltend gemacht haben. Dies wirft die Frage auf, ob in von Unternehmen mitverursachten Menschenrechtsverletzungen zukünftig nicht die Unternehmen unter dem ATS, sondern die Unternehmensmitarbeiter unter dem TVPA verklagt werden. Dieses Vorgehen wird aber regelmäßig daran scheitern, dass der TVPA auch die von Unternehmensmitarbeitern im Rahmen einer unternehmerischen Tätigkeit mitverursachten Völkerrechtsverletzungen tatbestandlich nicht erfasst. Der Grund dafür ist, dass der TVPA voraussetzt, dass der Täter als Vertreter für einen fremden Staat gehandelt haben muss. Dafür ist es nicht ausreichend, dass ein Täter mittäterschaftlich mit einem ausländischen Staatsbediensteten tätig wurde.[824] Unternehmensmitarbeiter werden aber grundsätzlich für das Unternehmen und nicht für einen fremden Staat handeln, wenn sie eine Menschenrechtsverletzung mitverursachen.[825]

b. Racketeer Influenced and Corrupt Organizations Act

Auch der RICO,[826] der sich gegen die organisierte Kriminalität richtet und ursprünglich zur Bekämpfung mafiöser Strukturen erlassen worden ist, stellt im Ergebnis keine bundesgesetzliche Alternative zum ATS dar.

Der RICO normiert zwar für bestimmte Straftaten, die im Rahmen der organisierten Kriminalität begangen werden, einen zivilrechtlichen Ausgleichsanspruch. Nach 18 USC § 1964 (c) besteht ein Schadensersatzanspruch wenn eine unrechtmäßige Handlung im Sinne von 18 USC § 1962 vorliegt und dadurch jemand einen ökonomischen

---

823 „We hold that the term ‚individual' as used in the Act encompasses only natural persons. Consequently, the Act does not impose liability against organizations." *Mohamad v. Palestinian Authority*, 132 S.Ct. 1702, 1705 (2012). So auch *Cardona v. Chiquita*, 760 F.3d 1185, 1189 (11th Cir. 2014).

824 So in einer gegen CIA-Mitarbeiter gerichteten Klage *Harbury v. Hayden*, 444 F.Supp.2d 19, 42 f. (D.D.C. 2006). Siehe auch *Alford*, The Future of Human Rights Litigation after Kiobel, 89 Notre Dame L. Rev. 1749, 1755 f. (2014).

825 Zudem spricht gegen dieses Vorgehen, dass die Verfolgung von natürlichen Personen grundsätzlich weniger erfolgsversrechend ist als die Verfolgung von juristischen Personen. Siehe Einleitung, § 1. 1. c., S. 6.

826 18 USC §§ 1961 ff. Dazu *Joseph*, Civil Rico, *Witte*, Der US-amerikanische RICO-Act und deutsche Unternehmen. Zur Bedeutung des RICO für die HRL *Stephens et al.*, International Human Rights Litigation in U.S. Courts, S. 113 ff.; *Engle*, Alien Torts and Extraterritorial Jurisdiction in U.S. and International Law, S. 121 ff.

Gewinn erlangt hat. 18 USC § 1962 (c) verbietet, dass eine Person eine Unternehmung (enterprise) im Rahmen der organisierten Kriminalität (pattern of racketeering activity) geleitet oder an ihr teilgenommen hat. Der Klagegegner kann eine natürliche oder juristische Person sein.[827] Dabei können auch in einem Wirtschaftsunternehmen wiederholt vorkommende Geschehnisse als Unternehmung der organisierten Kriminalität im Sinne des RICO verstanden werden.[828] Daher kann der RICO grundsätzlich die Beteiligung von Unternehmen an Menschenrechtsverletzungen erfassen. In der Vergangenheit machten Kläger in ATS-Verfahren auch RICO-Ansprüche geltend.[829] Auf Rechtsfolgenseite haben RICO-Ansprüche den Vorteil, dass sie im Erfolgsfall Schadensersatz in dreifacher Höhe (treble damages) vorsehen.[830]

Auch für die zukünftige Bedeutung von RICO-Ansprüchen für die foreign cubed HRL ist aber entscheidend, inwieweit der RICO extraterritoriales Verhalten erfassen kann. Diese Frage lag dem Supreme Court im Jahre 2016 in der Sache RJR Nabisco Inc. v. European Community zur Entscheidung vor,[831] in der das Gericht die Vermutung gegen extraterritoriale Anwendung auch auf den RICO angewendet hat. Das Gericht ging bei der Beantwortung dieser Frage zweischrittig vor und untersuchte zum einen die strafrechtlichen Vorschriften des RICO und zum anderen die zivilrechtliche Anspruchsgrundlage des RICO.

Bei Beantwortung der Frage, ob die Vermutung gegen extraterritoriale Anwendung in Bezug auf die strafrechtlichen Vorschriften des RICO widerlegt ist, folgte der Supreme Court im ersten Schritt der berufungsgerichtlichen Entscheidung des Second Circuit aus dem Jahre 2014. Dort hatte Judge Leval entschieden, dass der RICO auch Auslandstaten erfasst und die Vermutung gegen extraterritoriale Anwendung soweit widerlegt ist, wie der RICO die strafrechtliche Verfolgung der in Frage stehenden Auslandstaten anordnet. Dies bedeutet, dass der RICO extraterritorial angewendet werden kann, wenn die vom RICO erfasste Straftat verfolgt werden kann, obwohl sie im Ausland stattgefunden hat.[832] Dies ist bei den Straftatbeständen des RICO häufig der Fall, wenn beispielsweise der Täter die US-amerikanische Nationalität besitzt. Denn in diesem Fall kann die Rechtsanwendung über das aktive Personalitätsprinzip legitimiert werden.

Der Supreme Court hat damit der Gegenauffassung eine Absage erteilt, nach der eine extraterritoriale Anwendung des RICO grundsätzlich ausgeschlossen ist, weil die Anwendung des RICO auf Auslandssachverhalten nicht ausdrücklich gesetzlich

---

827 18 USC § 1961 (3). Dazu *Joseph*, Civil Rico, S. 87 ff.

828 18 USC § 1961 (4).

829 Siehe *Alford*, The Future of Human Rights Litigation after Kiobel, 89 Notre Dame L. Rev. 1749, 1757 (2014); *Stephens et al.*, International Human Rights Litigation in U.S. Courts, S. 115.

830 18 USC § 1964 (c). Zu weiteren Vorteilen des RICO *Stephens et al.*, International Human Rights Litigation in U.S. Courts, S. 113.

831 *RJR Nabisco Inc. v. European Community*, 579 U.S. ___ (2016).

832 Siehe *European Community v. RJR Nabisco*, 764 F.3d 129, 135 ff. (2d Cir. 2014).

anordnet ist.[833] Diese Auffassung verlangte in der Vergangenheit für die Anwendung des RICO grundsätzlich eine territoriale Verbindung des Sachverhalts zu den USA. Das kriminelle Verhalten musste in den USA stattgefunden oder jedenfalls dort Auswirkungen gezeitigt haben, so dass im Rahmen des RICO eine Form des Conduct-and-Effects-Test angewendet wurde.[834]

In einem zweiten Schritt hat der Supreme Court aber entschieden, dass die Vermutung gegen extraterritoriale Anwendung auch auf die Anspruchsgrundlage aus 18 USC § 1964 (c) angewendet werden muss und in Bezug auf den zivilrechtlichen Ausgleichsanspruch nicht widerlegt ist. Damit die Vermutung gegen extraterritoriale Anwendung widerlegt sei, müsse ein „Verletzungserfolg in den USA" eingetreten sein.[835] Für das so gefundene Ergebnis spricht systematisch jedenfalls, dass bei einer unbegrenzten extraterritorialen Anwendung des RICO eine Umgehung der Kiobel-Entscheidung droht.[836]

Auch ungeachtet der dogmatisch fragwürdigen Anwendung[837] der Vermutung gegen extraterritoriale Anwendung auf die zivilrechtliche Anspruchsgrundlage des RICO ist offen, inwieweit das RICO Grundlage für Menschenrechtsklagen

---

833 *Norex Petroleum Ltd. v. Access Industries, Inc.*, 631 F.3d 29, 32 f. (2d Cir. 2010). Zustimmend *Alford*, The Future of Human Rights Litigation after Kiobel, 89 Notre Dame L. Rev. 1749, 1758 (2014).

834 „(It) is highly unlikely that Congress was unconcerned with the actions of foreign enterprises where those actions violated the laws of this country while the defendants were in this country." *United States v. Chao Fan Xu*, 706 F.3d 965, 978 (9th Cir. 2013). Siehe auch *Liquidation Commission Banco Intercontinental v. Renta*, 530 F.3d 1339, 1352 (11th Cir. 2008); *Joseph*, Civil Rico, S. 14 f.; *Stephens et al.*, International Human Rights Litigation in U.S. Courts, S. 118 f.; *Gideon*, Rico's Extraterritoriality, 50 Am. Bus. L. J. 543 (2013); *Hoppe*, Racketeering After Morrison: Extraterritorial Application of Civil Rico, 107 Nw. U. L. Rev. 1375 (2013); *Alford*, The Future of Human Rights Litigation after Kiobel, 89 Notre Dame L. Rev. 1749, 1757 (2014). Zum Conduct-and-Effects-Test siehe Teil 1, § 2. 1. a., S. 29.

835 Das Gericht spricht von "domestic injury", *RJR Nabisco Inc. v. European Community*, 579 U.S. ___ (2016).

836 Darauf weist Judge Cabranes in einer abweichenden Meinung zur Ablehnung des rehearing en banc kritisch hin *European Community v. RJR Nabisco*, 783 F.3d 123, 128 ff. (2d Cir. 2015). Siehe auch *Washington Legal Foundation*, Motion and Brief of Washington Legal Foundation as Amicus Curiae in Support of Petitioners, RJR Nabisco v. European Community, 2015 WL 5117968 (U.S.), *13 ff.

837 Das Gericht rechtfertigte den Systembruch, dass die Vermutung gegen extraterritoriale Anwendung auf die zivilrechtliche Anspruchsgrundlage und nicht nur das Sachrecht angewendet wurde, mit drohenden außenpolitischen Konflikten und dem Verweis auf die Kiobel-Entscheidung, in der die Vermutung gegen extraterritoriale Anwendung auf eine Zuständigkeitsnorm und damit ebenfalls nicht auf das Sachrecht angewendet worden ist, *RJR Nabisco Inc. v. European Community*, 579 U.S. ___ (2016). Zur Systemwidrigkeit der Kiobel-Entscheiung vgl. Teil 1, § 5, 3 d; S. 103.

vor US-amerikanischen Zivilgerichten darstellen und das ATS ersetzen kann. Zwar erfasst der RICO als relevante Form der organisierten Kriminalität neben vielen anderen Straftaten auch Mord, Entführung und Sklaverei.[838] Die klassischen Völkerrechtsverletzungen wie Völkermord, Kriegsverbrechen und Folter sind vom RICO aber nicht eingeschlossen. Damit der RICO anwendbar ist, müsste ein Unternehmen aufgrund seiner Aktivitäten zudem als „mafiös“ bzw. der organisierten Kriminalität zugehörend klassifiziert werden, was aber nur in Ausnahmefällen möglich sein dürfte.

c. *Anti Terrorism Act*

Auch der ATA, der US-amerikanischen Staatsbürgern einen zivilrechtlichen Ausgleichsanspruch zuspricht, wenn terroristische Straftaten vorliegen,[839] könnte als rechtliche Alternative für die HRL in Frage kommen. Ein Akt des internationalen Terrorismus setzt nach der Norm voraus, dass ein gewalttätiges oder lebensbedrohendes Verhalten vorliegt, das darauf abzielt, die Zivilbevölkerung einzuschüchtern oder die Politik zu beeinflussen.[840] Nach der gesetzlichen Definition erfasst das Gesetz zwar auch Verbrechen, die außerhalb der USA stattgefunden haben[841] und die von Unternehmen begangen wurden.[842] Die Rechtsprechung folgte zudem zunächst der Linie, dass Unternehmen für eine Beihilfe zum Terrorismus verurteilt werden können. So erklärte ein Distriktgericht eine jordanische Bank deswegen für schadensersatzpflichtig, weil sie die Prämien von Lebensversicherungen von palästinensischen Selbstmordattentätern verwaltet hatte.[843] Weil von Gerichten im Second Circuit seit dem Jahre 2012 aber in Frage gestellt wird, inwieweit Unternehmen überhaupt für Beilhilfe unter dem ATA haften, ist unklar, inwieweit der ATA in Zukunft eine Alternative für gegen Unternehmen gerichtete Menschenrechtsklagen darstellen kann.[844] Foreign cubed cases können jedenfalls nicht unter dem

---

838 Siehe die umfangreiche Liste in 18 USC § 1961 (1).

839 18 USC §§ 2333 (a) lautet: „Any national of the United States injured in his or her person, property, or business by reason of an act of international terrorism, or his or her estate, survivors, or heirs, may sue therefor in any appropriate district court of the United States and shall recover threefold the damages he or she sustains and the cost of the suit, including attorney's fees.“ Die erfassten terroristischen Straftaten finden sich in Kapitel 113 B des 18. Kapitels des USC. Siehe zum ATA im Rahmen der HRL *Stephens et al.*, International Human Rights Litigation in U.S. Courts, S. 110 ff.; *Henner*, Human Rights and the Alien Tort Statute, S. 105 ff.

840 18 USC §§ 2331 (1) (a) und (b).

841 18 USC §§ 2331 (1) (c).

842 18 USC §§ 2331 (3).

843 *Linde v. Arab Bank*, 384 F.Supp.2d 571, 582 ff. (E.D.N.Y. 2005). So auch *Boim v. Quranic Literacy Institute*, 291 F.3d 1000, 1020 f. (7th Cir. 2002) und *Wultz v. Islamic Republic of Iran*, 755 F.Supp.2d 1, 54 ff. (D.D.C. 2010).

844 Siehe *Rothstein v. UBS AG*, 708 F.3d 82, 97 f. (2d Cir. 2013). Sehr kritisch auch *Gill v. Arab Bank*, 893 F.Supp.2d 474, 449 ff. (E.D.N.Y. 2012). Siehe zum Ganzen

ATA geltend gemacht werden, weil der ATA nach seinem Wortlaut nur US-amerikanischen Klägern einen Schadensersatzanspruch zugesteht.

d. Trafficking Victims Protection Act

Der TrafVPA normierte im Jahre 2000 einen weiteren zivilrechtlichen Ausgleichsanspruch, der bei der Verletzung von Straftatbeständen greift, die im Rahmen einer unternehmerischen Tätigkeit verwirklicht werden können,[845] und der damit für Menschenrechtsklagen relevant werden kann.[846] 18 USC § 1595 (a) sieht vor, dass Opfer der in Kapitel 77 des 18 Titel des USC normierten Straftaten,[847] etwa der Sklaverei, des Menschenhandels oder der Zwangsarbeit, gegen den Täter Schadensersatzklage beim District Court erheben können.[848]

Der TrafVPA kann auch foreign cubed cases erfassen, in denen sich der Sachverhalt im Ausland ereignet hat und weder Täter noch Opfer die US-amerikanische Nationalität aufweisen. So hat der Gesetzgeber – nachdem die Gerichte einer extraterritorialen Anwendung des TrafVPA ursprünglich kritisch gegenüberstanden – im Jahre 2008 mit einer Gesetzesänderung ausdrücklich angeordnet, dass der TrafVPA extraterritorial

---

Bitterly, Can Banks be Liable for Aiding and Abetting Terrorism? A Closer Look into the Split on Secondary Liability under the Antiterrorism Act, 83 Fordham L. Rev. 3389, 3414 ff. (2015).
Die Gerichte, die eine Beihilfe ablehnen, stützen sich dabei auf eine Auslegungsvermutung aus dem Wertpapierrecht, nach der ein Gesetz keine Beihilfestrafbarkeit kennt, wenn diese nicht explizit angeordnet ist. Siehe *Central Bank of Denver v. First Interstate Bank of Denver*, 511 U.S. 164,177 (1993).

845 Zum TrafVPA und den das Strafverfahren ergänzenden zivilrechtlichen Anspruch *Carr et al.*, Human Trafficking Law and Policy, S. 273 ff.; *Kim/Hreshchyshyn*, Human Trafficking Private Right of Action, 16 Hastings Women's L. J. 1 (2004); *Nam*, The Case of the Missing Case: Examining the Civil Right of Action for Human Trafficking Victims, 107 Colum. L. Rev. 1655 (2007). Zum Ganzen *Harvard Law Review*, The Trafficking Victims Protection Act, 118 Harv. L. R. 2180 (2005); *Mattar*, Interpreting Judicial Interpretations of the Criminal Statutes of the Trafficking Victims Protection Act, 19 J. Gender, Soc. Pol. & the Law 1247 (2011).
Das Gesetz wurde vor dem Hintergrund von Art. 3 und Art. 5 (a) des Zusatzprotokoll zur Verhütung, Bekämpfung und Bestrafung des Menschenhandels, insbesondere des Frauen- und Kinderhandels zum Übereinkommen der Vereinten Nationen gegen die grenzüberschreitende organisierte Kriminalität vom 15.11.2000 (UN-Protokoll gegen den Menschenhandel) verabschiedet.

846 Als Anwendungsbeispiel in dem eine Klage zugleich auf den TrafVPA, den ATS und den RICO gestützt wurde siehe z.B. *Adhikari v. Daoud & Partners*, 697 F.Supp.2d 674 (S.D. Tex. 2009).

847 18 USC §§ 1581 ff.

848 18 USC § 1595 (a) lautet: „An individual who is a victim of a violation of this chapter may bring a civil action against the perpetrator (...) in an appropriate district court of the United States and may recover damages and reasonable attorney's fees."

angewendet werden kann, wenn der Täter US-Amerikaner ist oder sich rechtmäßig in den USA aufhält.[849] Damit besteht hier eine Rechtslage, bei der die Präsenz des Täters in den USA ausreicht, um ein Gerichtsverfahren in den USA anzustrengen. Der zivilrechtliche Ausgleichsanspruch des TrafVPA erfasst als Klagegegner zudem nicht nur natürliche, sondern auch juristische Personen. Der Wortlaut ordnet eine Haftung von „whoever" an, was nach der Legaldefinition des 1 USC § 1 (d) auch Unternehmen einschließt.[850]

Selbst wenn der TrafVPA damit grundsätzlich auch foreign cubed cases und Unternehmen erfasst, kann er doch die bisherige HRL nicht ersetzen. Zunächst bleibt die Frage zu beantworten, wann ein ausländisches Unternehmen im Sinne von 18 USC § 1596 (a) (2) in den USA präsent ist. Soweit hier Analogien zur Essentially-at-Home-Rechtsprechung gezogen werden,[851] würde der TrafVPA ausländische Unternehmen doch nicht erfassen.[852] Zudem hatte der TrafVPA bisher nur eine geringe praktische Bedeutung, weil Opfer des Menschenhandels die Mittel einer effektiven Rechtsdurchsetzung oft fehlen und sie nicht ausreichend vor den Tätern geschützt sind.[853] Zuletzt besitzt der TrafVPA nur einen sachlich beschränkten Anwendungsbereich. Denkbare Fallkonstellationen bestehen in den Fällen, in denen Unternehmen aufgrund der von ihnen zu verantwortenden Arbeitsbedingungen direkt am Menschenhandel beteiligt sind. Dies sind allerdings nicht die hier im Fokus stehenden ATS-Konstellationen, bei denen ein ausländischer Staat eine Menschenrechtsverletzung vorsätzlich begeht und einem Unternehmen dazu Beihilfe vorgeworfen wird.[854] Beispielsweise ist weder in der Kiobel- noch in der Daimler-Konstellation vorstellbar, wie der TrafVPA angewendet werden könnte.

---

849 18 USC § 1596 lautet: „(a) In addition to any domestic or extra-territorial jurisdiction otherwise provided by law, the courts of the United States have extra-territorial jurisdiction over any offense (...) if (1) an alleged offender is a national of the United States or an alien lawfully admitted for permanent residence (...); or (2) an alleged offender is present in the United States, irrespective of the nationality of the alleged offender." Dazu, dass 18 USC § 1596 aber nicht rückwirkend auf Sachverhalt angewendet werden kann, die vor der Verabschiedung des Gesetzes stattgefunden haben *Adhikari v. Daoud et al.*, 994 F.Supp.2d 831 (S. D. Tex.). Siehe zur extraterritorialen Anwendung des TrafVPA *Mattar*, Interpreting Judicial Interpretations of the Criminal Statutes of the Trafficking Victims Protection Act, 19 J. Gender, Soc. Pol. & the Law 1247, 1290 ff. (2011).

850 Siehe die Beispiele bei *Nam*, The Case of the Missing Case: Examining the Civil Right of Action for Human Trafficking Victims, 107 Colum. L. Rev. 1655, 1696 (2007).

851 Siehe Teil 2, § 3., S. 139.

852 Bei gegen natürliche Personen gerichteten Verfahren verbleiben die Probleme einer effektiven Rechtsverfolgung. Siehe Einleitung, § 1. 1. c., S. 6.

853 Siehe *Nam*, The Case of the Missing Case: Examining the Civil Right of Action for Human Trafficking Victims, 107 Colum. L. Rev. 1655, 1678 ff. (2007).

854 Einleitung, § 1. 1. a., S. 4.

2. Klagen vor den Staatengerichten bei Anwendung des einzelstaatlichen Deliktsrechts

Aufgrund der aktuellen Beschränkung des ATS durch die Kiobel-Entscheidung wird diskutiert, inwieweit Menschenrechtsklagen zukünftig auf Klagen in die Staatengerichte und das einzelstaatliche Deliktsrecht[855] ausweichen können.[856] Die zentrale Idee einer HRL vor den Staatengerichten besteht darin, Menschenrechtsverletzungen als einzelstaatliche state tort claims wie „wrongful death", „assault" oder „battery" geltend zu machen. Die meisten Menschenrechtsverletzungen erfüllen nämlich zugleich den Tatbestand eines state tort claims.[857] Die Möglichkeit Menschenrechtsklagen auf der Grundlage des einzelstaatlichen Deliktsrechts vor den Staatengerichten zu erheben, fand bisher wenig Beachtung, weil Kläger ihre Klagen vorrangig vor den Bundesgerichten unter dem menschenrechtlichen Sonderregime des ATS vorbrachten. Eine Geltendmachung einzelstaatlicher Ansprüchen in Menschenrechtsklagen fand aber auch schon vor der Kiobel-Entscheidung statt, wobei einzelstaatliche Ansprüche regelmäßig neben bundesstaatlichen Ansprüchen geltend gemacht worden sind.[858] Damit die HRL systematisch auf das Staatenrecht

855 Theoretisch können auf das allgemeine Deliktsrecht gestützte Menschenrechtsklagen auch vor den Bundesgerichten eingebrachte werden, wenn die Voraussetzungen der diversity jurisdiction oder der supplemental jurisdiction gegeben. Weil die Bundesgerichte in dieser Konstellation nach Rule 4 (k) (1) (A) FRCP das Zuständigkeitsrecht des Sitzstaates sowie gemäß 28 USC § 1652 dessen Kollisions- und Sachrecht anwenden, unterscheiden sich die Szenarien rechtlich nur unbedeutend voneinander.

856 *Hoffmann/Stephens*, International Human Rights Cases under State Law and in State Courts, 3 UC Irvine L. Rev. 9, 15 f. (2013); *Parrish*, State Court International Human Rights Litigation: A Concerning Trend?, 3 UC Irvine L. Rev. 25, 33 ff. (2013); *Alford*, The Future of Human Rights Litigation after Kiobel, 89 Notre Dame L. Rev. 1749, 1761 ff. (2014); *Skinner*, Beyond Kiobel, 46 Colum. Hum. Rts. L. Rev. 158, 200 f. (2014); *Reimann*, Das Ende der Menschenrechtsklagen vor den amerikanischen Gerichten?, IPRax 2013, S. 455, 461; *Stephens et al.*, International Human Rights Litigation in U.S. Courts, S. 120 ff.; *Hailer*, Menschenrechte vor Zivilgerichten – die Human Rights Litigation in den USA, S. 335 ff.

857 Siehe die vergleichende Tabelle bei *Stephens et al.*, International Human Rights Litigation in U.S. Courts, S. 121. Dadurch kann das begangene völkerrechtliche Unrecht freilich nicht mehr so klar wie unter dem ATS benannt werden. Zu diesem hinter dem ATS stehenden Klarstellungsinteresse Teil 1, § 2. 3. a., S. 44.
Hauptrechtsquelle der state tort claims ist weiterhin das allgemeine common law, dem die wesentlichen Anspruchsvoraussetzungen zu entnehmen sind. Auch wenn die torts heute vermehrt durch Rechtsvorschriften geregelt und beeinflusst werden, stellen diese noch kein kohärentes deliktrechtliches System dar, sondern schaffen nur im Einzelfall Anspruchsgrundlagen oder Einreden. Siehe *Keeton et al.*, The Law of Torts, S. 17 ff.; *Dobbs et al.;* The Law of Torts, S. 39 ff.

858 Siehe z.B. *Hoffmann/Stephens*, International Human Rights Cases under State Law and in State Courts, 3 UC Irvine L. Rev. 9, 15 ff. (2013). Die Geltendmachung

umschwenken kann, müssten die Staatengerichte, die mit dem internationalen Recht grundsätzlich weniger in Berührung kommen,[859] aber den politischen Willen aufbringen, umfangreiche, komplexe und außenpolitisch brisante Gerichtsverfahren durchzuführen. Verfahren, in denen Menschenrechtsverletzungen aufgrund des allgemeinen Deliktsrechts geltend gemacht werden, sehen sich anderen Hindernissen ausgesetzt als Verfahren unter dem menschenrechtlichen Sonderregimes des ATS. Insbesondere können sich die Kläger nicht mehr direkt auf das Interesse stützen, Menschenrechtsverletzungen zu sanktionieren. Zum einen findet ein solcher Vortrag bei Geltendmachung von einzelstaatlichem Deliktsrecht keinen Rückhalt in gesetzlichen Wertungen. Zum anderen droht bei Geltendmachung von menschenrechtlichen Wertungen die Verweisung an die Bundesgerichte, die für außenpolitische Fragen zuständig sind.[860] In foreign cubed cases werden sich Menschenrechtsklagen vor den Staatengerichten kaum durchsetzen können. Richten sich Verfahren hingegen gegen US-amerikanische Unternehmen ist ein Ausweichen der HRL auf das Staatenrecht hingegen durchaus denkbar.

a. Keine zuständigkeitsrechtliche Privilegierung

i. Personal jurisdiction

Auch wenn vor den Staatengerichten allgemeine deliktische Ansprüche geltend gemacht werden, muss zunächst die internationale Zuständigkeit der Gerichte begründet werden. Während die Zuständigkeit bei gegen US-amerikanische Unternehmen gerichteten Klagen unproblematisch gegeben ist, stellt diese Voraussetzung bei gegen ausländische Unternehmen gerichteten Menschenrechtsklagen ein großes Hindernis dar. Auch die Staatengerichte müssen bei Begründung der internationalen Zuständigkeit die Voraussetzungen der Due-Process-Klausel beachten.[861] Demnach muss der Beklagte Minimalkontakte zum Gerichtsstaat aufweisen, aufgrund derer ein Gerichtsverfahren dort nicht im Widerspruch mit überkommenen Fair-Play- und Gerechtigkeitserwägungen steht. Das Erfordernis der Minimalkontakte ist auf der Ebene der Einzelstaaten grundsätzlich schwerer zu erfüllen als vor den Bundesgerichten, weil hier nicht alle Kontakte ausländischer Beklagter zu den USA, sondern nur solche zum in Frage stehenden Staat Berücksichtigung finden können.[862] Mit der aktuellen Essentially-at-Home-Rechtsprechung des Supreme Court werden

einer weiteren einzelstaatlichen Anspruchsgrundlage sichert dem Kläger eine zusätzliche Erfolgschance, wenn der hinter dem ATS stehende Federal-Common-Law-Anspruch abgewiesen wird.

859 Siehe *Parrish*, State Court International Human Rights Litigation: A Concerning Trend?, 3 UC Irvine L. Rev. 25, 39 ff. (2013).

860 Zur federal question jurisdiction Teil 1, § 2. 3. d., S. 47. Zur Kompetenzverteilung Teil 3, § 1. 2. d., S. 191.

861 In den Staatengerichten ist die Due-Process-Klausel des 14. Amendment der US-amerikanischen Verfassung anwendbar. Siehe Teil 2, S. 107.

862 Teil 2, § 2. 1. e. iii., S. 124.

auch die Staatengerichte nur noch in außergewöhnlich gelagerten Fällen die Zuständigkeit über ausländische Unternehmen für in Drittstaaten begangenes Unrecht annehmen können, weil ausländische Unternehmen nicht im Wesentlichen in den US-amerikanischen Einzelstaaten beheimatet sind.[863] Dies folgt sogar direkt aus der Daimler-Entscheidung des Supreme Court, in der das Gericht inhaltlich einzelstaatliches Zuständigkeitsrecht angewendet hat.[864]

ii. Forum non conveniens

Falls ein Gericht doch die internationale Zuständigkeit annimmt, stellt der Einwand des forum non conveniens die nächste Hürde für einfachdeliktische Menschenrechtsklagen dar. Auch wenn die Staatengerichte nicht an die bundesrechtliche Forum-non-Conveniens-Doktrin gebunden sind, folgen sie in der Praxis weitgehend den Leitlinien der Piper-Aircraft-Entscheidung.[865] Auch die Forum-non-Conveniens-Prüfung stellt für unter dem Staatenrecht gegen US-amerikanische oder ausländische Unternehmen eingebrachte Klagen ein großes Hindernis dar.[866] Während die Ablehnung der Zuständigkeit bei gegen US-amerikanische Unternehmen gerichteten Klagen weitgehend im Ermessen der Gerichte stehen dürfte, stellt die Forum-non-Conveniens-Prüfung bei gegen ausländische Unternehmen gerichteten Klagen eine kaum überwindbare Hürde dar.

Für extraterritoriale Menschenrechtsklagen besteht zunächst regelmäßig ein alternatives zur Streitentscheidung geeignetes Forum. Die Gerichte der ausländischen Staaten, in denen die Menschenrechtsverletzungen stattgefunden haben, stellen zwar oft kein geeignetes Forum dar, weil dort korrupte oder instabile Regime herrschen, so dass ein faires Gerichtsverfahren nicht zu erwarten ist. Dies gilt insbesondere bei einer tatsächlichen Beteiligung der Staatsgewalt an der geltend gemachten Menschenrechtsverletzung.[867] Die Heimatstaaten der die Verletzungshandlung mitverursachenden Unternehmen sind aber regelmäßig ein geeignetes alternatives Forum.

Eine Abwägung von privaten und öffentlichen Faktoren dürfte in der Regel für eine Klageabweisung sprechen. In Fällen extraterritorialer Menschenrechtsklagen können verschiedene Argumente geltend gemacht werden, die für eine

---

863 Teil 2, § 3. 3., S. 158.

864 Teil 2, § 3. 1. b. ii., S. 144.

865 *Hay/Borchers/Symeonides*, Conflict of Laws, § 11.8. Vgl. zum Bundesrecht Teil 2, § 2. 1. d., S. 121.

866 So auch *Borchers*, Conflict-of-Laws Considerations in State Court Human Rights Actions, 3 UC Irvine L. Rev. 45, 59 f. (2013). Siehe auch die Beispiele bei *Skinner*, Beyond Kiobel, 46 Colum. Hum. Rts. L. Rev. 158, 207 f. (2014). Siehe als Anwendungsbeispiel z.B. Z.B. *Sequihua v. Texaco*, 847 F.Supp. 61, 64 (S.D. Tex. 1994).

867 So auch *Borchers*, Conflict-of-Laws Considerations in State Court Human Rights Actions, 3 UC Irvine L. Rev. 45, 60 (2013) m.w.N.

Nichtausübung der Gerichtszuständigkeit sprechen. Als öffentlicher Faktor spricht erstens der mögliche Eingriff in fremde staatliche Souveränitätssphären für eine Klageabweisung. Zweitens spricht für eine Klageabweisung, dass bei Menschenrechtsklagen nach allgemeinem Deliktsrecht in foreign cubed cases voraussichtlich ausländisches Sachrecht angewendet wird.[868] Der oberste Gerichtshof hat aber entschieden, dass das forum non conveniens auch dazu bestimmt ist, Gerichten in Situationen zu helfen, in denen schwierige rechtsvergleichende Aufgaben drohen. Wenn kollisionsrechtliche Fragen auftreten und die Anwendung ausländischen Rechts möglich ist, bestehe ein gegen ein Verfahren in den USA streitendes öffentliches Interesse.[869] Als öffentlicher Faktor spricht für eine Klageabweisung drittens, dass auf das allgemeine Deliktsrecht gestützte Klagen in foreign cubed cases zu einem unnötigen Geld- und Zeitaufwand führen. Viertens spricht für eine Klageabweisung in foreign cubed cases als privater Faktor, dass sich die Beweismittel regelmäßig nicht in den USA, sondern im Ausland befinden. Zuletzt kann im Rahmen des einzelstaatlichen Deliktsrechts das öffentliche Interesse, Menschenrechtsverstöße zu ahnden, gerade nicht mehrvorgetragen werden. Anders als im Rahmen des ATS können sich die Kläger im Rahmen des einzelstaatlichen Deliktrechts nicht auf eine gesetzliche Wertung stützen, die die US-amerikanischen Gerichte explizit für Menschenrechtsklagen für zuständig erklärt. Gegen eine Klageabweisung kann damit allein das allgemeine Interesse am Schutz von Klägern angeführt werden, die – wie in der Kiobel-Situation – rechtmäßig in den USA leben und dort Klage erheben.[870]

iii. Adjudicatory comity

Die Geltendmachung von Menschenrechtsklagen vor den Staatengerichten sieht sich dem weiteren Hindernis ausgesetzt, dass das angerufene Gericht seine Zuständigkeit auch unter Berufung auf die adjudicatory comity aus Ermessensgründen ablehnen kann, weil ein Eingriff in fremde hoheitliche Interessen droht.[871] Wenn Menschenrechtsklagen mit allgemeinen deliktischen Ansprüchen begründet werden, spielt die adjudicatory comity eine größere Rolle als in ATS-Verfahren, weil die Zuständigkeit der Gerichte nicht mehr durch eine spezialgesetzlichen Wertung gestützt wird. Beispielweise hat das Berufungsgericht des Ninth Circuit in der Sache Mujica v. Airscan eine gegen ein US-amerikanisches Unternehmen gerichtete und auf das kalifornische Deliktsrecht gestützte Klage abgewiesen, die sich mit einem

---

868 Dazu Teil 3, § 1. 2. b., S. 189.

869 „The doctrine of forum non conveniens, however, is designed in part to help courts avoid conducting complex exercises in comparative law. (...) The public interest factors point towards dismissal where the court would be required to untangle problems in conflict of laws, and in law foreign to itself." *Piper Aircraft v. Reyno*, 454 U.S. 235, 251 (1981).

870 Siehe z.B. *Wiwa v. Royal Dutch Petroleum*, 226 F.3d 88, 101 ff. (2d Cir. 2000).

871 Siehe schon Teil 1, § 5. 3. b., S. 100.

Sachverhalt beschäftigte, der sich in Kolumbien ereignet hatte. Ausschlaggebend für die Ablehnung der Gerichtszuständigkeit war dabei, dass sich sowohl die US-amerikanische Regierung als auch Kolumbien als Herkunftsland der Kläger für eine Klageabweisung einsetzten.[872] Comity-Gründe führten auch in Sequihua v. Texaco zur Abweisung einer auf einzelstaatliches Recht gestützten Klage. In diesem Fall ging es um eine von Einwohnern aus Ecuador aufgrund von Luft-, Wasser- und Bodenverschmutzung in Ecuador gegen das US-amerikanische Texaco-Unternehmen erhobene Klage. Für die Abweisung aus Comity-Gründen sprach, dass das schädigende Verhalten und der Schaden komplett in Ecuador stattgefunden hatten, die Kläger Einwohner von Ecuador waren und das verklagte Unternehmen nicht aus Texas stammte.[873]

b. Keine kollisionsrechtliche Privilegierung: Lex loci damni

Im Rahmen des allgemeinen Deliktsrechts können sich Kläger und Beklagte auf die Anwendung von ausländischem Sachrecht berufen.[874] Besteht die internationale Zuständigkeit der US-amerikanischen Gerichte, ermöglicht das einzelstaatliche Kollisionsrecht die Anwendung von ausländischem Recht. Die common law tort claims sind, anders als der hinter dem ATS stehende Federal-Common-Law-Anspruch, nicht als öffentliche Interessen durchsetzende Eingriffsnormen[875] zu verstehen. Daher treten bei der Geltendmachung des allgemeinen Deliktsrechts nicht dieselben Extraterritorialitätsprobleme wie unter dem bundesrechtlichen ATS auf, nach dem die Anwendung ausländischen Rechts nicht möglich ist.[876]

Die kollisionsrechtliche Untersuchung führt dazu, dass jedenfalls bei Menschenrechtsklagen in foreign cubed cases sowohl die Schadensbegründung als auch die Schadensausfüllung regelmäßig nach ausländischem Sachrecht beurteilt werden müssen, wenn der Beklagte den Einwand der Anwendbarkeit ausländischen Rechts

---

872 *Mujica v. Airscan*, 771 F.3d 580, 596 ff. (9th Cir. 2014); *Symeonides*, Choice of Law in the American Courts in 2015, http://ssrn.com/abstract=2543744, S. 21 ff.

873 „The challenged activity and the alleged harm occurred entirely in Ecuador; Plaintiffs are all residents of Ecuador; Defendants are not residents of Texas; enforcement in Ecuador of any judgment issued by this Court is questionable at best." *Sequihua v. Texaco*, 847 F.Supp. 61, 63 (S.D. Tex. 1994).

874 Zur kollisionsrechtlichen Prüfung in auf das Staatenrecht gestützten Klagen *Borchers*, Conflict-of-Laws Considerations in State Court Human Rights Actions, 3 UC Irvine L. Rev. 45 (2013); *Childress*, The Alien Tort Statute, Federalism, and the Next Wave of Transnational Litigation, 100 Geo. L. J. 709, 744 ff. (2012); *Hoffmann/Stephens*, International Human Rights Cases under State Law and in State Courts, 3 UC Irvine L. Rev. 9, 19 (2013); *Alford*, The Future of Human Rights Litigation after Kiobel, 89 Notre Dame L. Rev. 1749, 1770 ff. (2014); *Skinner*, Beyond Kiobel: 46 Colum. Hum. Rts. L. Rev. 158, 225 ff. (2014).

875 Siehe Teil 1, § 5. 2. c. S. 94.

876 Siehe Teil 1, § 5. 2. b., S. 92.

erhebt.[877] Ansätze, die das anwendbare Recht über den Tatort ermitteln, führen unproblematisch zu diesem Ergebnis.[878] Zum selben Ergebnis kommen bei konsequenter Anwendung auch die kollisionsrechtlichen Ansätze, die – wie die interest analysis – auf die Anwendungsinteressen des Rechts abstellen. Das US-amerikanische Deliktsrecht hat kein Interesse an einer Anwendung auf Auslandssachverhalte, wenn der Tatort nicht in den USA liegt, keine US-amerikanischen Staatsangehörigen beteiligt sind und auch keine sonstigen öffentlichen Interessen – wie der Schutz der Menschenrechte – vorgetragen werden.[879] Eine Schadensausfüllung nach ausländischem Sachrecht kann einen materiell-rechtlichen Nachteil darstellen, weil ausländische Rechtsordnungen oftmals keinen Strafschadensersatz vorsehen.[880] Auch wenn die meisten Staaten heute nicht mehr der Common-Law-Regel folgen, dass ausländisches Recht eine Tatsache darstellt, muss der Kläger dem Gericht das ausländische Recht zudem durch Experten beibringen.[881] Dadurch steigen die Kosten für die Durchführung von Menschenrechtsklagen.[882]

Wenn sich die Klage gegen ein US-amerikanisches Unternehmen richtet, spricht aufgrund des im Ausland belegenen Tatorts und des ausländischen Kläger ebenfalls viel für eine Anwendung von ausländischem Sachrecht. In diesem Fall ist es aber auch möglich, dass Gerichte vor dem Hintergrund des einzelstaatlichen Kollisionsrechts und insbesondere der interest analyis US-amerikanisches Sachrecht anwenden.[883]

---

877 So auch *Borchers*, Conflict-of-Laws Considerations in State Court Human Rights Actions, 3 UC Irvine L. Rev. 45, 49 ff. (2013).

878 Siehe *Al Shimari v. CACI International*, 951 F.Supp.2d 857, 868 ff. (E.D. Va. 2013); *Adamu v. Pfizer, Inc.*, 399 F.Supp.2d 495, 501 ff. (S.D.N.Y. 2005).

879 So auch *Borchers*, Conflict-of-Laws Considerations in State Court Human Rights Actions, 3 UC Irvine L. Rev. 45, 49 ff. (2013).

880 Siehe *Borchers*, Conflict-of-Laws Considerations in State Court Human Rights Actions, 3 UC Irvine L. Rev. 45, 52 (2013). Allerdings stellt sich in dieser Konstellation die Frage, inwieweit das ausländische Recht über den ordre public um einen Anspruch auf punitive damages ergänzt werden kann. Siehe diesbezüglich zum ATS Teil 1, § 5. 2. a., S. 89. Siehe zur Anknüpfung für punitive damages *Hay/Borchers/Symeonides*, Conflict of Laws, § 17.50, S. 992.

881 *Hay/Borchers/Symeonides*, Conflict of Laws, § 12.17.

882 *Skinner*, Beyond Kiobel, 46 Colum. Hum. Rts. L. Rev. 158, 231 (2014).

883 So in einer gegen ein US-amerikanische Unternehmen gerichteten Klage mit dem Argument, dass zwischen dem kalifornischen und dem nigerianischen Recht kein materiell-rechtlicher Konflikt bestehe und beide Rechte ein Anwendungsinteresse aufwiesen *Bowoto v. Chevron*, No. C 99-02506 SI, 2006 WL 2455761, *7 ff. (N.D. Cal. Aug. 22, 2006). Siehe auch *Doe v. Exxon Mobil*, 393 F.Supp.2d 20, 22 (D.D.C. 2005).

c. *Vor- und Nachteile des einzelstaatlichen Deliktsrechts*

Wenn auf Menschenrechtsklagen einzelstaatliches Recht angewendet wird, zieht dies materiell-rechtliche Vor- und Nachteile nach sich, wobei die Anspruchsvoraussetzungen des allgemeinen Deliktsrechts grundsätzlich einfacher zu begründen sind, als die des ATS.[884]

Vorteilhaft ist auf der einen Seite, dass bei Geltendmachung des einzelstaatlichen Deliktsrechts nicht dargelegt werden muss, dass das in Frage stehende Verhalten eine unter dem ATS sanktionsfähige Völkerrechtsverletzung darstellt. Auch die im Rahmen des ATS streitig diskutierte Frage, ob Unternehmen für Völkerrechtsverletzungen haften können oder ob die Möglichkeit einer Beihilfe besteht, spielt im Rahmen des einzelstaatlichen Deliktsrechts keine Rolle.[885] Zudem können Klagen im Rahmen des einzelstaatlichen Rechts auch auf die Fahrlässigkeit des Klagegegners gestützt werden.[886] Nachteilig ist auf der anderen Seite allerdings, dass die Verjährungsfristen im Rahmen des einzelstaatlichen Deliktsrechts kürzer sind als die 10-jährige Verjährungsfrist des ATS.[887] Die kürzeren Verjährungsfristen sind problematisch, weil Opfer von Menschenrechtsverletzungen sich ihrer rechtlichen Möglichkeiten oft nicht bewusst sind.[888]

d. *Rechtsquellenkonflikt: Vorrang bundesrechtlicher Wertungen?*

Zuletzt können föderale Bedenken Menschenrechtsklagen entgegenstehen, die nach einzelstaatlichem Deliktsrecht geltend gemachten werden.[889] Grundsätzlich ordnet

---

884 Die Vor- und Nachteile der Anwendung von ausländischem Deliktsrecht, die hier nicht untersucht werden können, sind grundsätzlich mit dem einzelstaatlichen Recht vergleichbar, weil auch andere Rechtsordnungen kein mit dem ATS vergleichbares menschenrechtliches Sonderregime aufweisen. Zum deutschen Recht siehe Teil 3 § 2., S. 197.

885 Siehe *Borchers*, Conflict-of-Laws Considerations in State Court Human Rights Actions, 3 UC Irvine L. Rev. 45, 48 f. (2013); *Hoffmann/Stephens*, International Human Rights Cases under State Law and in State Courts, 3 UC Irvine L. Rev. 9, 18 f. (2013). Ähnlich auch *Childress*, The Alien Tort Statute, Federalism, and the Next Wave of Transnational Litigation, 100 Geo. L. J. 709, 740 (2012).

886 So etwa in einer gegen die International Finance Corporation erhobenen Klage, die darauf gestützt wird, dass das IFC ein Kohlekraftwerk in Indien mitfinanziert hat, dessen Betrieb zu Umweltschäden geführt hat. Die Klageschrift ist abrufbar unter http://www.earthrights.org/media/communities-sue-world-bank-group-us-federal-court-destructive-coal-fired-power-plant.

887 Siehe Teil 1, § 2. 3. d., S. 47.

888 Siehe *Hoffmann/Stephens*, International Human Rights Cases under State Law and in State Courts, 3 UC Irvine L. Rev. 9, 19 (2013); *Skinner*, Beyond Kiobel, 46 Colum. Hum. Rts. L. Rev. 158, 229 f. (2014).

889 Auf derartige Kompetenzkonflikte weist hin *Childress*, The Alien Tort Statute, Federalism, and the Next Wave of Transnational Litigation, 100 Geo. L. J. 709, 749 f. (2012).

die Verfassung mit der supremacy clause den Vorrang des Bundes- vor dem Staatenrecht an.[890] Weil auch die auswärtigen Beziehungen nach der US-amerikanischen Verfassung dem Bund zugewiesen sind,[891] ist das Verhältnis von Bundesrecht zu Staatenrecht auch im Bereich der auswärtigen Beziehungen durch das Prinzip des Vorrangs bundesrechtlicher Wertungen (preemption) bestimmt.[892]

Rechtsprechungsbeispiele, die den Vorrang des Bundesrechts konkretisieren, sind rar. Einen Regelungskonflikt musste der Supreme Court beispielhaft in der Sache American Insurance Association v. Garamendi auflösen.[893] In dem Garamendi-Fall ging es um Ausgleichsforderungen für in der NS-Zeit zwangsverkaufte Versicherungsansprüche, deren Forderungsinhaber Juden waren. Nachdem die US-amerikanische Regierung mit der deutschen Regierung und mit deutschen Unternehmen per Regierungsabkommen zum Ausgleich die Gründung der International Commission on Holocaust Era Insurance Claims beschlossen hatte, verabschiedete Kalifornien davon unabhängig den Holocaust Victim Insurance Relief Act. Das kalifornische Gesetz sah vor, dass alle Versicherungsunternehmen, die von 1920 bis 1945 in Deutschland geschäftlich aktiv waren, Informationen über die verkauften Versicherungen veröffentlichen mussten. Gegen dieses kalifornische Gesetz gingen Versicherungsunternehmen gerichtlich vor. Der Supreme Court entschied daraufhin, dass das kalifornische Staatenrecht keine Anwendung finden könne, da es im Konflikt zum Bundesrecht stehe, dem der Bereich der auswärtigen Beziehungen verfassungsrechtlich zugewiesen sei. Mit der Mehrheitsmeinung muss das Staatenrecht nicht nur weichen, wenn das Bundesrecht seinen Vorrang durch eine preemption clause explizit anordnet, sondern schon dann, wenn Staatenrecht die Durchsetzung von Bundesrecht beeinträchtigt.[894] In der Entscheidung Medellín v. Texas hat der Supreme Court aber auch entschieden, dass der Präsident einzelstaatliches Prozessrecht nicht mit einer Verwaltungsanordnung mit dem Ziel aussetzen kann, völkerrechtlichen Verpflichtungen nachzukommen.[895]

Vor diesem Hintergrund ist ungeklärt, ob im Rahmen der HRL überhaupt Bundesrecht besteht, das die Anwendung von einzelstaatlichen Ansprüchen hindern kann, weil das ATS weder durch Bundesgesetz noch durch ein Regierungshandeln, sondern nur durch die Rechtsprechung des Supreme Court eingeschränkt wurde. Es ist ungeklärt, inwieweit die Auslegung von Bundesrecht durch den Supreme Court

---

890 Art. 6 § 2 der US-amerikanischen Verfassung.

891 Siehe *Nowak/Rotunda*, Constitutional Law, §§ 6.1. ff.

892 Siehe *Nowak/Rotunda*, Constitutional Law, § 9.4.c.

893 *American Ins. Ass'n v. Garamendi*, 539 U.S. 396 (2003).

894 „There is, of course, no question that at some point an exercise of state power that touches on foreign relations must yield to the National Government's policy, given the concern for uniformity in this country's dealings with foreign nations that animated the Constitution's allocation of the foreign relations power to the National Government in the first place." *American Ins. Ass'n v. Garamendi*, 539 U.S. 396, 413 (2003).

895 *Medellín v. Texas*, 552 U.S. 491, 530 ff. (2008).

die preemption auslösen kann. Dagegen könnte auf der einen Seite sprechen, dass bundesrechtlichen Wertungen insbesondere dann Vorrang zukommen soll, wenn ein Konflikt zwischen Wertungsentscheidungen verschiedener Gesetzgeber besteht. Ein solcher Konflikt besteht aber nicht, wenn nur eine richterliche Entscheidung zum Bundesrecht vorliegt.[896] Zudem können Entscheidungen des Supreme Court jederzeit durch den Gesetzgeber korrigiert werden. Auf der anderen Seite stellt auch die Auslegung des Bundesrechts durch den Supreme Court einen Teil des US-amerikanischen Bundesrechts dar.

Im Ergebnis ist es überzeugend, dass föderale Bedenken die Staatengerichte einerseits daran hindern, einen mit dem hinter dem ATS stehenden Federal-Common-Law-Anspruch inhaltsidentischen State-Common-Law-Anspruch als Grundlage für extraterritoriale Menschenrechtsklagen zu schaffen. Die Anerkennung eines weltweit geltenden Menschenrechtsanspruchs würde im direkten Widerspruch zur Kiobel-Entscheidung stehen.[897] Andererseits dürfte das Dogma des Vorrangs bundesrechtlicher Wertungen einer Geltendmachung von einzelstaatlichem Deliktsrecht nicht entgegenstehen, weil in diesem Fall kein Regelungskonflikt zwischen dem Bundes- und dem Staatenrecht besteht.[898] Die zentrale Aussage der Kiobel-Entscheidung ist, dass der hinter dem ATS stehende Federal-Common-Law-Anspruch materiell-rechtlich keine foreign cubed cases regeln kann.[899] Bei Geltendmachung allgemeiner deliktische Ansprüche in foreign cubed cases werden die Klagen aber nicht auf Menschenrechtsverletzungen, sondern auf die allgemeinen torts gestützt. Ein entscheidender Unterschied besteht zudem deshalb, weil bei Klagen vor den Staatengerichten, anders als in ATS-Fällen, materiell-rechtlich die Anwendung von ausländischem Sachrecht wahrscheinlich ist.[900]

3. Sonstige zivilrechtliche Sanktionsansätze

Weitere zivilrechtliche Angriffsmittel wie die jurisdictional discovery, Rechtshilfe-Anträge, Vollstreckungsverfahren in den USA oder das Recht des unlauteren Wettbewerbs sind systematisch mit einem Schadensersatzprozess der Opfer gegen die Täter nicht vergleichbar und stellen keinen Ersatz für unter dem ATS erhobene

---

896 An der Einschlägigkeit der preemption zweifelt *Childress*, The Alien Tort Statute, Federalism, and the Next Wave of Transnational Litigation, 100 Geo. L. J. 709, 749 f. (2012).

897 Siehe *Alford*, The Future of Human Rights Litigation after Kiobel, 89 Notre Dame L. Rev. 1749, 1769 f. (2014). Eine auf das Weltrechtsprinzip gestützte Anwendung von State-Common-Law-Ansprüche ohne hinreichenden Inlandsbezug ist zudem verfassungswidrig, weil sie gegen Due-Process- und Full-Faith-and-Credit-Standards verstößt siehe *Allstate Ins. Co. v. Hague*, 449 U.S. 302 (1981).

898 So auch *Stephens*, State Law Claims: The next Phase of Human Rights Litigation, 108 Am. Soc'y Int'l L. Proc. 442, 444 f. (2014).

899 Teil 1, § 5. 3. e., S. 104.

900 Teil 3, § 1. 2. b., S. 189.

Menschenrechtsklagen dar. Weil diese Ansätze aber durch die Opfer selber angestoßen werden können und deren Rechtsposition verbessern können, werden sie hier kurz vorgestellt.

Verfahren der jurisdictional discovery[901] ermöglichen es Opfern, schon vor Eröffnung des Hauptverfahrens Druck auf den Beklagten auszuüben.[902] Mit Beweisermittlungsgesuchen kann in diesen Verfahren – selbst wenn das angerufene Gericht letztlich unzuständig sein sollte – die personal jurisdiction und die subject matter jurisdiction des Gerichts überprüft werden.[903] Der Beklagte muss sich vor US-amerikanischen Gerichten verteidigen, sonst kann das Gericht sich für unzuständig erklären.[904] Die Voraussetzungen für die Anordnung und den Umfang der Beweiserhebung sind im Rahmen der jurisdictional discovery zwar ungeklärt, die Gerichte sind aber grundsätzlich klägerfreundlich eingestellt.[905] Dennoch kommt Verfahren der jurisdictional discovery im Bereich der foreign cubed HRL heute nur eine eingeschränkte Bedeutung zu. Das Ziel der jurisdictional discovery ist die Untersuchung der Gerichtszuständigkeit. Wird dieses Ziel nicht erreicht hat das Verfahren keinen Sanktionswert und verursacht Kosten für die Kläger. Damit kommt

---

901 Siehe Rule 26 ff. FRCP. Zum Ganzen *Marcus*, in Federal Practice & Procedure, § 2008.3; *Strong*, Jurisdictional Discovery in Transnational Litigation: Extraterritorial Effects of United States Federal Practice, 7 J. Priv. Int. L. 1 (2011); *Junker*, Discovery im deutsch-amerikanischen Rechtsverkehr, S. 384 f.
Die jurisdictional discovery kann eingeleitet werden, wenn zwischen den Parteien umstritten ist, ob das angerufene Gericht zuständig ist. Dies ist der Fall, wenn der Beklagte in Reaktion auf die Klageeinreichung nach Rule 12 (b) (1) FRCP mangels subject matter jurisdiction oder nach Rule 12 (b) (2) FRCP mangels personal jurisdiction einen Antrag auf Abweisung der Klage stellt. In Reaktion darauf kann das Gericht anordnen, dass der Beklagte Fragen des Klägers zur Zuständigkeitsbegründung beantworten und Beweismaterial diesbezüglich beibringen muss. Damit kann es schon vor dem Hauptverfahren zu einer Beweisaufnahme kommen.

902 Auf das Potential der jurisdictional discovery weist hin *Thomale*, Internationale Menschenrechtsklagen gegen europäische Gesellschaften vor US-amerikanischen Gerichten, ZIP 2014, S. 1158, 1163 f. Unternehmen aus europäischen Staaten, die das HBÜ ratifiziert haben, können sich auch nicht erfolgreich durch den die discovery ausschließenden Art. 23 HBÜ verteidigen, weil das HBÜ nach Ansicht des Supreme Court die Anwendung des US-amerikanischen Beweisrechts nicht ausschließt. Siehe *Société Nationale Industrielle Aérospatiale v. U.S. District Court*, 482 U.S. 522, 539 f. (1987).

903 Zur Zulässigkeit der jurisdictional discovery siehe *Oppenheimer Fund v. Sanders*, 437 U.S. 340, 351, Fn. 13 (1978).

904 *Ins. Corp. of Ireland v. Compagnie des Bauxites de Guinee*, 456 U.S. 694 (1982).

905 Rechtlich ist ungeklärt, ob der Kläger für die Anordnung der jurisdictional discovery einen Prima-Facie-Fall nachweisen muss, oder ob es ausreicht, dass die Behauptung der Gerichtszuständigkeit nicht schikanös ist. Siehe zum Ganzen *Strong*, Jurisdictional Discovery in Transnational Litigation: Extraterritorial Effects of United States Federal Practice, 7 J. Priv. Int. L. 1, 9 ff. (2011).

Discovery-Verfahren nur eine Bedeutung zu, wenn sie zur personal jurisdiction oder der subject matter jurisdiction führen können. Die sachliche Zuständigkeit der Bundesgerichte ist aber durch die Kiobel-Entscheidung des Supreme Court eingeschränkt worden.[906] Der Nachweis der personal jurisdiction sieht sich aufgrund der Essentially-at-Home-Rechtsprechung des Supreme Court großen Hindernissen ausgesetzt.[907]

Auch Rechtshilfe-Anträge im Zusammenhang mit im Ausland durchgeführten Menschenrechtsklagen stellen keinen Ersatz für Menschenrechtsklagen unter dem ATS dar. Zwar können Kläger über Rechtshilfe-Anträge nach 28 USC § 1782 die Vorteile des US-amerikanischen Beweisrechts ausschöpfen. Wenn auch nach der Essentially-at-Home-Rechtsprechung über ein Unternehmen in den USA die personal jurisdiction besteht, gilt dies auch, wenn eine Menschenrechtsverletzung im Ausland stattgefunden hat.[908] Durch ein Rechtshilfeverfahren wird aber nur ein ausländisches Verfahren begleitet, so dass dem Verfahren vor den US-amerikanischen Gerichten keine eigene Sanktionswirkung zukommt.

Auch die Einbringung eines ausländischen Urteils zu Vollstreckungszwecken[909] stellt keine alternative Möglichkeit dar, extraterritoriale Sachverhaltskonstellationen vor US-amerikanischen Gerichten zu sanktionieren. Eine Vollstreckung fremder Urteile führt gerade nicht zu einer materiell-rechtliche Sanktionierung von Sachverhalten, die sich im Ausland ereignet haben. Zudem steht die Vollstreckung ausländischer Urteile unter dem Vorbehalt des vollstreckungsrechtlichen ordre public[910] wie das gegen Texaco/Chevron gerichtete Verfahren beeindruckend illustriert hat.[911]

---

906 Teil 1, § 5. 3. e., S. 104.

907 Teil 2, § 3., S. 139.

908 Als Anschauungsbeispiel kann der im Jahre 2014 erhobene Rechtshilfeantrag in der Sache Álvarez gelten. Hintergrund des Verfahrens ist, dass nach klägerischem Vortrag Elmer Eduardo Campos Álvarez bei friedlichen Protesten gegen die Conga Mine, die in Peru von einer Tochtergesellschaft der in Colorado gegründeten Newmont Mining betrieben wird, von der Polizei in den Rücken geschossen wurde. Daraufhin reichte Álvarez zunächst eine strafrechtliche und eine zivilrechtliche Klage in Peru gegen die handelnden Behörden ein. Anschließend stellte er am Sitz von Newmont Mining in Colorado einen Antrag auf Rechtshilfe. *EarthRights International*, U.S. Federal Court Action Requests Information from Newmont Regarding Repression of Protests at its Conga Mine Project, http://www.earthrights.org/media/us-federal-court-action-requests-information-newmont-regarding-repression-protests-its-conga.

909 *Hay/Borchers/Symeonides*, Conflict of Laws, §§ 24.33 ff.

910 *Hay/Borchers/Symeonides*, Conflict of Laws, §§ 24.44.

911 Der gegen Texaco und Chevron gerichtete Rechtsstreit beschäftigte sich mit Umweltschäden, die Bohrungen auf dem Lago Agrio Ölfeld verursacht hatten. Das wegen der Umweltverschmutzung zunächst angerufene US-amerikanische Gericht hatte sich unter Berufung auf den Grundsatz des forum non conveniens für unzuständig erklärt. *Aguinda v. Texaco*, 303 F.3d 470 (2d Cir. 2002). Nach einem längeren Verfahren erachtete das höchste Gericht von Ekuador eine gegen Texaco/

Im Ausland durch Unternehmen begangene Menschenrechtsverstöße können in den USA indirekt über das Recht des unlauteren Wettbewerbs sanktioniert werden.[912] Die sog. Unfair Deceptive Acts and Practices[913] können die Grundlage für ein wettbewerbsrechtliches Vorgehen darstellen. Einem Unternehmen kann die Täuschung der Konsumenten vorgeworfen werden, wenn es in den USA fehlerhafte oder unvollständige menschenrechtlich relevante Informationen[914] veröffentlicht.[915] Dennoch kann auch diese Sanktionsmöglichkeit das ATS nicht systematisch ersetzten. Einerseits wird durch das Wettbewerbsrecht materiell-rechtlich nicht

---

Chevron gerichtet Schadensersatzforderung in Höhe von knapp $ 9 Milliarden für rechtmäßig. *Corte Nacional de Justicia*, 12. 11. 2013, No. 174–2012. Aufgrund der Höhe des zugesprochen Schadensersatzes hatte sich die Unzuständigkeitserklärung des US-amerikanischen Gerichts für das US-amerikanische Unternehmen als nachteilig erwiesen. In der Folge wurden US-amerikanische Gerichte mit einem Antrag auf Vollstreckung des ekuadorianischen Urteils konfrontiert. Diesen Antrag wies ein New Yorker Federal District Court ab, weil in Ekuador keine unabhängige Justiz bestehe. Siehe *Chevron Corp. v. Donzinger*, 974 F.Supp.2d 362, 608 ff. (S.D.N.Y. 2014). Siehe zu einem ganz ähnlichen Vorgang in einem gegen Doe Chemicals gerichteten Verfahren *Bookman*, Litigation Isolationism, 67 Stan. L. Rev. 1081, 1082 f. (2015).
Dennoch hat ein offensichtlicher Schutz US-amerikanischer Unternehmen durch eine durch Ermessensgründe gestützte Abweisung von Haftungsklagen aufgrund der Gegenmaßnahmen der Tatortstaaten – vor allem von lateinamerikanischen Ländern –, die vermehrt Klagen insbesondere gegen US-amerikanische Unternehmen zulassen, an Attraktivität eingebüßt.

912 Dazu *Stephens et al.*, International Human Rights Litigation in U.S. Courts, S. 125 f.; *Alford*, The Future of Human Rights Litigation after Kiobel, 89 Notre Dame L. Rev. 1749, 1758 ff. (2014); *Nagiel*, An Overlooked Gateway to Victim Compensation, 46 Colum. J. Transnat'l L. 133, 139 ff. (2008); *Bird et al.*, Corporate Voluntarism and Liability for Human Rights in a Post-Kiobel World, 102 Kentucky L. J. 1, 45 ff. (2013).

913 Das bekannteste Beispiel ist § 17200 Cal. Bus. & Prof. Code: „As used in this chapter, unfair competition shall mean and include any unlawful, unfair or fraudulent business act or practice and unfair, deceptive, untrue or misleading advertising and any act prohibited by (...) the Business and Professions Code."

914 Eine Veröffentlichung kann freiwillig geschehen oder auf einer staatlich angeordneten Veröffentlichungspflicht beruhen. So sieht z.B. das kalifornische Recht in § 1714.43 Cal. Civ. Code vor, dass Unternehmen ab einer bestimmten Größe ihre Bemühungen veröffentlichen müssen, mit denen sie versuchen Sklaverei und Menschenhandel zu bekämpfen.

915 Vor diesem Hintergrund wurde Nike in einem Gerichtsverfahren in Kalifornien vorgeworfen, falsche Angaben zu den Arbeitsbedingungen von Subunternehmen in China, Vietnam und Indonesien gemacht zu haben. Das Verfahren endet mit einem Vergleich. In dem Verfahren vor dem Supreme Court von Kalifornien ging zuletzt darum, inwieweit die Aussagen von Nike von der Meinungsfreiheit gedeckt sind. Siehe *Kasky v. Nike*, 27 Cal.4th 939 (2002).

die Menschenrechtsverletzung als solche, sondern nur eine in den USA getätigte Fehlauskunft sanktioniert. Andererseits sind nicht die direkt von der Verletzung betroffenen Opfer, sondern nur die US-amerikanischen Konsumenten oder die Federal Trade Commission (FTC) zur Rechtsdurchsetzung befugt.[916]

§ 2 Alternative Klagemöglichkeiten vor deutschen Gerichten

Die Beschränkung der Klagemöglichkeiten in den USA führt dazu, dass die USA ihre Monopolstellung für Menschenrechtsklagen verlieren. Kläger werden zukünftig den Blick verstärkt auch auf alternative Foren richten. Abschließend wird daher untersucht, inwieweit „deutsche" Unternehmen[917] vor deutschen Gerichten[918] zivilrechtlich haften, wenn Tochterunternehmen in Drittstaaten Menschenrechtsverletzungen

---

Vereinzelt wurde anfänglich sogar allein eine menschenrechtlich fragwürdige Geschäftspraxis als unfairer Wettbewerb erachtet. Zu einem derartigen Verfahren wegen unmenschlichen Arbeitsbedingungen in „sweatshops" in Kalifornien siehe das letztlich verglichene Verfahren *Bureerong v. Uvawas*, 922 F.Supp. 1450, 1477 (D.C.N. Cal. 1996). Siehe zu einem extraterritorialen Unfair Deceptive Act and Practices-Anspruch wegen Geschehnissen in Myanmar in der Sache Doe v. Unocal *Nagiel*, An Overlooked Gateway to Victim Compensation, 46 Colum. J. Transnat'l L. 133, 139 ff. (2008).

916 Siehe hierzu *Bird et al.*, Corporate Voluntarism and Liability for Human Rights in a Post-Kiobel World, 102 Kentucky L. J. 1, 45 ff. (2013).

917 Vgl. zum Begriff des „deutschen Unternehmen schon" Einleitung, § 1. 1. d., S. 7.

918 Zu einem weltweiten Überblick transnationaler Menschenrechtsklagen siehe *Stephens*, Translating Filártiga: A Comparative and International Law Analysis of Domestic Remedies for International Human Rights Violations, 27 Yale J. Int'l L. 1, 17 ff. (2002); *Joseph*, Corporations and Transnational Human Rights Litigation, S. 113 ff.; *Meeran*, Tort Litigation against Multinational Corporations for Violations of Human Rights: An Overview of the Position outside the United States, 3 City U. H. K. L. Rev. 1 (2011); *Goldhaber*, Corporate Human Rights Litigation in Non-U.S. Courts, 3 UC Irvine L. Rev. 127 (2013). Zur Rechtslage in Großbritannien *Chambers/Tyler*, The UK Context for Business and Human Rights; in: Blecher, Kaymar, Bellamy (Hrsg.), Corporate Responsibility for Human Rights Impacts: New Expectations and Paradigms, S. 301; *Srinivasan*, Corporate Responsibility for Human Rights Impacts: New Expectations and Paradigms, in: Current Trends and Future Effects in Transnational Litigation against Corporations in the United Kingdom, in: Blecher, Kaymar, Bellamy (Hrsg.), S. 331; *Sanger*, Corporations and Transnational Litigation: Comparing Kiobel with the Jurisprudence of the English Courts, Am. J. Comp. L. 2013, S. e 23, e 29; *Palombo*, Chandler v. Cape: An Alternative to Piercing the Corporate Veil Beyond Kiobel v. Royal Dutch Shell, 4 Brit. J. Am. Legal Stud. 453 (2015); *Weschka*, Human Rights and Multinational Enterprises, ZaöRV 2006, S. 625, 631 ff. Mit Fokus auf das kanadische Recht *Skinner*, Beyond Kiobel, 46 Colum. Hum. Rts. L. Rev. 158, 191 ff. (2014). Zu Verfahren vor niederländischen Gerichten *Jägers/van der Heijden*, Corporate Human Rights

mitverursachen.[919] Wenn diese Frage auf die vom Supreme Court behandelten Fallkonstellation angewendet wird, ist zu überlegen, ob die in Stuttgart sitzende Daimler AG in Deutschland für die Unterstützung der Militärdiktatur in Argentinien verklagt werden könnte bzw. ob Royal Dutch Shell in Deutschland für die Gewalttaten der Militäreinheiten in Nigeria verklagt werden könnte, wenn das Royal Dutch Shell beherrschende Unternehmen seinen Sitz in Deutschland hätte.

Bei der Sanktionierung von „deutschen" Konzernen, deren herrschendes Unternehmen in Deutschland sitzt, steht den deutschen Gerichten jedenfalls die Gerichtsgewalt über das herrschende Unternehmen zu. Eine mit der bisherigen US-amerikanischen HRL vergleichbare Sanktionierung ausländischer Unternehmen für im Ausland stattgefundene Menschenrechtsverletzungen, ist in Deutschland hingegen nur schwer vorstellbar, weil es an einer einschlägigen Zuständigkeitsnorm fehlt.[920]

Strafrechtliche Sanktionsmechanismen werden an dieser Stelle ausgeblendet,[921] weil das Strafrecht bei Beteiligung von Unternehmen keine Sanktionsmöglichkeit bereitstellt. Zwar können sich natürliche Personen, insbesondere nach dem VStGB, für im Ausland begangene Menschenrechtsverletzungen strafbar machen.[922]

Violations: The Feasibility of Civil Recourse in the Netherlands, 33 Brook. J. Int'l L. 833 (2008).

919 Zur deutschen Rechtslage *Stürner*, Transnationale Menschenrechtsklagen im internationalen Privat- und Verfahrensrecht, Int. J. Proc. L. 2014, 350, 360 ff.; *Stürner*, in: FS Coester-Waltjen 2015, Die Rolle des Kollisionsrechts bei der Durchsetzung von Menschenrechten, S. 843; *Grabosch*, Rechtsschutz vor deutschen Zivilgerichten gegen Beeinträchtigungen von Menschenrechten durch transnationale Unternehmen; in: Nikol, Bernhard, Schniederjahn (Hrsg.), Transnationale Unternehmen und Nichtregierungsorganisationen im Völkerrecht, S. 69; *De Schutter*, in: Alston (Hrsg.), Non-State Actors and Human Rights, The Accountability of Multinationals for Human Rights Violations in European Law, S. 227, 262 ff.; *Osieka*, Zivilrechtliche Haftung deutscher Unternehmen für menschenrechtsbeeinträchtigende Handlungen ihrer Zulieferer; *Van Den Eeckhout*, The Private International Law Dimension of the Principles, http://papers.ssrn.com/sol3/papers.cfm?abstract_id=2560268. Hinreichende Sanktionsmöglichkeiten sieht der Brief of the *Federal Republic of Germany* as Amicus Curiae in Support of Respondents, Kiobel v. Royal Dutch, 2012 WL 379578, *11 f.; *Weller/Kaller/Schulz*, Haftung deutscher Unternehmen für Menschenrechtsletzungen im Ausland, AcP 216 (2016), 387. Siehe auch die die Expertenanhörung zum Thema „Zugang zu Recht und Gerichten in Deutschland", die am 28.9.2015 bei dem Deutschen Industrie- und Handelskammertag im Rahmen des Nationalen Aktionsplan stattgefunden hat und die Analyse des *Deutschen Instituts für Menschenrechte*, National Baseline Assessment, Umsetzung der UN-Leitprinzipien für Wirtschaft und Menschenrechte.

920 Dazu Teil 3, § 2. 1. S. 201.

921 Auch indirekte Sanktionen nach §§ 5, 9 des UWG werden nicht behandelt.

922 Insbesondere im Fall des Völkermords, der Verbrechen gegen die Menschlichkeit und bei Kriegsverbrechen. Siehe § 6 ff. VStGB.

Juristische Personen können de lege lata aber nicht Täter im Sinne des deutschen Strafrechts sein.[923] Nach der herkömmlichen Rechtsauffassung fehlt juristischen Personen sowohl Handlungs-, als auch Schuld- und Straffähigkeit: Societas delinquere non potest. Dahinter steht der Gedanke, dass nur Menschen handeln und Schuld im Sinne eines höchstpersönlichen, sittlich tadelnswerten Verhaltens auf sich laden können.[924]

Das deutsche Recht und das Unionsrecht kennen keinen deutschen oder „European foreign torts claims act",[925] der ein mit dem ATS vergleichbares Menschenrechtsregime spezialgesetzlich regelt. Menschenrechtsklagen vor deutschen Zivilgerichten sind daher grundsätzlich anderen zuständigkeitsrechtlichen, kollisionsrechtlichen und materiell-rechtlichen Hindernissen ausgesetzt als ATS-Klagen.[926] Zivilrechtliche Verfahren vor deutschen Gerichten ähneln in den USA vor den Staatengerichten geltend gemachten Menschenrechtklagen.[927] Auch im deutschen Zivilprozess kommt den Menschenrechten in Form der Grundrechte, der Europäischen Menschenrechtskonvention (EMRK), der Charta der Grundrechte der EU (Grundrechtscharta) und völkerrechtlicher Verträgen[928] aber teils mittelbar und teils unmittelbar eine rechtliche Bedeutung zu.[929] Deutsche Gerichte sind im Rahmen ihrer Gerichtstätigkeit nach Art. 1 Abs. 3 GG an die Grundrechte gebunden und müssen

---

923 Siehe statt aller *Heine/Weißer*, in: Schönke/Schröder, Vorbem. §§ 25 ff., Rn. 120 ff. Auf das Sanktionspotential von § 30 und § 130 des OWiG weisen hin *Dörr*, Die Haftung von Unternehmen nach dem Gesetz über Ordnungswidrigkeiten, in: Kempf, Lüderssen und Klaus (Hrsg.), Unternehmensstrafrecht, S. 23 und *Leipold*, Unternehmensstrafrecht – Eine rechtspolitische Notwendigkeit ZRP 2013, S. 34, 34 f.

924 Siehe *Engisch*, in: Verhandlungen des 40. Deutschen Juristentages, 1953, S. E 7, E 23 ff.; *Vogel*; Unrecht und Schuld in einem Unternehmensstrafrecht, in: Kempf, Lüderssen, Klaus (Hrsg.), Unternehmensstrafrecht, S. 205.

925 So aber mit dem Hinweis darauf, dass in Europa die Gerichte immer für gegen europäische Unternehmen gerichtete Klagen zuständig sind *De Schutter*, in: Alston (Hrsg.), Non-State Actors and Human Rights, The Accountability of Multinationals for Human Rights Violations in European Law, S. 227, 265.

926 Immunitätsfragen, die bei gegen fremde Staaten oder deren Bedienstete gerichteten Menschenrechtsklagen auftreten, spielen keine Rolle, wenn Unternehmen verklagt werden, die im eigenen Interesse handeln. Siehe *Mankowski*; in: Hoffmann (Hrsg.) Universalität der Menschenrechte, Gerichtsbarkeit und internationale Zuständigkeit deutscher Zivilgerichte bei Menschenrechtsverletzungen, S. 139; 148.

927 Teil 3, § 1. 2., S. 185.

928 So z.B.
- die Allgemeine Erklärung der Menschenrechte der Vereinten Nationen vom 10. Dezember 1948
- die Konvention über die Verhütung und Bestrafung des Völkermorde vom 9. Dezember 1948
- die UN-Antifolterkonvention oder
- das UN-Protokoll gegen den Menschenhandel.

929 *Kronke*, Die Wirkungskraft der Grundrechte bei Fällen mit Auslandsbezug, BerGesVR 38 (1998) 33, 43.

bei der Rechtsanwendung die Wertungen der EMRK und sonstiger völkerrechtlicher Verträge berücksichtigen.[930] Aufgrund der programmatischen Verbürgung der Menschenrechte treten bei der Rechtsanwendung aber viele Fragen auf. So ist nicht abschließend geklärt, ob und welchen Rechtsnormen als absoluten Menschenrechtsgarantien eine besonders wichtige Bedeutung zukommt.[931] Weil weltweit unterschiedliche Wertvorstellungen bestehen, existieren zudem Unklarheiten darüber, wann genau ein Verhalten universell geltende Menschenrechte verletzt.[932]

Die Debatte zur menschenrechtlichen Verantwortung von Unternehmen und Fragen der zivilrechtlichen Verantwortlichkeit rücken heute in Deutschland aber stark in den gesellschaftlichen und politischen Fokus. Die Debatte wird insbesondere durch die Verabschiedung der UN-Leitprinzipien angeregt,[933] die neben Aussagen zur staatlichen Schutzpflicht (duty to protect), Aussagen zur menschenrechtlichen Sorgfaltspflicht von Unternehmen (responsibility to respekt) und Aussagen zum Zugang zur Abhilfe bei Menschenrechtsverstößen (access to remedy) treffen. Der Einfluss der UN-Leitprinzipien kann beispielshaft an der von der Bundesregierung angestoßenen Erarbeitung eines Nationalen Aktionsplans „Wirtschaft und Menschenrechte“, der Erstellung eines National Baseline Assessment durch das Deutsche Institut für Menschenrechte[934] oder der Bestandsaufnahme der Europäischen Kommission zur Implementierung der UN-Leitprinzipien[935] gesehen werden. Daneben wird auch im Rahmen der UN Working

930 Der EMRK und völkerrechtlichen Verträgen kommt zwar über Art. 59 Abs. 2 GG grundsätzlich nur der Rang eines einfachen Gesetzes zu. Der Rechtsanwender muss das deutsche Recht aber völkerrechtskonform auslegen. Siehe BVerfG, BVerfGE 74, S. 358, 370 = NJW 1987, S. 2427.

931 *Looschelders*, Die Ausstrahlung der Grund- und Menschenrechte auf das Internationale Privatrecht, RabelsZ 65 (2001), 463, 480 ff.; *Kokott*, Grund- und Menschenrechte als Inhalt eines internationalen Ordre public, BerGesVR 38 (1998) 71, 85 f.

932 Siehe z.B. *Delbrück*, in: Schwartländer (Hrsg.), Menschenrechte und Demokratie, Menschenrechte im Schnittpunkt zwischen universalem Schutzanspruch und staatlicher Souveränität, S. 11, 20 ff.; *Fischer*, in: FS Remmers 1995, Schadensersatzansprüche wegen Menschenrechtsverletzungen im Internationalen Privat- und Prozessrecht, S. 447, 453 ff.; *Tomuschat*, Human Rights, S. 47 ff.
Dazu dass beispielsweise eine Friedhofssatzung, nach der nur Grabmale aufgestellt werden dürfen, die nachweislich in der gesamten Wertschöpfungskette ohne Kinderarbeit im Sinne der ILO Konvention 182 hergestellt wurden, wegen Unbestimmbarkeit nichtig ist, wenn nicht erkennbar ist, wie der Nachweis geführt werden kann, dass die Grabmale nicht mit Kinderarbeit hergestellt worden sind BVerwG, BVerwGE 148, 133 = NVwZ 2014, 527.

933 So auch *Bucher*, Universal Civil Jurisdiction with regard to Reparation for International Crimes, Rapport, Rn. 54 ff.

934 *Deutsches Institut für Menschenrechte*, Umsetzung der UN-Leitprinzipien für Wirtschaft und Menschenrechte, Stand 30.4.2015.

935 Commission Staff Working Document on Implementing the UN Guiding Principles on Business and Human Rights – State of Play, Dokument vom 14.7.2015, SWD (2015) 144 final.

Group on Business and Human Rights[936] versucht, die Umsetzung der UN-Leitprinzipien voranzubringen.

Dass Kläger bisher vor deutschen Gerichten – anders als vor niederländischen oder englischen Gerichten – keine Menschenrechtsklagen einreichen, ist noch kein Nachweis dafür, dass derartige Verfahren unmöglich sind. Als Ursachen für die Abwesenheit von Verfahren vor deutschen Gerichten können der Mangel an entsprechenden Klagebegehren sowie die Tatsache ausgemacht werden, dass Kläger Menschenrechtsklagen bisher vorrangig in den USA einreichten. Dass sich der Fokus aktuell auch auf die deutschen Gerichte verschiebt, zeigt aber beispielhaft das gerade erst angestoßene KIK-Verfahren, in dem KIK vor dem Landgericht Dortmund von pakistanischen Klägern wegen eines Brands in den Fabrikationshallen von pakistanischen Zulieferunternehmen verklagt wird.[937]

1. Keine internationale Konzernzuständigkeit

Die Regeln zur internationalen Zuständigkeit grenzen nicht nur als technische Regeln Zuständigkeitssphären räumlich ab. Dem Zuständigkeitsrecht liegen vielmehr eigenständige Gerechtigkeitserwägungen zu Grunde.[938] Bei Menschenrechtsklagen vor deutschen Gerichten kann die Berufung auf Menschen- und Grundrechte die Erfolgsaussichten von Klagen verbessern,[939] wobei bei Menschenrechtsklagen vor allem dem Recht auf Zugang zur Justiz[940] eine besondere Bedeutung zukommen kann.

Die Zuständigkeit kann in Menschenrechtsklagen vor deutschen Gerichten nicht über das zivilrechtliche Weltrechtsprinzip begründet werden. In Strafverfahren, die

936 Diese wurde 26.6.2014 vom Human Rights Council Resolution A/HRC/RES/26/9 gegründet.

937 Das *LG Dortmund* hat den Kläger mit Beschluss vom 29.8.2016 Prozesskostenhilfe gewährt; http://www.lg-dortmund.nrw.de/behoerde/presse/Pressemitteilungen/PM-KiK_docx.pdf.

938 *Pfeiffer*, Internationale Zuständigkeit und prozessuale Gerechtigkeit, S. 73 ff.

939 Zur Zuständigkeitsbegründung bei Menschenrechtsklagen vor deutschen Gerichten *Stürner*, Transnationale Menschenrechtsklagen im internationalen Privat- und Verfahrensrecht, Int. J. Proc. L. 2014, 350, 360 ff.; *Mankowski*; in: Hoffmann (Hrsg.) Universalität der Menschenrechte, Gerichtsbarkeit und internationale Zuständigkeit deutscher Zivilgerichte bei Menschenrechtsverletzungen, S. 139; *Geimer*, Menschenrechte im internationalen Zivilverfahrensrecht, BerGesVR 33 (1993) 213; *Grabosch*, Rechtsschutz vor deutschen Zivilgerichten gegen Beeinträchtigungen von Menschenrechten durch transnationale Unternehmen; in: Nikol, Bernhard, Schniederjahn (Hrsg.), Transnationale Unternehmen und Nichtregierungsorganisationen im Völkerrecht, S. 69, 78 ff.

940 Zum Verbot der Justizverweigerung als Ausgangspunkt der Zuständigkeitsordnung *Geimer*, Internationales Zivilprozessrecht, Rn. 849. Dazu, dass die Justizerlangung ein Menschenrecht darstellt *Pfeiffer*, Internationale Zuständigkeit und prozessuale Gerechtigkeit, S. 586.

über das VStGB auf das Weltrechtsprinzip gestützt werden, können über das Adhäsionsverfahren zwar auch zivilrechtliche Ausgleichsansprüche geltend gemacht werden. Für diesen Fall folgt die zivilrechtliche Zuständigkeit der Eröffnung des Strafverfahrens.[941] Das strafrechtliche Hauptverfahren wird aber hoheitlich administriert und folgt den strengeren Regeln der Strafprozessordnung.[942] Das VStGB ist auf Unternehmen zudem nicht anwendbar. Unabhängig davon kommt dem Adhäsionsverfahren in der Praxis nur eine untergeordnete Bedeutung zu, weil die Gerichte von einer Entscheidung im Adhäsionsverfahren häufig absehen.[943]

Grundsätzlich sind Menschenrechtsklagen vor deutschen Gerichten dem Hindernis ausgesetzt, dass weder das Unionsrecht noch das deutsche Recht eine internationale „Konzernzuständigkeit" kennen. Deutsche Gerichte sind zwar nach Art. 4 Abs. 1, Art. 63 Abs. 1 Brüssel Ia VO für Klagen gegen ein in Deutschland sitzende Mutterunternehmen zuständig.[944] Wenn die Voraussetzungen für die Begründung des Gerichtsstands vorliegen, können die Gerichte der EU-Mitgliedstaaten ihre

941 Art. 7 Nr. 3 Brüssel Ia VO. Siehe auch *Mankowski*; in: Hoffmann (Hrsg.) Universalität der Menschenrechte, Gerichtsbarkeit und internationale Zuständigkeit deutscher Zivilgerichte bei Menschenrechtsverletzungen, S. 139; 176 ff.

942 Siehe *Stürner*, Transnationale Menschenrechtsklagen im internationalen Privat- und Verfahrensrecht, Int. J. Proc. L. 2014, 350, 368 f.

943 Zwar sehen die §§ 403 ff. StPO vor, dass der Verletzte gegen den Beschuldigten einen aus der Straftat erwachsenen vermögensrechtlichen Anspruch im Strafverfahren geltend machen kann. Das Gericht kann aber nach § 406 Abs. 1 S. 4 StPO nach eigenem Ermessen von einer Entscheidung über den zivilrechtlichen Anspruch absehen, wenn sich der Antrag unter Berücksichtigung der berechtigten Belange des Antragstellers zur Erledigung im Strafverfahren nicht eignet. Dies ist nach § 406 Abs. 1 S. 5 StPO schon der Fall, wenn eine Berücksichtigung des Antrags im Strafverfahren dieses verzögern würde. Dafür genügt es, wenn wie in den hier untersuchten Fällen, in denen eine Menschenrechtsverletzung im Ausland stattfindet, schwierige bürgerlichrechtliche oder internationalprivatrechtliche Fragen auftreten. Dazu BGH, Beschluss vom 19.11.2002, 3 StR 395/02 = IPRax 2005, S. 256. Ein anderes Ergebnis gilt aber in Bezug auf Schmerzensgeldansprüche, über die sich das Gericht einer Entscheidung nach § 406 Abs. 1 S. 6 StPO nur enthalten kann, wenn sie unzulässig sind oder wenn die Klage unbegründet ist. Zur partie civile im belgischen oder französischen Recht siehe z.B. *Curran/Sloss*, Reviving Human Rights after Kiobel, 107 Am. J. Int'l L. 858, 859 ff. (2013).

944 Die Brüssel Ia VO ist nach Art. 1 Abs. 1 sachlich anwendbar, weil auf das Deliktrecht gestützte Menschenrechtsklagen Zivilsachen sind und Unternehmenshandlungen keine acta iure imperii darstellen. Deutsche Unternehmen sind auch ratione personae von der Brüssel Ia VO erfasst. Siehe Teil 2, § 5. 2. a., S. 170. Daneben kann eine Klage für eigenes Verschulden auf Art. 7 Nr. 2 Brüssel Ia gestützt werden, weil bei deliktischen Klagen sowohl am Handlungs- als auch am Erfolgsort ein besonderer Gerichtsstand eröffnet ist. Siehe EuGH, *Réunion européenne SA v. Spliethoff's Bevrachtingskantoor BV*, C-51/97, ECLI:EU:C:1998:509, Rn. 28.

Zuständigkeit zudem nicht mehr aus Ermessensgründen ablehnen, weil sie ein anderes Gericht für besser zur Entscheidung geeignet halten.[945]

Tochterunternehmen aus Drittstaaten können aber nur schwer in Deutschland verklagt werden, weil weder das Unionsrecht noch das deutsche Recht über einschlägige Kompetenztitel verfügen. Dies stellt für Menschenrechtsklagen vor deutschen Gerichten einen bedeutenden Nachteil dar, weil die Tochterunternehmen unmittelbarer an der im Ausland stattfindenden Verletzungshandlung beteiligt sind als das deutsche Mutterunternehmen und die Handlungszurechnung Schwierigkeiten bereitet. Weil bei gegen das Tochterunternehmen gerichteten Klagen keine komplexen Konzernstrukturen überwunden werden müssen, ist die materiell-rechtliche Anspruchsbegründung einfacher.[946]

a. *Keine Anwendbarkeit des Unionsrechts auf Unternehmen aus Drittstaaten*

Zunächst stellt die Brüssel Ia VO keine gesetzliche Grundlage für die Zuständigkeitsbegründung dar, wenn Menschenrechtsklagen gegen Tochterunternehmen aus Drittstaaten eingereicht werden. Richtet sich eine Klage gegen ein Unternehmen aus einem Drittstaat, greifen die Gerichte nach Art. 4 Abs. 2 Brüssel Ia VO grundsätzlich auf das nationale Zuständigkeitsrecht zurück.[947]

Auch soweit die Brüssel Ia VO über Sondervorschriften auf Unternehmen aus Drittstaaten anwendbar ist, besteht nach dem Unionsrecht in Menschenrechtsklagen kein Gerichtsstand über Unternehmen aus Drittstaaten. Zuständigkeitsnormen, die strukturell unterlegene Kläger auch gegenüber Beklagten aus Drittstaaten privilegieren, betreffen Sondermaterien, die bei zivilrechtlichen Menschenrechtsklagen nicht von Bedeutung sind.[948] Dies gilt nach Art. 11 Abs. 2 Brüssel Ia VO für das Versicherungsrecht, nach Art. 18 Abs. 1 Brüssel Ia VO für das Verbraucherrecht und nach Art. 21 Abs. 2 Brüssel Ia VO für das Arbeitsrecht. Dass auch die Opfer von Menschenrechtsverletzungen im Vergleich zu weltweit operierenden MNU die strukturell schwächere Partei sind, kann im Rahmen des geschlossenen unionsrechtlichen

945 EuGH, *Owuso v. N.B. Jackson*, C-281/02, ECLI:EU:C:2005:120, Rn. 46. Zum derart realisierten Vorrang der Rechtssicherheit vor einer Einzelfallgerechtigkeit *Kropholler*, in: Kötz, Mestmäcker (Hrsg.) Handbuch des internationalen Zivilverfahrensrechts, Band I, S. 207, Rn. 207 ff.

946 Siehe zu den Problemen die im Rahmen der Anspruchsbegründung aufgrund des Trennungsprinzips entstehen Teil 3, § 2. 3., S. 218.

947 Siehe schon Teil 2, § 5. 2., S. 170

948 Zum Schutz der schwächeren Partei im europäischen Recht z.B. *Hess*, Europäisches Zivilprozessrecht, § 6 Rn. 94 ff. Für eine Berücksichtigung sozial schwächerer Kläger schon *Kropholler*, in: Kötz, Mestmäcker (Hrsg.) Handbuch des internationalen Zivilverfahrensrechts, Band I, S. 207, Nr. 20.

Zuständigkeitssystems ohne gesetzliche Wertung nicht berücksichtigt werden.[949] Auch der in Art. 7 Abs. 1 Nr. 5 Brüssel Ia VO verankerte besondere Gerichtsstand der Niederlassung kann die Zuständigkeit für Klagen gegen ein Tochterunternehmen aus einem Drittstaat nicht eröffnen. Die Norm betrifft gerade die umgekehrte Fallgestaltung, in der durch die Tätigkeit eines in Deutschland sitzenden Tochterunternehmens ein Anspruch gegen ein drittstaatliches Mutterunternehmen geltend gemacht werden soll. Auch Art. 8 Nr. 1 Brüssel Ia VO, nach dem im Unionsrecht bei einem Sachzusammenhang die Zuständigkeit gegen Streitgenossen begründet werden kann, stellt die Zuständigkeit für Klagen gegen Tochterunternehmen aus Drittstaaten nicht her. Mit der EuGH-Rechtsprechung in der Sache Land Berlin eröffnet Art. 8 Nr. 1 Brüssel Ia VO das forum connexitatis nur in Konstellationen, in denen alle Streitgenossen in den Anwendungsbereich der Verordnung fallen.[950] Zuletzt kennt die Brüssel Ia VO keinen Notgerichtsstand.[951] Sondervorschriften, die im Bereich des Familien- oder Erbrechts etwas anderes bestimmen, sind im Rahmen von Menschenrechtsklagen nicht anwendbar.[952]

b. Keine Konzernzuständigkeit nach deutschem Recht

Auch bei Anwendung des autonomen deutschen Zuständigkeitsrechts kann für Klagen gegen ausländische Tochterunternehmen regelmäßig kein Gerichtsstand in Deutschland begründet werden. Zunächst besteht gemäß § 17 ZPO in Deutschland kein allgemeiner Gerichtsstand über ausländische Tochterunternehmen, weil sie nicht in Deutschland sitzen. Der besondere Gerichtsstand der unerlaubten Handlung aus § 32 ZPO greift deswegen nicht ein, weil das Tochterunternehmen regelmäßig nicht in Deutschland gehandelt hat. Der Gerichtsstand der Niederlassung aus § 21

949 Für die Einführung von zuständigkeitsrechtlichen Sondervorschriften, die die Opfer von Menschenrechtsverletzungen begünstigen, siehe den Antrag der Bundestagsfraktion Bündnis 90/Die Grünen aus dem Jahre 2013, BT-Drs. 17/13916, Nr. 2.

950 Siehe EuGH, *Land Berlin v. Sapir et al.*, C-645/11, ECLI:EU:C:2013:228, Rn. 49 ff. Siehe zum Ganzen *Lund*, Der Gerichtsstand der Streitgenossenschaft im europäischen Zivilprozessrecht, S. 149 ff.

951 Anders aber Art. 26 des Vorschlags für eine Verordnung des Europäischen Parlaments und des Rates über die gerichtliche Zuständigkeit und die Anerkennung und Vollstreckung von Entscheidungen in Zivil- und Handelssachen vom 14.12.2010, 2010/0383 (COD).

952 Siehe z.B. Art. 7 der Verordnung (EG) Nr. 4/2009 des Rates vom 18. Dezember 2008 über die Zuständigkeit, das anwendbare Recht, die Anerkennung und Vollstreckung von Entscheidungen und die Zusammenarbeit in Unterhaltssachen und Art. 11 der Verordnung (EU) Nr. 650/2012 des Europäischen Parlaments und des Rates vom 4. Juli 2012 über die Zuständigkeit, das anzuwendende Recht, die Anerkennung und Vollstreckung von Entscheidungen und die Annahme und Vollstreckung öffentlicher Urkunden in Erbsachen sowie zur Einführung eines Europäischen Nachlasszeugnisses.

ZPO betrifft wiederum den umgekehrten Fall, in dem Ansprüche, die im Rahmen der Geschäftstätigkeit eines deutschen Tochterunternehmens entstanden sind, gegen ein ausländisches Mutterunternehmen gelten gemacht werden sollen.

Eine Zuständigkeitsbegründung über den besonderen Gerichtsstand des Vermögens nach § 23 ZPO kann angedacht werden, weil auch ausländische Tochterunternehmen über Vermögensgegenstände[953] in Deutschland verfügen können. Weil alle geldwerten Gegenstände vom Vermögensbegriff eingeschlossen sind, reicht beispielsweise ein in Deutschland geführtes Bankkonto aus. Auch die Regel des § 23 S. 2 ZPO, die für offene Forderungen den Belegenheitsort des Vermögens am Wohnsitz des Schuldners fingiert, kann in Konzernstrukturen Bedeutung erlangen. Für die Anwendung von § 23 ZPO verlangt die Rechtsprechung über den Wortlaut der Norm hinaus aber einen hinreichenden Inlandsbezug des Rechtsstreits.[954] Auch bei der zivilrechtlichen Geltendmachung von Menschenrechtsverletzungen kann mit Blick auf den Beklagtenschutz auf diese Voraussetzung nicht grundsätzlich verzichtet und § 23 ZPO derart in eine Menschenrechtszuständigkeit verwandelt werden.[955] Ein Inlandsbezug kann aber angenommen werden, wenn die Kläger sich zum Klagezeitpunkt dauerhaft in Deutschland aufhalten.[956] Dies kann in den hier untersuchten Klagekonstellationen – wie im Kiobel-Sachverhalt – durchaus vorkommen. Ein hinreichender Inlandsbezug besteht auch, wenn der Beklagte in Deutschland aktiv am Geschäftsleben teilnimmt.[957] Diese Voraussetzung ist in den hier untersuchten Fällen aber selten erfüllt, weil die ausländischen Tochterunternehmen nur ausnahmsweise in Deutschland wirtschaftlich tätig werden. Unklar ist, inwieweit allein über das konzerninterne Geschäftsverhalten ein hinreichender Inlandsbezug hergestellt werden kann.

---

953 Zum Vermögensbegriff *Patzina*, in: MüKo ZPO § 23, Rn. 16 ff.

954 BGH, BGHZ 115, S. 90, 91 = NJW 1991, S. 3092. Dazu *Mansel*, in: FS Jayme 2004, Vermögensgerichtsstand und Inlandsbezug bei der Entscheidungs- und Anerkennungszuständigkeit am Beispiel der Anerkennung US-amerikanischer Urteile in Deutschland, S. 561.

955 Vgl. *Fischer*, in: FS Remmers 1995, Schadensersatzansprüche wegen Menschenrechtsverletzungen im Internationalen Privat- und Prozessrecht, S. 447, 459. Zu vergleichbaren Überlegungen zum ordre public siehe Teil 3, § 2. 2. d., S. 215.

956 BGH, BGHZ 115, S. 90, 91 = NJW 1991, S. 3092. Kritisch *Mansel*, in: FS Jayme 2004, Vermögensgerichtsstand und Inlandsbezug bei der Entscheidungs- und Anerkennungszuständigkeit am Beispiel der Anerkennung US-amerikanischer Urteile in Deutschland, S. 561, 569 f. Dazu, dass eine rein prozesstaktische Verlegung des Wohnsitzes nicht ausreichend ist *Stürner*, Transnationale Menschenrechtsklagen im internationalen Privat- und Verfahrensrecht, Int. J. Proc. L. 2014, 350, 362 f.

957 *BGH* NJW RR-1991, S. 423, 424 f.; *Patzina*, in: MüKo ZPO § 23, Rn. 15; *Kleinstück*, Due Process Beschränkungen des Vermögensgerichtsstandes durch hinreichenden Inlandsbezug und Minimum Contacts, S. 207 ff. Zweifelnd *Stürner*, Transnationale Menschenrechtsklagen im internationalen Privat- und Verfahrensrecht, Int. J. Proc. L. 2014, 350, 363.

Das den Individual- und Zweiparteienprozess bevorzugende deutsche Zivilprozessrecht[958] kennt zudem anders als das Unionsrecht keinen Gerichtsstand der Streitgenossenschaft. Aus dem Grundsatz der Unabhängigkeit der Prozessrechtsverhältnisse folgt, dass auch im Fall der Streitgenossenschaft die allgemeinen Zulässigkeitsvoraussetzungen, zu denen auch die internationale Zuständigkeit gehört, in Bezug auf jeden Beklagten gesondert geprüft werden müssen.[959] Dies gilt auch, wenn der Gerichtsstand im Fall einer Streitgenossenschaft nach § 36 Abs. 1 Nr. 3 ZPO gerichtlich bestimmt wird.[960] Die Zuständigkeit für gegen ausländische Tochterunternehmen gerichtete Menschenrechtsklagen ist nach dem geschriebenen Recht damit regelmäßig nur gegeben, wenn das verklagte Unternehmen sich nach § 39 ZPO rügelos zur Klage einlässt.

Zuletzt besteht im deutschen Recht de lege lata kein den Kläger schützender Notgerichtsstand. Eine Rechtspflicht zur Zuständigkeitsannahme kann in Ausnahmefällen aber möglicherweise aus dem Justizanspruch nach Art. 19 Abs. 4 GG und Art. 6 Abs. 1 EMRK hergeleitet werden. Voraussetzung dafür ist, dass eine Klageabweisung einer Rechtsverweigerung gleichkommt und der Kläger ein Rechtsschutzinteresse besitzt.[961] Rechtsverweigerung kann in Konstellationen drohen, in denen den Opfern von Menschenrechtsverletzungen die Einreichung einer Klage gegen das ausländische Tochterunternehmen im Tatortstaat – etwa bei Stillstand der Rechtspflege, im Kriegsfall oder aufgrund eines Bürgerkriegs[962] – faktisch nicht möglich ist. Von einer Rechtsverweigerung kann auch gesprochen werden, wenn

---

958 Siehe *Stürner*, Die Qualität der Gerechtigkeit in einer Gesellschaft und der Zivilprozess, Int. J. Proc. L. 2011, S. 50, 58 ff.

959 Siehe statt vieler *Pfeiffer*, Internationale Zuständigkeit und prozessuale Gerechtigkeit, S. 608 ff; *Geimer*, Internationales Zivilprozessrecht, Rn. 1159 ff.

960 Siehe *Patzina*, in: MüKo ZPO § 36, Rn. 24. Für die Anwendung von § 36 Nr. 3 ZPO muss in Fällen mit Auslandsberührung jedenfalls ein Beklagter seinen allgemeinen Gerichtsstand in Deutschland haben und über die anderen Beklagten mindestens ein besonderer Gerichtsstand in Deutschland eröffnet sein.

961 Dafür z.B. *Neuhaus*, Internationales Zivilprozessrecht und Internationales Privatrecht, RabelsZ 20 (1955), 201, 265 f.; *Geimer*, Internationales Zivilprozessrecht, Rn. 1030; *Kropholler*, in: Kötz, Mestmäcker (Hrsg.) Handbuch des internationalen Zivilverfahrensrechts, Band I, S. 207, Nr. 192; *Pfeiffer*, Internationale Zuständigkeit und prozessuale Gerechtigkeit, S. 586 f.; *Schack*, Internationales Zivilverfahrensrecht, Rn. 457; *Schröder*, Internationale Zuständigkeit, S. 214 ff.

962 So wurde eine Gerichtsstandvereinbarung wegen der bürgerkriegsähnlichen Umstände im Libanon für unwirksam erklärt. Siehe BAG, Urteil vom 29.6.1978, 2 AZR 973/77 = NJW 1979, S. 1119, 1120. Zu Sonderkonstellationen, in denen wie im Umgang mit dem maltesischen Scheidungsrecht oder die Ausstellung eines Erbscheins im Rechtsverkehr mit der DDR ein Notgerichtsstand diskutiert wurde, siehe *Stürner*, in: FS Coester-Waltjen 2015, Die Rolle des Kollisionsrechts bei der Durchsetzung von Menschenrechten, S. 843, 847.

dem Kläger die Einreichung der Klage in anderen Foren nicht zumutbar ist.[963] Hier ist die Wertentscheidung bei gegen MNU gerichteten Klagen komplizierter. Zum einen ist zu entscheiden, inwieweit materiell-rechtliche Hindernisse, die einer Klage im Ausland entgegenstehen, zu einer Unzumutbarkeit führen können. Aus Respekt vor dem fremden Souverän und zum Schutz der einheimischen Rechtspflege ist zur Vorsicht geboten, wenn die Unzumutbarkeit mit der Ineffizienz des fremden Gerichtssystems begründet wird.[964] Zuletzt müsste der Kläger ein Rechtsschutzbedürfnis aufweisen. Ungeklärt ist, ob dies der Fall ist, wenn der Kläger in anderen Jurisdiktionen Zivilklagen gegen das Mutterunternehmen oder die handelnden natürlichen Personen einreichen kann.

c. *Internationale Konzernzuständigkeit: Klagen in den Niederlanden und in England*

Abweichend von der deutschen Rechtslage ist es in anderen EU-Mitgliedstaaten zu Entscheidungen gekommen, in denen Gerichte die Zuständigkeit auch über Tochterunternehmen aus Drittstaaten annahmen.

Zum einen hat die Rechtbank Den Haag bei einer Klage gegen Royal Dutch Shell und dessen nigerianisches Tochterunternehmen, die SPDC, die Zuständigkeit auch hinsichtlich des ausländischen Tochterunternehmens angenommen. Im Ergebnis wurde nur das Tochterunternehmen verurteilt, wobei den Unternehmen materiell-rechtlich nicht die Verletzung der körperlichen Integrität der Kläger, sondern allein die durch die Ölförderung entstandenen Umweltschäden vorgeworfen wurde. Die Zuständigkeit für Klagen gegen das drittstaatliche Tochterunternehmen konnte vom Gericht allerdings nicht auf die Brüssel Ia VO gestützt werden, weil der Anwendungsbereich der Brüssel Ia VO nicht eröffnet war.[965] Das niederländische Gericht kam aber bei Anwendung von niederländischem Recht zur Zuständigkeitsbegründung. Dabei stützte es sich auf den Sachzusammenhang zwischen den gegen das Mutter- und das Tochterunternehmen gerichteten Klagen. Aus Sicht des Gerichts sprachen Effizienzgründen für eine Verbindung der Verfahren, weil die Ansprüche materiell-rechtlich eng miteinander verbunden waren. Die Verbindung führte das Gericht darauf zurück, dass auch das Mutterunternehmen möglicherweise nach

---

963 *Kropholler*, in: Kötz, Mestmäcker (Hrsg.) Handbuch des internationalen Zivilverfahrensrechts, Band I, S. 207, Nr. 185. Ein solcher Fall wird angenommen, wenn Ansprüche auf den Heuerlohn im Billigflaggenland nicht durchsetzbar sind.

964 Die Cour d'Appel de Paris hat in einem Arrêt vom 10.09.2015, AZ S11/09599 die Zuständigkeit in einem arbeitsrechtlichen Rechtstreit unter Anwendung von französischem Recht auf das Prinzip der Rechtsverweigerung gestützt. Für die Begründung der Entscheidung war ausreichend, dass im kongolesischen Rechtssystem auch 20 Jahre nach Einreichung der Klage eine Sachentscheidung noch nicht absehbar war.

965 Vgl. im Detail schon Teil 3, § 2. 1. a. S. 203.

nigerianischem Tatortrecht für das Verhalten des Tochterunternehmens hätte haften müssen.[966]

Zum anderen fanden auch nach englischem Recht Verfahren gegen Tochterunternehmen von englischen Unternehmen statt, die weder in England gegründet wurden noch dort ihren Sitz hatten. So reichten Kläger vor englischen Gerichten eine class action gegen die SPDC ein, die ebenfalls die Vorkommnisse im Nigerdelta zum Gegenstand hatte. Auch diese Klage stützte sich – anders als das Kiobel-Verfahren in den USA – nicht auf eine vorsätzliche Verletzung der körperlichen Integrität der Kläger, sondern auf die durch die Ölförderung entstandenen Umweltschäden. Das Gericht stützte seine Zuständigkeit über das drittstaatliche Tochterunternehmen in diesem Verfahren auf eine Gerichtsstandvereinbarung der Parteien. Nachdem Royal Dutch Shell und die SPDC anfänglich gemeinsam verklagt waren, vereinbarten die Parteien, dass Royal Dutch aus dem Verfahren ausscheiden kann, wenn ein Gerichtsverfahren gegen die SPDC durchgeführt wird und die SPDC die haftungsbegründende Kausalität anerkennt. In einem ersten Verfahren erkannte die SPDC daher im Jahre 2011 nach vier Monaten die Verantwortung für die Schadensverursachung an.[967] Weil die Schadenshöhe aber zwischen den Parteien umstritten war, dauerte das Verfahren anschließend bis zu einem Vergleichsschluss im Januar 2015.[968]

---

966 Rechtbank Den Haag, *Akpan v. Royal Dutch Shell PLC*, 30.1.2013, No. 337050/ HA ZA 09-1580, Nr. 4.1. ff. Das Urteil, das gerade in einem Berufungsverfahren überprüft wird, stützt sich auf eine Auslegung von Art. 7 Dutch Civil Code of Procedure (DCCP), der die Zuständigkeit über einen Streitgenossen begründen kann. Erforderlich dafür ist, dass über einen Beklagten die Zuständigkeit gegeben ist und die materiell-rechtlich geltend gemachten Ansprüche derart miteinander verbunden sind, dass eine Verfahrensverbindung aus Effizienzgründen sinnvoll ist. Unerheblich war der Einwand von Royal Dutch, dass das nigerianische Tatortrecht wahrscheinlich gar keinen Schadensersatz zugesprochen hätte. Zur Entscheidung *Jägers et al*, in: Am. J. Int'l L. (Hrsg.), Agora: Reflections on Kiobel, The Future of Corporate Liability for Extraterritorial Human Rights Abuses: The Dutch Case against Shell, http://www.asil.org/sites/default/files/AGORA/201401/AJIL%20 Agora-%20Reflections%20on%20Kiobel.pdf, S. e 36.

967 Die ursprüngliche Klageschrift kann eingesehen werden bei High Court of Justice, *Bodo Community v. The Shell Petroleum Development Co. of Nigeria*, Claim No. HQ11X01280.

968 Siehe *Bodo Community v. The Shell Petroleum Development Co. of Nigeria* [2014] EWHC 958 (TCC). Zum Vergleichsschluss siehe *Reuters*, Shell to Pay out $83 Million to Settle Nigeria Oil Spill Claims, http://www.reuters.com/article/2015/01/07/ us-shell-nigeria-spill-idUSKBN0KG00920150107. Zum Verfahren *Goldhaber*, Corporate Human Rights Litigation in Non-U.S. Courts, 3 UC Irvine L. Rev. 127, 130 f. (2013); *Chambers/Tyler*, The UK Context for Business and Human Rights; in: Blecher, Kaymar, Bellamy (Hrsg.), Corporate Responsibility for Human Rights Impacts: New Expectations and Paradigms, S. 301, 318 f.

2. Keine kollisionsrechtliche Privilegierung

Deutsche Gerichte müssen bei der kollisionsrechtlichen Untersuchung die Wertungen der Grundrechte[969] und der EMRK[970] berücksichtigen.[971] Das Kollisionsrecht ist damit kein allein nach dem räumlich besten Recht suchendes technisches und wertneutrales Verweisungsrecht.[972] Menschenrechtliche Wertungen können zum einen Einfluss auf die kollisionsrechtlichen Regeln als solche haben, wobei konkrete menschenrechtliche Vorgaben allerdings kaum bestehen.[973] Zum anderen können menschenrechtliche Wertungen über das Einfalltor des ordre public in die Entscheidungsfindung „eindringen".

a. Deliktsstatut: Anwendung der lex loci damni

Bei Menschenrechtsklagen vor deutschen Gerichten unterscheidet sich das kollisionsrechtliche Ergebnis von US-amerikanischen ATS-Verfahren, weil in extraterritorialen Sachverhaltskonstellationen über einen allseitigen Verweisungsvorgang grundsätzlich das Rechts des Erfolgsorts (lex loci damni) angewendet wird. Die Anwendbarkeit der lex loci damni ergibt sich aus Art. 4 Abs. 1 der Rom II VO. Der

---

969 BVerfG, BVerfGE 31, S. 58 = NJW 1971, S. 1509 (Spanierbeschluss).

970 Dazu *Kinsch*, Private International Law Topics before the European Court of Human Rights, 13 Yearbook of PIL 37 (2011); *Marchadier*, Les Objectifs Généraux du Droit International Privé à l'Épreuve de la Convention Européenne des Droits de l'Homme, S. 265 ff. Kritisch *d'Avout*, Les Droits Fondamentaux, Charnières entre Ordres Juridiques, in: Dubout, S. Touzé (Hrsg.), Les droits fondamentaux, charnières entre ordres juridiques, S. 165.

971 Siehe zum Hintergrund *Looschelders*, Die Ausstrahlung der Grund- und Menschenrechte auf das Internationale Privatrecht, RabelsZ 65 (2001), 463; *von Bar*, Menschenrechte im Kollisionsrecht, BerGesVR 33 (1993) 191. Siehe zu Besonderheiten des Kollisionsrechts bei Menschenrechtsklagen vor deutschen Gerichten *Stürner*, Transnationale Menschenrechtsklagen im internationalen Privat- und Verfahrensrecht, Int. J. Proc. L. 2014, 350; 369 ff.; *Stürner*, in: FS Coester-Waltjen 2015, Die Rolle des Kollisionsrechts bei der Durchsetzung von Menschenrechten, S. 843; *Grabosch*, Rechtsschutz vor deutschen Zivilgerichten gegen Beeinträchtigungen von Menschenrechten durch transnationale Unternehmen; in: Nikol, Bernhard, Schniederjahn (Hrsg.), Transnationale Unternehmen und Nichtregierungsorganisationen im Völkerrecht, S. 69, 82 ff.

972 Siehe zur Liberalität des Kollisionsrechts *Savigny*, System des heutigen römischen Rechts, Achter Band, S. 26 ff. Vgl. auch *Zweigert*, Zur Armut des Internationalen Privatrechts an Sozialen Werten; RabelsZ 37 (1973), 435; *Loussarn*, La Règle de Conflit est-elle une Règle Neutre?, Comité français DIP, 1981, S. 43.

973 Siehe *Looschelders*, Die Ausstrahlung der Grund- und Menschenrechte auf das Internationale Privatrecht, RabelsZ 65 (2001), 463, 468 ff.; *von Bar*, Menschenrechte im Kollisionsrecht, BerGesVR 33 (1993) 191, 202 ff.

Erfolgsort ist allein der Ort, an dem der Schaden unmittelbar eintritt.[974] Aufgrund der ausschließlichen Anknüpfung an den Erfolgsort unterscheidet sich das Unionsrecht vom deutschen Recht, das in Art. 40 Abs. 1 EGBGB das Günstigkeitsprinzip vorsieht, nach dem der Kläger zwischen dem Recht des Handlungs- und des Erfolgsorts wählen kann.[975] Die Ausnahmevorschriften der Art. 4 Abs. 2 und Abs. 3 Rom II VO können das kollisionsrechtliche Ergebnis bei Menschenrechtsklagen regelmäßig nicht verändern, weil in den auftretenden Sachverhalten – wie in der im Daimler-Sachverhalt geltend gemachten Tötung und Folterung von Argentiniern in Argentinien durch Argentinier – weder die Parteien nach Art. 4 Abs. 2 Rom II VO zum Zeitpunkt des Schadenseintritts ihren gewöhnlichen Aufenthalt in Deutschland hatten, noch der Sachverhalt nach Art. 4 Abs. 3 Rom II VO eine wesentlich engere Beziehung zu Deutschland aufweist.[976] Auch wenn die Ausweichklausel des Art. 4 Abs. 3 Rom II VO Ermessensräume schafft, schließt sie als reine Kollisionsnorm die Beachtung materiell-rechtlicher Erwägungen und damit auch den Rückgriff auf menschenrechtliche Wertungen aus.[977] Neben der Haftungsbegründung unterliegen auch Schadensausfüllung und Verjährung nach Art. 15 c) und h) Rom II VO der lex loci damni.

Die Anwendung ausländischen Rechts erschwert Gerichtsverfahren und lässt die Verfahrenskosten steigen.[978] Deutsche Gerichte müssen das ausländische Recht zudem so anwenden, wie die Gerichte der berufenen Rechtsordnung dies machen würden und bei der Rechtsfindung ausländische Rechtsprechung, Gewohnheitsrecht

---

974 Schäden, die in einem anderen Mitgliedstaat wohnhafte Verwandte erlitten haben, sind vom Erfolgsort nicht erfasst. Siehe EuGH, *Lazar v. Allianz SpA*, C350/14, ECLI:EU:C:2015:802.

975 Art. 40 EGBGB ist in Menschenrechtsklagen aber nicht anwendbar, weil er für Menschenrechtsklagen von der Rom II VO verdrängt ist. Siehe Art. 1 Rom II VO.

976 Siehe zu Art. 4 Abs. 3 Rom II VO *von Hein*, in: FS Kropholler 2008, Die Ausweichklausel im Internationalen Deliktsrecht, S. 553. Im Rahmen von Art. 4 Abs. 3 Rom II VO kann der Wohnsitz der Parteien im Zeitpunkt des Schadenseintritts und im Zeitpunkt des Eintritts indirekter Schadensfolgen berücksichtigt werden. Dazu siehe *Winrow v. Hemphill*, [2014] EWHC 3164 (Q.B.), Rn. 43.

977 Dies gilt insbesondere, weil im Gesetzgebungsverfahren die Einbeziehung sachrechtlicher Erwägungen im Rahmen von Art. 4 Abs. 3 Rom II VO explizit abgelehnt wurde. Siehe *von Hein*, in: FS Kropholler 2008, Die Ausweichklausel im Internationalen Deliktsrecht, S. 553, 559 ff. So auch *Stürner*, in: FS Coester-Waltjen 2015, Die Rolle des Kollisionsrechts bei der Durchsetzung von Menschenrechten, S. 843, 851 f.; *Muir Watt*, L'Enjeux de l'Affaire Kiobel: Le Chaînon Manquant dans la Mise en Œuvre de la Responsabilité des Entreprises Multinationales en Droit International Public et Privé, Comité Français DIP 2013, 233, 240. Kritisch *Symeonides*, Rome II and Tort Conflicts: A Missed Opportunity, 56 Am. J. Comp. L. 173, 197 ff. (2008).

978 Siehe zu den Schwierigkeiten beispielhaft die beeindruckende Untersuchung des nigerianischen Tatortrechts in *Bodo Community v. The Shell Petroleum Development Co. of Nigeria* [2014] EWHC 958 (TCC), Rn. 18 ff.

und Schrifttum berücksichtigen.[979] Dennoch wird das Deliktsstatut gravierende Menschenrechtsverletzungen – wie Mord oder Folter – materiell-rechtlich grundsätzlich erfassen können. Im Rahmen deliktischer Generalklauseln können völkerrechtliche Verträge bei Anwendung des Deliktsstatuts unabhängig davon beachtet werden, ob das anwendbare Recht Teil einer monistischen oder einer dualistischen Rechtsordnung ist.[980] Kläger können durch die Anwendung ausländischen Deliktsrechts bei gegen Unternehmen gerichteten Klagen sogar rechtlich besser gestellt sein als bei Anwendung des deutschen Rechts. Dies ist etwa der Fall wenn die lex causae eine großzügigere Haftungszurechnung kennt als das deutsche Recht.[981]

Der Grundsatz der Beachtung der fremden Rechtswirklichkeit kann problematisch werden, wenn das ausländische Recht aus politischen Gründen nicht effizient angewendet wird. In diesem Fall bleibt vertretbar, dass ein deutsches Gericht auch eine konsequent ineffiziente Rechtsanwendung ausländischer Gerichte beachten muss, weil diese Teil der Rechtswirklichkeit und vorhersehbar ist. Wenden ausländische Gerichte das Recht aber willkürlich an, stößt der Grundsatz der Beachtung der fremden Rechtswirklichkeit an seine Grenzen. Denn von einem deutschen Gericht kann nicht verlangt werden, Rechtsstreitigkeiten willkürlich zu entscheiden. Probleme können sich zudem bei Beurteilung der Rechtswidrigkeit ergeben. Ungewollte Ergebnisse können insbesondere entstehen, wenn die Rechtswidrigkeit im Deliktsstatut durch besondere Rechtfertigungsgründe ausgeschlossen ist. Dies kann etwa der Fall sein, wenn polizeirechtliche Rechtsgrundlagen Tötungs- oder Folterhandlungen legitimieren.[982]

b. Keine gesetzliche Durchbrechung der kollisionsrechtlichen Regel

Die Anwendung der lex loci damni wird de lege lata nicht durch gesetzliche Sondervorschriften durchbrochen. Zur kollisionsrechtlichen Besserstellung von Menschenrechtsklagen werden Rechtsänderungen in zwei Richtungen vorgeschlagen.

Zum einen wird gefordert, dass in Menschenrechtsklagen grundsätzlich das Heimatrecht, also das Gesellschaftsstatut, auf das beklagte Unternehmen angewendet werden soll. Für diesen Ansatz können vor allem Strafinteressen vorgetragen

---

979 *von Bar/Mankowski*, Internationales Privatrecht, § 5 Rn. 100; *Kegel/Schurig*, Internationales Privatrecht, § 15 III.

980 *Fischer*, in: FS Remmers 1995, Schadensersatzansprüche wegen Menschenrechtsverletzungen im Internationalen Privat- und Prozessrecht, S. 447, 452.

981 Siehe Teil 3, § 2. 4. b., S. 232.

982 Siehe *Fischer*, in: FS Remmers 1995, Schadensersatzansprüche wegen Menschenrechtsverletzungen im Internationalen Privat- und Prozessrecht, S. 447, 451. Siehe zu diesem Problem im strafrechtlichen Mauerschützenfall *BGH*, BGHSt 39, S. 1, 14 ff. = NJW 1993, S. 141, 143 f. Zum Problem des Haftungsausschlusses auch *Meeran*, Tort Litigation against Multinational Corporations for Violations of Human Rights: An Overview of the Position outside the United States, 3 City U. H. K. L. Rev. 1, 16 f. (2011).

werden.[983] Die Anwendung des Gesellschaftsstatus auf Menschenrechtsklagen ist aus internationalprivatrechtlicher Sicht aber systemwidrig, weil sich das deutsche deliktische Kollisionsrecht – anders als das internationale Strafrecht – nicht allein an der Herkunft des Schädigers orientiert.

Zum anderen wird gefordert, Opfer von Menschenrechtsverletzungen de lege ferenda über eine Anwendung des Günstigkeitsprinzips zu privilegieren und ihnen ein Wahlrecht zwischen dem Recht des Handlungsorts und dem Recht des Erfolgsorts einzuräumen.[984] Das Unionsrecht stellt Kläger beispielsweise im Umweltrecht besser, indem es ihnen in Art. 7 Rom II VO ein Wahlrecht eröffnet. Selbst wenn das Günstigkeitsprinzip auch auf Menschenrechtsklagen angewendet würde, könnte dies die Rechtsposition der Opfer aber nur in wenigen Fällen stärken. Ansprüche gegen Tochterunternehmen würden weiter nach ausländischem Recht beurteilt, weil diese im Ausland gehandelt haben. Nichts anderes würde für gegen das Mutterunternehmen gerichtete Anspruchsgrundlagen gelten, soweit diese eine Haftung für fremdes Verschulden vorsehen. Denn bei einer Haftung für fremdes Verschulden, wird der Handlungsort durch die Handlung des Dritten und nicht durch die Handlung des Anspruchsgegners bestimmt.[985] Das Abstellen auf den Handlungsort kann das kollisionsrechtliche Ergebnis aber zu Gunsten der Kläger verändern, wenn das Mutterunternehmen für ein eigenes Verschulden haftet. Dies ist einerseits der Fall, wenn dem Mutterunternehmen ein fahrlässiger Verstoß gegen eigene Sorgfaltspflichten vorgeworfen wird, die im Ausland Menschenrechtsverletzung mitverursacht haben. Dies gilt andererseits, wenn die Haupttat zwar im Ausland stattgefunden hat, eine in Deutschland stattgefundene Handlung aber die Voraussetzungen der Mittäterschaft oder Teilnahme erfüllt.[986] Diese Konstellationen können als Distanzdelikte angesehen werden, deren Handlungsorte in Deutschland liegen.

c. *Eingeschränkte Möglichkeiten der Zwei-Stufen-Theorie*

Auch die Zwei-Stufen-Theorie des IPR kann das kollisionsrechtliche Ergebnis kaum modifizieren. Die Zwei-Stufen-Theorie besagt, dass der Rechtsanwender in einer zweistufigen Prüfung zunächst über das Kollisionsrecht das anwendbare Recht ermittelt

983 Siehe *Muir Watt*, L'Enjeux de l'Affaire Kiobel: Le Chaînon Manquant dans la Mise en Œuvre de la Responsabilité des Entreprises Multinationales en Droit International Public et Privé, Comité Français DIP 2013, 233, 240.

984 So zum Beispiel der Antrag der Bundestagsfraktion Bündnis 90/Die Grünen. Siehe BT-Drs. 17/13916, Nr. 3. Zum Günstigkeitsprinzip *von Hein*, Das Günstigkeitsprinzip im internationalen Deliktsrecht; *Junker*, in: MüKo BGB, Art. 4 Rom II VO, Rn. 10 ff.

985 Siehe *BGH*, BGHZ 29, S. 237, 240 = NJW 1959, S. 769, 770; *Kegel/Schurig*, Internationales Privatrecht, § 18 IV S. 729; *von Hein*, Das Günstigkeitsprinzip im internationalen Deliktsrecht, S. 285 f.; *Spickhoff*, in: Beck'scher OK BGB, Art. 40 EGBGB, Rn. 18.

986 Siehe *von Hein*, Das Günstigkeitsprinzip im internationalen Deliktsrecht, S. 278 ff.; *Kegel/Schurig*, Internationales Privatrecht, § 18 IV S. 729.

und anschließend die Haftung anhand von sog. local data, die aus Normen besonders betroffener Rechtsordnungen bestehen, präzisiert.[987] Diese Theorie spielt im Rahmen von Art. 4 Abs. 1 Rom II VO eine Rolle, weil die alleinige Anknüpfung an den Erfolgsort im Rahmen der Schadensbegründung und der Schadensaufüllung zu Wertungsproblemen führen kann. Einerseits können für den Schädiger Vorhersehbarkeitsprobleme entstehen, wenn der Sachverhalt unter Anwendung des Rechts des Erfolgsorts nach einer ihm fremden Rechtsordnung beurteilt wird und die Rechtsvorschriften des Handlungsorts (lex loci delicti commissi) keine Berücksichtigung finden. Andererseits können bei der Schadensausfüllung nach dem Recht des Erfolgsorts Nachteile für den Geschädigten entstehen, wenn der Schaden nicht in dem Staat eintritt, in dem der tatbestandliche Erfolg eingetreten ist. Besonderheiten der Schadensausfüllung können von der lex loci damni nicht berücksichtigt werden.[988] Gerade nach erlittenen Menschenrechtsverletzungen verlassen die Opfer aber oft ihre Herkunftsstaaten, so dass Schadensfolgen später auch im Ausland eintreten. Wenn durch die Anwendung von Art. 4 Rom II VO derart Ungerechtigkeiten entstehen, können sie durch Art. 17 Rom II VO und durch Erwägungsgrund Nr. 33 der Rom II VO abgeschwächt werden. Werden Menschenrechtsklagen vor deutschen Gerichten erhoben, entfalten beide Ansätze, die als Ausdruck der Zwei-Stufen-Theorie verstanden werden können, aber kaum Wirkung.

Nach Art. 17 Rom II VO können bei der Rechtsanwendung zwar – entgegen dem nach Art. 4 Rom II VO anwendbaren Recht – die Sicherheits- und Verhaltensregeln des Handlungsorts berücksichtigt werden, soweit dies angemessen ist. Sinn und Zweck von Art. 17 Rom II VO ist, ein für den Schädiger vorhersehbares rechtliches Ergebnis herbeizuführen. Er soll davon ausgehen können, dass er sich pflichtgemäß verhält, wenn er die Sicherheitsvorschriften des Orts berücksichtigt, an dem er handelt.[989] Damit könnte die Vorschrift auch im Rahmen von Menschenrechtsklagen Bedeutung erlangen, wenn eine in Deutschland stattgefundene Handlung zu einer Menschenrechtsverletzung im Ausland geführt hat. Diese Konstellation betrifft vor allem Menschenrechtsklagen, die auf ein fahrlässiges Verhalten des Unternehmens oder der Repräsentanten des Unternehmens gestützt werden. Auch in diesen Fällen wird das kollisionsrechtliche Ergebnis letztlich aber nur unerheblich durch Art. 17 Rom II VO beeinflusst. Problematisch ist schon, dass die Vorschrift den Schädiger

987 Grundlegung der Datum-Theorie bei *Currie*, Selected Essays on the Conflict of Laws, S. 66 ff.; *Ehrenzweig*, Local and Moral Data in the Conflict of Laws, 16 Buff. L. Rev. 55 (1966). Dazu *Jayme*, Ausländische Rechtsregeln und Tatbestand inländischer Sachnormen, Betrachtungen zu Ehrenzweigs Datumtheorie, in: Jayme, Kegel (Hrsg.), Gedächtnisschrift für Albert A. Ehrenzweig, S. 35; *von Hein*, in: MüKo BGB, Einl. IPR, Rn. 271 ff.; *Weller*, Die Datumstheorie, in: Gebauer, Mansel, Schulze (Hrsg.), Die Person im IPR.

988 Zu diesen Nachteilen *Junker*, in: MüKo BGB, Art. 15 Rom II VO, Rn. 16 ff.; *Rentsch*, Tatort- und Aufenthaltsanknüpfung im internationalen Deliktsrecht, GPR 2015, 191, 193 f.

989 *Junker*, in: MüKo BGB, Art. 17 Rom II VO, Rn. 1.

durch die Herstellung einer vorhersehbaren Rechtslage besserstellen soll und daher unklar ist, ob Art. 17 Rom II VO überhaupt zu seiner Schlechterstellung führen kann. Jedenfalls ist der allgemeine Sorgfaltsmaßstab als solcher nicht von Art. 17 Rom II VO erfasst, weil andernfalls die Wertung des Art. 4 Rom II VO zu stark unterlaufen werden würde.[990] Aus demselben Grund kann auch der Umfang der unternehmerischen Sorgfaltspflichten nicht grundsätzlich dem deutschen Recht entnommen werden.[991] Selbst die Berücksichtigung von in Deutschland geltenden spezifischen Verhaltens- und Sicherheitsstandards, wie etwa von Umwelt- oder Arbeitsschutzvorschriften, kann nicht grundsätzlich nach Art. 17 Rom II VO für die weltweite unternehmerische Tätigkeit verlangt werden, weil dies nicht angemessen ist.[992] Die Angemessenheitsprüfung des Art. 17 Rom II VO stellt anders als das Günstigkeitsprinzip nicht grundsätzlich den Geschädigten besser. Weil vielmehr im Einzelfall eine Abwägung der betroffenen Parteiinteressen erforderlich ist und der Gesetzgeber keine weiteren Hinweise zur Angemessenheitsprüfung gegeben hat, ist unklar, wann genau Art. 17 Rom II VO angewendet werden kann.[993] Denkbar ist eine Anwendung von deutschen Sicherheits- und Verhaltensregeln, wenn in Deutschland handelnden Unternehmen aufgrund ihrer besonderen Geschäftstätigkeit spezielle Risiken bekannt sind, diese vom lokalen Recht nicht erfasst sind und offensichtlich Menschenrechtsverletzungen drohen.[994]

Erwägungsgrund Nr. 33 der Rom II VO stellt die Opfer von Menschenrechtsverletzungen schon deshalb nicht besser, weil er in Menschenrechtsklagen nicht einschlägig ist. Nach dem Erwägungsgrund können im Rahmen von Straßenverkehrsunfällen alle relevanten tatsächlichen Umstände des jeweiligen Opfers wie tatsächlich entstandene Verluste und Kosten für Nachsorge und medizinische Versorgung berücksichtigt werden, wenn der Erfolgsort vom gewöhnlichen Aufenthaltsort des Opfers

---

990 *Junker*, in: MüKo BGB, Art. 17 Rom II VO, Rn. 16.

991 Der Fahrlässigkeitsstandard wird auch nicht durch völkerrechtliche Verträgen bestimmt, weil diese nicht rechtsverbindlich sind. Eine dahingehende Rechtsänderung fordert der Antrag Bündnis 90/ Die Grünen; BT-Drs. 17/13916, Nr. 1. Anders *Spießhofer*, Wirtschaft und Menschenrechte – rechtliche Aspekte der Corporate Social Responsibility, NJW 2014, S. 2473, 2477.

992 Anders mit Hinweis darauf, dass die Geschäftsführung mit den im Sitzstaat bestehenden Organisations- und Verhaltenspflichten vertraut ist *Grabosch*, Rechtsschutz vor deutschen Zivilgerichten gegen Beeinträchtigungen von Menschenrechten durch transnationale Unternehmen; in: Nikol, Bernhard, Schniederjahn (Hrsg.), Transnationale Unternehmen und Nichtregierungsorganisationen im Völkerrecht, S. 69, 89 f.; *Saage-Maaß*, Arbeitsbedingungen in der globalen Zulieferkette, S. 8 f.

993 Siehe Erwägungsgrund Nr. 34 der Rom II VO. Vgl. *Junker*, in: MüKo BGB, Art. 17 Rom II VO, Rn. 26; *Lehmann*, in: Hüßtege/Mansel, Art. 17 Rn. 66 ff.

994 Dies könnte etwa in einer mit der *Chandler*-Entscheidung des England and Wales Court of Appeal vergleichbaren Konstellation der Fall sein. Dazu Teil 3, § 2. 3. c. iv., S. 229.

abweicht.[995] Da Erwägungsgrund Nr. 33 der Rom II VO nach seinem Wortlaut für Menschenrechtsklagen aber nicht relevant ist, kann allein überlegt werden, inwieweit diese Vorschrift Ausdruck eines allgemeinen Rechtsgedankens ist, dessen Heranziehung bei Menschenrechtsklagen sinnvoll wäre.

d. Ordre public als „Menschenrechts-Notbremse"[996]

Der ordre public stellt in Menschenrechtsklagen vor deutschen Gerichten das bedeutendste Einfallstor für menschenrechtliche Wertungen dar. Das kollisionsrechtliche Ergebnis wird im Ergebnis aber nur in besonderen Fällen durch den ordre public korrigiert. Inhaltlich kann im Rahmen des unionsrechtlichen ordre public neben der EMRK auch die EU-Grundrechtscharta Bedeutung erlangen.[997] Zu unterscheiden ist zwischen dem positiven ordre public, der in der Form von Eingriffsrecht Bedeutung erlangt, und dem negativen kollisionsrechtlichen ordre public.[998] In beiden Fällen ist aufgrund der Relativität des ordre public für die Durchsetzung öffentlicher Wertungen grundsätzlich erforderlich, dass ein hinreichender Inlandsbezug zwischen Sachverhalt und dem angerufenen Gericht besteht. Dabei gilt, dass der Inlandsbezug geringer sein kann, wenn öffentliche Wertungen stärker betroffen sind.[999]

i. Menschenrechte als Eingriffsrecht

Das kollisionsrechtliche Ergebnis wird bei Menschenrechtsklagen vor deutschen Gerichten nur ausnahmsweise durch Eingriffsrecht durchbrochen, das Menschenrechte zivilrechtlich durchsetzt. Nach Art. 16 Rom II VO können Rechtsvorschriften zur Durchsetzung des ordre public zwar als Eingriffsnormen entgegen der lex loci damni Berücksichtigung finden.[1000] Die Menschenrechte können aber nicht ohne

---

995 Dazu *Rentsch*, Tatort- und Aufenthaltsanknüpfung im internationalen Deliktsrecht, GPR 2015, 191, 193 ff.

996 *Siehr*, in: FS Kropholler 2008, Kollisionen des Kollisionsrechts, S. 211, 223.

997 Siehe *Junker*, in: MüKo BGB, Art. 26 Rom II VO Rn. 19. Vgl. auch *Kiestra*, The Impact of the European Convention on Human Rights on Private International Law, S. 275 ff. und *Kinsch*, Droits de l'homme, droits fondamentaux et droit international privé, Receuil des Cours, Vol. 318 (2005), S. 171 ff. Zur Frage, ob ein autonomer unionsrechtlicher ordre public entsteht *Mills*, The Confluence of Public and Private International Law, S. 194 ff.; *von Hein*, in: MüKo BGB, Art. 6 EGBGB, Rn. 154. Zum deutschen Recht *von Bar/Mankowski*, Internationales Privatrecht, § 7 Rn. 269 f.

998 Siehe zur Abgrenzung von Eingriffsnormen und positivem ordre public *Kegel/Schurig*, Internationales Privatrecht, § 16 I; *von Hein*, in: MüKo BGB, Art. 6 EGBGB, Rn. 2.

999 Zum Eingriffsrecht *Martiny*, in: MüKo BGB, Art. 9 Rom I VO, Rn. 122 ff. Zum kollisionsrechtlichen ordre public *von Bar/Mankowski*, Internationales Privatrecht, § 7 Rn. 263 f.

1000 Siehe zum Eingriffsrecht Teil 1, § 5. 2. c., S. 94.

weitere Konkretisierung als Eingriffsrecht qualifiziert werden. Die Durchsetzung der Menschenrechte als weltweit greifender übernationaler Werteordnung scheitert am sog. Prinzipiencharakter der Menschenrechte. Ohne weitere Präzisierung ist es kaum möglich, den Menschenrechten konkrete Handlungsverbote und Handlungsgebote zu entnehmen.[1001]

Die Menschenrechte können aber über konkretisierende Sondervorschriften, etwa § 823 Abs. 2 BGB in Verbindung mit strafrechtlichen Vorschriften, als Eingriffsrecht in Stellung gebracht werden. In diesem Fall muss aber ein hinreichender Inlandsbezug gegeben sein. Daher können etwa Ansprüche nach § 823 Abs. 2 BGB in Verbindung mit strafrechtlichen Vorschriften nur als Eingriffsrecht Beachtung finden, wenn auch das Strafrecht selber auf Auslandssachverhalte anwendbar ist.[1002]

ii. Kollisionsrechtlicher ordre public

Eine Korrektur des Ergebnisses kann ausnahmsweise auch über den kollisionsrechtlichen ordre public erreicht werden. Nach Art. 26 Rom II VO kann die Anwendung einer Vorschrift des bezeichneten Rechts versagt werden, wenn ihre Anwendung

---

1001 So auch *Stürner*, in: FS Coester-Waltjen 2015, Die Rolle des Kollisionsrechts bei der Durchsetzung von Menschenrechten, S. 843, 853. Für einen derartigen „ordre public transnational" aber *Kessedjian*, Diskussionsbeitrag, Comité Français DIP 2013, 250. Siehe zum Prinzipiencharakter Teil 3, § 2., S. 197. Zur Frage, inwieweit dem Völkerrecht Haftungsnormen entnommen werden können, siehe Teil 3 § 2. 3., S. 218.

1002 Nach § 3 StGB folgt auch das deutsche Strafrecht grundsätzlich dem Territorialitätsprinzip, weil es nur anwendbar ist, wenn eine Straftat in Deutschland begangen wurde. Nach § 9 Abs. 1 StGB umfasst der Tatort der Haupttat dabei den Handlungs- und den Erfolgsort. Der Tatort der Teilnahme erfasst nach § 9 Abs. 2 S. 1 StGB zudem den Handlungs- und Erfolgsort der Teilnahmehandlung. Im Ergebnis ergeben sich daraus zehn Tatorte der Teilnahme. Siehe zum Ganzen *Miller/Rackow*, Transnationale Täterschaft und Teilnahme – Beteiligungsdogmatik und Strafanwendungsrecht, ZStW 117 (2005), S. 379, 386 f.
Die wichtigste Ausnahme zum Territorialitätsprinzip normiert § 1 VStGB, nach dem das deutsche Völkerstrafrecht auch Auslandstaten erfasst, die keinerlei Bezug zum Inland aufweisen, weil die Verfolgung der im VStGB normierten Straftaten im gemeinsamen Interesse aller Staaten steht. Siehe *Ambos*, in: MüKo StGB, VStGB § 1, Rn. 4. Zum Potential des VStGB als Eingriffsrecht mit Hinweis auf § 9 VStGB *Grabosch*, Rechtsschutz vor deutschen Zivilgerichten gegen Beeinträchtigungen von Menschenrechten durch transnationale Unternehmen; in: Nikol, Bernhard, Schniederjahn (Hrsg.), Transnationale Unternehmen und Nichtregierungsorganisationen im Völkerrecht, S. 69, 85.
Darüber hinaus kann das deutsche Strafrecht nach § 7 Abs. 1 und Abs. 2 Nr. 1 StGB eine im Ausland stattgefundene Tat über das aktive und passive Personalitätsprinzip erfassen, wenn die Tat gegen einen Deutschen begangen wurde oder der Täter Deutscher ist. Zusätzlich erforderlich ist, dass die Tat auch am Tatort mit Strafe bedroht ist oder der Tatort keiner Strafgewalt untersteht. Siehe *Ambos*, in: MüKo StGB, § 7, Rn. 4 ff.

mit der öffentlichen Ordnung des Staates des angerufenen Gerichts offensichtlich unvereinbar ist.

Bei der zivilrechtlichen Geltendmachung von Menschenrechtsverletzungen wird insbesondere im Rahmen des kollisionsrechtlichen ordre public diskutiert, inwieweit bei besonders schweren Menschenrechtsverstößen allein aufgrund der Zuständigkeit deutscher Gerichte ein hinreichender Inlandsbezug besteht. Auch wenn dieser Ansatz aufgrund der programmatischen Verbürgung der Grundrechte Probleme aufwirft, kann bei besonders schweren Verstößen gegen völkerrechtliches ius cogens auf einen über die Gerichtszuständigkeit hinausgehenden hinreichenden Inlandsbezug wohl verzichtet werden.[1003]

Das Deliktsstatut ist jedenfalls ordre-public-widrig, wenn es im Fall einer gravierenden Menschenrechtsverletzung gar keinen Schadensersatzanspruch bereitstellt.[1004] Wird ein Verstoß gegen die öffentliche Ordnung in diesem Fall bejaht, stellt schon die Nichtbeachtung der ausländischen Rechtfertigungsnorm eine ordre-public-konforme Lösung her, wenn sie Grund für das Nichtbestehen eines Schadensersatzanspruchs ist.[1005] Kennt das ausländische Recht in außergewöhnlichen Fällen keine Anspruchsgrundlage, muss sie der deutschen lex fori entnommen werden.

Die Ordre-public-Prüfung kann in Menschenrechtsklagen auch ohne Rückgriff auf menschenrechtliche Wertungen Bedeutung erlangen. Ein Verstoß gegen den kollisionsrechtlichen ordre public kann vorliegen, wenn die Schadensausfüllung nach ausländischem Recht zu sehr geringen Schadensersatzsummen führt. „Exorbitant" niedrige Schadenssummen sind – wie „exorbitant" hohe Schadenssummen – von Art. 26 Rom II VO erfasst.[1006] Die nach dem Recht von Entwicklungsländern zugesprochenen Schadensersatzsummen fallen aber oft gering aus und einige afrikanische Rechtsordnungen sehen als Rechtsfolge vorrangig eine Entschuldigung und keine finanzielle Kompensation vor.[1007] Auf der Rechtsfolgenseite muss in diesem Fall in einem ersten Schritt überlegt werden, ob das Deliktsstatut eine Anhebung

---

1003 Siehe *von Hein*, in: MüKo BGB, Art. 6 EGBGB, Rn. 197 ff.; *Kokott*, Grund- und Menschenrechte als Inhalt eines internationalen Ordre public, BerGesVR 38 (1998) 71, 107; *von Bar/Mankowski*, Internationales Privatrecht, § 7 Rn. 269; *Stürner*, in: FS Coester-Waltjen 2015, Die Rolle des Kollisionsrechts bei der Durchsetzung von Menschenrechten, S. 843, 853 f.

1004 So auch *Fischer*, in: FS Remmers 1995, Schadensersatzansprüche wegen Menschenrechtsverletzungen im Internationalen Privat- und Prozessrecht, S. 447, 453 f.

1005 Zur Nichtbeachtung ausländischen Rechts als Rechtsfolge eines ordre public-Verstoßes *Junker*, in: MüKo BGB, Art. 26 Rom II VO Rn. 26. Zum deutschen Recht *von Hein*, in: MüKo BGB, Art. 6 EGBGB, Rn. 210.

1006 Siehe zu exorbitant hohen Schadenssummen Erwägungsgrund Nr. 32 der Rom II VO. Zum Problem zu niedriger Schadensersatzansprüche siehe *Junker*, in: MüKo BGB, Art. 26 Rom II VO Rn. 18. Zum autonomen deutschen Recht *von Hein*, in: MüKo BGB, Art. 6 EGBGB, Rn. 210 ff.

1007 *Borchers*, Conflict-of-Laws Considerations in State Court Human Rights Actions, 3 UC Irvine L. Rev. 45, 52 (2013).

der Schadensersatzsumme auf das nach deutschem Recht gebotene Maß ermöglicht. Ist dies nicht der Fall, ist ersatzweise das deutsche Recht anzuwenden.[1008]

Das Eingreifen des kollisionsrechtlichen ordre public kann die Rechtslage für Menschenrechtsklagen in Deutschland aber auch verschlechtern. Weil das deutsche Recht keinen Strafschadensersatz kennt und das deutsche Haftungsrecht nach §§ 249 ff. BGB im Erfolgsfall allein zur Wiederherstellung des status quo ante führt,[1009] widerspricht eine von der lex causae vorgesehene Anordnung von punitive damages auch im Fall von Menschenrechtsverletzungen gegen den deutschen ordre public.[1010] Das bedeutet, dass Opfer auch im Falle einer Menschenrechtsverletzung höchstens gemäß § 249 Abs. 2 BGB Heilkosten und entgangenen Arbeitslohn[1011] sowie gemäß § 253 Abs. 2 BGB ein angemessenes Schmerzensgeld erlangen können.[1012]

3. Keine materiell-rechtliche Privilegierung: Das Trennungsprinzip

Weil Menschenrechtsklagen von deutschen Gerichten grundsätzlich nach dem Recht des Erfolgsorts beurteilt werden[1013] und der Erfolgsort in den hier untersuchten Fällen im Ausland liegt, findet materiell-rechtlich regelmäßig ausländisches Sachrecht Anwendung. Weil die Anwendung deutschen Rechts aber in Ausnahmefällen denkbar ist und für Menschenrechtsklagen verstärkt gefordert wird, soll hier dennoch das Haftungspotential des deutschen Deliktsrechts aufgezeigt werden. Weil vor deutschen Gerichten regelmäßig nur die Zuständigkeit für Klagen gegen das Mutterunternehmen begründet werden kann,[1014] wird nur die Haftung eines deutschen Mutterunternehmens untersucht. Auch bei Anwendung des Sachrechts können grundrechtliche und menschenrechtliche Wertungen Bedeutung erlangen. In der Regel kommt ihnen im Rahmen von Generalklauseln dabei nur eine mittelbare Wirkung zu.[1015]

1008 Zum Vorrang der Modifikation der lex causae vor dem ersatzweise Eingreifen der lex fori z.B. zur Anpassung eines wegen der Höhe gegen den ordre public verstoßenden Erfolgshonorars *BGH*, BGHZ 44, S. 183, 186 = NJW 1966, S. 296, 299. Zum Ganzen *von Hein*, in: MüKo BGB, Art. 6 EGBGB, Rn. 218.

1009 *Brüggemeier*, Prinzipien des Haftungsrechts, S. 181 ff.

1010 So zum vollstreckungsrechtlichen ordre public *BGH*, BGHZ 118, S. 312, 334 ff. = NJW 1992, S. 3096, 3102 f. Zustimmend *Mörsdorf-Schulte*, Funktion und Dogmatik US-amerikanischer punitive damages, S. 298.

1011 Im Todesfalle können die Angehörigen zusätzlich nach § 844 Abs. 1 BGB Beerdigungskosten und nach § 844 Abs. 2 BGB entgangenen Unterhalt verlangen.

1012 Dieser verbessert die Rechtslage wegen der moderaten Höhe der zugesprochenen Schmerzensgelder aus der Opferperspektive nur unbedeutend. Vgl. *Brüggemeier*, Prinzipien des Haftungsrechts, S. 189 ff.

1013 Teil 3, § 2. 2., S. 209.

1014 Teil 3, § 2. 1., S. 201.

1015 Siehe *Canaris*, Grundrechte und Privatrecht, AcP 184 (1984), 201, 210 ff. Zur EU-Grundrechtscharta z.B. *Seifert*, Die horizontale Wirkung der Grundrechte; EuZW 2011, S. 696.

Anders als im US-amerikanischen Recht gibt es im deutschen Recht keine mit dem ATS-Anspruch vergleichbare spezielle Anspruchsgrundlage, die Völkerrechtsverstöße als solche erfasst. Einerseits bietet das Völkerrecht selber keine bei Menschenrechtsverletzungen unmittelbar einschlägigen Anspruchsgrundlagen.[1016] Die Anspruchsgrundlagen können daher nur dem allgemeinen Deliktsrechts entnommen werden.[1017] Andererseits kann das Völkerrecht auch nicht über § 823 Abs. 2 BGB mittelbar ins deutsche Haftungsrecht inkorporiert und ein mit dem ATS vergleichbares Haftungsregime geschaffen werden. Denn damit eine Vorschrift ein Schutzgesetz im Sinne des § 823 Abs. 2 BGB darstellt, muss sie auch dazu bestimmt sein, Individualinteressen zu schützen.[1018] Die völkerrechtlichen Verbürgungen von Menschenrechten können aus zwei Gründen aber nicht über § 823 Abs. 2 BGB gegenüber Unternehmen geltend gemacht werden. Zum einen steht die programmatische Verbürgung der Menschenrechte dem Schutzgesetzcharakter entgegen, weil völkervertragsrechtlich anerkannten Menschenrechten nur in Ausnahmefällen konkrete Handlungsgebote entnommen werden können.[1019] Selbst wenn einzelne völkerrechtliche Vorschriften Schutzgesetze darstellen sollten, ist zum anderen ungeklärt, ob sie von Unternehmen tatbestandlich verwirklicht werden können,[1020] weil streitig ist, ob Unternehmen Normadressaten des Völkerrechts sind.[1021]

1016 Von Deutschland ratifizierte völkerrechtliche Verträge beinhalten keine Anspruchsgrundlagen, sondern nur programmatische Aussagen oder die Pflicht der Vertragsstaaten, den Regelungsinhalt umzusetzen. Nach Art. 75 Abs. 1 des Römischen Statut IStGH kann der IStGH allerdings nach freiem Ermessen auch Schadensersatz zusprechen. Siehe für den menschenrechtlich relevanten Bereich z.B. UN-Leitprinzipien ad annex III A. Nr. 25.

1017 So auch *Fischer*, in: FS Remmers 1995, Schadensersatzansprüche wegen Menschenrechtsverletzungen im Internationalen Privat- und Prozessrecht, S. 447, 449 f.; *Halfmeier*, Menschenrechte und Internationales Privatrecht im Kontext der Globalisierung, RabelsZ 68 (2004), 653, 677; *Stürner*, Transnationale Menschenrechtsklagen im internationalen Privat- und Verfahrensrecht, Int. J. Proc. L. 2014, 350, 365 f.

1018 Zum Begriff des Schutzgesetzes *Wagner*, in: MüKo BGB, § 823, Rn. 405.

1019 Siehe Teil 3, § 2., S. 197. Im grundrechtlichen Bereich wird beispielsweise ein Schutzgesetzcharakter ausschließlich von Art. 9 Abs. 3 S. 2 GG angenommen, wenn Abreden sich gegen die Koalitionsfreiheit richten. Siehe *Spickhoff*, in: Soergel, § 823, Rn. 202. Im Bereich der EU-Grundrechtscharta wird darauf hingewiesen, dass unter anderem auch das Verbot der Sklaverei aus Art. 5 EU-Grundrechtscharta und das Verbot der Kinderarbeit aus Art. 32 Abs. 1 EU-Grundrechtscharta vergleichbar präzise gefasst sind. Siehe *Jarass*, in: Charta der Grundrechte der EU, Art. 51 Rn. 27 ff.; *Seifert*, Die horizontale Wirkung der Grundrechte; EuZW 2011, S. 696; 700 f.

1020 Siehe zum Erfordernis der Passivlegitimation *Hager*, in: Staudinger BGB, § 823 G 32.

1021 Dies schließt mit Hinweis auf den Kern menschenrechtlicher Grundpflichten, namentlich das Verbot von Verbrechen gegen die Menschlichkeit, Genozid,

Mangels Sonderrechtsregime sind Menschenrechtsklagen vor deutschen Gerichten nur erfolgreich, wenn das Mutterunternehmen nach den §§ 823 ff. BGB haftet. Wenn Menschenrechtsklagen auf das allgemeine Deliktsrecht gestützt werden, steht grundsätzlich das Trennungsprinzip einer Haftung des Mutterunternehmens entgegen. Mit dem gesellschaftsrechtlichen Trennungsprinzip sind verschiedene juristische Personen grundsätzlich unabhängig voneinander zu betrachten und nur für ihre eigenen Handlungen verantwortlich.[1022] Dies stellt für Menschenrechtsklagen ein Hindernis dar, weil die Tochterunternehmen regelmäßig zwischen der Menschenrechtsverletzung und dem Mutterunternehmen stehen. Damit muss eine rechtliche Möglichkeit gefunden werden, dem Mutterunternehmen die Handlung des Tochterunternehmens zuzuordnen. Ein Haftungsdurchgriffs nach § 826 BGB bzw. analog § 128 HGB wegen sittenwidriger Schädigung kann hier unberücksichtigt bleiben, weil die tatbestandlich erforderliche Vermögensvermischung im Rahmen von Menschenrechtsklagen regelmäßig nicht gegeben ist.[1023]

Gegen das Mutterunternehmen gerichtete deliktische Ansprüche können in drei Kategorien unterteilt werden. In die erste Fallgruppe gehören die problemlosen aber seltenen Fälle, in denen das Mutterunternehmen aufgrund des deliktischen Verhaltens seiner Repräsentanten haftet. Zur zweiten Fallgruppe zählen häufig vorkommende Konstellationen, in denen die Haftung des Mutterunternehmens für ein Verhalten von Tochterunternehmen, einfachen Mitarbeitern oder Hilfspersonen scheitert. Die dritte Fallgruppe, die sich darauf stützt, dass das Mutterunternehmen eigene Sorgfaltspflichten verletzt hat, weist viele Unklarheiten auf. Die Haftung für die Verletzung eigener Sorgfaltspflichten hat dogmatisch aber das

Kriegsverbrechen und Folter, jedenfalls nicht von vorneherein aus *BVerfG*, Beschluss vom 3.11.2015, 2 BvR 2019/09, Rn. 47.
Die noch herrschende Meinung lehnt dies aber ab. Vgl. *Tomuschat*, Human Rights, S. 131 ff.; *Geldermann*, Völkerrechtliche Pflichten multinationaler Unternehmen, S. 125 f. und *Muchlinski*, Multinational Enterprises and the Law, S. 154 ff. Zweifelnd aber *Delbrück/Wolfrum*, Völkerrecht Band I/2, § 108, S. 254 f. Dazu, dass eine partielle Völkerrechtssubjektivität nicht allein aufgrund bestehender Konzessions- und Investitionsverträgen angenommen werden kann *Hailbronner/Kau*, Der Staat und der Einzelne als Völkerrechtssubjekte; in: Graf Vitzthum (Hrsg.), Völkerrecht, S. 166; *Ipsen*, Völkerrecht, § 9, Rn. 18 ff.

1022 *Wiedemann*, Gesellschaftsrecht, § 4 II 3 b; *Heider*, in: MüKo AktG, § 1, Rn. 46 ff.

1023 Eine Durchgriffshaftung kann nach der Trihotel-Entscheidung des BGH nicht mehr auf einen existenzvernichtenden Eingriff gestützt werden, der nur noch eine Haftung im Innenverhältnis begründen kann. Siehe *BGH*, BGHZ 173, S. 246 = NJW 2007, S. 2689. Siehe zum Ganzen *Altmeppen/Ego*, in: MüKo AktG, B. Europäische Niederlassungsfreiheit, Rn. 413 ff; *Spindler*, in: Beck'scher OK BGB, § 826, 55 ff.
Die vom EuGH im Bereich des Kartellrechts entwickelte Theorie der Unternehmenseinheit, die sich auf die Kontrollmöglichkeiten des Mutterunternehmens stützt, stellt kein allgemeines Konzept eines Haftungsdurchgriffs dar. Dazu z.B. EuGH, *Schindler Holding v. Europäische Kommission*, C 501/11 P, ECLI:EU:C:2013:522, Rn. 103.

größte Potential Grundlage eines umfassenden Haftungsregimes zu werden, das auch Menschenrechtsverletzungen erfassen kann, die von deutschen Konzernen weltweit verursacht werden.

a. Problemlos: Delikt der Repräsentanten des Mutterunternehmens

Das Mutterunternehmen haftet nach den §§ 823 ff. BGB, wenn ein Vorstand, ein Mitglied seines Vorstands oder ein anderer verfassungsmäßig berufener Vertreter, in Ausführung der Verrichtung ein Delikt begangen hat, weil dem Unternehmen in diesem Fall das Verhalten des Repräsentanten nach § 31 BGB zugerechnet werden kann.[1024] Da diese Vorschrift von der Rechtsprechung über den Wortlaut hinaus nicht nur als Organ-, sondern auch als Repräsentantenhaftung ausgelegt wird, besteht ein Anspruch, wenn ein mit bedeutsamen Funktionen zur eigenverantwortlichen Erfüllung ausgestatteter Vertreter als Täter oder Teilnehmer für eine zum Schadensersatz verpflichtende Handlung haftet.[1025]

Derartige Fälle haben in der Menschenrechtspraxis aber nur eine eingeschränkte Bedeutung, weil die Repräsentanten des Mutterunternehmens regelmäßig nicht unmittelbar deliktisch haften, wenn das Tochterunternehmen eine Menschenrechtsverletzung mitverursacht hat. Die Kläger stehen zudem vor großen Beweisschwierigkeiten. Undenkbar sind diese Fälle hingegen nicht. Beispielsweise könnte die Haftung eines deutschen Mutterunternehmens über die §§ 823 ff. BGB angenommen werden, wenn ein Repräsentant des Mutterunternehmens widerrechtlich die gewaltsame Niederschlagung von Demonstrationen anordnet. Wenn ein deutsches Unternehmen – wie in der Chiquita-Konstellation[1026] – eingestehen würde, dass es im Ausland paramilitärische Einheiten finanziert hat, könnte ein Anspruch erfolgreich auf Beihilfe- oder Anstiftungstatbestände gestützt werden.

b. Aussichtslos: Delikte von sonstigen Mitarbeitern

Menschenrechtsklagen scheitern regelmäßig, wenn dem deutschen Mutterunternehmen, wie in den typischen Menschenrechtklagen, das Verhalten von Tochterunternehmen oder von einfachen Unternehmensmitarbeitern zugerechnet werden soll. Das Verhalten dieser Personen kann dem Mutterunternehmen nicht über § 31 BGB zugerechnet werden, weil sie keine Repräsentanten des Mutterunternehmens

---

1024 *Brüggemeier*, Prinzipien des Haftungsrechts, S. 112 f. Gegen die Vorstandsmitglieder gerichtete deliktische Ansprüche ergeben sich dabei vor allem aus § 823 Abs. 1 und Abs. 2 BGB. Besonders problematisch ist die Haftung der Vorstandsmitglieder für ein Organisationverschulden. Siehe *Spindler*, Unternehmensorganisationspflichten, S. 844 ff. Zum Unterschied der Organhaftung zur vom Reichsgericht auf § 823 BGB gestützten Lehre vom verbandlichen Organisationsmangel *Reuter*, in: MüKo BGB, § 31, Rn. 6 ff.

1025 BGH, BGHZ 49, S. 19 = NJW 1968, S. 391; *Reuter*, in: MüKo BGB, § 31, Rn. 5.

1026 Siehe Teil 1, § 4. 2., S. 75.

sind. Dem Mutterunternehmen kann das Verhalten eines Tochterunternehmens oder von Unternehmensmitarbeitern aber auch nicht über den „kupierten Tatbestand“[1027] des § 831 Abs. 1 BGB zugerechnet werden, der eine eigene Verantwortlichkeit für fremdes Verhalten normiert. Eine Haftung nach § 831 Abs. 1 BGB besteht nur, wenn der Handelnde Verrichtungsgehilfe des Mutterunternehmens ist, ein Sachzusammenhang besteht und der Geschäftsherr sich nicht exkulpieren kann. Alle drei Voraussetzungen sind bei Menschenrechtsklagen problematisch.

Verrichtungsgehilfe ist mit der Rechtsprechung nur, wer von den Weisungen des Geschäftsherrn abhängig ist. Ihm muss von einem anderen, in dessen Einflussbereich er steht und zu dem eine gewisse Abhängigkeit besteht, eine Tätigkeit übertragen worden sein.[1028] Die Mitarbeiter des Tochterunternehmens stehen aber grundsätzlich nur gegenüber dem Tochterunternehmen, nicht aber gegenüber dem Mutterunternehmen, in einem Weisungs- und Abhängigkeitsverhältnis. Auch im Konzernverbund können Unternehmen, selbst wenn sie in einem wirtschaftlichen Abhängigkeitsverhältnis zum Mutterunternehmen stehen, nur als Verrichtungsgehilfen angesehen werden, wenn sie faktisch weisungsabhängig sind. Allein das Bestehen eines Konzernverhältnisses reicht nach der Rechtsprechung des BGH nicht für die Qualifikation eines Konzernunternehmens als Verrichtungsgehilfen aus, weil die Übertragung von selbstständig durchzuführenden Aufgaben im Konzern gerade der Entlastung anderer Konzernteile dient.[1029]

Für die Haftung des Geschäftsherrn reicht zudem eine zurechenbar durch einen Verrichtungsgehilfen verursachte Schadenszufügung nicht aus. Erforderlich ist auch ein Auswahlverschulden des Geschäftsherrn, das allerdings nach § 831 Abs. 1 S. 2 BGB vermutet wird. Die Widerlegung der Verschuldensvermutung wird dem Mutterunternehmen im Rahmen von Menschenrechtsklagen aber regelmäßig mit der Darlegung gelingen, dass es bei der Auswahl der bestellten Person, die im Verkehr erforderliche Sorgfalt beobachtet hat.[1030] Die Exkulpationsmöglichkeit spielt bei der Haftung von Unternehmen eine große Rolle und reduziert im Rahmen des § 831 BGB das Haftungsrisiko, weil die Rechtsprechung den sog. dezentralisierten Entlastungsbeweis anerkennt, nach dem der Geschäftsherr nur die leitenden Angestellten sorgfältig auswählen und überwachen muss.[1031]

Für eine Haftung nach § 831 Abs. 1 BGB muss – wie bei einer Zurechnung nach § 31 BGB[1032] – die zur Menschenrechtsverletzung führende Handlung zudem in

---

1027 *Brüggemeier*, Prinzipien des Haftungsrechts, S. 113.

1028 *BGH* NJW 2013, S. 1002, 1003; *Wagner*, in: MüKo BGB, § 831, Rn. 14 ff.

1029 Siehe BGH, Urteil vom 6.11.2012, VI ZR 174/11 = NJW 2013, S. 1002, 1003. Kritisch zur Entscheidung *Spindler*, in: Beck'scher OK BGB, § 831, Rn. 11. Genauso zu Subunternehmen BGH, Urteil vom 21.6.1994, VI ZR 215/93 = NJW 1994, S. 2756, 2757.

1030 *Wagner*, in: MüKo BGB, § 831, Rn. 33 ff.

1031 *Wagner*, in: MüKo BGB, § 831, Rn. 42 f.

1032 § 31 BGB verlangt, dass der Vertreter „in Ausführung der ihm zustehenden Verrichtung“ gehandelt hat. Nach § 831 BGB muss ein Verrichtungsgehilfe „in Ausführung der Verrichtung“ gehandelt haben.

einem sachlichen Zusammenhang mit der unternehmerischen Tätigkeit stehen. Erforderlich ist, dass die Schädigung „in Ausführung der Verrichtung" und nicht nur „bei Gelegenheit" erfolgt ist. Dafür ist ein innerer Zusammenhang zwischen dem übertragenen Aufgabenkreis und der Schadenszufügung erforderlich. Besteht dieser, können im Rahmen des § 831 BGB auch vorsätzlich begangene Delikte zugerechnet werden.[1033] Andererseits kann ein deliktisches Verhalten dem Geschäftsherrn nicht zugerechnet werden, wenn es aus dem Kreis der dem Verrichtungsgehilfen übertragenen Aufgaben herausfällt, der Gehilfe also „rein zufällig mit den Rechtsgütern des Geschädigten in Berührung" kommt.[1034] Ob ein innerer Zusammenhang in Menschenrechtsklagen besteht, hängt entscheidend davon ab, inwiefern die Unternehmensmitarbeiter bei Verwirklichung der Menschenrechtsverletzung auch wirtschaftliche Ziele des Unternehmens verfolgen. Jedenfalls wenn ein Mitarbeiter Unternehmensziele verfolgt, handelt er im Zusammenhang mit der ihm übertragenen Tätigkeit. Verfolgen die Mitarbeiter hingegen vorrangig persönliche Interessen spricht einiges dafür einen inneren Zusammenhang zu verneinen. Im Rahmen der Kiobel-Konstellation könnte ein hinreichender Zusammenhang zwischen der Niederschlagung der Proteste und den unterstützenden Handlungen des Unternehmens wohl angenommen werden, weil mit der Niederschlagung der Proteste vorrangig Unternehmensziele verwirklicht werden sollten.

c. *Zukunftsweisend: Eigene Sorgfaltspflichtverletzungen des Unternehmens*

Besonders im Fokus steht heute die Frage, inwieweit ein deutscher Konzern Sorgfaltspflichten bezüglich des menschenrechtlich relevanten Verhaltens von nachgeordneten Konzerntöchtern hat, die in einem Krisengebiet oder Entwicklungsland tätig werden.[1035] Wenn die Haftung auf eigene Sorgfaltspflichtverletzungen des Mutterunternehmens gestützt werden kann, steht das konzernrechtliche Trennungsprinzip einer Haftung nicht entgegen.

Im Bereich der menschenrechtlichen Sorgfaltspflichten von Unternehmen sorgen heute insbesondere die UN-Leitprinzipien für Impulse, weil sie Unternehmen unmittelbare konzernweite und länderübergreifende menschenrechtliche Sorgfaltspflichten zusprechen.[1036] Diese Sorgfaltspflichten sollen allerdings keine haftungsrechtliche Relevanz haben,[1037] so dass die genaue rechtliche Wirkung der menschenrechtlichen Sorgfaltspflichten[1038] umstritten ist. Die UN-Leitprinzipien erklären, dass die Verpflichtung von Wirtschaftsunternehmen zur Achtung der

---

1033 Siehe zum Ganzen *Wagner*, in: MüKo BGB, § 831, Rn. 24 ff.
1034 Siehe BGH, Urteil vom 14.2.1989, VI ZR 121/88 = NJW-RR 1989, S. 723, 725.
1035 Siehe dazu *Saage-Maaß*, Arbeitsbedingungen in der globalen Zulieferkette, S. 12 ff.
1036 UN-Leitprinzipien ad annex II A. 11 ff.
1037 UN-Leitprinzipien ad annex II A. 12 cmt.
1038 UN-Leitprinzipien ad annex II A. 17.

Menschenrechte von Haftungsfragen zu trennen ist, die nach einzelstaatlichem Recht zu beantworten sind.[1039]

Für die Ausgestaltung der menschenrechtlichen Sorgfaltspflicht ist damit die kollisionsrechtliche Frage entscheidend, welcher Rechtsordnung der Sorgfaltsmaßstab bei Menschenrechtsklagen vor deutschen Gerichten zu entnehmen ist. Internationale Menschenrechtsabkommen können den Sorgfaltsmaßstab nicht unmittelbar bestimmen. Zum einen sind sie für die Unternehmen nicht direkt bindend. Weil sie zum anderen von Staaten in unterschiedlicher Art und Weise rezipiert und konkretisiert werden, kann gerade nicht von einem einheitlichen weltweiten Standard gesprochen werden. Um dieses Ergebnis zu verändern, wird teilweise die Verbindlichstellung der Menschenrechtsabkommen gefordert.[1040] Deutsches Sachrecht könnte anwendbar sein, wenn das Günstigkeitsprinzip für Menschenrechtsklagen eingeführt würde.[1041] In engen Grenzen ist auch eine Anwendung des deutschen Rechts nach Art. 17 Rom II VO denkbar.[1042] Damit kommt de lege lata über die Anwendung der lex loci damni regelmäßig die Rechtsauffassung des Tatortstaates zum Tragen. Das Tatortrecht wird aber häufig ein unterschiedliches Verständnis von Menschenrechten, etwa des Arbeitsschutzes, haben als das deutsche Recht.[1043]

Im deutschen Recht wird heute nicht mehr bestritten, dass über § 823 BGB grundsätzlich auch deliktische Sorgfaltspflichtverletzungen sanktioniert werden können.[1044] Systematisch beinhalten Sorgfaltspflichten entweder den Schutz der Umwelt vor einer Gefahrenquelle oder den Schutz eines Rechtsguts vor aus der Umwelt stammenden Gefahren. Mit anderen Worten geht es entweder um die Kontrolle einer Gefahrenquelle oder um Fürsorgepflichten.[1045] Das Entstehen von Sorgfaltspflichten setzt die rechtliche und tatsächliche Möglichkeit des Einschreitens

---

1039 Eine gesetzliche Verbindlichstellung konzernweiter menschenrechtlicher Sorgfaltspflichten fordern z.B. Antrag der Bundestagsfraktion Bündnis 90/Die Grünen aus dem Jahre 2013, BT-Drs. 17/13916, Nr. 1; *Saage-Maaß*, Arbeitsbedingungen in der globalen Zulieferkette, S. 20.

1040 Verlangt wird die Verbindlichstellung relevanter internationaler Menschenrechtsabkommen wie der Konventionen der ILO und Umweltrechtsabkommen. Antrag der Bundestagsfraktion Bündnis 90/Die Grünen aus dem Jahre 2013, BT-Drs. 17/13916; Nr. 1. Dazu, dass insbesondere die ILO Konvention Nr. 169 bezüglich der Recht indigener Bevölkerungen und die ILO Konvention Nr. 94 bezüglich Arbeitsklauseln in öffentlichen Verträgen verbindlich gestellt werden sollten *CorA-Netzwerk für Unternehmensverantwortung/Forum Menschenrechte*, Position Paper on Business and Human Rights – Expectations of a German Action Plan, https://germanwatch.org/en/download/7793.pdf, S. 7.

1041 Siehe Teil 3, § 2. 2. b., S. 211

1042 Siehe Teil 3, § 2. 2. c., S. 212.

1043 Siehe z.B. die verschiedenen Altersgrenzen in dem ILO Übereinkommen 138 über das Mindestalter für die Zulassung zur Beschäftigung von 1973.

1044 *Hager*, in: Staudinger BGB, § 823, E 2 ff.; *Wagner*, in: MüKo BGB, § 823, Rn. 298.

1045 *Hager*, in: Staudinger BGB, § 823, E 12 ff.; *Wagner*, in: MüKo BGB, § 823, Rn. 314.

voraus.[1046] Sorgfaltspflichten setzten zudem voraus, dass ein Einschreiten zumutbar ist. Die Zumutbarkeit des Vorsorgeaufwands wird dabei über eine Kosten-Nutzen-Analyse festgestellt.[1047]

Damit Sorgfaltspflichten entstehen können, muss das Risiko des Erfolgseintritts insbesondere objektiv vorhersehbar gewesen sein.[1048] Auch Handlungen Dritter schließen Sorgfaltspflichten nicht aus, wenn sie vorhersehbar sind.[1049] Sorgfaltspflichten des Mutterunternehmens werden folglich nicht grundsätzlich dadurch ausgeschlossen, dass ein Tochterunternehmen gehandelt hat. Ob ein deutsches Mutterunternehmen ausreichende Faktenkenntnis davon hat, dass es den Erfolgseintritt objektiv vorhersehen kann, hängt vom Einzelfall ab.[1050] Zu betrachten sind die konkrete wirtschaftliche Tätigkeit des Unternehmens und die Bedingungen, die in dem Staat herrschen, in dem das Unternehmen wirtschaftlich tätig wird. Die Faktenkenntnis des Mutterunternehmens kann durch menschenrechtliche Due-Diligence-Prüfungen erweitert werden. In diesem Umfeld spielen einerseits freiwillige Compliance- und Corporate–Social-Responsibility (CSR)-Programme der Unternehmen eine wichtige Rolle.[1051] Daneben gewinnen heute andererseits verpflichtende menschenrechtsrelevante Dokumentationspflichten an Bedeutung[1052] wie die Änderung der sog. Bilanz-Richtlinie 2013/34/EU im Hinblick auf die Angabe nichtfinanzieller und die Diversität betreffender Informationen durch bestimmte große Unternehmen und Gruppen zeigt.[1053] Die Normierung gesetzlicher Dokumentationspflichten allein kann zwar noch keine deliktischen Sorgfaltspflichten begründen.[1054] Erlangt das Unternehmen über den Dokumentationsvorgang aber

---

1046 *Hager*, in: Staudinger BGB, § 823, E 35; *Wagner*, in: MüKo BGB, § 823, Rn. 316. Siehe zur Differenzierung der Sorgfaltsplichten anhand der konkret bestehenden Leitungsfunktion *Spindler*, Unternehmensorganisationspflichten, S. 955 f.

1047 *Hager*, in: Staudinger BGB, § 823, E 31; *Wagner*, in: MüKo BGB, § 823, Rn. 337 f. An dieser Stelle tritt die Steuerungsfunktion der Sorgfaltsplichten klar hervor.

1048 *Hager*, in: Staudinger BGB, § 823, E 30; *Wagner*, in: MüKo BGB, § 823, Rn. 337 f.

1049 *Hager*, in: Staudinger BGB, § 823, E 33; *Wagner*, in: MüKo BGB, § 823, Rn. 345.

1050 Zur Wissenszurechung im Konzern siehe *Schubert*, in: MüKo BGB, § 166, Rn. 61 f.

1051 Vgl. *Blecher et al. (Hrsg.)*, Corporate Responsibility for Human Rights Impacts.

1052 Dafür z.B. UN-Leitprinzipien ad annex II B. 17 ff.

1053 Art. 19a und 29a der Richtlinie 2014/95/EU zur Änderung der Richtlinie 2013/34/EU im Hinblick auf die Angabe nichtfinanzieller und die Diversität betreffender Informationen durch bestimmte große Unternehmen und Gruppen sehen Berichtpflichten auch für den menschenrechtsrelevanten Bereich vor. Vgl. auch die Proposition de loi relative au devoir de vigilance des sociétés mères et des entreprises donneuses d'ordre adoptée par l'assemblée en première lecture vom 30. März 2015. Eine vergleichbares Beispiel für den Bereich des Menschenhandels bietet Section 1714.43 California Civil Code (California Transparency in Supply Chains Act of 2010), der vorschreibt, dass Konzerne ihre Anstrengungen zur Vermeidung von Sklaverei und Menschenhandel veröffentlichen müssen.

1054 Beispielsweise sieht der französische Gesetzesvorschlag in Art. 225-102-5 Code de Commerce nur eine Haftung bei Nichtbeachtung der Veröffentlichungspflicht vor.

Faktenkenntnis, kann sich aus dieser möglicherweise eine Handlungspflicht ergeben.[1055]

Konzernweite deliktische Sorgfaltspflichten können vor dem Hintergrund des Trennungsprinzips nicht schon aus den Grundsätzen zum betrieblichen Organisationsverschulden hergeleitet werden. Zwar ist anerkannt, dass ein Unternehmensträger nach § 823 Abs. 1 BGB unmittelbar verpflichtet ist, seine innerbetrieblichen Abläufe so zu organisieren, dass Schädigungen Dritter im gebotenen Umfang vermieden werden. Je größer die aus dem Betriebsablauf folgenden Risiken sind, desto größer ist auch die Organisationspflicht. Allerdings ist keine „lückenlose" Überwachung erforderlich. Die Organisationshaftung kann konstruktiv auf die Ratio des § 31 BGB und einen körperschaftsrechtlichen Organisationsmangel[1056] oder auf die Ratio des § 831 BGB und eine betriebliche „Oberaufsichtspflicht"[1057] des Unternehmensträgers[1058] gestützt werden.[1059] Diese Überlegungen können aber nicht direkt auf Konzernstrukturen übertragen werden, weil Konzerne aus mehreren juristischen Personen und Unternehmensträgern bestehen. Gegen die Anerkennung konzernweiter deliktischer Organisationspflichten wird angeführt, dass dies zu einer vom deutschen Recht nicht normierten Einheitstheorie und zu einer Aushebelung des Gesellschafts- und Konzernrechts führe.[1060] Eine derartige Konzernorganisationspflicht führe letztlich zu einem Eingliederungsgebot, weil allein eine

---

1055 Daneben kann eine fehlerhafte Dokumentation zur Grundlage indirekter Sanktionen von Menschenrechtsverletzungen über das Wettbewerbsrecht werden. In Deutschland führte beispielsweise ein Verfahren auf Grundlage des §§ 5, 5a Unlauterer Wettbewerbsgesetz (UWG) zu einer freiwilligen Abgabe einer Unterlassenserklärung durch Lidl. In dem Verfahren ging es um die Beschreibung von Arbeitsverhältnissen in Tochterunternehmen von Lidl in Bangladesch Siehe *ECCHR*, Klage für faire Arbeitsbedingungen in Bangladesch: Lidl muss nachgeben, http://www.ecchr.eu/de/unsere-themen/wirtschaft-und-menschenrechte/arbeitsbedingungen-in-suedasien/bangladesch-lidl.html. Zu vergleichbaren Verfahren in den USA siehe Teil 3, § 1. 3., S. 193.

1056 *Brüggemeier*, Prinzipien des Haftungsrechts, S. 118 ff.

1057 RG, Urteil vom 25.2.1915, VI 526/14 = RGZ 87, S. 1, 4.

1058 *Brüggemeier*, Prinzipien des Haftungsrechts, S. 120 ff.

1059 Siehe zum Ganzen *Brüggemeier*, Prinzipien des Haftungsrechts, S. 112 ff; *Kleindiek*, Deliktshaftung und juristische Person, S. 284 ff.; *Wagner*, in: MüKo BGB, § 823, Rn. 76 ff.; *Spindler*, Unternehmensorganisationspflichten, S. 689 ff. Der Gedanke, über die Annahme von Organisationpflichten ein Unternehmen mit eigenen Pflichten auszustatten, war eine Folge der Schwächen der personalistischen Ausgestaltung des deutschen Haftungsrechts. Das Gesetz sieht einerseits im Rahmen des § 31 BGB die Haftung eines Unternehmensträgers nur für deliktisches Handeln der Organe vor, während eine Haftung nach § 831 für ein fremdes Verhalten BGB oftmals an der Exkulpationsmöglichkeit und dem mangelnden eigenen Verschulden scheitert.

1060 Eingehend *Spindler*, Unternehmensorganisationspflichten, S. 945 ff. Siehe auch *Spindler*, in: Fleischer (Hrsg), Handbuch des Vorstandsrechts, § 13; Rn. 89 ff. Anders

Eingliederung ein Mindestmaß an Leitung gewährleiste.[1061] Anders als bei der innerbetrieblichen Delegation von Pflichten, führe eine konzernrechtliche Aufspaltung in verschiedene Unternehmensträger zu einem Wandel des für die Gefahrenquelle zuständigen Rechtsträgers.[1062] Es sei problematisch ein Tochterunternehmen allein aufgrund der Konzernleitungspflicht der Sphäre der Konzernmutter zuzurechnen, weil diese nur im Innenverhältnis der betroffenen Gesellschaften Bedeutung habe und Dritten keinen Schutz vermittle.[1063]

Folglich können konzernweite menschenrechtsrelevante Sorgfaltspflichten nach deutschem Recht allein unter Anwendung der allgemeinen Sorgfaltspflichtendogmatik entstehen.[1064]

i. Pflichtwidriges Vorverhalten

Konzernweite Sorgfaltspflichten können nach einem pflichtwidrigen Vorverhalten entstehen.[1065] Wenn ein Mutterunternehmen rechtswidrige Maßnahme, beispielsweise die Umgehung von Sicherheitsstandards anordnet oder bewusst gegen Ausfuhrverbote nach dem Außenwirtschaftsgesetz verstößt, kann es später deliktischen Sorgfaltspflichten ausgesetzt sein. Allein in der Aufnahme einer wirtschaftlichen Tätigkeit, auch in Krisen- oder Kriegsgebieten, kann aber kein ingerentes Verhalten erblickt werden. Auch das Nachgehen einer gefährlichen – aber nicht verbotenen – wirtschaftlichen Tätigkeit stellt an sich kein pflichtwidriges Verhalten dar. Höchstrichterlich ist geklärt, dass der Aufbau eines weltweit agierenden Konzerns und die Ausnutzung des internationalen Rechtsgefälles keinen unlauteren Wettbewerb darstellen, wenn Waren unter Beachtung des ausländischen Rechts hergestellt und unter Beachtung aller Importvorschriften nach Deutschland eingeführt werden.[1066]

ii. Beherrschbarkeit einer Gefahrenquelle

Allein die Kenntnis von einer Gefahr und die faktische Einwirkungsmöglichkeit reichen nicht aus, um Sorgfaltspflichten zu begründen, weil dies mit dem Selbstbestimmungsgrundsatz nicht in Einklang zu bringen ist.[1067] Etwas anderes gilt aber, wenn

Oehler, Produzentenhaftung im Konzern – Deliktsrecht und Haftungsbeschränkung, ZIP 1990, S. 1445, 1447 ff.

1061 *Spindler*, Unternehmensorganisationspflichten, S. 954 f.

1062 *Spindler*, Unternehmensorganisationspflichten, S. 949.

1063 *Spindler*, Unternehmensorganisationspflichten, S. 950 f.

1064 Siehe zu den Entstehungsgründen von Sorgfaltspflichten *Bar*, Verkehrspflichten, S. 112 ff.

1065 Von *Bar*, Verkehrspflichten, S. 113 ff.; *Kleindiek*, Deliktshaftung und juristische Person, S. 200.

1066 BGH, Urteil vom 9.5.1980, I ZR 76/78 = NJW 1980, S. 2018, 2019.

1067 *Wagner*, in: MüKo BGB, § 823, Rn. 317. Allein die Bestellung von Doppelgeschäftsführern lässt damit noch keine Sorgfaltspflichten entstehen. Auch in der Kondenstopf-Entscheidung hat der BGH die Sorgfaltspflicht des Mutterunternehmens

eine Gefahrenquelle beherrschbar ist und sie im Herrschaftsbereich des Pflichtigen steht.[1068] Eine Gefahrenquelle kann auch vorliegen, wenn die Geschäftstätigkeit des Tochterunternehmens eine besondere Gefährlichkeit aufweist. Dies kann der Fall sein, wenn ein Tochterunternehmen in einem gefährlichen Wirtschaftszweig tätig ist, in dem, wie beim Handel mit Diamanten oder bei der Produktion von Chemieprodukten, häufig Leib und Leben von Arbeitnehmern oder von Dritten gefährdet werden. Die Gefahrenquelle ist beherrschbar, wenn das Mutterunternehmen dem Tochterunternehmen Weisungen erteilen kann.[1069] Damit könnte dem Mutterunternehmen die Sorgfaltspflicht obliegen, die typisch auftretenden Verletzungen zu vermeiden.

iii. Ökonomische Überlegungen: Gleichlauf von Vor- und Nachteilen

Aus ökonomischer Sicht kann der Gedanke des Gleichlaufs von Vor- und Nachteilen Sorgfaltspflichten begründen, wenn ein Handelnder durch ein Verhalten einen Nutzen zieht.[1070] Vor diesem Hintergrund wird für eine konzernweite Organisationspflicht angeführt, dass eine Strukturierung als Konzern dazu führt, dass das herrschende Unternehmen einerseits die Kontrolle über abhängige Unternehmensteile behalten kann. Damit könne es über entsprechende Beherrschungs- und Gewinnabführverträge die wirtschaftlichen Vorteile aus der Konzernstruktur ziehen. Andererseits könne eine geschickte unternehmerische Strukturierung das deliktischen Haftungsrisiko aber eingrenzen.[1071] Gegen diese Auffassung wird vorgetragen, dass, anders als bei der gesellschaftsinternen Delegation von Pflichten, die Abhängigkeit im Konzernverhältnis in den gesellschaftsrechtlichen Ausgleichsmechanismen wie der Verlustausgleichs- oder der Nachteilsausgleichspflicht ihren Niederschlag gefunden habe. Die Vorteile der Konzernstruktur würden damit durch gesellschaftsrechtliche Pflichten aufgewogen.[1072] Fraglich ist aber, ob diese in geschlossenen Rechtsordnungen schlüssige Argumentation auch im Rahmen weltweit agierender Konzerne überzeugt. Unklar ist, inwieweit mangels weltweit geltendem kohärenten Konzernrecht dem Vorteil der Konzernstrukturierung tatsächlich ein realer gesellschaftsrechtlicher Nachteil gegenübersteht. Weitere Fragen treten auf, wenn das

---

nicht auf die Kenntnis einer Gefahr, sondern auf die eigene Pflichtenposition als Verkäufer gestützt. Siehe BGH, Urteil vom 5.7.1960, VI ZR 130/59 = VersR 1960, S. 855, 856.

1068 *Hager*, in: Staudinger BGB, § 823, E 16 f.; *Wagner*, in: MüKo BGB, § 823, Rn. 320 ff.; *von Bar*, Verkehrspflichten, S. 122 ff. Wird eine Sorgfaltspflicht allein aufgrund der Beherrschbarkeit einer Gefahrenquelle begründet, zeigt sich die Nähe der Verkehrspflichten zur Gefährdungshaftung.

1069 *Spindler*, Unternehmensorganisationspflichten, S. 956.

1070 *Wagner*, in: MüKo BGB, § 823, Rn. 319; *von Bar*, Verkehrspflichten, S. 125 ff.; *Kleindiek*, Deliktshaftung und juristische Person, S. 201.

1071 Vgl. z.B. *Oehler*, Produzentenhaftung im Konzern – Deliktsrecht und Haftungsbeschränkung, ZIP 1990, S. 1445, 1447.

1072 *Spindler*, Unternehmensorganisationspflichten, S. 951f.

Tochterunternehmen zum Klagezeitpunkt verkauft oder aufgelöst worden ist oder Insolvenz angemeldet hat, weil in diesem Fall die Geschädigten einseitig die Kosten der Konzernstruktur tragen.

Verlagert man die Betrachtung auf die völkerrechtliche Ebene, kommt das Prinzip des Gleichlaufs von Rechten und Pflichten zu vergleichbaren Überlegungen. Weil MNU durch das Investitionsschutzrecht bei ihrer Geschäftstätigkeit in Drittstaaten einerseits geschützt werden, spricht viel dafür, dass auf der Gegenseite bei einem unternehmerischen Fehlverhalten auch Sanktionsmechanismen bereitstehen sollten.[1073]

Zu einem ähnlichen Ergebnissen kommt auch eine ökonomische Analyse des Haftungsrechts, nach der die Sorgfaltspflichten der Beteiligten so weit zu ziehen sind, wie diese einen Erfolgseintritt effektiv verhindern können. Durch ein sinnvolles Zusammenwirken der beteiligten Akteure soll der erforderliche Schutz bei geringstmöglichen Kosten realisiert werden.[1074] Dem unmittelbar an der Menschenrechtsverletzung beteiligten Tochterunternehmen kommt daher auf jeden Fall eine Pflicht zu, die Verletzungshandlung zu unterlassen. Aus ökonomischer Sicht ist es überzeugend, daneben auch eine im Detail weiter zu klärende Überwachungspflicht des Mutterunternehmens anzunehmen. Dieses kann aufgrund eines umfangreichen Wissensstandes und weitreichenden Einflussmöglichkeiten Menschenrechtsverletzungen effizient verhindern.

iv. Hervorrufen konkreten Konzernvertrauens: Chandler PLC

Sorgfaltspflichten können auch entstehen, wenn das Mutterunternehmen bei Dritten ein konkretes Vertrauen auf ein konzernweites Handeln hervorruft.[1075] Über den Vertrauenstatbestand können zum einen konzernweite Arbeitsstandards entstehen, wenn ein Mutterunternehmen gegenüber Konzernmitarbeitern faktisch Fürsorgepflichten übernimmt.[1076] Durch den Vertrauenstatbestand können zum anderen konzernweite Sorgfaltspflichten entstehen, die die Kunden des Unternehmens schützen. Wenn Dritte bei Menschenrechtsverletzungen rein zufällig mit den Gefahren in Berührung kommen, spielt diese Fallgruppe hingegen keine Rolle.

1073 *Bucher*, Universal Civil Jurisdiction with regard to Reparation for International Crimes, Rapport, Rn. 53.

1074 *Wagner*, in: MüKo BGB, § 823, Rn. 344. Allgemein zur ökonomischen Analyse des Haftungsrechts *Hager*, in: Staudinger BGB, Vorbem zu §§ 823 ff. Rn. 14; *Wagner*, in: MüKo BGB, Vorbem. § 823, Rn. 45 ff. *Wagner*, Prävention und Verhaltenssteuerung durch Privatrecht – Anmaßung oder legitime Aufgabe? AcP 206 (2006), 352, 454 ff.; *Kötz*, in: FS Steindorff 1990, Ziele des Haftungsrechts, S. 643, 648 f.; *Schäfer/Ott*, Lehrbuch der ökonomischen Analyse des Rechts, S. 145 ff.

1075 Siehe *Lutter*, Haftung aus Konzernvertrauen?, in: GS Knobbe-Keuk 1997, S. 229, 243 f.; *Spindler*, Unternehmensorganisationspflichten, S. 951; *Kleindiek*, Deliktshaftung und juristische Person, S. 201; *von Bar*, Verkehrspflichten, S. 120 ff.

1076 Dazu *Wagner*, in: MüKo BGB, § 823, Rn. 328.

Ein Beispiel für auf einen Vertrauenstatbestand gestützten Zurechnungsdurchgriff bietet die englische HRL.[1077] In der grundlegenden Entscheidung Chandler v. Cape PLC, die sich mit dem Arbeitnehmerschutz beschäftigt, sprach der England and Wales Court of Appeal einem englischen Mutterunternehmen[1078] Sorgfaltspflichten bezüglich des Verhaltens eines ebenfalls englischen Tochterunternehmens zu.[1079] In diesem Fall erkrankte ein Arbeitnehmer eines Tochterunternehmens von Cape PLC, weil er mit Asbest in Berührung gekommen war und das Tochterunternehmen Schutzvorschriften nicht eingehalten hatte.[1080] Hier nahm das Gericht eine eigene Fahrlässigkeitshaftung auch von Cape PLC an, weil erstens die Gefahr von Asbestose im Rahmen der Tätigkeit von Mutter- und Tochtergesellschaft vergleichbar war, zweitens die Muttergesellschaft diesbezüglich überlegenes Fachwissen besaß oder hätte besitzen können und drittens das Schutzsystem des Tochterunternehmens

---

1077 In England können Menschenrechtsklagen auf das common law gestützt werden, wobei sich Verfahren in der Vergangenheit vor allem gegen Unternehmen und nicht gegen natürliche Personen richteten. Zwar war die Anzahl der Klagen im Vergleich zu ATS-Verfahren in den USA bisher gering, deren Erfolgsaussichten waren jedoch besser. So wurden in England vier Menschenrechtsklagen vor dem Londoner High Court of Justice bis zu einem Urteil durchgestritten und andere Verfahren mutmaßlich unter hohen Summer verglichen. Dass die Möglichkeiten des britischen Rechtssystems bisher nicht vollständig ausgeschöpft wurden, kann auf die für Kläger in den USA bestehenden prozessualen Vorteile zurückgeführt werden. Vgl. *Sanger*, Corporations and Transnational Litigation: Comparing Kiobel with the Jurisprudence of the English Courts, Am. J. Comp. L. 2013, S. e 23, e 29. In den bisher in England durchgeführten Klagen wurden britische Mutterunternehmen mitverklagt, so dass die Klagen nicht als foreign cubed cases einzuordnen sind. Siehe *Lubbe v. Cape PLC*, [2000] UKHL 41 (H.L.); *Guerrero v. Monterrico Metals PLC*, [2009] EWHC 2475 (Q.B.). Zum Thor Chemicals-Fall *Meeran*, Tort Litigation against Multinational Corporations for Violations of Human Rights: An Overview of the Position outside the United States, 3 City U. H. K. L. Rev. 1, 25 ff. (2011).

1078 Die Leitentscheidung zum Trennungsprinzip ist *Adams v Cape Industries PLC* [1990] Ch 433. Für das Entstehen von Sorgfaltspflichten ist nach dem englischen Recht forseeability, proximity und fairness erforderlich. Siehe *Caparo v. Dickman*, [1990] 2 AC 605.

1079 „In summary, this case demonstrates that in appropriate circumstances the law may impose on a parent company responsibility for the health and safety of its subsidiary's employees."*Chandler v. Cape PLC*, [2012] EWCA Civ 525, Rn. 80. Mit Andeutungen zu derartigen Sorgfaltspflichten des Mutterunternehmens schon *Lubbe v. Cape PLC*, [2000] UKHL 41 (H.L.). Das diese Entwicklung der HRL aber noch nicht Tür und Tor öffnet, zeigt die zurückhaltende Entscheidung in *Thompson v. Renwick Group PLC*, [2014] EWCA Civ 635.
Zur Chandler-Entscheidung *Sanger*, Crossing the Corporate Veil: The Duty of Care Owed by a Parent Company to the Employees of its Subsidiary, 71 Cambridge L. J. 478 (2012); *Petrin*, Assumption of Responsibility in Corporate Groups: Chandler v Cape PLC, 76 Modern L. Rev. 589 (2013).

1080 *Chandler v. Cape PLC*, [2012] EWCA Civ 525.

nicht sicher war und die Muttergesellschaft dies wusste oder hätte wissen können. Viertens und zuletzt sei für Cape PLC vorhersehbar gewesen, dass die Mitarbeiter der Tochtergesellschaft darauf vertrauen würden, dass Cape PLC ihr überlegenes Fachwissen einsetzen würde, weil die Muttergesellschaft auch in anderen Zusammenhängen gegenüber der Tochtergesellschaft interveniert habe.[1081] Die ersten drei angeführten Punkte belegen, dass das Mutterunternehmen Kenntnis von der Gefahrenlage hatte. Entscheidend für das Entstehen der Sorgfaltspflicht war daneben aber die faktische Gefahrübernahme durch das Mutterunternehmen, die das Gericht mit dem vierten Punkt begründete, nach dem die Unternehmensmitarbeiter auf ein Einschreiten des Mutterunternehmens vertrauen durften.[1082]

4. Kein menschenrechtliches Sonderregime

Die Untersuchung hat gezeigt, dass menschenrechtliche Wertungen vor deutschen Gerichten erhobene Zivilklagen zwar beeinflussen können. Das deutsche Recht kennt aber kein menschenrechtliches Sonderregime. Vor deutschen Gerichten eingebrachte Menschenrechtsklagen weisen im Vergleich zum ATS-Regime Vor- und Nachteile auf.[1083] Einerseits muss nicht der schwere Nachweis einer durch ein Unternehmen zu verantwortenden Menschenrechtsverletzung geführt werden. Andererseits werden Kläger bei einem schlüssigen Vortrag einer Menschenrechtsverletzung nicht wie unter dem US-amerikanischen ATS-Regime privilegiert.

Bei Zugrundelegung der aktuellen Rechtslage bedeutet dies, dass deutsche Gerichte in mit der Kiobel-Konstellation vergleichbaren Klagen, die sich gegen deutsche Mutterunternehmen richten, zwar zuständig sind. Dies stellt einen Vorteil im Vergleich zum US-amerikanischen Recht dar, weil ungeklärt ist, ob das ATS anwendbar ist, wenn US-amerikanische Unternehmen im Ausland Menschenrechtsverletzung begangen haben. Unklar ist aber, ob ein deutsches Mutterunternehmen unter Anwendung des ausländischen Tatortrechts für im Ausland in der Sphäre des Tochterunternehmens stattgefundene Handlungen materiell-rechtlich haften würde. Gegen ein ausländisches Tochterunternehmen gerichtete Klagen scheitern jedenfalls schon daran, dass die Zuständigkeit deutscher Gerichte nicht begründet werden kann.

Vor diesem Hintergrund zielen Vorschläge darauf ab, die Rechtslage für Menschenrechtsklagen vor deutschen Gerichten zu verbessern. Erstens solle eine zuständigkeitsrechtliche Sondervorschrift geschaffen werden, die Gerichtsverfahren auch gegen ausländische Tochterunternehmen von deutschen Mutterunternehmen ermöglicht. Zweitens wird kollisionsrechtlich gefordert, im Rahmen der Haftung für Menschenrechtsverletzungen das Günstigkeitsprinzip anzuwenden. Drittens wird

1081 *Chandler v. Cape PLC*, [2012] EWCA Civ 525, Rn. 80

1082 *Chandler v. Cape PLC*, [2012] EWCA Civ 525, Rn. 65 f.

1083 Einen Vorteil für Klagen vor europäischen Gerichten sieht *Childress*, Escaping Federal Law in Transnational Cases: The Brave New World of Transnational Litigation, 93 N. C. L. Rev. 995, 1000 (2015).

eine Verbindlichstellung völkerrechtlicher Sicherheitsstandard sowie die konzernweite Ausweitung von Sorgfalts- und Organisationspflichten verlangt.[1084]

a. *Fahrlässigkeit v. Vorsatz*

Wenn Kläger in den USA das Sonderregime des ATS eröffnen wollen, müssen sie eine vorsätzliche Menschenrechtsverletzung darlegen. Wird die Anwendbarkeit deutschen Rechts unterstellt, kann nach deutschem allgemeinem Deliktsrecht auch ein fahrlässiges Verhalten vorgetragen werden. Auch wenn der genaue Umfang der Sorgfaltspflicht ungeklärt ist, können Ansprüche im Sinne der UN-Leitprinzipien auch auf fahrlässige Verstöße gegen unternehmerische menschenrechtliche Sorgfaltspflichten gestützt werden. Theoretisch können konzernweite Sorgfaltspflichten auch die Menschenrechte der ersten Generation umfassen. In der europäischen Rechtsprechungspraxis spielen bisher im Rahmen der Sorgfaltspflicht aber leichter greifbare umwelt- und arbeitsrechtliche Verstöße eine Rolle. Beispielhaft wurde Unternehmen bei Verfahren in den Niederlanden und in England in der Kiobel-Konstellation nicht die vorsätzliche Verletzung von Menschenrechten, sondern die Verursachung von Umweltschäden vorgeworfen.[1085]

Mit der US-amerikanischen HRL vergleichbare Menschenrechtsklagen, in denen Unternehmen die Beteiligung an vorsätzlichen, durch einen ausländischen Staat verwirklichten Menschenrechtsverletzung vorgeworfen wird, finden in Deutschland bisher hingegen nicht statt. Sie sind wegen des erhöhten Begründungsaufwands auch nur bedingt zu erwarten. Wertungsbedürftige Graubereiche, wie die Mitverursachung von Menschenrechtsverletzungen durch wirtschaftliche Kooperation oder den Handel mit Krisenstaaten durch Tochterunternehmen in Deutschland können – anders als im Rahmen der bisherigen ATS-Rechtsprechung – mangels menschenrechtlichem Sonderrechtsregime in Deutschland nur schwer rechtlich aufgearbeitet werden.

b. *Verschuldenserfordernis, respondeat superior und enterprise liability*

Für nach deutschem Recht zu beurteilende Menschenrechtsklagen stellt es grundsätzlich ein Hindernis dar, dass deliktische Ansprüche, die auf das Verhalten einfacher Unternehmensmitarbeiter gestützt werden, ein eigenes Verschulden des Mutterunternehmens voraussetzen. Das allgemeine deutsche Deliktsrecht kennt keine unternehmerische Haftung allein für zurechenbar und schuldhaft von

---

1084 Siehe zu Forderungen zu der Einführung von menschenrechtlichen Sonderregeln Antrag der Bundestagsfraktion Bündnis 90/Die Grünen aus dem Jahre 2013, BT-Drs. 17/13916; *Saage-Maaß*, Unternehmen zur Verantwortung ziehen, S. 22 f.; *CorA-Netzwerk für Unternehmensverantwortung/Forum Menschenrechte*, Position Paper on Business and Human Rights – Expectations of a German Action Plan, https://germanwatch.org/en/download/7793.pdf, S. 15 ff.

1085 Siehe Teil 3, § 2. 1. c., S. 207 und 3. c. iv., S. 229.

Unternehmensmitarbeitern verursachte Schäden, die in einen Zusammenhang mit der betrieblichen Tätigkeit entstanden sind.[1086] Damit unterscheidet es sich von der im deutschen Schuldrecht in § 278 BGB statuierten Haftungszurechnung des Erfüllungsgehilfen, der Geschäftsherrenhaftung des französischen Rechts und der vicarious liability (respondeat superior) des anglo-amerikanischen Rechts. Noch viel weniger kennt das deutsche Recht im Rahmen von Menschenrechtsklagen eine verschuldensunabhängige Haftung für innerhalb von Konzernstrukturen kausal verursachte Schäden, wie sie von der sog. enterprise liability gefordert wird. Grundgedanke der enterprise liability ist, dass derjenige, der einen wirtschaftlichen Vorteil aus einer risikoträchtigen Tätigkeit zieht, im Schadensfall die Opfer verschuldensunabhängig entschädigen soll.[1087]

Inwieweit das Erfordernis eines eigenen Verschuldens in gegen das Mutterunternehmen gerichteten Menschenrechtsklagen rechtspolitisch Berechtigung hat, ist diskussionsfähig. Für eine Einschränkung des Verschuldenserfordernisses kann bei einer wirtschaftlichen Betrachtung angeführt werden, dass Unternehmen bei einer weltweiten Konzerntätigkeit einerseits durch ihre Tätigkeit in Krisengebieten wirtschaftlich profitieren und ihrer wirtschaftlichen Tätigkeit andererseits ein großes Gefährdungspotential inhärent ist. Andererseits wirft eine Übertragung des enterprise liablity Gedankens viele Schwierigkeiten auf. Es ist weder geklärt, wann ein wirtschaftliches Verhalten eine risikoträchtige Tätigkeit darstellt, noch wann von einer Menschenrechtsverletzung gesprochen werden kann. Im Vergleich mit der Produkthaftung, die ebenfalls von der enterprise liablity beeinflusst ist,[1088] fällt der Mangel an definitorischer Präzision besonders auf.[1089] Bei Menschenrechtsklagen treten zudem größere Kausalitätsfragen auf als im Produkthaftungsbereich, weil sich das Mutterunternehmen eine Menschenrechtsverletzung, die von einem Tochterunternehmen begangen wird, nicht im gleichen Maße zu eigen macht wie der Hersteller die Fehlerhaftigkeit eines Produkts, an dessen Herstellungsprozess andere Unternehmen beteiligt waren.

1086 *Brüggemeier*, Prinzipien des Haftungsrechts, S. 115 f.

1087 Zum Enterprise-Liability-Gedanken im US-amerikanischen Rechts *Brüggemeier*, Prinzipien des Haftungsrechts, S. 126 ff.; *Wantzen*, Unternehmenshaftung und Enterprise Liability, S. 35 f. Noch weiter als eine Haftung unter Rückgriff auf den Enterprise-Liability-Gedanke ginge eine Einführung von Entschädigungsfonds zum Ausgleich von Schäden, die von ausländischen Tochterunternehmen und Zulieferern als nicht greifbaren Haftpflichtschuldnern verursacht wurden. Hierdurch würde die Verantwortung auf einen ganzen Wirtschafszweig ausgeweitet. Siehe zu möglichen Fondslösungen *Knetsch*, Haftungsrecht und Entschädigungsfonds, S. 120.

1088 Zur Beeinflussung der US-amerikanischen Gerichte im Rahmen des Produkthaftungsrecht *Wantzen*, Unternehmenshaftung und Enterprise Liability, S. 183 ff. Siehe auch §§ 1, 4 Produkthaftungsgesetz (ProdHaftG).

1089 Bei der Produkthaftung ist die risikoträchtige Tätigkeit das Herstellen eines Produkts und die Rechtsverletzung liegt in dem Fehler des Produkts. §§ 3 f. ProdHaftG.

c. Rechtsfrieden v. Menschenrechtsklagen

Ein weiterer Nachteil der Abwesenheit von menschenrechtlichem Sonderrecht betrifft das Verjährungsrecht. Zweck des Verjährungsrechts ist die Bewahrung des Rechtsfriedens,[1090] dem bei der gerichtlichen Aufarbeitung von gewaltsamen Auseinandersetzungen eine wichtige Rolle zukommt. Es muss kritisch überlegt werden, inwieweit weltweit stattgefundene und zumindest teilweise befriedete gewaltsame Auseinandersetzungen aus dem letzten Jahrhundert heute im Rahmen sich entwickelnder zivilrechtlicher Sanktionsmöglichkeiten aufgearbeitet werden sollen.

Menschenrechtsklagen, die auf das allgemeine deutsche Deliktsrecht gestützt werden, werden de lege lata oft an einer Verjährung der Ansprüche scheitern. Da keine Sonderregel eingreift, verjähren deliktische Ansprüche gemäß §§ 195, 199 Abs. 1 BGB drei Jahre nach Schluss des Jahres, in dem der Anspruch entstanden ist und der Gläubiger von den den Anspruch begründenden Umständen und der Person des Schuldners Kenntnis erlangt oder ohne grobe Fahrlässigkeit hätte erlangen müssen.[1091] Damit beginnt die Verjährung grundsätzlich zu laufen, sobald ein Opfer eine Menschenrechtsverletzung erleidet. Zu diesem Zeitpunkt ist es den Klägern faktisch oft nicht möglich, den Anspruch im Ausland geltend zu machen. Selbst wenn dies nicht der Fall ist, ist unklar, ob sie den Opfern eine realistische Möglichkeit bietet, sich zu einer Rechtsverfolgung in Deutschland zu entscheiden und Klage einzureichen.[1092] Eine Hemmung der Verjährungsfrist könnte allein nach § 206 BGB eintreten, wenn der Gläubiger innerhalb der letzten sechs Monate der Verjährungsfrist durch höhere Gewalt an der Rechtsverfolgung gehindert worden wäre. Höhere Gewalt kann insbesondere bei einem Stillstand der Rechtspflege gegeben sein. Dies ist der Fall, wenn der Klageweg aufgrund von Kriegsereignissen, mangels Eröffnung eines Rechtswegs oder aufgrund der Untätigkeit der Organe der Rechtspflege nicht zur Verfügung steht.[1093]

Gegen die Daimler AG und Royal Dutch Shell gerichtete Klagen würde voraussichtlich an der Verjährung der Ansprüche scheitern, weil die Opfer vor weit mehr als drei Jahren von den den Anspruch begründenden Umständen Kenntnis erlangten. Die Verbrechen der argentinischen Militärdiktatur fanden in den Jahren 1976–1983 statt und Barinem Kiobel wurde schon im Jahre 1994 getötet. Ob ein Gericht zum Ergebnis

1090 *Grothe*, in: MüKo BGB, Vor § 194, Rn. 6.

1091 Nach § 199 Abs. 3 BGB verjähren sonstige Ansprüche sogar ohne Rücksicht auf die Kenntnis oder grob fahrlässige Unkenntnis zehn Jahren nach ihrer Entstehung.

1092 Auf dieses Problem weist auch der Antrag der Fraktion Bündnis 90/Die Grünen hin, in dem gefordert wird, die Verjährung in Fällen der Menschenrechtsverletzungen so lange zu hemmen, wie den Opfern der Zugang zu einem funktionieren Rechtssystem faktisch nicht möglich ist. BT-Drs. 17/13916, Nr. 4.

1093 *Grothe*, in: MüKo BGB, § 206, Rn. 7. Abgelehnt wurde eine Verjährungshemmung von Ansprüchen ehemaliger dänischer Zwangsarbeiter von OLG Stuttgart, Urteil vom 20.6.2000, 12 U 37/00 = NJW 2000, S. 2680.

käme, dass die Kläger in der Daimler- oder Kiobel-Konstellation aufgrund höherer Gewalt an einer Rechtsverfolgung im Tatortstaat gehindert waren, ist ungewiss.

d. Deutsches Zivilprozessrecht

Im Vergleich zu Menschenrechtsklagen vor US-amerikanischen Gerichten stoßen Klagen vor deutschen Gerichten zudem aufgrund der unterschiedlichen Ausgestaltung des Zivilprozesses[1094] auf große Herausforderungen. Die auftretenden Nachteile können aufgrund ihrer Verankerung im deutschen Zivilprozessrecht auch nur bedingt über ein spezielles menschenrechtliches Haftungssystem ausgeschlossen werden. Beispielsweise ist die Möglichkeit der Beweisgewinnung stark eingeschränkt, weil dem deutschen Recht das Discovery-Verfahren fremd ist. Allerdings kennt auch das deutsche Recht Möglichkeiten, die Rechtsposition des Klägers bei der Beweisgewinnung zu verbessern. Die Rechtsprechung könnte in Menschenrechtsklagen beispielsweise auf die Grundsätze der sekundären Beweislast zurückgreifen.[1095] Dafür wäre erforderlich, dass Kläger schlüssig vortragen, dass sie durch ein Fehlverhalten eines MNU verletzt worden sind, dessen genaue Ursachen für sie aber als Außenstehenden nicht ersichtlich sind. Auch die entstehenden Kosten stellen ein Hindernis für Kläger dar. Hier können das Institut der Prozesskostenhilfe,[1096] die Unterstützung durch NGOs[1097] und eine parallele strafrechtliche Verfolgung in gewissem Maße Abhilfe schaffen.

1094 Siehe schon Einleitung, § 1. 3., S. 11.

1095 Den Gegner der primär darlegungs- und beweisbelasteten Partei trifft eine sekundären Beweislast, wenn die darlegungs- und beweisbelastete Partei außerhalb des von ihr darzulegenden Geschehensablaufs steht und keine nähere Kenntnis der maßgebenden Tatsachen besitzt, während der Prozessgegner sie hat und ihm nähere Angaben zumutbar sind. Vgl. BGH, Urteil vom 13.6.2002, VII ZR 30/01 = NJW-RR, 2002, S. 1309, 1310. Dazu *Prütting*, in: MüKo ZPO § 287, Rn. 103. Daneben kann ein Gericht eine Urkundenvorlage auf Antrag nach § 424 oder nach § 142 ZPO anordnen, wenn sich eine der Parteien auf eine beweiserhebliche Urkunde bezogen hat.

1096 §§ 114 ff. ZPO.

1097 Daneben kann heute auch über weitere Finanzierungsmöglichkeiten wie das Crowdfunding nachgedacht werden. So geschehen zum Beispiel in dem gegen Facebook geführte Datenschutzverfahren, dass in EuGH, *Maximillian Schrems v. Data Protection Commissioner*, C-362/14, ECLI:EU:C:2015:650 mündete.

Synthese

§ 1 Beschränkung von US-Menschenrechtsklagen

Die aktuelle Supreme-Court-Rechtsprechung zur Anwendbarkeit des Alien Tort Statute und zum Zuständigkeitsrecht hat gegen Unternehmen gerichtete extraterritoriale Menschenrechtsklagen stark beschränkt.

Die Möglichkeit, Menschenrechtsklagen vor US-amerikanischen Gerichten einzubringen, wird zum einen durch die Kiobel-Entscheidung aus dem Jahre 2013 eingeschränkt. Mit der Entscheidung hat der Supreme Court in ATS-Fällen die Zuständigkeit der Bundesgerichte und das Sachrecht begrenzt. Das Gericht hat entschieden, dass unter dem ATS-Regime nur Ansprüche geltend gemacht werden können, die die USA „hinreichend berühren und betreffen" (Teil 1, § 3., S. 51). Extraterritoriale Menschenrechtsklagen wurden insbesondere beschränkt, weil das Gericht einstimmig entschieden hat, dass das ATS mangels Inlandsbezugs in foreign cubed cases nicht anwendbar ist. Mit der Kiobel-Entscheidung ist damit geklärt, dass das zivilrechtliche Weltrechtsprinzip die Anwendung des ATS nicht rechtfertigen kann. Alle weiterhin vor US-amerikanischen Gerichten denkbaren ATS-Verfahren respektieren daher das völkerrechtliche Erfordernis des genuine link (Teil 1, § 3. 2. a., S. 60). Geklärt ist auch, dass ein Anspruch die USA nicht allein deswegen hinreichend berührt und betrifft, weil ein Unternehmen im Forum über eine zuständigkeitsrechtlich relevante Präsenz (corporate presence) verfügt (Teil 1, § 3. 2. b., S. 61). Aus der Kiobel-Entscheidung folgt weiter, dass ein hinreichender Inlandsbezug nicht schon besteht, wenn der Kläger seinen Wohnsitz zum Zeitpunkt der Klageeinreichung in den USA hat (Teil 1, § 3. 2. c., S. 62). Es ist nicht zu erwarten, dass der US-amerikanische Gesetzgeber die Folgen der Kiobel-Entscheidung zurücknehmen und das zivilrechtliche Weltrechtsprinzip durch einen Gesetzesakt wieder einführen wird (Teil 1, § 3. 2. d., S. 63). Die Beschränkung der gegen Unternehmen gerichteten Menschenrechtsklagen ist hingegen keine Folge davon, dass Unternehmen nicht unter dem ATS verklagt werden können. Nach der Kiobel-Entscheidung spricht mehr dafür, dass Unternehmen grundsätzlich weiterhin unter dem ATS verklagt werden können (Teil 1, § 3. 2. e., S. 64).

Während die US-amerikanischen Gerichte für gegen US-amerikanische Unternehmen gerichteten Menschenrechtsklagen weiterhin grundsätzlich zuständig sind, scheitern gegen ausländische Unternehmen gerichtete Menschenrechtsklagen zum anderen regelmäßig an der Gerichtszuständigkeit (Teil 2, § 3. 3., S. 158). Gegen ausländische Unternehmen gerichtete Menschenrechtsklagen können sich einerseits in der Regel nicht auf einen besonderen Gerichtsstand stützen, weil kein besonderer Bezug der Klage zu den USA besteht (Teil 2, § 2. 1. f., S. 126). Andererseits können sich diese Klagen auch nicht auf einen allgemeinen Gerichtstand stützen, weil die Essentially-at-Home-Rechtsprechung die general jurisdiction beschränkt hat. Nach der Goodyear-Entscheidung aus dem Jahr 2011 und der Daimler-Entscheidung aus dem Jahre 2014 reicht es zur Annahme eines allgemeinen Gerichtsstands über ein Unternehmen nicht mehr aus, dass es im Forum andauernd und systematisch geschäftlich tätig ist. Ein Unternehmen muss im Forumstaat vielmehr „im Wesentlichen beheimatet sein", damit es der allgemeinen Gerichtszuständigkeit unterfällt. Mit dem Supreme Court besteht ein allgemeiner Gerichtsstand jedenfalls in dem Staat, in dem das Unternehmen gegründet wurde oder in dem es seinen principal place of business hat (Teil 2, § 3. 2., S. 149). Der Supreme Court hat die general jurisdiction erstens eingeschränkt, weil die geschäftliche Tätigkeit nur noch Grundlage eines allgemeinen Gerichtsstandes sein kann, wenn sie im Verhältnis zur gesamten Geschäftstätigkeit des Unternehmens den Schwerpunkt darstellt (Teil 2, § 3. 2. a., S. 150). Zweitens können in Folge der Rechtsprechung Prozesspositionen innerhalb von Konzernen nicht mehr über den Agency-Test zugerechnet werden. Die Annahme von general jurisdiction über einen agent kann keinen allgemeinen Gerichtsstand über das vertretenen Unternehmens mehr begründen (Teil 2, § 3. 2. b., S. 151). Drittens hat die Rechtsprechung geklärt, dass general jurisdiction nicht über die Stream-of-Commerce-Doktrin begründet werden kann, wenn allein der Warenstrom Produkte eines Unternehmens in das Forum getragen hat (Teil 2, § 3. 2. c., S. 153). Zusammengenommen führen diese Aussagen dazu, dass die Gerichte die allgemeine Gerichtszuständigkeit bei gegen ausländische Unternehmen gerichteten Klagen heute regelmäßig ablehnen (Teil 2, § 3. 2. d., S. 153).

§ 2 Beschränkung und Neoterritorialismus

Die aktuelle Beschränkung US-amerikanischer Menschenrechtsklagen wird von neoterritorialen Erwägungen bestimmt. Der heutige Neoterritorialismus nähert sich dem ursprünglichen Territorialitätsprinzip an, weil er den klassisch territorialen Anknüpfungspunkten wieder mehr Bedeutung zuspricht und dies mit der Beachtung fremder Souveränitätssphären begründet. Die neoterritoriale Rechtsprechung unterscheidet sich vom ursprünglichen Territorialitätsprinzip, weil eine Durchbrechung der streng territorialen Anknüpfungsdogmatik möglich bleibt und weil die Rechtsprechung neben Souveränitätsinteressen auch Wirtschaftsinteressen verfolgt.

Damit ist das Territorialitätsprinzip, das in einer ersten Phase bei der Gesetzesauslegung im US-amerikanischen Recht die entscheidende Rolle spielte und anschließend an Bedeutung verlor, heute in neoterritorialer Form wieder in den Vordergrund gerückt. Bei einem Vergleich der Entwicklung des Territorialitätsprinzips im Rahmen der ATS-Rechtsprechung und im Rahmen des Zuständigkeitsrechts fällt einerseits auf, dass die Loslösung vom Territorialitätsprinzip unter dem ATS durch die Filártiga-Entscheidung im Jahre 1989 etwa 35 Jahre später erfolgte als bei der personal jurisdiction durch die International-Shoe-Entscheidung aus dem Jahre 1945. Andererseits gewinnen neoterritoriale Gedanken in beiden Bereichen etwa zeitgleich durch die Kiobel- und die Daimler-Entscheidung aus den Jahren 2013 und 2014 wieder an Bedeutung.

1. Anknüpfung: Annäherung an das Territorialitätsprinzip

Das Wiedererstarken des Territorialitätsprinzips verändert für Menschenrechtsklagen die internationalprivatrechtliche Anknüpfungssystematik. Bei Zugrundelegung neoterritorialer Gedanken, kann ein Unternehmen nicht allein aus Fairnesserwägungen dem US-amerikanischen ATS-Regime oder der US-amerikanischen Gerichtszuständigkeit unterstellt werden. Für beides ist mit der aktuellen Rechtsprechung eine stärkere territoriale Verbindung des Sachverhalts zu den USA erforderlich.

Einerseits gewinnt das Territorialitätsprinzip im Rahmen des ATS an Bedeutung. Das ATS ist nach der Kiobel-Entscheidung unstreitig nur noch anwendbar, wenn eine Menschenrechtsverletzung in den USA begangen wurde. Damit wendet die Rechtsprechung die Lex-loci-delicti-Regel an, die das materiell-rechtliche Territorialitätsprinzip bestimmt. Das Wiedererstarken des Territorialitätsprinzips kann zudem daran abgelesen werden, dass der Supreme Court viele nicht-territoriale Anknüpfungspunkte, wie die Präsenz beklagter juristischer Personen, das domicile des Klägers und das Weltrechtsprinzip, für die Anwendbarkeit des ATS nicht als ausreichend erachtet. Damit kann das Ziel eines effizienten Menschenrechtsschutzes die Anwendbarkeit des ATS nicht mehr begründen. Andererseits kann die Kiobel-Rechtsprechung – jedenfalls zum gegenwärtigen Zeitpunkt – nicht ohne weitere Begründung als Ausdruck des reinen Lex-loci-delicti-Prinzips betrachtet werden, weil ungeklärt ist, inwieweit im Rahmen des ATS auch nicht-territoriale Anknüpfungspunkte berücksichtigt werden können (Teil 1, § 3. 3., S. 64).

Das Territorialitätsprinzip gewinnt andererseits im Zuständigkeitsrecht an Einfluss. Die Gerichtszuständigkeit kann nicht mehr mit dem Ziel, einen fairen Interessenausgleich zwischen den Parteien herbeizuführen, begründet werden. Der Supreme Court verlangt mit der Essentially-at-Home-Rechtsprechung vielmehr eine stärkere territoriale Verbindung des beklagten Unternehmens zum Forumstaat, damit die allgemeine Gerichtszuständigkeit angenommen werden kann. Die territoriale Verbindung besteht im Zuständigkeitsrecht dabei in der Möglichkeit des Gerichts über den Beklagten Macht auszuüben. Die Gerichte können an den vom Supreme Court heute anerkannten Anknüpfungspunkten Gründungsort und principal place of business mehr Macht über ein Unternehmen ausüben als die Gerichte an all den Orten, an denen ein Unternehmen sich unter dem Doing-Business-Ansatz im Rahmen der general jurisdiction verteidigen musste. Die Essentially-at-Home-Rechtsprechung unterscheidet sich auf der anderen Seite vom strengen Territorialitätsprinzip, weil ein allgemeiner Gerichtstand nicht nur wie ursprünglich am Gründungsort des Unternehmens, sondern jedenfalls auch am principal place of business begründet werden kann (Teil 2, § 3. 4., S. 159).

2. Regelungsziele: Souveränität- und Wirtschaftsinteressen

Die neoterritoriale Rechtsprechung verfolgt im Rahmen von Menschenrechtsklagen – anders als der ursprüngliche strenge Territorialismus – neben Souveränitäts- auch Wirtschaftsinteressen. Durch das Wiedererstarken des Territorialitätsprinzips verlieren zugleich Fairnessgedanken, insbesondere das Interesse, strukturell unterlegene Kläger rechtlich zu privilegieren, bei der Gesetzesauslegung an Bedeutung.

Zum einen wendet sich die Rechtsprechung bei der Rechtsauslegung mit einer veränderten außenpolitischen Doktrin von rechtshegemonialen Gedanken ab und Souveränitätsinteressen fremder Staaten zu. Unter Rückgriff auf Comity-Gedanken weist der Supreme Court im Rahmen der Kiobel-Entscheidung darauf hin, dass die Ausübung einer weitreichenden Gerichtsgewalt zu rechtlichen und politischen Konflikten mit ausländischen Gesetzen und Gesetzgebern sowie diplomatischen Verwerfungen führen kann (Teil 1, § 3. 3., S. 64). Auch im Rahmen der Essentially–at-Home-Rechtsprechung führt das Gericht Comity-Erwägungen als Argument ein und weist darauf hin, dass eine weite Zuständigkeit der US-amerikanischen Gerichte zu internationalen Konflikten führen kann (Teil 2, § 3. 4., S. 159).

Zum anderen werden die aktuellen Entscheidungen vom Supreme Court zum Zuständigkeitsrecht und zum ATS mit dem Ziel begründet, Wirtschaftsinteressen der USA zu schützen. Die ATS-Rechtsprechung berücksichtigt die Interessen US-amerikanischer Unternehmen. Der Supreme Court weist darauf hin, dass ausländische Beklagten nicht unter dem ATS-Regime vor US-amerikanischen Gerichten verfolgt werden sollen, weil andernfalls US-amerikanischen Beklagten vergleichbare Verfahren im Ausland drohen. Der Supreme Court hat aber noch keine Stellung zu der Frage bezogen, ob er US-amerikanische Unternehmen aus wirtschaftlichen Gründen auch vor ATS-Klagen in den USA bewahren will (Teil 1, § 3. 3., S. 64). Auch im Rahmen des Zuständigkeitsrechts hebt das Gericht die Interessen der US-amerikanischen Wirtschaft hervor. Diese solle gefördert und Investoren durch einen weiten Zugriff der US-amerikanischen Gerichte nicht verschreckt werden. Für ausländische Beklagte müsse vorhersehbar sein, in welchen Staaten sie verklagt werden können. Reflexartig schützt die Essentially-at-Home-Rechtsprechung damit auch US-amerikanische Unternehmen, weil sie heute regelmäßig nur noch in einem oder zwei Bundesstaaten einen allgemeinen Gerichtsstand haben (Teil 2, § 3. 4., S. 159).

Auf der Kehrseite führt das neoterritoriale Denken dazu, dass die Interessen des Klägers bei der Rechtsanwendung an Bedeutung verlieren. Dies gilt einerseits, weil bei der Bestimmung des Anwendungsbereichs des ATS die Interessen der Opfer nicht mehr berücksichtigt werden können. Dies gilt selbst dann, wenn die Kläger, wie in der Kiobel-Entscheidung, zum Zeitpunkt der Klageerhebung in den USA leben und MNU Menschenrechtsverletzungen mitverursacht haben (Teil 1, § 3. 3., S. 64). Dies gilt andererseits im Zuständigkeitsrecht, wo es zukünftig schwerer ist, die Interessen strukturell unterlegener Kläger bei der Zuständigkeitsbegründung zu berücksichtigen. Die Ursache dafür ist, dass die Essentially-at-Home-Rechtsprechung die weite allgemeine Gerichtszuständigkeit beschränkt hat, durch die klägerische Interessen vor der Daimler-Entscheidung Eingang in die Zuständigkeitsprüfung finden konnten (Teil 2, § 3. 4., S. 159).

§ 3 Neoterritorialismus und offene Fragen

Die US-amerikanische Rechtsprechung wird die nach der Daimler- und der Kiobel-Entscheidung offen gebliebenen Auslegungsfragen voraussichtlich unter Berücksichtigung von Anknüpfungssystematik und Regelungsinteressen des Neoterritorialismus beantworten.

1. Post Kiobel: Fragen zum ATS

Nach der Kiobel-Entscheidung berührt und betrifft ein Anspruch die USA bei neoterritorialer Betrachtung hinreichend, wenn Handlungs- oder Erfolgsort der Menschenrechtsverletzung in den USA liegen, weil beide Konstellationen vom Fokus des ATS erfasst sind (Teil 1, § 4. 1. a., S. 69). Der Handlungsort des ATS schließt auch haftungsbegründende Teilnahme- oder Vorbereitungshandlungen ein, die sich in den USA ereignet haben (Teil 1, § 4. 1. b., S. 71). Der Erfolgsort umfasst im Rahmen des ATS aber nur den Ort, an dem das vom Völkerrecht primär geschützte Rechtsgut verletzt wird, während später eintretende Auswirkungen und Schädigungen nicht berücksichtigt werden können. Eine andere Auslegung könnte zu Eingriffen in fremde Souveränitätssphären führen und in Widerspruch zu wirtschaftlichen Interessen US-amerikanischer Unternehmen treten (Teil 1, § 4. 1. c., S. 74).

Inwieweit der Anwendungsbereich des ATS in Zukunft auch durch nicht-territoriale Anknüpfungspunkte eröffnet werden kann, ist nicht abschließend geklärt. Die Argumente sprechen eher dagegen, dass die zukünftige Rechtsprechung nicht-territoriale Anknüpfungspunkte berücksichtigen wird (Teil 1, § 4. 2., S. 75). Es ist wahrscheinlicher, dass ein Anspruch die USA nicht allein deswegen hinreichend berührt und betrifft, weil ein US-amerikanisches Unternehmen verklagt wird (Teil 1, § 4. 2. a., S. 78). Eine Durchbrechung des Territorialitätsprinzips ist aber zu erwarten, wenn sich eine im Ausland vorgenommene Handlung direkt gegen US-amerikanische Staatsschutzinteressen richtet. In diesem Fall könnte eine Ausnahmekonstellation bestehen, in der das ATS doch noch foreign cubed cases erfassen kann. Die insoweit theoretisch in Betracht kommenden Klagen gegen Unternehmen haben jedoch eine praktisch zu vernachlässigende Relevanz (Teil 1, § 4. 2. b., S. 82). Das ATS kann in Zukunft aber wohl nicht nur deshalb zur Anwendung kommen, weil einem Opfer weder im Staat, in dem die Menschenrechtsverletzung stattgefunden hat, noch in seinem Herkunftsland oder im Herkunftsland des Schädigers Rechtsschutzmöglichkeiten offenstehen (Teil 1, § 4. 2. c., S. 83).

2. Post Daimler: Fragen zur general jurisdiction

Bei Berücksichtigung neoterritorialer Regelungsziele und der konkreten Hinweise des Supreme Court in der Daimler-Entscheidung ist der principal place of business im Sinne der general jurisdiction nicht der Ort des tatsächlichen Geschäftsschwerpunkts, sondern der Ort des Hauptverwaltungssitzes (Teil 2, § 4. 1., S. 162). Bei konsequenter Anwendung der Supreme-Court-Rechtsprechung kann ein allgemeiner Gerichtsstand aber auch am tatsächlichen Geschäftsschwerpunkt eines Unternehmens begründet werden. Denn das Gericht hat ausgeführt, dass ein allgemeiner Gerichtsstand nicht ausschließlich am Gründungsort und am principal place of business bestehen kann (Teil 2, § 4. 2., S. 164). Der Anknüpfungspunkt des tatsächlichen Geschäftsschwerpunkts erfüllt zudem die dogmatischen Vorgaben der Daimler-Entscheidung, weil der Schwerpunkt der Geschäftstätigkeit relativ ermittelt wird und zu einer einzigartigen Verbindung des Unternehmens mit dem Forum führt (Teil 2, § 4. 2. a., S. 165). Um der Essentially-at-Home-Rechtsprechung gerecht zu werden, sollte eine Mindestintensität von wirtschaftlicher Aktivität im Forum verlangt werden (Teil 2, § 4. 2. b., S. 166). Dass der Gerichtsstand des tatsächlichen Geschäftsschwerpunkts nur in manchen Konstellationen einen weiteren allgemeinen Gerichtsstand eröffnet, steht der Anerkennung als Anknüpfungspunkt für die allgemeine Gerichtszuständigkeit nicht entgegen, weil er nur ein Sicherheitsventil darstellt (Teil 2, § 4. 2. c., S. 167). Bei neoterritorialer Auslegung ist zu erwarten, dass Prozesspositionen in Zukunft auch nicht mehr über den Alter-Ego-Test zugerechnet werden können. Souveränitäts- und Wirtschaftserwägungen sprechen dagegen, dass über ein ausländisches Mutterunternehmen in den USA ein allgemeiner Gerichtsstand angenommen werden kann, nur weil ein kleines US-amerikanisches Unternehmen als alter ego angesehen wird (Teil 2, § 4. 3., S. 168).

§ 4 Das ATS als Norm sui generis

Das ATS ist eine Norm sui generis. Es bildet den zentralen Baustein eines menschenrechtlichen Sonderrechtsregimes, das die Kläger in vielerlei Hinsicht rechtlich privilegiert (Teil 1, § 2. 3., S. 44). Das ATS-Regime verfolgt private und öffentliche Interessen, weil im Rahmen eines deliktischen Haftungsmechanismus Menschenrechtsverletzungen geltend gemacht werden können (Teil 1, § 2. 3. a., S. 44).

Das ATS ist nach der Rechtsprechung des Supreme Court nur eine Zuständigkeitszuweisungsnorm, die die sachliche Zuständigkeit der Bundesgerichte begründet (Teil 1, § 2. 3. b., S. 46). Mittelbar beeinflusst eine Annahme der Tatbestandsvoraussetzungen des ATS die Gerichte bei der Ausübung ihres Ermessens aber auch im Rahmen der Prüfung der internationalen Zuständigkeit (Teil 1, § 2. 3. c., S. 47). Die Tatbestandsvoraussetzungen des ATS sind zudem mit den Tatbestandsvoraussetzungen des hinter dem ATS stehenden Federal-Common-Law-Anspruchs identisch. Damit können sie als doppelfunktionale Tatbestandsmerkmale verstanden werden (Teil 1, § 2. 3. d., S. 47).

Die Vermutung gegen extraterritoriale Anwendung bestimmt daher den internationalen Anwendungsbereich des zuständigkeitsrechtlichen ATS und des sachrechtlichen ATS-Anspruchs. Weil die Vermutung gegen extraterritoriale Anwendung den internationalen Anwendungsbereich des Gesetzes bestimmt, ist das kollisionsrechtliche Vorgehen im ATS-Regime einseitig (Teil 1, § 5. 2. a., S. 89). Da die einseitige Kollisionsnorm nicht zu einer allseitigen Kollisionsnorm ausgebaut werden kann, ist die Anwendung ausländischen Rechts in ATS-Fällen grundsätzlich nicht möglich (Teil 1, § 5. 2. b., S. 92). Das kollisionsrechtliche Vorgehen zur Bestimmung des Anwendungsbereichs des Federal-Common-Law-Anspruchs weist gewisse Ähnlichkeiten mit dem unionsrechtlichen Konzept der Eingriffsnorm auf (Teil 1, § 5. 2. c., S. 94).

§ 5 Neoterritorialismus und systematische Folgen

Die neoterritoriale Rechtsprechung führt im Rahmen von Menschenrechtsklagen systematisch dazu, dass richterliche Entscheidungsspielräume durch vorhersehbare Rechtsregeln ersetzt werden und dass sich der Gleichlauf von Zuständigkeit und anwendbarem Recht verstärkt.

1. Vorhersehbarere Rechtsregeln

Weil sich die US-amerikanische Rechtsprechung im Rahmen von Menschenrechtsklagen von Fairnesserwägungen ab- und neoterritorialen Überlegungen zugewendet hat, steigt die Vorhersehbarkeit der Rechtsanwendungsergebnisse. Vorhersehbarere Rechtsregeln haben richterliche Entscheidungsspielräume abgelöst.

Zum einen gewinnen ATS-Klagen durch die Kiobel-Entscheidung an Vorhersehbarkeit, weil klarere Anwendungsvoraussetzungen für das ATS entstehen können. Die Vorhersehbarkeit der Ergebnisse nimmt zu, weil der Normanwendungsbereich über die Vermutung gegen extraterritoriale Anwendung festgelegt wird, deren Anwendung richterlich voll überprüfbar ist (Teil 1, § 5. 3. c., S. 102). Richterliche Entscheidungsspielräume werden eingeschränkt, weil das Problem der extraterritorialen Normanwendung nicht primär über ermessensabhängige Comity-Erwägungen gelöst wird (Teil 1, § 5. 3. b., S. 100).

Zum anderen verstärkt die Essentially-at-Home-Rechtsprechung durch die Einschränkung der general jurisdiction die Vorhersehbarkeit des Zuständigkeitsrechts, weil die Anknüpfungspunkte Gründungsort und principal place of business einfacher zu bestimmen sind als eine andauernde und systematische Geschäftstätigkeit. Gleichzeitig verlieren die ermessensabhängigen Reasonableness- und Forum-non-Conveniens-Prüfungen im Rahmen der general jurisdiction an Bedeutung (Teil 2, § 3. 2. 2., S. 156).

Zwar sind heute weder zum ATS noch zur general jurisdiction alle Fragen geklärt. Die offen gebliebenen Rechtsfragen betreffen aber präziser gefasste Rechtsfrage, die einer zukünftigen gerichtlichen Klärung zugänglich sind. Dies stimmt beispielsweise bezüglich der Frage, ob das ATS anwendbar ist, wenn ein US-amerikanisches Unternehmen verklagt wird. Auch die Frage, welche Anknüpfungspunkte neben dem Gründungsort und dem principal place of business die Annahme der general jurisdiction rechtfertigen, kann durch die Rechtsprechung zukünftig geklärt werden.

2. Verstärkung des Gleichlaufs von forum und ius

Die neoterritoriale Rechtsprechung verstärkt im Rahmen von Menschenrechtsklagen den Gleichlauf von Zuständigkeit und anwendbarem Recht. Zwar schränkt der Supreme Court in seinen aktuellen Entscheidungen mit dem ATS und der personal jurisdiction direkt nur zuständigkeitsrechtliche Regeln ein. Indirekt wird dadurch aber auch der Anwendungsbereich des US-amerikanischen Sachrechts beschränkt. Je enger das Zuständigkeitsrecht gefasst ist, desto wahrscheinlicher ist es, dass ein Gericht bei seiner Zuständigkeit auch materiell-rechtlich die lex fori anwendet. Dies gilt umso mehr, weil die Rechtsprechung mit der Einschränkung des Zuständigkeitsrechts auch die Einschränkung des Sachrechts bezweckt.

Der verstärkte Gleichlauf zwischen der zuständigkeitsrechtlichen und der kollisionsrechtlichen Prüfung tritt im Rahmen des ATS besonders klar hervor. Die Vermutung gegen extraterritoriale Anwendung wird von der Rechtsprechung als Auslegungskanon systemwidrig auf das ATS als Zuständigkeitsnorm angewendet (Teil 1, § 5. 3. d., S. 103). Mit diesem Vorgehen schränkt die Rechtsprechung aber auch den hinter dem ATS stehenden materiell-rechtlichen Federal–Common-Law-Anspruch ein. Weil die Bundesgerichte zukünftig nicht mehr für Menschenrechtsklagen zuständig sind, wenn sich Menschenrechtsverletzungen im Ausland ereignet haben, können sie in Auslandssachverhalten auch den materiell-rechtlichen ATS-Anspruch nicht mehr anwenden. Die Einschränkung des Sachrechts stellt dabei nicht nur eine unbeabsichtigte Nebenfolge der Kiobel-Entscheidung dar. Der Rechtsprechung kam es bei der Einschränkung der Zuständigkeitsnorm vielmehr gerade auf die Einschränkung des hinter dem ATS stehenden materiell-rechtlichen Federal-Common-Law-Anspruchs an (Teil 1, § 5. 3. e., S. 104).

Auch die Einschränkung des Zuständigkeitsrechts verstärkt den Gleichlauf von Zuständigkeit und anwendbarem Recht. Für die Annahme der allgemeinen Gerichtszuständigkeit müssen bei Klagen gegen Unternehmen zukünftig stärkere Inlandsbezüge bestehen. Die Anwendung von US-amerikanischem Sachrecht wird beeinflusst, weil es nur noch in Fällen angewendet werden kann, in denen die US-amerikanischen Gerichte international zuständig sind. Aufgrund der engeren zuständigkeitsrechtlichen Verbindung wird in Verfahren vor US-amerikanischen Gerichten zudem das Heimwärtsstreben des US-amerikanischen Kollisionsrechts verstärkt. Ob es dem Supreme Court bei der Beschränkung des Zuständigkeitsrechts auch auf die Beeinflussung des Kollisionsrecht ankam, ist ungeklärt (Teil 2, § 5. 1., S. 169).

§ 6 Neoterritorialismus und foreign cubed cases

Die neoterritoriale Rechtsprechung führt dazu, dass Menschenrechtsklagen in foreign cubed cases, die in der Vergangenheit besonders in der Kritik standen, zukünftig nicht mehr vor US-amerikanischen Gerichten erhoben werden können. Dieses Ergebnis wird schon von den Rechtsprechungsergebnissen der Daimler- und der Kiobel-Entscheidung bestätigt, weil in beiden Fällen die Gerichtsgewalt in foreign cubed cases abgelehnt wurde. In foreign cubed cases sprechen neoterritoriale Interessen besonders stark gegen die Ausübung der Gerichtsgewalt. Zunächst sprechen Souveränitätsüberlegungen gegen die Möglichkeit, foreign cubed cases vor US-amerikanischen Gerichten geltend zu machen. In diesen Fällen kann ein die Gerichtsgewalt legitimierender Inlandsbezug nicht schon über die Nationalität der

Parteien oder den Tatort hergestellt werden. In der Folge stehen auch Wirtschaftsinteressen einer Ausübung der Gerichtsgewalt entgegen, weil Vergeltungsmaßnahmen dritter Staaten drohen, wenn die USA in foreign cubed cases Verfahren über ausländische Beklagte durchführen.

Die Supreme Court-Rechtsprechung schränkt Menschenrechtsklagen in foreign cubed cases vor US-amerikanischen Gerichten darüber hinaus insgesamt ein. Die zentrale Funktion, die das ATS-Sonderrechtsregime bisher für Menschenrechtsklagen vor US-amerikanischen Gerichten gespielt hat, kann nicht durch alternative Klagemöglichkeiten ersetzt werden (Teil 3, § 1., S. 177).

Erstens greift die Beschränkung des menschenrechtlichen Sonderregimes, dessen Anspruchsgrundlage Menschenrechtsverletzungen direkt inkorporiert, nicht nur für Verfahren vor den Bundesgerichten, sondern auch für Verfahren vor den Staatengerichten. Zum einen kann der hinter dem ATS stehende Federal-Common-Law-Anspruch nach der Beschränkung des ATS nicht einfach vor den Staatengerichten geltend gemacht werden. Dies gilt, obwohl den Staatengerichten die allgemeine Gerichtszuständigkeit zusteht. Gegen eine Entscheidungsbefugnis der Staatengerichte spricht, dass der materiell-rechtliche Federal-Common-Law-Anspruch nicht auf Sachverhalte anwendbar sein kann, in denen die spezialgesetzliche bundesrechtliche Zuständigkeit nicht besteht (Teil 1, § 5. 3. e., S. 104). Zum anderen hindert der Vorrang des Bundesrechts die Staatengerichte daran, einen mit dem hinter dem ATS stehenden Federal-Common-Law-Anspruch inhaltsidentischen State-Common-Law-Anspruch als Grundlage für extraterritoriale Menschenrechtsklagen zu schaffen. Die Anerkennung eines weltweit geltenden Menschenrechtsregimes würde im direkten Widerspruch zur Kiobel-Entscheidung stehen (Teil 3, § 1. 2. d., S. 191).

Zweitens sind die Chancen dafür, dass extraterritoriale Menschenrechtsklagen gegen ausländische Unternehmen zukünftig im Rahmen des allgemeinen Deliktsrechts fortgeführt werden können, sehr gering. Klagen wegen Menschenrechtsverletzungen können theoretisch zwar auf Grundlage des einzelstaatlichen Deliktsrechts vor den Staatengerichten erhoben werden. Menschenrechtsverletzungen erfüllen zugleich den Tatbestand allgemeiner deliktischer Ansprüche. Wenn Menschenrechtsklagen gegen US-amerikanische Unternehmen gerichtet sind, können Verfahren – mit allen Vor- und Nachteilen, die im Vergleich zum Sonderregime des ATS bestehen – auf das einzelstaatliche Deliktsrecht ausweichen (Teil 3, § 1. 2., S. 185). Eine gegen ausländische Unternehmen gerichtete foreign cubed HRL vor den Staatengerichten scheitert aber regelmäßig bereits an der internationalen Zuständigkeit der Staatengerichte. Die Essentially-at-Home-Rechtsprechung des Supreme Court hat auch die Zuständigkeit der Staatengerichte eingeschränkt (Teil 3, § 1. 2. a. i., S. 186). Darüber hinaus sind foreign cubed cases regelmäßig über den Einwand des forum non conveniens oder die adjudicatory comity abzuweisen, wenn sie sich auf das einzelstaatliche Deliktsrecht stützen (Teil 3, § 1. 2. a. ii., S. 187 und iii., S. 188). Wenn Kläger sich in foreign cubed cases auf das allgemeine Deliktsrecht stützen, sind – bei entsprechendem Parteivortrag – nach allen US-amerikanischen kollisionsrechtlichen Ansätzen zudem Schadensbegründung und Schadensausfüllung grundsätzlich nach ausländischem Sachrecht zu beurteilen (Teil 3, § 1. 2. b., S. 189). Das Dogma des Vorrangs bundesrechtlicher Wertungen stünde einer foreign cubed HRL nach dem allgemeinen Deliktsrecht nicht entgegen, weil – anders als beim ATS-Regime – im Rahmen deliktischer Ansprüche ausländisches Sachrecht angewendet würde, so dass ein entscheidender Wertungsunterschied zur Kiobel-Entscheidung bestünde (Teil 3, § 1. 2. d., S. 191). Wenn auf Menschenrechtsklagen einzelstaatliches Recht angewendet wird, zieht dies materiell-rechtliche Vor- und Nachteile nach sich. Dabei sind die Anspruchsvoraussetzungen im Rahmen des allgemeinen Deliktsrechte insgesamt einfacher darzulegen, weil keine Menschenrechtsverletzung nachgewiesen werden muss und eine Haftung von Unternehmen und für Beihilfehandlungen unstreitig anerkannt ist (Teil 3, § 1. 2. c., S. 191).

Drittens kann die gegen ausländische Unternehmen gerichtete foreign cubed HRL vor US-amerikanischen Gerichten in Zukunft nicht auf alternative bundesrechtliche Ansprüche ausweichen. Denkbare Anspruchsgrundlagen sind in ihrem sachlichen oder internationalen Anwendungsbereich begrenzt oder verlangen einen Bezug der Parteien zu den USA. Die gegen Unternehmen gerichtete HRL kann zunächst nicht im Rahmen des Torture Victim Protection Act (TVPA) fortgeführt werden, weil der TVPA sich tatbestandlich nur gegen natürliche Personen richtet. Auch gegen Unternehmensmitarbeiter gerichtete TVPA-Klagen sind nicht erfolgsversprechend, weil Unternehmensmitarbeiter in der Regel nicht, wie vom TVPA vorausgesetzt, mit Genehmigung eines ausländischen Staates Menschen töten oder foltern (Teil 3, § 1. 1. a., S. 178). Auch der Racketeer Influenced and Corrupt Organization Act (RICO) kann das ATS nicht ersetzen, weil die zivilrechtliche Anspruchsgrundlage des RICO nach der Supreme Court Entscheidung RJR Nabisco v. European Community aus dem Jahre 2016 nur angewendet werden kann, wenn ein Verletzungserfolg in den USA eingetreten ist (Teil 3, § 1. 1. b., S. 179). Die gegen Unternehmen gerichtete HRL kann auch nicht unter dem Anti Terrorism Act (ATA) fortgeführt werden, der bei terroristischen Straftaten einen Ausgleichsanspruch vorsieht. Der ATA spricht nach seinem Wortlaut nur US-amerikanischen Klägern einen Schadensersatzanspruch zu. Bei extraterritorialen Menschenrechtsklagen treten US-Amerikaner aber regelmäßig nicht als Kläger auf (Teil 3, § 1. 1. c., S. 182). Zuletzt kann die gegen Unternehmen gerichtete foreign cubed HRL nicht unter dem Trafficking Victims Protection Act (TrafVPA) fortgeführt werden, der Menschenhandel, Sklaverei und Zwangsarbeit sanktioniert. Zwar kann der TrafVPA auch foreign cubed cases erfassen. Dennoch kann der TrafVPA das ATS nicht ersetzen, weil der TrafVPA nur einen sachlich beschränkten Anwendungsbereich besitzt. Das Gesetz kann zudem nur auf ausländische Unternehmen angewendet werden, wenn sie in den USA präsent sind. Dies wird bei einem Analogieschluss zur Essentially-at-Home-Rechtsprechung aber nur selten der Fall sein (Teil 3, § 1. 1. d., S. 183).

Die Beschränkung der Menschenrechtsklagen kann viertens auch nicht durch alternative Sanktionsansätze aufgefangen werden. In Rahmen der gegen Unternehmen gerichteten foreign cubed HRL kommt zukünftig Verfahren der pre-trial jurisdictional discovery nur eine begrenzte Bedeutung zu. Die Behauptung, dass das ATS die sachliche Zuständigkeit der Bundesgerichte begründet, hat keine und die Behauptung, dass die internationale Zuständigkeit für Klagen gegen ausländische Unternehmen besteht, nur sehr geringe Erfolgsaussichten. Auch das Recht des unlauteren Wettbewerbs kann die foreign cubed HRL nicht ersetzten. Erstens wird nicht die Menschenrechtsverletzung als solche, sondern allenfalls eine Fehlauskunft in den USA sanktioniert. Zweitens wird bei Wettbewerbsverstößen nicht den unmittelbar von der Menschenrechtsverletzung betroffenen Opfern, sondern nur den US-amerikanischen Konsumenten ein Ausgleichsanspruch zugesprochen (Teil 3, § 1. 3., S. 193).

§ 7 Menschenrechtsklagen und transatlantischer Rechtsverkehr

Die neoterritoriale Rechtsprechung führt dazu, dass die US-amerikanische Gerichtsgewalt heute völkerrechtlich anerkannte Grenzen einhält und sich an die Gerichtsgewalt angeglichen hat, die von den Gerichten der EU-Mitgliedstaaten ausgeübt werden kann. Die Gerichtsgewalt US-amerikanischer Gerichte wurde darüber hinaus aber über die aus völkerrechtlicher Sicht zulässigen Grenzen eingeschränkt.

Zum einen hat die neoterritoriale Rechtsprechung im Bereich der Menschenrechtsklagen zu einer Angleichung der Rechtslage geführt, weil foreign cubed cases zukünftig weder vor US-amerikanischen Gerichten, noch vor den Gerichten der EU-Mitgliedstaaten geltend gemacht werden können. Darüber hinaus droht im US-amerikanischen Recht eine Regelungslücke, wenn US-amerikanische Unternehmen Menschenrechtsverletzungen mitverursacht haben. Während vor den Gerichten der EU-Mitgliedstaaten jederzeit Menschenrechtsklagen gegen europäische Unternehmen erhoben werden können (Teil 3, § 2. 1., S. 201), ist umgekehrt ungeklärt, ob das ATS anwendbar ist, wenn sich Klagen gegen US-amerikanische Unternehmen richten (Teil 1, § 4. 2. a., S. 78). Zwar können gegen US-amerikanische Unternehmen jederzeit vor den Staatengerichten Menschenrechtsklagen auf Grundlage des einzelstaatlichen Deliktsrechts erhoben werden. Rechtsschutzlücken können sich dennoch ergeben, weil die US-amerikanischen Gerichte sich, anders als die Gerichte der EU-Mitgliedstaaten, vor dem Hintergrund der Forum-non-Conveniens-Doktrin oder der adjudicatory comity als unzuständig erklären können (Teil 3, § 1. 2. a., S. 186).

Mit der Rechtsprechung zur general jurisdiction nähert sich zum anderen das US-amerikanische Zuständigkeitsrecht an das Zuständigkeitsrecht der Europäischen Union an. Mit der Essentially-at-Home-Rechtsprechung besteht ein allgemeiner Gerichtsstand vor US-amerikanischen Gerichten nur noch am Gründungsort, am principal place of business und (möglicherweise) am Ort des tatsächlichen Geschäftsschwerpunkts. Das Unionsrecht sieht seinerseits vor, dass ein allgemeiner Gerichtsstand über Unternehmen am satzungsmäßigen Sitz, am Sitz der Hauptverwaltung oder am Ort der Hauptniederlassung besteht. Die Regime gleichen sich zudem an, weil die Zuständigkeitsbegründung über den Agency-Test dem Niederlassungsgerichtsstand der Brüssel Ia VO ähnlicher wird (Teil 2, § 5. 2. a., S. 170). Eine rechtsvergleichende Betrachtung führt darüber hinaus zum Ergebnis, dass es in transnationalen Streitigkeiten heute teilweise sogar schwieriger ist, die Zuständigkeit der US-amerikanischen Gerichte zu begründen. Dies ist der Fall, weil sich zwar die allgemeine Gerichtszuständigkeit angeglichen hat, die besonderen Gerichtsstände des US-amerikanischen Rechts aber von strengeren Voraussetzungen abhängen als die der Brüssel Ia VO. Während im europäischen Zuständigkeitsrecht beispielsweise der Gerichtsstand der unerlaubten Handlung im Delikts- und im Produkthaftungsrecht bei einem vorhersehbaren Schadenseintritt greift, ist für die specific jurisdiction US-amerikanischer Gerichte zusätzlich erforderlich, dass der Schädiger sein Verhalten subjektiv auf den Gerichtsstaat ausgerichtet hat (Teil 2, § 5. 2. b., S. 173).

Aus europäischer Sicht betrachtet ist die aktuelle neoterritoriale Rechtsprechung insgesamt zu begrüßen. Zwar wurde es Opfern von Menschenrechtsverletzungen und strukturell unterlegenen Kläger erschwert, vor den US-amerikanischen Gerichten Klage zu erheben. Positiv ist aber zu bewerten, dass die neoterritoriale Rechtsprechung die von den US-amerikanischen Gerichten ausgeübte Gerichtsgewalt durch die Entscheidungen zum ATS und zum Zuständigkeitsrecht auf international anerkannte Standards zurückgeführt hat. Dies stärkt die Möglichkeit der internationalen Kooperation (Teil 2, § 5. 3., S. 174) und die Bedeutung von Menschenrechtsklagen in den Heimatstaaten der Unternehmen (Zusammenfassung § 8). Aus europäischer Sicht ist zudem zu begrüßen, dass die neoterritoriale Rechtsprechung Vorhersehbarkeit und Rechtssicherheit bei Klagen vor den US-amerikanischen Gerichten stärkt (Zusammenfassung § 5. 1).

§ 8 Menschenrechtsklagen vor deutschen Gerichten

Vor den Gerichten der EU-Mitgliedstaaten werden gegen Unternehmen gerichtete extraterritoriale Menschenrechtsklagen aus drei Gründen an Bedeutung gewinnen. Erstens führt die Beschränkung der Klagemöglichkeiten in den USA dazu, dass die USA ihre Monopolstellung für Menschenrechtsklagen verlieren. Daher werden Kläger den Blick zukünftig auch auf alternative Foren richten. Zweitens rücken in Europa zivilrechtliche Menschenrechtsklagen vor dem Hintergrund der UN-Leitprinzipien in den Fokus der rechtspolitischen Debatte. Drittens können Menschenrechtsklagen, die sich gegen europäische Unternehmen richten, vor den Gerichten der EU-Mitgliedstaaten schon de lege lata erfolgreich sein. Dies gilt, obschon sich Menschenrechtsklagen vor den Gerichten der EU-Mitgliedstaaten nicht auf ein europäisches Menschensonderrecht – vergleichbar einem europäischen Alien Tort Statute –, sondern nur auf das allgemeine Deliktsrecht stützen können (Teil 3, § 2., S. 197).

Deutsche Gerichte sind bei gegen Unternehmen eingereichten transnationalen Menschenrechtsklagen zuständig, die sich gegen deutsche Unternehmen richten. Bei gegen ausländische Unternehmen gerichteten Klagen besteht hingegen kein Gerichtsstand (Teil 3, § 2. 1., S. 201). Die Brüssel Ia VO stellt keine gesetzliche Grundlage für die Zuständigkeitsbegründung dar, wenn Menschenrechtsklagen gegen Tochterunternehmen aus Drittstaaten gerichtet werden, weil die Verordnung in diesem Fall gar nicht anwendbar ist (Teil 3, § 2. 1. a., S. 203). Auch bei Anwendung des deutschen Zuständigkeitsrechts kann für Klagen gegen ausländische Tochterunternehmen regelmäßig kein Gerichtsstand in Deutschland begründet werden (Teil 3, § 2. 1. b., S. 204). Abweichend von der deutschen Rechtslage ist es in anderen EU-Mitgliedstaaten aber schon zu Entscheidungen gekommen, in denen die Gerichte sich auf Grundlage des nationalen Rechts für Klagen gegen Tochterunternehmen aus Drittstaaten für zuständig erklärt haben (Teil 3, § 2. 1. c., S. 207).

Das von deutschen Gerichten anwendbare deliktische Kollisionsrecht führt in gegen Unternehmen gerichteten Menschenrechtsklagen dazu, dass bei einer im Ausland eingetretenen Menschenrechtsverletzung auf die Schadensbegründung, die Schadensausfüllung und die Verjährung grundsätzlich das ausländische Tatortrecht angewendet wird (Teil 3, § 2. 2. a., S. 209). Nach deutschem Recht werden die Kläger bei Menschenrechtsklagen weder durch die Anwendung des Heimatrechts des beklagten Unternehmens, noch durch Anwendung des Günstigkeitsprinzips privilegiert (Teil 3, § 2. 2. b., S. 211). Die Anwendung der lex loci damni wird auch nicht über die Zwei-Stufen-Theorie des IPR durchbrochen, wenn der Täter in Deutschland gehandelt hat oder das Opfer sich gewöhnlich in Deutschland aufhält (Teil 3, § 2. 2. c., S. 212). In besonderen Fällen können Ordre-public-Erwägungen das Ergebnis korrigieren. Menschenrechte können zum einen über konkretisierende Sondervorschriften, etwa § 823 Abs. 2 BGB in Verbindung mit strafrechtlichen Vorschriften, als Eingriffsrecht geltend gemacht werden (Teil 3, § 2. 2. d. i., S. 215). Zum anderen kann eine Korrektur des Ergebnisses ausnahmsweise über den kollisionsrechtlichen ordre public erreicht werden (Teil 3, § 2. 2. d. ii., S. 216).

Wird die Anwendbarkeit von deutschem Recht in gegen Unternehmen gerichteten Menschenrechtsklagen unterstellt, müssen die Anspruchsgrundlagen dem allgemeinen Deliktsrecht entnommen werden. Das deutsche Recht kennt keine Anspruchsgrundlage, die Völkerrecht als solches durchsetzt (Teil 3, § 2. 3., S. 218). Die Haftung eines deutschen Mutterunternehmens kann in dem seltenen Fall begründet werden, in dem ein Repräsentant des Mutterunternehmens in Ausführung der Verrichtung ein Delikt begangen hat. Dies ist beispielsweise der Fall, wenn ein Repräsentant eine Menschenrechtsverletzung angeordnet hat (Teil 3, § 2. 3. a., S. 221). In dem häufigeren Fall, dass sonstige Mitarbeiter ein Delikt begehen, haftet das Mutterunternehmen regelmäßig nicht für das fremde Verhalten, weil das gesellschaftsrechtliche Trennungsprinzip nur schwer überwunden werden kann (Teil 3, § 2. 3. b., S. 221). Klagemöglichkeiten bestehen, wenn die Verletzung unternehmenseigener Sorgfaltspflichten geltend gemacht werden kann. Zwar ist dogmatisch unzureichend geklärt, inwieweit ein deutsches Mutterunternehmen rechtlich verbindliche Sorgfaltspflichten bezüglich des menschenrechtlich relevanten Verhaltens von nachgeordneten Konzerntöchtern hat. Auf Grundlage der allgemeinen Dogmatik können konzernweite Sorgfaltspflichten allerdings durchaus angenommen werden (Teil 3, § 2. 3. c., S. 223). Als Entstehensgrund für unternehmerische Sorgfaltspflichten kommen ein pflichtwidriges Vorverhalten (Teil 3, § 2. 3. c. i., S. 227), die Beherrschbarkeit einer Gefahrenquelle (Teil 3, § 2. 3. c. ii., S. 227), ökonomische Überlegungen (Teil 3, § 4. 3. b. iii., S. 228) und das Hervorrufen von konkretem Konzernvertrauen (Teil 3, § 2. 3. c. iv., S. 229) in Betracht.

Bei Zugrundlegung der aktuellen Rechtlage bedeutet dies, dass deutsche Gerichte in mit der Kiobel-Konstellation vergleichbaren Klagen, die sich gegen deutsche Mutterunternehmen richten, zwar international zuständig sind. Gegen ausländische Tochterunternehmen gerichtete Klagen scheitern hingegen schon daran, dass die Zuständigkeit deutscher Gerichte nicht begründet werden kann. Vor diesem Hintergrund zielen rechtspolitische Vorschläge darauf ab, die Rechtslage für Menschenrechtsklagen vor deutschen Gerichten durch ein Sonderrechtsregime zu verbessern. Vor deutschen Gerichten eingebrachte Menschenrechtsklagen weisen de lege lata im Vergleich zum ATS-Regime Vor- und Nachteile auf (Teil 3, § 2. 4., S. 231). Wird die Anwendbarkeit von deutschem Recht unterstellt, ist ein Vorteil darin zu sehen, dass nach dem allgemeinen Deliktsrecht Unternehmen nicht nur eine vorsätzliche Menschenrechtsverletzung, sondern auch eine fahrlässige Verletzung von Sorgfaltspflichten vorgeworfen werden kann (Teil 3, § 2. 4. a., S. 232). Ein Nachteil besteht im Vergleich zum US-amerikanischen Recht, weil deliktische Ansprüche, die auf das Verhalten einfacher Unternehmensmitarbeiter gestützt werden, ein eigenes Verschulden des Mutterunternehmens voraussetzen (Teil 3, § 2. 4. b., S. 232). Ein weiterer Nachteil der Abwesenheit von menschenrechtlichem Sonderrecht betrifft das Verjährungsrecht. Ansprüche, mit denen Menschenrechtsverletzungen geltend gemacht werden, droht nach deutschem Recht bei Anwendung der regelmäßigen Verjährungsfrist der Einwand der Verjährung (Teil 3, § 2. 4. c., S. 234). Im Vergleich zu Menschenrechtsklagen vor US-amerikanischen Gerichten stoßen Klagen vor deutschen Gerichten zudem aufgrund der unterschiedlichen Ausgestaltung des Zivilprozesses – insbesondere des deutschen Beweis- und Kostenrechts – auf Herausforderungen (Teil 3, § 2. 4. d., S. 235).

Abkürzungsverzeichnis

Soweit die Abkürzungen, insbesondere zu den US-amerikanischen Urteilen und Literaturfundstelle nicht in der folgenden Auflistung enthalten sind, können sie The Indigo Book: A Manual of Legal Citation, Public Resource, 2016 entnommen werden. In Bezug genommen werden vor allem die Abschnitte T 1 Federal Judicial and Legislative Materials (S. 67 ff.), T 8.1 United Nations and Legue of Nations (S. 156), T 9 Required Abbreviations for Court Names (S. 159 ff.), T 11 Required Abbreviations for Case Names in Citiations (S. 164 ff.), T 12.1 U.S. States, Cities and Territories (S. 169 ff.), T 15 Required Abbreviations for Institutions (S. 182 ff.) and T 18 Required Abbreviations for Comon Words Used in Periodical Names (S. 186 ff.).

Abs.	Absatz
AC	Appeals Cases
AcP	Archiv für die civilistische Praxis
AEUV	Vertrag über die Arbeitsweise der Europäischen Union
AktG	Aktiengesetz
All ER	All England Reports
Art.	Artikel
Ass'n	Association
ATA	Anti Terrorism Act
ATS	Alien Tort Statute
Aufl.	Auflage
Brüssel Ia VO	Verordnung (EG) Nr. 1215/2012 über die gerichtliche Zuständigkeit und die Anerkennung und Vollstreckung von Entscheidungen in Zivil- und Handelssachen
BAG	Bundesarbeitsgericht
BerGesVR	Berichte der Deutschen Gesellschaft für Völkerrecht
BT-Drs.	Bundestagsdrucksache
BGH	Bundesgerichtshof
Brit. J. Am. Legal Studies	British Journal of American Legal Studies
BVerfG	Bundesverfassungsgericht
bzw.	beziehungsweise
Ch –	Chancery
Co.	Company
Corp.	Corporation
DEA	Drug Enforcement Agency
d.h.	das heißt
ECLI	European Case Law Identifier
Ed.	Edition
EMRK	Europäische Menschenrechtskonvention
EGBGB	Einführungsgesetz Bürgerliche Gesetzbuch

Ergl.	Ergänzungslieferung
et al.	et alia
EU	Europäische Union
EU-Grundrechtscharta	Charta der Grundrechte der EU
EuGH	Europäischer Gerichtshof
EuGVÜ	Europäisches Gerichtsstands- und Vollstreckungsübereinkommen von 1968
EuZW	Europäische Zeitschrift für Wirtschaftsrecht
EWCA	England and Wales Court of Appeal
EWHC	High Court of Justice of England and Wales
FCPA	Federal Corrupt Practice Act
FRCP	Federal Rules of Civil Procedure
GPR	Zeitschrift für das Privatrecht der Europäischen Union
Haager Entwurf	Entwurf einer Haager Konvention über internationale Zuständigkeit und Anerkennung ausländischer Entscheidungen in Zivil-und Handelssachen aus dem Jahre 2000
HBÜ	Haager Übereinkommen über eine Beweisaufnahme im Ausland in Zivil- und Handelssachen von 1970
H.L.	House of Lords
HRL	Human Rights Litigation
Hrsg.	Herausgeber
IGH	Internationaler Gerichtshof
Inc.	Incorporated
Ins.	Insurance
IPR	Internationales Privatrecht
IPRax	Praxis des Internationalen Privat- und Verfahrensrechts
IStGH	Internationaler Strafgerichtshof
JZ	JuristenZeitung
KIK	KiK Textilien und Non-Food GmbH
LG	Landgericht
LLC	Limited Liability Company
Ltd.	Limited
NGO	Nichtregierungsorganisation
MNU	Multinationales Unternehmen
MPILux	Max Planck Institute Luxembourg for International, European and Regulatory Procedural Law
NJW	Neue Juristische Wochenschrift
NZG	Neue Zeitschrift für Gesellschaftsrecht
OECD-Leitsätze	OECD-Leitsätze für multinationale Unternehmen von 2011
OLG	Oberlandesgericht
OWiG	Ordnungswidrigkeitengesetz
ProdHaftG	Produkthaftungsgesetz
PLC	Public Limited Company

PIL	Private International Law
QB	Queen's Bench Division
RabelsZ	Rabels Zeitschrift für ausländisches und internationales Privatrecht
RG	Reichsgericht
Rev. Crit. DIP	Revue critique du droit international privé
RICO	Racketeer Influenced and Corrupt Organization Act
RIW	Recht der internationalen Wirtschaft
Rn.	Randnummer
Rom I VO	Verordnung (EG) Nr. 593/2008 des Europäischen Parlaments und des Rates vom 17. Juni 2008 über das auf vertragliche Schuldverhältnisse anzuwendende Recht
Rom II VO	Verordnung (EG) Nr. 864/2007 des Europäischen Parlaments und des Rates vom 11. Juli 2007 über das auf außervertragliche Schuldverhältnisse anzuwendende Recht
Römisches Statut IStGH	Römisches Statut des Internationalen Strafgerichtshof
S.	Seite(n)
SA	Société Anonyme
sog.	sogenannt
SEA	Securities Exchange Act
StGB	Strafgesetzbuch
TCC	Technology and Construction Court
TVPA	Torture Victim Protection Act
TrafVPA	Trafficking Victims Protection Act
UKHL	United Kingdom House of Lords
UN	United Nations
UN-Antifolterkonvention	Übereinkommen gegen Folter und andere grausame, unmenschliche odererniedrigende Behandlung oder Strafe vom 10. Dezember 1984
UNHRC	United Nations Human Rights Council
UN-Leitprinzipien	Bericht des Sonderbeauftragten des Generalsekretärs, John Ruggie, UN Leitprinzipien für Wirtschaft und Menschenrechte, A/HRC/17/31, 21.3.2011
USC	United States Code
UWG	Unlauteren Wettbewerbsgesetzes
Vol.	Volume
VStGB	Völkerstrafgesetzbuch
WM	Wertpapier-Mitteilungen
ZaRÖV	Zeitschrift für ausländisches öffentliches Recht und Völkerrecht
ZIP	Zeitschrift für Wirtschaftsrecht
ZRP	Zeitschrift für Rechtspolitik
ZStW	Zeitschrift für die gesamte Strafrechtswissenschaft

Rechtsprechungsverzeichnis

US Supreme Court

Sonstige US-amerikanische Gerichte

Internationale Gerichte

Deutsche Gerichte

Englische Gerichte

Niederländische Gerichte

Französische Gerichte

Ekuadorianische Gerichte

Literaturverzeichnis

Ainscough, Charles; Choice of Law and Accomplice Liability under the Alien Tort Statute, 28 Berkeley J. Int'l L. 588 (2010).

Albers, Christiane; Die Begriffe der Niederlassung und der Hauptniederlassung im Internationalen Privat- und Zivilverfahrensrecht; Jena, 2010.

Alford, Roger; The Future of Human Rights Litigation after Kiobel, 89 Notre Dame L. Rev. 1749 (2014).

Altholz, Roxanna; Chronicle of a Death Foretold: The Future of U.S. Human Rights Litigation Post-Kiobel, 102 Cal. L. Rev. 1495 (2014).

Altmeppen, Holger; Ego, Alexander; in: Goette, Habersack, Kalss (Hrsg.), Münchener Kommentar zum Aktiengesetz, Band 1; München, 3. Aufl. 2012; zitiert als: MüKo AktG.

Ambos, Kai; in: Joecks, Miecks (Hrsg.), Münchener Kommentar zum StGB, Band 1, §§ 1–37; München, 2. Aufl. 2011; zitiert als: MüKo StGB.

Ambos, Kai; in: Joecks, Miecks (Hrsg.), Münchener Kommentar zum StGB, Band 8, Nebenstrafrecht III, Völkerstrafgesetzbuch; München, 2. Aufl. 2013; zitiert als: MüKo StGB.

Audit, Bernard; Le Caractère Fonctionnel de la Règle de Conflit: Sur la Crise des Conflits de Lois; Receuil des Cours, Vol. 186 (1984); Leiden, Boston, 1984.

Audit, Bernard; *d'Avout, Louis;* Droit international privé; Paris, 7. Aufl. 2013.

Baier, Jochen; Das Auswirkungsprinzip im Kartellrecht der USA, Unter besonderer Berücksichtigung der Empagran-Entscheidung; Baden-Baden 2008.

Bassiouni, Cherif; Wise, Edward; Aut Dedere Aut Judicare, The Duty to Extradite or Prosecute in International Law; Dordrecht, 1995.

Beale, Joseph Henry; A Treatise on the Conflict of Laws, Vol. 1 Jurisdiction; New York, 1935.

Beale, Joseph Henry; A Treatise on the Conflict of Laws, Vol. 2 Choice of Law; New York, 1935.

Bellia, Anthony; Clark, Bradford; Two Myths about the Alien Tort Statute, 89 Notre Dame L. Rev. 1609 (2014).

Bernstorff, Jochen; Jacob, Marc; Stone, John; The Alien Tort Statue before the US Supreme Court in the Kiobel Case: Does International Law Prohibit US Courts to Exercise Extraterritorial Civil Jurisdiction over Human Rights Abuses Committed Outside of the US?, ZaöRV 2012, S. 579.

Bertele, Joachim; Souveränität und Verfahrensrecht, Eine Untersuchung der aus dem Völkerrecht ableitbaren Grenzen staatlicher extraterritorialer Jurisdiktion im Verfahrensrecht; Tübingen, 1998.

Bird, Robert C.; Cahoy, Daniel R.; Dhooge, Lucien J.; Corporate Voluntarism and Liability for Human Rights in a Post-Kiobel World, 102 Kentucky L. J. 1 (2013).

Bitterly, Alison; Can Banks be Liable for Aiding and Abetting Terrorism? A Closer Look into the Split on Secondary Liability under the Antiterrorism Act, 83 Fordham L. Rev. 3389 (2015).

Blackstone, William; Commentaries on the Laws of England, Vol. 4 of Public Wrongs, A Facsimilie of the First Edition of 1765–1769; Chicago, London, 1979.

Blanchard, Lindsey; Goodyear and Hertz: Reconciling Two Recent Supreme Court Decisions, 44 McGeorge L. Rev. 865 (2013).

Blecher, Kaymar, Bellamy (Hrsg.), Corporate Responsibility for Human Rights Impacts: New Expectations and Paradigms; Chicago, Illinois, 2014.

Bohnert, Joachim; in: Bohnert (Hrsg.), OWiG; München, 2010.

Bookman, Pamela; Litigation Isolationism; 67 Stan. L. Rev. 1081 (2015).

Borchers, Patrick; The Choice-of-Law Revolution: An Empirical Study, 49 Wash. & Lee. L. Rev. 357 (1992).

Borchers, Patrick; The Problem with General Jurisdiction, 2001 U. Chi. Legal F. 119.

Borchers, Patrick; J. McIntyre Machinery, Goodyear, and the Incoherence of the Minimum Contacts Test, 44 Creighton L. Rev. 1245 (2011).

Borchers, Patrick; Conflict-of-Laws Considerations in State Court Human Rights Actions, 3 UC Irvine L. Rev. 45 (2013).

Borchers, Patrick; One Step Forward and Two Back: Missed Opportunities in Refining the United States Minimum Contact Test and the European Union Brussels I Regulation, 31 Ariz. J. Int'l & Comp. L 1 (2014).

Born, Gary; Reflections on Judicial Jurisdiction in International Cases, 17 Ga. J. Int'l & Comp. L. 1 (1987).

Born, Gary; Rutledge, Peter; International Civil Litigation in United States Courts; New York, 5. Aufl. 2011.

Bradley, Curtis; The Alien Tort Statute and Article III, 42 Va. J. Int'l L. 587 (2002).

Bradley, Curtis; Universal Jurisdiction and U.S. Law, 2001 U. Chi. Legal F. S. 323.

Breyer, Michael; Kostenorientierte Steuerung des Zivilprozesses; Tübingen, 2006.

Brickey, Kathleen F.; Corporate Criminal Liability, A Treatise on the Criminal Liability of Corporations, Their Officers and Agents, Vol. 1; Deerfield, New York, Rochester, 2. Aufl. 1992.

Brilmayer, Lea; Related Contacts and Personal Jurisdiction, 101 Harv. L. R. 1444 (1988).

Brilmayer, Lea; The new Extraterritoriality: Morrison v. National Australia Bank, Legislative Supremacy, and the Presumption against Extraterritorial Application of American Law; 40 Sw. L. Rev. 655 (2011).

Brilmayer, Lea; Haverkamp, Jennifer; Logan, Buck; Lynch, Loretta; Neuwirth, Steve; O'Brien, Jim; A General Look at General Jurisdiction, 66 Tex. L. Rev. 721 (1988).

Brilmayer, Lea; Norchi, Charles; Federal Extraterritoriality and Fifth Amendment Due Process; 102 Harv. L. Rev. 1217 (1992).

Brilmayer, Lea; Paisley, Kathleen; Personal Jurisdiction and Substantive Legal Relations: Corporations, Conspiracies and Agency, 74 Cal. L. Rev. 1 (1986).

Brüggemeier, Gerd; Prinzipien des Haftungsrechts, Eine systematische Darstellung auf rechtsvergleichender Grundlage, Baden-Baden, 1999.

Bucher, Andreas; La Dimension Sociale du Droit International Privé, Cours Général; Leiden; Boston, 2010.

Bucher, Andreas; Universal Civil Jurisdiction with regard to Reparation for International Crimes, Rapport, Institut de Droit International.

Burbank, Stephen; International Civil Litigation in US Courts: Becoming a Paper Tiger; 33 U. Pa. J. Int'l L. 663 (2012).

Buxbaum, Hannah; Incentives to Promote the Private Enforcement of Law; in: Mansel, Dauner-Lieb, Henssler (Hrsg.), Zugang zum Recht: Europäische und US-amerikanische Wege der privaten Rechtsdurchsetzung, S. 91; Baden-Baden, 2008.

Buxbaum, Hannah; Mandatory Rules in Civil Litigation: Status of the Doctrine Post-Globalization, 18 Am. Rev. Int'l Arb. 21 (2007).

Buxbaum, Hannah; Multinational Class Actions under Federal Securities Law, 46 Colum. J. Transnat'l L. 14 (2007).

Buxbaum, Hannah; Territory, Territoriality, and the Resolution of Jurisdictional Conflict, 57 Am. J. Comp. L. 631 (2009).

Canaris, Claus-Wilhelm; Grundrechte und Privatrecht, AcP 184 (1984), 201.

Carrington, Paul; The American Tradition of Privat Law Enforcement; in: Stiftung Gesellschaft für Rechtspolitik (Hrsg.), Bitburger Gespräche 2003, S. 33; München 2003.

Casad, Robert; Richman, William; Jurisdiction in Civil Actions, Territorial Basis and Process Limitations on Jurisdiction of State and Federal Courts, Vol. 1; New Providence, 4. Aufl. 2014.

Cassel, Doug; Suing Americans for Human Rights Torts Overseas: The Supreme Court Leaves the Door Open; 89 Notre Dame L. Rev. 1773 (2014).

Carr, Bridgette; *Milgram, Anne; Kim, Kathleen; Warnath, Stephen*; Human Trafficking Law and Policy; New Providence, San Francisco; 2014.

Cavers, David; A Critique of the Choice-of-Law Problem, 43 Harv. L. Rev. 173 (1933).

Chambers, Rachel; Tyler, Katherine; The UK Context for Business and Human Rights; in: Blecher, Kaymar, Bellamy (Hrsg.), Corporate Responsibility for Human Rights Impacts: New Expectations and Paradigms, S. 301; Chicago, Illinois, 2014.

Chander, Anupam; Unshackling Foreign Corporations: Kiobelws Unexpected Legacy, 107 Am. J. Int'l L. 829 (2013).

Chaplin, Michael; Resolving the Principal Place of Business Conundrum: Adopting a Single Test for Federal Diversity Jurisdiction, 30 Rev. Litig. 75 (2010).

Chemerinsky, Erwin; Closing the Courthouse Doors; 90 Denv. U. L. Rev. 317 (2012).

Childress, Donald; Comity as Conflict: Resituating International Comity as Conflict of Laws, 44 U. C. Davis L. Rev. 11 (2010).

Childress, Donald; General Jurisdiction after Bauman, 68 Vand. L. Rev. En Banc 197 (2014).

Childress, Donald; The Alien Tort Statute, Federalism, and the Next Wave of Transnational Litigation, 100 Geo. L. J. 709 (2012).

Choi, Stephen; Silberman, Linda; Transnational Litigation and Global Securities Class Action Lawsuits, 2009 Wisc. L. Rev. 465.

Coester-Waltjen, Dagmar; Allzuständigkeit oder genuine link – eine unendliche Geschichte?, in: Geimer, Kassis, Thümmel (Hrsg.), Ars aequi et boni in mundo: Festschrift für Rolf A. Schütze zum 80. Geburtstag, S. 27; München 2015; zitiert als: FS Schütze 2015.

Coffee, John; Understanding the Plaintiff's Attorney: The Implications of Economic Theory for Private Enforcement of Law through Class and Derivative Actions, 86 Colum. L. Rev. (1986) 669.

Colangelo, Anthony; Kiobel: Muddling the Distinction between Prescriptive and Adjudicative Jurisdiction, 28 Md. J. Int'l L. 65 (2013).

CorA-Netzwerk für Unternehmensverantwortung, Forum Menschenrechte; Position Paper on Business and Human Rights – Expectations of a German Action Plan; online verfügbar unter: https://germanwatch.org/en/download/7793.pdf; zuletzt geprüft am 12.12.2015.

Cornett, Judy; Hoffheimer, Michael; Good-Bye Significant Contacts: General Personal Jurisdiction after Daimler AG v. Bauman, 76 Ohio St. L. J. 101 (2015).

Crawford, James; Brownlie's Principles of Public International Law; Oxford, 8. Aufl. 2012.

Curran, Vivian; Sloss, David; Reviving Human Rights after Kiobel, 107 Am. J. Int'l L. 858 (2013).

Currie, Brainerd; Selected Essays on the Conflict of Laws; Durham, 1963.

d'Avout, Louis; in: Dubout, S. Touzé (Hrsg.), Les Droits Fondamentaux, Charnières entre Ordres Juridiques, Droits Fondamentaux et Coordination des Ordres Juridiques en Droit Privé, S. 165; Paris, 2010.

Delbrück, Jost; Menschenrechte im Schnittpunkt zwischen universalem Schutzanspruch und staatlicher Souveränität; in: Schwartländer (Hrsg.), Menschenrechte und Demokratie, S. 11; Kehl am Rhein, Straßburg, 1981.

De Schutter, The Accountability of Multinationals for Human Rights Violations in European Law, in: Alston (Hrsg.), Non-State Actors and Human Rights, S. 227; Oxford, New York, 2005.

Delbrück, Jost; Wolfrum, Rüdiger; Völkerrecht Band I/2; Berlin, 2. Aufl. 2002.

Delbrück, Jost; *Wolfrum, Rüdiger*; Völkerrecht Band I/3; Berlin, 2. Aufl. 2002.

Denker, Stephanie; The Future of General Jurisdiction: The Effects of Daimler AG v. Bauman, 20 Fordham J. Corp. & Fin. L. 145 (2014).

Deutsches Institut für Menschenrechte; National Baseline Assessment, Umsetzung der UN-Leitprinzipien für Wirtschaft und Menschenrechte; Berlin 2015.

Dlouhy, Alexander; Extraterritoriale Anwendung des Kartellrechts im europäischen und US-amerikanischen Recht; Baden-Baden, 2002.

Dobbs, Dan; Hayden, Paul; Bublick, Ellen; The Law of Torts; St. Paul, 2. Aufl. 2011.

Dodge, William; Breaking the Public Law Taboo, 43 Harv. Int'l L. Rev. 161 (2002).

Dodge, William; Loose Canons: International Law and Statutory Interpretation in the Twenty-First Century; in: Sloss, Ramsey, Dodge (Hrsg.), International Law in the U.S. Supreme Court, S. 547; Cambridge, 2011.

Dodge, William; Morrison's Effects Test, 40 Sw. L. Rev. 687 (2011).

Dodge, William; Extraterritoriality and Conflict of Laws, Theory: An Argument for Judicial Unilateralism, 39 Harv. Int'l L. J. 102 (1998).

Dodge, William; Understanding the Presumption against Extraterritoriality, 16 Berkeley J. Int'l L. 85 (1998).

Donovan, Donald; Roberts, Anthea; The Emerging Recognition of Universal Civil Jurisdiction; 100 Am. J. Int'L. 142 (2006).

Doyle, Tracy, Ursula; The Evidence of Things not Seen: Divining Balancing Factors from Kiobel's „Touch and Concern" Test, 66 Harv. Int'l L. J. 443 (2015).

Dörr, Felix; Die Haftung von Unternehmen nach dem Gesetz über Ordnungswidrigkeiten, in: Kempf, Lüderssen, Klaus (Hrsg.), Unternehmensstrafrecht, S. 23; Berlin, 2012.

Drimmer, Jonathan; Lamoree, Sarah; Think Globally, Sue Locally: Trends and Out-of-Court Tactics in Transnational Tort Action, 29 Berkeley J. Int'l L. 456 (2011).

Dubinsky, Paul R.; Is Transnational Litigation a Distinct Field? The Persistence of Exceptionalism in American Procedural Law; 44 Stan. J. Int'l L. 301 (2008).

Duttge, Gunnar; in: Joecks, Miecks (Hrsg.), Münchener Kommentar zum StGB, Band 1; München, 2 Aufl. 2011, §§ 1–37 *Grothe*, in: MüKo BGB, § 206, Rn. 7.; zitiert als: MüKo StGB.

EarthRights International; U.S. Federal Court Action Requests Information from Newmont Regarding Repression of Protests at its Conga Mine Project; online verfügbar unter: http://www.earthrights.org/media/us-federal-court-action-requests-information-newmont-regarding-repression-protests-its-conga; zuletzt geprüft am 12.12.2015.

ECCHR, Klage für faire Arbeitsbedingungen in Bangladesch: Lidl muss nachgeben; online verfügbar unter: http://www.ecchr.eu/de/unsere-themen/wirtschaft-und-menschenrechte/arbeitsbedingungen-in-suedasien/bangladesch-lidl.html; zuletzt geprüft am 12.12.2015.

Ehrenzweig, Albert; Jayme, Erik; Private International Law: A Comparative Treatise on American International Conflicts Law, Including the Law of Admiralty, General Part; Leiden, Dobbs Ferry, 1967.

Ehrenzweig, Albert; Local and Moral Data in the Conflict of Laws: Terra Incognita, 16 Buff. L. Rev. 55 (1966).

Eichholtz, Stephanie; Die US-amerikanische Class Action und ihre deutschen Funktionsäquivalente; Tübingen, 2002.

Eidenmüller, Horst; The Transnational Law Market, Regulatory Competition and Transnational Corporations; 18 Ind. J. Gl. Leg. Stud. 707 (2011).

Emmerich, Volker; Sonnenschein, Jürgen; Habersack, Mathias; Konzernrecht, Das Recht der verbundenen Unternehmen bei Aktiengesellschaft, GmbH, Personengesellschaften, Genossenschaft, Verein und Stiftung; München, 7. Aufl. 2001.

Engelhart, Marc; Sanktionierung von Unternehmen und Compliance, Eine rechtsvergleichende Analyse des Straf- und Ordnungswidrigkeitenrechts in Deutschland und den USA; Berlin, 2010.

Engisch, Karl, in: Ständige Deputation des Deutschen Juristentags (Hrsg.), Verhandlungen des Vierzigsten Deutschen Juristentages, Band II (Sitzungsberichte) 1953, S. E 7; Tübingen, 1954.

Engle, Eric; Alien Torts and Extraterritorial Jurisdiction in U.S. and International Law; Saarbrücken, 2010.

Epstein, Lee; Landes, William M.; Posner, Richard A.; How Business Fares in the Supreme Court; 97 Minn. L. Rev. 1431 (2013).

Erichson, Howard; The Home-State Test for General Personal Jurisdiction, 66 Vand. L. Rev. En Banc 81 (2013).

Eskridge, William; Frickey, Philip; Garret, Elizabeth; Legislation and Statutory Interpretation; New York, 2. Aufl. 2006.

Feder, Meir; Goodyear „Home“, and the Uncertain Future of Doing Business Jurisdiction, 63 S.C.L. Rev. 671 (2012).

Fentiman, Richard; in: Magnus, Mankowski (Hrsg.), Brussel I Regulation, München, 2. Aufl. 2012; zitiert als: Magnus/Mankowski.

Fischer, Gerfried; Schadensersatzansprüche wegen Menschenrechtsverletzungen im Internationalen Privat- und Prozessrecht; Goydke, Rauschnig et al. (Hrsg.); in: Vertrauen in den Rechtsstaat, Beiträge zur deutschen Einheit, Festschrift für Walter Remmers, S. 447; Köln, Berlin, Bonn, München, 1995; zitiert als FS Remmers 1995.

Forsthoff, Ulrich; in: Grabitz, Hilf, Nettesheim (Hrsg.), Das Recht der Europäischen Union: EUV/AEUV; München, 51. Ergl. 2013; zitiert als: EUV/AEUV.

Francescakis, Phocion; Quelques Précisions sur les „Lois d'Application Immédiate" et Leurs Rapports avec les Règles de Conflits de Lois, Rev. Crit. DIP 1966, S. 1.

Fraser, George; Jurisdiction by Necessity – An Analysis of the Mullane Case, 100 U. Pa. L. Rev. 305 (1951).

Friedenthal, Jack; Kane, Mary Kay; Miller, Arthur; Civil Procedure; St. Paul, 4. Aufl. 2005.

Geimer, Reinhold; Internationales Zivilprozessrecht; Köln, 7. Aufl. 2015.

Geimer, Reinhold; Menschenrechte im internationalen Zivilverfahrensrecht, in: Aktuelle Probleme des Menschenrechtsschutz; BerGesVR 33 (1993) 213.

Geldermann, Heiner; Völkerrechtliche Pflichten multinationaler Unternehmen; Baden-Baden, 2009.

Geulen, Reiner; Sebok, Anthony; Deutsche Firmen vor US-Gerichten, NJW 2003, S. 3244.

Gideon, Mark; Rico's Extraterritoriality; 50 Am. Bus. L. J. 543 (2013).

Goldhaber, Michael; Corporate Human Rights Litigation in Non-U.S. Courts: A Comparative Scorecard, 3 UC Irvine L. Rev. 127 (2013).

Goldsmith, Jack L.; Sykes, Alan O.; Lex Loci Delictus and Global Economic Welfare: Spinozzi v. Itt Sheraton Corp.; 120 Harv. L. Rev. 1137 (2007).

Gothot, Pierre; Le renouveau de la méthode unilatérale, Rev. Crit. DIP 1971, S. 1.

Grabosch, Robert; Rechtsschutz vor deutschen Zivilgerichten gegen Beeinträchtigungen von Menschenrechten durch transnationale Unternehmen; in: Nikol, Bernhard und Schniederjahn (Hrsg.), Transnationale Unternehmen und Nichtregierungsorganisationen im Völkerrecht, S. 69; Baden-Baden, 2013.

Grothe, Helmut; in: Säcker, Rixecker (Hrsg.), Münchener Kommentar zum Bürgerlichen Gesetzbuch, Band 1, Allgemeiner Teil; München, 7. Aufl. 2015; zitiert als: MüKo BGB.

Guedj, Thomas; The Theory of the Lois de Police, A Functional Trend in Continental Private International Law – A Comparative Analysis with Modern American Theories, 39 Am. J. Comp. L. 661 (1991).

Hager, Johannes; in: J. von Staudingers Kommentar zum Bürgerlichen Gesetzbuch mit Einführungsgesetz und Nebengesetzen, §§ 823–825; Berlin, 13. Auflage 1999; zitiert als: Staudinger BGB.

Hager, Johannes; in: J. von Staudingers Kommentar zum Bürgerlichen Gesetzbuch mit Einführungsgesetz und Nebengesetzen, §§ 823 E-I, 824, 825; Berlin, Neubearbeitung 2009; zitiert als: Staudinger BGB.

Hailbronner Kay, Kau Michael; Der Staat und der Einzelne als Völkerrechtssubjekte; in: Graf Vitzthum (Hrsg.), Völkerrecht, S. 147; Berlin, New York, 2010.

Hailer, Claudia; Menschenrechte vor Zivilgerichten – die Human Rights Litigation in den USA; Berlin, 2006.

Halfmeier, Axel; Menschenrechte und Internationales Privatrecht im Kontext der Globalisierung; RabelsZ 68 (2004), 653.

Halfmeier, Axel; Transnationale Delikte vor nationalen Gerichten oder: Wie weiter nach dem Ende der amerikanischen Rechtshegemonie?; in: Mankowski, Wurmnest (Hrsg.), Festschrift für Ulrich Magnus zum 70. Geburtstag, S. 433; München, 2014; zitiert als FS Magnus 2014.

Harvard Law Review; Foreign Relations Law – Alien Tort Statute – Fourth Circuit Allows Alien Tort Statute Claim against Abu Ghraib Contractor – Al Shimari v. Caci Premier Technology, Inc., 758 F.3D 516 (4th Cir. 2014), 128 Harv. L. Rev. 1534.

Harvard Law Review; The Trafficking Victims Protection Act, 118 Harv. L. R. 2180 (2005).

Hauser, Paul; Eingriffsnormen in der Rom I Verordnung; Tübingen, 2012.

Hay, Peter; Transient Jurisdiction, Especially over International Defendants: Critical Comments on Burnham v. Superior Court of California, 1990 U. Ill. L. Rev. 593.

Hay, Peter; Borchers, Patrick; Symeonides, Symeon; Conflict of Laws; St. Paul, 5. Aufl. 2010.

Hazard, Geoffrey; A General Theory of State-Court Jurisdiction, 1965 Sup. Ct. Rev. 241.

Heidbrink, Alfried; Der Alien Tort Claims Act (28 USC 1350), Schadenersatzklagen vor US-amerikanischen Gerichten wegen Verletzungen des Völkerrechts; München, 1989.

Heider, Karsten; in: Goette, Habersack, Kalss (Hrsg.), Münchener Kommentar zum Aktiengesetz, Band 1; 3. Aufl. 2008, München; zitiert als: MüKo AktG.

Heine, Günther; Weißer, Bettina; in: Schönke, Schröder, Strafgesetzbuch, Kommentar; München, 29. Aufl. 2014; zitiert als: Schönke/Schröder.

Heldrich, Andreas; Internationale Zuständigkeit und anwendbares Recht; Berlin, Tübingen, 1969.

Henderson, Gerard; The Position of Foreign Corporations in American Constitutional Law, A Contribution to the History and Theory of Juristic Persons in Anglo-American Law; Cambridge, 1918.

Henner, Peter; Human Rights and the Alien Tort Statute, Law, History and Analysis; Chicago 2009.

Henrich, Andreas; Das passive Personalitätsprinzip im deutschen Strafrecht, Freiburg 1994.

Hess, Burkhard; Europäisches Zivilprozessrecht, Ein Lehrbuch; Heidelberg, 2010.

Hoffman, Lonny; Further Thinking about Vicarious Jurisdiction: Reflecting on Goodyear Dunlop Tires Operations, SA v. Brown and Looking ahead to DaimlerChrysler AG v. Bauman; 34 U. Pa. J. Int'l L. 765 (2013).

Hoffman, Lonny; The Case against Vicarious Jurisdiction, 152 U. Pa. L. Rev. 1023 (2004).

Hoffmann, Paul; Kiobel v. Royal Dutch Petroleum Co., First Impressions, 52 Colum. J. Transnat'l L. 28 (2013).

Hoffmann, Paul; Stephens, Beth; International Human Rights Cases under State Law and in State Courts, 3 UC Irvine L. Rev. 9 (2013).

Hoppe, Daniel; Racketeering After Morrison: Extraterritorial Application of Civil Rico, 107 Nw. U. L. Rev. 1375 (2013).

Hufbauer, Gary Clade; Mitrokostas, Nicholas K.; Awakening Monster: The Alien Tort Statute of 1789; Washington, 2003.

Human Rights Watch; The Ogoni Crisis: A Case-Study of Military Repression in Southeastern Nigeria; online verfügbar unter: http://www.refworld.org/cgi-bin/texis/vtx/rwmain?docid=3ae6a7d8c; zuletzt geprüft am 12.12.2015.

Ipsen, Knut; Völkerrecht, Ein Studienbuch, München, 6. Aufl. 2014.

Jägers, Nicola; van der Heijden, Marie-José; Corporate Human Rights Violations: The Feasibility of Civil Recourse in the Netherlands; 33 Brook. J. Int'l L. 833 (2008).

Jägers, Nicola; Jesse, Katinka; Verschuuren, Jonathan; in: Am. J. Int'l L. (Hrsg.), Agora: Reflections on Kiobel, The Future of Corporate Liability for Extraterritorial Human Rights Abuses: The Dutch Case against Shell; online verfügbar unter: http://www.asil.org/sites/default/files/AGORA/201401/AJIL%20Agora-%20Reflections%20on%20Kiobel.pdf, S. e 36; zuletzt geprüft am 12.12.2015

Hilton, James; Lost Horizon; 1934, New York.

Jarass, Hans; in: Jarass (Hrsg.), Charta der Grundrechte der Europäischen Union unter Einbeziehung der vom EuGH entwickelten Grundrechte und der Grundrechtsregelungen der Verträge, Kommentar; München, 2. Aufl. 2013; zitiert als: Charta der Grundrechte der EU.

Jayme, Erik; Ausländische Rechtsregeln und Tatbestand inländischer Sachnormen, Betrachtungen zu Ehrenzweigs Datumtheorie, in: Jayme, Kegel (Hrsg.), Gedächtnisschrift für Albert A. Ehrenzweig, S. 35; Heidelberg, 1976.

Joseph, Gregory; Civil Rico, A Definitive Guide; Chicago, Illinois, 3. Aufl. 2010.

Joseph, Sarah; Corporations and Transnational Human Rights Litigation; Oxford, Portland, 2004.

Juenger, Friedrich; The American Law of General Jurisdiction, 2001 U. Chi. Legal F. 141.

Juenger, Friedrich; Choice of Law and Multistate Justice; Dordrecht, Boston, London, 1993.

Junker, Abbo; Discovery im deutsch-amerikanischen Rechtsverkehr; Heidelberg, 1987.

Junker, Abbo; Internationales Arbeitsrecht im Konzern; Tübingen, 1992.

Junker, Abbo; in: Säcker, Rixecker (Hrsg.), Münchener Kommentar zum Bürgerlichen Gesetzbuch, Band 10, Internationales Privatrecht 1; München, 6. Aufl. 2015; zitiert als: MüKo BGB.

Kaeb, Caroline; Scheffer, David; The Paradox of Kiobel in Europe, 107 Am. J. Int'l L. 852 (2013).

Kaleck, Wolfgang; Kampf gegen die Straflosigkeit, Argentiniens Militärs vor Gericht; Berlin 2012.

Katsuka, Ellena; Al Shimari v. CACI International, Inc., The Application of Extraterritorial Jurisdiction in the Wake of Kiobel, 10 S. C. J. Int'l. L. & Bus. 201 (2013).

Keeton, Page; Dobbs, Dan; Keeton, Robert; Owen, David; The Law of Torts; St. Paul, 1984.

Kegel, Gerhard; Schurig, Klaus; Internationales Privatrecht; München, 9. Aufl. 2004.

Kegel, Gerhard; The Crisis of Conflict of Laws, Receuil des Cours, Vol. 122 (1964); Leiden Boston, 1964.

Keitner, Chimène; Conceptualizing Complicity in Alien Tort Cases, 60 Hastings L. J. 61 (2008).

Keitner, Chimène; State Courts and Transitory Torts in Transnational Human Rights Cases, 3 UC Irvine L. Rev. 81 (2013).

Kiestra, Louwrens Rienk; The Impact of the European Convention on Human Rights on Private International Law; The Hague, 2014.

Kim, Kathleen; Hreshchyshyn, Kusia; Human Trafficking Private Right of Action: Civil Rights for Trafficked Persons in the United States, 16 Hastings Women's L. J. 1 (2004).

Kimminich, Otto; Deutsche Verfassungsgeschichte; Baden-Baden, 2. Aufl. 1987.

Kinsch, Patrick; Droits de l'homme, droits fondamentaux et droit international privé, Receuil des Cours, Vol. 318 (2005); Leiden, Boston, 2007.

Kinsch, Patrick; Private International Law Topics before the European Court of Human Rights, 13 Yearbook of PIL 37 (2011).

Kleindiek, Detlef; Deliktshaftung und juristische Person, Zugleich zur Eigenhaftung von Unternehmensleitern; Tübingen, 1997.

Kleinstück, Till; Due Process Beschränkungen des Vermögensgerichtsstandes durch hinreichenden Inlandsbezug und Minimum Contacts, Eine rechtsvergleichende Untersuchung unter besonderer Berücksichtigung des U.S.-amerikanischen und österreichischen Rechts; München, 1994.

Knetsch, Jonas; Haftungsrecht und Entschädigungsfonds, Eine Untersuchung zum deutschen und französischen Recht; Tübingen, 2012.

Knox, John; A Presumption against Extrajurisdictionality, 104 Am. J. Comp. L. 351 (2010).

Knox, John; The Unpredictable Presumption against Extraterritoriality, 40 Sw. L. Rev. 635 (2012).

Koebele, Michael; Corporate Responsibility under the Alien Tort Statute, Enforcement of International Law through US Torts Law; Leiden, Boston, 2009.

Koh, Harold Hongju; On American Exceptionalism, 55 Stan. L. Rev. 1479 (2003).

Koh, Harold Hongju; Transnational Public Law Litigation, 100 Yale L. J. 2347 (2001).

Kokott, Juliane; Grund- und Menschenrechte als Inhalt eines internationalen Ordre public, in: Die Wirkungskraft der Grundrechte bei Fällen mit Auslandsbezug; BerGesVR 38 (1998) 71.

Kontorovich, Eugene; Kiobel Surprise: Unexpected by Scholars but Consistent with International Trends; 89 Notre Dame L. Rev. 1671, (2014).

Kötz, Hein; Ziele des Haftungsrechts, in: Baur, Hopt, Mailänder (Hrsg.), Festschrift für Ernst Steindorff zum 70. Geburtstag am 13. März 1990, S. 643; Berlin, New York, 1990; zitiert als: FS Steindorff 1990.

Kronke, Herbert; Die Wirkungskraft der Grundrechte bei Fällen mit Auslandsbezug, in: Die Wirkungskraft der Grundrechte bei Fällen mit Auslandsbezug; BerGesVR 38 (1998) 33.

Kropholler, Jan; Kapitel 3, Internationale Zuständigkeit, in: Kötz, Mestmäcker (Hrsg.), Handbuch des internationalen Zivilverfahrensrechts, Band I, S. 183 ff.; Tübingen 1982.

Kropholler, Jan; Internationales Privatrecht; Tübingen, 6. Aufl. 2006.

Ku, Julian; Kiobel and the Surprising Death of Universal Jurisdiction under the Alien Tort Statute, 107 Am. J. Int'l L. 835 (2013).

Kurland, Philip; The Supreme Court, the Due Process Clause and the in Personam Jurisdiction of State Courts, From Pennoyer to Denckla: A Review, 25 U. Chi. L. Rev. 569 (1958).

Larenz, Karl; Canaris, Claus Wilhelm; Methodenlehre der Rechtswissenschaft; Berlin, Heidelberg, New York, 3. Aufl. 1995.

Lee, Thomas H.; The Three Lives of the Alien Tort Statute: The Evolving Role of the Judiciary in U.S. Foreign Relations, 89 Notre Dame L. Rev. 1645 (2014).

Leible, Stefan; in: Rauscher (Hrsg.), Europäisches Zivilprozess- und Kollisionsrecht EuZPR/EuIPR, Band I, Brüssel Ia-VO; Köln, 4. Aufl. 2016; zitiert als: Rauscher.

Leflar, Robert; American Conflicts Law; Indianapolis, Kansas City, New York, 2. Aufl. 1969.

Leipold, Dieter; Unternehmensstrafrecht – Eine rechtspolitische Notwendigkeit, ZRP 2013, S. 34.

Lehmann, Matthias; in: Hüßtege, Mansel (Hrsg.), BGB, Band 6, Romverordnungen; Baden, Baden, 2. Auflage 2015; zitiert als: Hüßtege/Mansel.

Looschelders, Dirk; Die Ausstrahlung der Grund- und Menschenrechte auf das Internationale Privatrecht, RabelsZ 65 (2001), 463.

Loussarn, Yvon; La Règle de Conflit est-elle une Règle Neutre?, Comité Français DIP 1981, S. 43.

Lowenfeld, Andreas; Public Law in the International Arena: Conflict of Laws, International Law, and Some Suggestions for their Interaction, Receuil des Cours, Vol. 163 (1979); Leiden, Boston, 1979.

Lund, Nils; Der Gerichtsstand der Streitgenossenschaft im europäischen Zivilprozessrecht, Allgemeine Lehren, Anwendung im Patent- und Kartellrecht; Tübingen, 2014.

Lutter, Marcus; in: Haftung aus Konzernvertrauen?, in: Flume, Jakobs, et al. (Hrsg), Gedächtnisschrift für Brigitte Knobbe-Keuk, S. 229; Köln, 1997; zitiert als: GS Knobbe-Keuk 1997.

Magnus, Ulrich; in: Magnus (Hrsg.), Staudinger, Kommentar zum Bürgerlichen Gesetzbuch mit Einführungsgesetz und Nebengesetzen, Einleitung zur Rom I VO; Berlin, 2011; zitiert als: Staudinger BGB.

Maloney, Mark; Specific Jurisdiction and the "Arise from or Relate to" Requirement... What Does it Mean?, 50 Wash. & Lee. L. Rev. 1265 (1993).

Mankowski, Peter; in: Magnus, Mankowski (Hrsg.), Brussel I Regulation; München, 2. Aufl. 2012; zitiert als: Magnus/Mankowski.

Mankowski, Peter; Extraterritoriale Reichweite des US-Wertpapierrechts?, Die Entscheidung des US Supreme Court in Morrison v. National Australia Bank und der 2010 Wall Street Reform und Consumer Protection Act, NZG 2010, S. 961.

Mankowski, Peter; Gerichtsbarkeit und internationale Zuständigkeit deutscher Zivilgerichte bei Menschenrechtsverletzungen, in: Hoffmann (Hrsg.) Universalität der Menschenrechte, kulturelle Pluralität; S. 139; Frankfurt, 2009.

Mann, F.A.; The Doctrine of Jurisdiction in International Law; Receuil des Cours, Vol. 111 (1964); Leiden, Boston, 1964.

Mann, F.A.; The International Enforcement of Public Rights, 19 N. Y. U. J. Int'l L. & Pol. 603 (1987).

Mansel, Heinz-Peter; Staatlichkeit des Internationalen Privatrechts und Völkerrecht; in: Leible, Ruffert (Hrsg.), Völkerrecht und IPR, S. 89; Jena, 2006.

Mansel, Heinz-Peter; Personalstatut, Staatsangehörigkeit und Effektivität, Eine internationalprivat- und verfahrensrechtliche Untersuchung zu Mehrstaatern, einer Ausweichklausel für die Staatsangehörigkeitsanknüpfung und zum innerdeutschen Kollisionsrecht; 1988, München.

Mansel, Heinz-Peter; Vermögensgerichtsstand und Inlandsbezug bei der Entscheidungs- und Anerkennungszuständigkeit am Beispiel der Anerkennung US-amerikanischer

Urteile in Deutschland, in: Mansel, Pfeiffer et al. (Hrsg.), Festschrift für Erik Jayme, Teil 2, S. 561; München 2004; zitiert als: FS Jayme 2004.

Marchadier, Fabien; Les Objectifs Généraux du Droit International Privé à l'Épreuve de la Convention Européenne des Droits de l'Homme; Brüssel 2007.

Marcus, Richard L.; in: Wright, Miller et al. (Hrsg.), Federal Practice & Procedure; St. Paul, 3. Aufl. 1998, Ed. April 2015; zitiert als: Federal Practice & Procedure.

Mariottini, Cristina; U.S. Jurisdiction in Products-Liability in the Wake of McIntyre: An Impending Dam on the Stream of Commerce Doctrine?; MPILux Working Paper 1 2013.

Martiny, Dieter; in: Säcker, Rixecker (Hrsg.), Münchener Kommentar zum Bürgerlichen Gesetzbuch, Band 10, Internationales Privatrecht I; München, 6. Aufl. 2015; zitiert als: MüKo BGB.

Mattar, Mohamed; Interpreting Judicial Interpretations of the Criminal Statutes of the Trafficking Victims Protection Act: Ten Years Later, 19 J. Gender, Soc. Pol. & the Law 1247 (2011).

Mayer, Pierre; Les Lois de Polices Étrangères, Journal du Droit International, S. 277.

Meeran, Richard; Tort Litigation against Multinational Corporations for Violations of Human Rights: An Overview of the Position outside the United States, 3 City U. H. K. L. Rev. 1 (2011).

Mehren, Arthur von; Adjudicatory Authority in Private International Law, A Comparative Study; Leiden, Boston, 5. Aufl. 2007.

Mehren, Arthur von; Recognition and Enforcement of Foreign Judgments, Receuil des Cours, Vol. 167 (1980); Leiden, Boston, 1981.

Mehren, Arthur von; Trautman, Donald; Jurisdiction to Adjudicate: A Suggested Analysis, 79 Harv. L. R. 1121 (1966).

Mehren, Arthur von; Trautman, Donald, The Law of Multistate Problems; Boston, 1965.

Menzel, Jörg; Internationales Öffentliches Recht; Tübingen, 2011.

Metz, Martin; Die Entscheidung des Supreme Courts in Kiobel v. Royal Dutch Petroleum – Das Ende der US-amerikanischen Human Rights Litigation?, WM 2013, S. 2059.

Metz, Martin; Die aktuelle Einschränkung der US-amerikanischen Gerichtszuständigkeit durch den Supreme Court, IPRax 2014, S. 365.

Miller, Arthur R.; Steinman, Adam N.; in: Wright, Miller et al. (Hrsg.), Federal Practice & Procedure; St. Paul, 3. Aufl. 1998, Ed. April 2015; zitiert als: Federal Practice & Procedure.

Miller, Arthur R.; in: Wright, Miller et al. (Hrsg.), Federal Practice & Procedure; St. Paul, 3. Aufl. 1998, Ed. April 2013; zitiert als: Federal Practice & Procedure.

Mills, Alex; The Confluence of Public and Private International Law, Justice, Pluralism and Subsidiarity in the International Constitutional Ordering of Private Law; Cambridge 2009.

Miller, Dennis; Rackow, Peter; Transnationale Täterschaft und Teilnahme – Beteiligungsdogmatik und Strafanwendungsrecht, ZStW 117 (2005), S. 379.

Mörsdorf-Schulte, Juliana; Funktion und Dogmatik US-amerikanischer punitive damages, Zugleich ein Beitrag zur Diskussion um die Zustellung und Anerkennung in Deutschland; Tübingen, 1999.

Muchlinski, Peter; Multinational Enterprises and the Law; Oxford, New York; 2. Aufl. 2007.

Muir Watt, Horatia; Après Kiobel. L'Arrêt Sexual Minorities Uganda v. Scott Lively, Rev. Crit. DIP 2013, S. 861.

Muir Watt, Horatia; Compétence Fédérale Américaine au Sens de l'Alien Tort Statute, Rev. Crit. DIP 2014, S. 851.

Muir Watt, Horatia; L'Alien Tort Statute devant la Cour Suprême des Etats-Unis, Territorialité, Diplomatie Judiciaire, ou Économie Politique?, Cour d'appel du 11e Circuit (USA), 24 juill. 2014, L. M. Cardona e.a. c/ Chiquita Brands International Inc. e.a.; Rev. Crit. DIP 2013, S. 595.

Muir Watt, Horatia; L'Enjeux de l'Affaire Kiobel: Le Chaînon Manquant dans la Mise en Œuvre de la Responsabilité des Entreprises Multinationales en Droit International Public et Privé, Comité Français DIP 2013, 233.

Müller, Harald; Die Gerichtspflichtigkeit wegen „doing business", Ein Vergleich zwischen dem US-amerikanischen und dem deutschen Zuständigkeitssystem; Köln, 1992.

New York Times; Shell to Pay $ 15.5 Million to Settle Nigerian Case; online verfügbar unter: http://www.nytimes.com/2009/06/09/business/global/09shell.html?ref=global; zuletzt geprüft am 12.12.2015.

Nagiel, Svetlana Meyerson; An Overlooked Gateway to Victim Compensation: How States Can Provide a Forum for Human Rights, 46 Colum. J. Transnat'l L. 133 (2008).

Nam, Jennifer; The Case of the Missing Case: Examining the Civil Right of Action for Human Trafficking Victims, 107 Colum. L. Rev. 1655 (2007).

Nanda, Ved; Pansius, David; in: Nanda, Pansius (Hrsg.), Litigation of International Disputes in U.S. courts; Eagen, 2005.

Nettesheim, Martin; in: Maunz, Dürig (Hrsg.), Grundgesetz; München, 73. Ergl. 2014; zitiert als: Maunz/Dürig GG.

Neuhaus, Paul; Internationales Zivilprozessrecht und Internationales Privatrecht, Eine Skizze; RabelsZ 20 (1955), 201.

Nichols, Amanda Sue; Alien Tort Statute Accomplice Liability Cases: Should Courts Apply the Plausibility Pleading Standard of Bell Atlantic v. Twombly?, 76 Fordham L. Rev. 2177 (2008).

Noll, David; The New Conflicts Law; 2 Stan. J. Complex Litig. 41 (2014).

Nolte, Georg; Das Weltrechtsprinzip im Zivilverfahren; in: Grote, Badura, Starck (Hrsg.), Festschrift für Christian Starck zum 70. Geburtstag, Die Ordnung der Freiheit, S. 847; Tübingen 2007; zitiert als FS Strack 2007.

Nowak, John; Rotunda, Ronald; Constitutional Law; St. Paul, 8. Aufl. 2010.

Olson, Walter; The Litigation Explosion, What Happened when American Unleashed the Lawsuit; New York, 1991.

Osieka, Gesine; Zivilrechtliche Haftung deutscher Unternehmen für menschenrechtsbeeinträchtigende Handlungen ihrer Zulieferer; Frankfurt am Main, 2014.

Palombo, Dalia; Chandler v. Cape: An Alternative to Piercing the Corporate Veil Beyond Kiobel v. Royal Dutch Shell, 4 Brit. J. Am. Legal Stud. 453 (2015).

Parrish, Austen; Sovereignty, Not Due Process: Personal Jurisdiction over Nonresident Alien Defendants, 41 Wake Forest L. Rev. 1 (2006).

Parrish, Austen; Kiobel, Unilateralism, and the Retreat from Extraterritoriality, 28 Md. J. Int'l L. 208 (2013).

Parrish, Austen; State Court International Human Rights Litigation: A Concerning Trend?, 3 UC Irvine L. Rev. 25 (2013).

Patzina, Reinhard; in: Rauscher, Wax, Wenzel (Hrsg.), Münchener Kommentar zur Zivilprozessordnung; München, 4. Aufl. 2013; zitiert als: MüKo ZPO.

Peddie, Collyn; Mi Casa es su Casa: Enterprise Theory and General Jurisdiction over Foreign Corporations after Goodyear Dunlop Tires Operations, SA Brown, 63 S. C. L. Rev. 697 (2012).

Pentz, Andreas, in: Goette, Habersack, Kalss (Hrsg.), Münchener Kommentar zum Aktiengesetz, Band 2; München, 4. Aufl. 2008; zitiert als: MüKo AktG.

Peterson, Todd; The Timing of Minimum Contacts after Goodyear and McIntyre, 80 Geo. Wash. L. Rev. 202 (2011).

Petrin, Martin; Assumption of Responsibility in Corporate Groups: Chandler v Cape PLC; 76 Modern L. Rev. 589 (2013).

Pfeiffer, Thomas; Internationale Zuständigkeit und prozessuale Gerechtigkeit, Die internationale Zuständigkeit im Zivilprozess zwischen effektivem Rechtsschutz und nationaler Zuständigkeitspolitik; Frankfurt am Main, 1995.

Pocar, Fausto; Explanatory Report on the Convention on Jurisdiction and the Recognition and Enforcement of Judgments in Civil and Commercial Matters, Official Journal of the European Union, OJ 2009/C 319/1.

Prütting, Hanns; in: Rauscher, Wax, Wenzel (Hrsg.), Münchener Kommentar zur Zivilprozessordnung; München, 4. Aufl. 2013; zitiert als: MüKo ZPO.

Quick, Wilson; Staying Afloat in the Stream of Commerce: Goodyear, McIntyre, and the Ship of Personal Jurisdiction, 37 N. C. J. Int'l L. & Comp. Reg. 547 (2012).

Raiser, Thomas; Recht der Kapitalgesellschaften, Ein Handbuch für Praxis und Wissenschaft; München, 3. Aufl. 2001.

Radcliffe, Rachel; The FCPA's Legacy: A Case for Imposing Aiding-and-Abetting Liability on Corporations Through an Amended Alien Tort Claims Act; 49 Tex. L. Rev. 83 (2014).

Randall, Kenneth; Federal Jurisdiction over International Law Claims: Inquiries into the Alien Tort Statue, 18 N. Y. U. J. Int'l L. & Pol. 1 (1985).

Randall, Kenneth; Further Inquiries into the Alien Tort Statute and a Recommendation, 18 N. Y. U. J. Int'l L. & Pol. 473 (1986).

Ratner, Steven; Corporations and Human Rights: A Theory of Legal Responsibility, 111 Yale L. J. 443 (2001).

Rau, Markus; Domestic Adjudication of International Human Rights Abuses and the Doctrine of Forum Non Conveniens, The Decision of the U.S. Court of Appeals for the Second Circuit in Ken Wiwa v. Royal Dutch Petroleum Company, ZaöRV 2001, S. 177.

Raustiala, Kal; Does the Constitution Follow the Flag?, The Evolution of Territoriality in American Law; Oxford, New York, 2009.

Reimann, Mathias; Rückzug der „Rechtsweltmacht"? Neoterritorialismus im US-Supreme Court; in: Bruns, Kern et al. (Hrsg.), Festschrift für Rolf Stürner zum 70. Geburtstag, S. 1779; Tübingen 2013; zitiert als: FS Stürner 2013.

Reimann, Mathias; Das Ende der Menschenrechtsklagen vor den amerikanischen Gerichten?, IPRax 2013, S. 455.

Remember Saro-Wiwa; The Death of Ken Saro-Wiwa; online verfügbar unter: http://remembersarowiwa.com; zuletzt geprüft am 12.12.2015.

Rentsch, Bettina; Tatort- und Aufenthaltsanknüpfung im internationalen Deliktsrecht – Art. 4 Abs. 3 Rom II-VO bei nachträglichem Aufenthaltswechsel des Geschädigten, GPR 2015, 191.

Reuter, Dieter; in: Säcker, Rixecker (Hrsg.), Münchener Kommentar zum Bürgerlichen Gesetzbuch, Band 1, Allgemeiner Teil; München, 7. Aufl. 2015; zitiert als: MüKo BGB.

Reuters; Shell to Pay out $83 Million to Settle Nigeria Oil Spill Claims; online verfügbar unter: http://www.reuters.com/article/2015/01/07/us-shell-nigeria-spill-idUSKBN0KG00920150107; zuletzt geprüft am 12.12.2015.

Reuters; US Top Court Rejects Colombian Chiquita Human Rights Suit; online verfügbar unter: http://www.reuters.com/article/2015/04/20/us-usa-court-rights-idUSKBN0NB1I520150420; zuletzt geprüft am 12.12.2015.

Reynolds, Lauren; Zimmer, Mark; Haften Unternehmen nach dem US-amerikanischen Alien Tort Statute?, RIW 2012, S. 139.

Reynolds, Lauren; Zimmer, Mark; Die Einschränkung der extraterritorialen Zuständigkeit amerikanischer Gerichte durch den US Supreme Court, RIW 2013, S. 509.

Robertson, Cassandra Burke; Transnational Litigation and Institutional Choice, 51 Bost. Col. L. Rev. 1081 (2010).

Roosevelt, Kermit; Conflict of Laws; St. Paul, 2. Aufl. 2015.

Rothschild, Jay Leo; Jurisdiction of Foreign Corporations in Personam, 17 Va. L. Rev. 129 (1931).

Saage-Maaß, Miriam, Arbeitsbedingungen in der globalen Zulieferkette, Wie weit reicht die Verantwortung deutscher Unternehmen?; Berlin 2011.

Saage-Maaß, Miriam; Unternehmen zur Verantwortung ziehen, Erfahrungen aus transnationalen Menschenrechtsklagen; Berlin, 2014.

Sandrock, Otto; Ausländische Unternehmen wegen Menschenrechtsverletzungen und Umweltverstößen vor US-amerikanischen Gerichten, RIW 2013, S. 497.

Sanger, Andrew; Corporations and Transnational Litigation: Comparing Kiobel with the Jurisprudence of the English Courts, Am. J. Comp. L. 2013, S. e 23.

Sanger, Andrew; Crossing the Corporate Veil: The Duty of Care Owed by a Parent Company to the Employees of its Subsidiary; 71 Cambridge L. J. 478 (2012).

Saro-Wiwa, Ken; A Month and a Day, A Detention Diary; New York, 1995.

Savigny, Friedrich Carl von; System des heutigen römischen Rechts, Erster Band; Berlin, 1840.

Savigny, Friedrich Carl von; System des heutigen römischen Rechts, Achter Band; Berlin, 1849.

Schack, Haimo; Jurisdictional Minimum Contacts Scrutinized, Interstaatliche und internationale Zuständigkeit US-amerikanischer Gerichte; Heidelberg, 1983.

Schack, Haimo, Internationales Zivilverfahrensrecht, mit internationalem Insolvenz- und Schiedsverfahrensrecht, Ein Studienbuch; München, 6. Aufl. 2014.

Schack, Haimo; Einführung in das US-amerikanische Zivilprozessrecht; München, 4. Aufl. 2011.

Schäfer, Hans-Bernd; Ott, Claus; Lehrbuch der ökonomischen Analyse des Rechts; Berlin, Heidelberg, New York, 5. Aufl. 2012.

Schaub, Martin; Verantwortlichkeit von Unternehmen unter dem Alien Tort Statute, Eine Bestandsaufnahme nach Kiobel v. Royal Dutch Petroleum Co., 49 Archiv des Völkerrechts 124 (2011).

Scheffler, Arndt; Die Bewältigung hoheitlich begangenen Unrechts durch fremde Zivilgerichte; Berlin, 1997.

Schepke, Jan; Das Erfolgshonorar des Rechtsanwalts; Tübingen, 1998.

Schnyder, Anton; Wirtschaftskollisionsrecht; Zürich, 1990.

Schröder, Jochen; Internationale Zuständigkeit, Entwurf eines Systems von Zuständigkeitsinteressen im zwischenstaatlichen Privatverfahrensrecht aufgrund rechtshistorischer, rechtsvergleichender und rechtspolitischer Betrachtungen; Opladen, 1971.

Schubert, Claudia; in: Säcker, Rixecker (Hrsg.), Münchener Kommentar zum Bürgerlichen Gesetzbuch, Band 1, Allgemeiner Teil I, §§ 1–240, ProstG, AGG; München, 7. Aufl. 2015; zitiert als: MüKo BGB.

Schütze, Rolf; Die Allzuständigkeit amerikanischer Gerichte; Berlin, 2003.

Schütze, Rolf; Die Verweigerung der Klagzustellung bei völkerrechtswidriger Usurpierung internationaler Zuständigkeit; RIW 2014, S. 497.

Scott, Austin; Jurisdiction over Nonresidents Doing Business within a State, 32 Harv. L. R. 871 (1919).

Seibert-Fohr, Anja; Die Deliktshaftung von Unternehmen für die Beteiligung an im Ausland begangenen Völkerrechtsverletzungen, Anmerkungen zum Urteil Doe I v. Unocal Corp. des US Court of Appeal (9th Circuit), ZaöRV 2003, S. 195.

Seifert, Achim; Die horizontale Wirkung von Grundrechten, Europarechtliche und rechtsvergleichende Überlegungen; EuZW 2011, S. 696.

Shaw, Malcolm; International Law; Cambridge, 6. Aufl. 2008.

Shell; Ken Saro Wiwa; online verfügbar unter: http://www.shell.com.ng/environ ment-society/ogoni/ken-saro-wiwa.html; zuletzt geprüft am 12.12.2015.

Siegel, Andrew; The Court against the Courts: Hostility to Litigation as an Organizing Theme in the Rehnquist Court's Jurisprudence; 84 Tex. L. Rev. 1097 (2006).

Siehr, Kurt; Kollisionen des Kollisionsrechts; in: Baetge, von Hein, Hinden (Hrsg.), Die richtige Ordnung, Festschrift für Jan Kropholler zum 70. Geburtstag, S. 21; Tübingen 2008; zitiert als: FS Kropholler 2008.

Silbermann, Linda; Can the Hague Judgments Project be Saved? A Perspective from the United States; in: Barceló, Clermont (Hrsg.), A Global Law of Jurisdiction and Judgments: Lessons from the Hague, S. 159; The Hague, London, New York, 2002.

Silberman, Linda; Daimler v. Bauman: A New Era for Judicial Jurisdiction in the United States, 16 Yearbook of PIL 217 (2015).

Silbermann, Linda; Lowenfeld, Andreas; A Different Challenge for the ALI: Herein of Foreign Country Judgments, an International Treaty and an American Statute, 75 Ind. L. J. 635 (2000).

Skinner, Gwynne; Beyond Kiobel: Providing Access to Judicial Remedies for Violations of International Human Rights Norms by Transnational Business in a New (Post-Kiobel) World, 46 Colum. Hum. Rts. L. Rev. 158 (2014).

Sloss, David; Kiobel and Extraterritoriality: A Rule without a Rationale, 28 Md. J. Int'l L. 241 (2013).

Späth, Patrick; Zum gegenwärtigen Stand der Doctrine of Comity im Recht der Vereinigten Staaten von Amerika, IPRax 2006, S. 184.

Spencer, Benjamin; The Restrictive Ethos in Civil Procedure; 78 Geo. Wash. L. Rev. 353 (2010).

Spickhoff, Andreas; in: Bamberger, Roth (Hrsg.), Beck'scher Online-Kommentar BGB, Art. 40 EGBGB; München, 33. Ed. 2013; zitiert als: Beck'scher OK BGB.

Spickhoff, Andreas; in: Bamberger, Roth (Hrsg.), Beck'scher Online-Kommentar BGB, Art. 26 VO (EG) 864/2007; München, 34. Ed. 2013; zitiert als: Beck'scher OK BGB.

Spickhoff, Andreas; in: Soergel, Siebert (Hrsg.), Bürgerliches Gesetzbuch mit Einführungsgesetz und Nebengesetzen; Stuttgart, 13. Aufl. 2005; zitiert als: Soergel.

Spießhofer, Birgit; Wirtschaft und Menschenrechte – rechtliche Aspekte der Corporate Social Responsibility, NJW 2014, S. 2473.

Spindler, Gerald; Unternehmensorganisationspflichten, Zivilrechtliche und öffentlich-rechtliche Regelungskonzepte; Köln, 2001.

Spindler, Gerald, in: Goette, Habersack, Kalss (Hrsg.), Münchener Kommentar zum Aktiengesetz, Band 2; München, 4. Aufl. 2008; zitiert als: MüKo AktG.

Spindler, Gerald; in: Fleischer (Hrsg.), Handbuch des Vorstandsrechts; München, 2006.

Spindler, Gerald; in: Bamberger, Roth (Hrsg.), Beck'scher Online-Kommentar BGB; München, 33. Ed. 2013; zitiert als: Beck'scher OK BGB.

Srinivasan, Shubhaa; Current Trends and Future Effects in Transnational Litigation against Corporations in the United Kingdom, in: Blecher, Kaymar, Bellamy (Hrsg.), Corporate Responsibility for Human Rights Impacts: New Expectations and Paradigms, S. 331; Chicago, Illinois, 2014.

Staudinger, Ansgar; in: Rauscher (Hrsg.), Europäisches Zivilprozess- und Kollisionsrecht EuZPR/EuIPR, Band I, Brüssel Ia-VO; Köln, 4. Aufl. 2016; zitiert als: Rauscher.

Stein, Allan; The Meaning of „Essentially at Home" in Goodyear Dunlop, 63 S. C. L. Rev. 527 (2012).

Steinhardt, Ralph G.; Determining Which Human Rights Claims „Touch and Concern" the United States: Justice Kennedy's Filartiga; 89 Notre Dame L. Rev. 1695, 1708 f.

Steinhardt, Ralph G.; Kiobel and the Multiple Futures of Corporate Liability for Human Rights Violations, 28 Md. J. Int'l L. 1 (2013).

Stephan, Paul; Empagran: Empire Building or Judicial Modesty; in: Sloss, Ramsey, Dodge (Hrsg.), International Law in the U.S. Supreme Court, S. 553; Cambridge, 2011.

Stephens, Beth; Chomsky, Judith; Green, Jennifer; Hoffmann, Paul; Ratner, Steven; International Human Rights Litigation in U.S. Courts; Boston, Leiden, 2. Aufl. 2008.

Stephens, Beth; The Curious History of the Alien Tort Statute, 89 Notre Dame L. Rev. 1467, (2014).

Stephens, Beth; Extraterritoriality and Human Rights after Kiobel, 28 Md. J. Int'l L. 256 (2013).

Stephens, Beth; State Law Claims: The next Phase of Human Rights Litigation, 108 Am. Soc'y Int'l L. Proc. 442 (2014).

Stephens, Beth; Translating Filártiga: A Comparative and International Law Analysis of Domestic Remedies for International Human Rights Violations, 27 Yale J. Int'l L. 1, 27 ff. (2002).

Story, Joseph; Bigelow, Melville Madison; Commentaries on the Conflict of Laws, Foreign and Domestic; Boston, 6. Aufl. 1865.

Strong, S.I.; Jurisdictional Discovery in Transnational Litigation: Extraterritorial Effects of United States Federal Practice, 7 J. Priv. Int. L. 1 (2011).

Strong, S.I.; Jurisdictional Discovery in United States Federal Courts, 67 Wash. & Lee. L. Rev. 489 (2010).

Stürner, Rolf; Der Justizkonflikt zwischen USA und Europa; in: Habscheid (Hrsg.), Der Justizkonflikt mit den Vereinigten Staaten von Amerika, S. 3; Bielefeld, 1986.

Stürner, Rolf; Die Qualität der Gerechtigkeit in einer Gesellschaft und der Zivilprozess, Int. J. Proc. L. 2011, S. 50.

Stürner, Michael; Die territorialen Grenzen der Human Rights Litigation in den USA, JZ 2014, S. 13.

Stürner, Michael; Transnationale Menschenrechtsklagen im internationalen Privat- und Verfahrensrecht, Int. J. Proc. L. 2014, 350.

Stürner, Michael; Die Rolle des Kollisionsrechts bei der Durchsetzung von Menschenrechten, in: Hilbig-Lugani, Jakob et al. (Hrsg.), Zwischenbilanz – Festschrift für Dagmar Coester-Waltjen zum 70. Geburtstag, S. 848; Bielefeld, 2015; zitiert als: FS Coester-Waltjen 2015.

Sykes, Alan; Transnational Forum Shopping as a Trade and Investment Issue; 37 J. Legal Studies 339 (2008).

Symeonides, Symeon; Rome II and Tort Conflicts: A Missed Opportunity; 56 Am. J. Comp. L. 173 (2008).

Symeonides, Symeon; The American Choice-of-Law Revolution, Past, Present and Future; Leiden, Boston, 4. Aufl. 2006.

Symeonides, Symeon; Choice of Law in the American Courts in 2015, Twenty-Eighth Annual Survey; online verfügbar unter: http://ssrn.com/abstract=2543744; zuletzt geprüft am 12.12.2015.

Teply, Larry L; Whitten, Ralph U.; Civil Procedure; Durham, 5. Aufl. 2013.

Theophilia, Mara; "Moral Monsters" under the Bed: Holding Corporations Accountable for Violations of the Alien Tort Statute after Kiobel v. Royal Dutch Petroleum Co, 79 Fordham L. Rev. 2859 (2011).

Thomale, Chris; Internationale Menschenrechtsklagen gegen europäische Gesellschaften vor US-amerikanischen Gerichten, ZIP 2014, S. 1158.

Tomuschat, Christian; Human Rights, Between Idealism and Realism; New York, 2014.

Tully, Stephen; International Corporate Legal Responsibility; Croydon, 2012.

Twitchell, Mary; The Myth of General Jurisdiction, 101 Harv. L. R. 610 (1988).

van der Vyver, Johan D.; American Exceptionalism: Human Rights, International Criminal Justice, and National Self-Righteousness, 50 Emory L. J. 775 (2001).

Van Den Eeckhout, Verle; The Private International Law Dimension of the Principles, An Introduction; online verfügbar unter:

http://papers.ssrn.com/sol3/papers.cfm?abstract_id=2560268; zuletzt geprüft am 12.12.2015.

Vandekerckhove, Karen; Piercing the Corporate Veil, Alphen aan den Rijn, 2007.

Vázquez, Carlos; Things We Do with Presumptions: Reflections on Kiobel v. Royal Dutch Petroleum, 89 Notre Dame L. Rev. 1719 (2014).

Vlas, Paul; in: Magnus, Mankowski (Hrsg.), Brussel I Regulation; München, 2. Aufl. 2012; zitiert als: Magnus/Mankowski.

Vogel, Joachim; Unrecht und Schuld einem Unternehmensstrafrecht, in: Kempf, Lüderssen, Klaus (Hrsg.), Unternehmensstrafrecht, S. 205; Berlin, 2012.

Vogel, Klaus; Der räumliche Anwendungsbereich der Verwaltungsrechtsnorm; Frankfurt am Main; Berlin, 1965.

von Bar, Christian; Mankowski, Peter; Internationales Privatrecht, Band I Allgemeine Lehren; München, 2. Aufl. 2003.

von Bar, Christian; Menschenrechte im Kollisionsrecht, in: Aktuelle Probleme des Menschenrechtsschutz; BerGesVR 33 (1993) 191.

von Bar, Christian; Verkehrspflichten, Richterliche Gefahrsteuerungsgebote im deutschen Deliktsrecht; Berlin, 1980.

von Hein, Jan; Das Günstigkeitsprinzip im internationalen Deliktsrecht; Tübingen, 1999.

von Hein, Jan; Die Ausweichklausel im Internationalen Deliktsrecht; in: Baetge, von Hein, Hinden (Hrsg.), Die richtige Ordnung, Festschrift für Jan Kropholler zum 70. Geburtstag, S. 553; Tübingen 2008; zitiert als: FS Kropholler 2008.

von Hein, Jan; USA: Punitive Damages für unternehmerische Menschenrechtsverletzungen, ZGR 45 (2016), 414.

von Hein, Jan; in: Säcker, Rixecker (Hrsg.), Münchener Kommentar zum Bürgerlichen Gesetzbuch, Band 10, Internationales Privatrecht 1; München, 6. Aufl. 2015; zitiert als: MüKo BGB.

von Unger, Moritz; Menschenrechte als transnationales Privatrecht; Berlin, 2008.

Wagner, Gerhard; Prävention und Verhaltenssteuerung durch Privatrecht – Anmaßung oder legitime Aufgabe?; AcP 206 (2006), 352.

Wagner, Gerhard; in: Säcker, Rixecker (Hrsg.), Münchener Kommentar zum Bürgerlichen Gesetzbuch, Band 5, Schuldrecht, Besonderer Teil III; München, 6. Aufl. 2013; zitiert als: MüKo BGB.

Waits, Kathleen; Values, Intuitions, and Opinion Writing: The Judicial Process and State Court Jurisdiction, 1983 U. Ill. L. Rev. 917 (1983).

Wantzen, Kai; Unternehmenshaftung und Enterprise Liability, Zur Idee unternehmensbezogener Schadenshaftung als Quasi-Versicherung; Tübingen, 2007.

Washington Post; Chiquita to Pay $25M Fine in Terror Case; online verfügbar http://www.washingtonpost.com/wp-dyn/content/article/2007/03/15/AR2007031500354.html; zuletzt geprüft am 12.12.2015.

Weinberg, Louise; Against Comity; 80 Geo. L. J. 53 (1991).

Weinberg, Louise; What we don't talk about Extraterritoriality: Kiobel and the Conflict of Laws, 99 Cornell L. Rev. 1471 (2014).

Weintraub, Russel; Commentary on the Conflict of Laws; New York, 6. Aufl. 2010.

Weller, Marc-Philippe; Die Datumtheorie, in: Gebauer, Mansel, Schulze (Hrsg.), Die Person im IPR, Tübingen 2016 (im Erscheinen).

Weller, Marc-Philippe; Kaller, Luca; Schulz, Alix; Haftung deutscher Unternehmen für Menschenrechtsletzungen im Ausland, AcP 216 (2016), 387.

Welp, Dietrich; Internationale Zuständigkeit über auswärtige Gesellschaften mit Inlandstöchtern im US-amerikanischen Zivilprozeß; Berlin, 1982.

Weschka, Marion; Human Rights and Multinational Enterprises: How can Multinational Enterprises be Held Responsible for Human rights Violations Committed Abroad?, ZaöRV 2006, S. 625.

Whitten, Ralph; The Constitutional Limitations on State-Court Jurisdiction: A Historical-Interpretative Reexamination of the Full Faith and Credit and Due Process Clause (Part One), 14 Creighton L. Rev. 499 (1981).

Whitten, Ralph; The Constitutional Limitations on State-Court Jurisdiction: A Historical-Interpretative Reexamination of the Full Faith and Credit and Due Process Clauses (Part Two), 14 Creighton L. Rev. 735 (1981).

Whytock, Christopher; Domestic Courts and Global Governance; 84 Tul. L. Rev. 67 (2009).

Whytock, Christopher; The Evolving Forum Shopping System; 96 Cornell L. Rev. 481 (2011).

Wiedemann, Gerhard; in: Wiedemann (Hrsg.), Handbuch des Kartellrechts; München, 2. Aufl. 2008; zitiert als: Handbuch des Kartellrechts.

Wiedemann, Herbert; Gesellschaftsrecht, Ein Lehrbuch des Unternehmens- und Verbandsrecht, Band I, Grundlagen; München, 1980.

Wilhelmi, Theresa; Das Weltrechtsprinzip im internationalen Privat- und Strafrecht, Zugleich eine Untersuchung zu Parallelitäten, Divergenzen und Interdependenzen von internationalem Privatrecht und internationalem Strafrecht; Frankfurt am Main, 2007.

Winkler, Rolf; Recke, Kai; US-amerikanischer Gerichtsstand für Klagen gegen ausländische Unternehmen, Aktuelle Entwicklungen in der amerikanischen Rechtsprechung, NZG 2005, S. 241.

Winship, Veritiy; Personal Jurisdiction and Corporate Groups: DaimlerChrysler AG v. Bauman, 9 J. Priv. Int. L. 431 (2013).

Witte, Jan Christoph; Der US-amerikanische RICO-Act und deutsche Unternehmen; Heidelberg, 1998.

Zekoll, Joachim; Schulz, Michael; Neue Grenzen für die internationale Zuständigkeit amerikanischer Gerichte?, RIW 2014, S. 321.

Zweigert, Konrad; Zur Armut des Internationalen Privatrechts an Sozialen Werten; RabelsZ 37 (1973), 435.

Stichwortverzeichnis

A

C

D

E

F

G

H

I

J

K

M

N

P

R

S

T

U

V

W

Z

STUDIEN ZUM VERGLEICHENDEN UND INTERNATIONALEN RECHT

Herausgeber: Bernd von Hoffmann (†), Erik Jayme und Heinz-Peter Mansel

Band 1 Ferdinand Henke: Die Datenschutzkonvention des Europarates. 1986.

Band 2 Peter Czermak: Der express trust im internationalen Privatrecht. 1986.

Band 3 Peter Kindler: Der Ausgleichsanspruch des Handelsvertreters im deutsch-italienischen Warenverkehr. Eine rechtsvergleichende und kollisionsrechtliche Untersuchung. 1987.

Band 4 Wilhelm Denzer: Stellung und Bedeutung des Engineers in den FIDIC-Bauvertragsbedingungen. 1988.

Band 5 Marijan-Maximilian Lederer: Die internationale Enteignung von Mitgliedschaftsrechten unter besonderer Berücksichtigung der französischen Enteignungen 1982. 1989.

Band 6 Rainer Esser: Klagen gegen ausländische Staaten. 1990.

Band 7 Chang Jae-Ok: Auf dem Weg zu einer Materialisierung des Immateriellen? Personen-, Persönlichkeitsschutz und Geldersatz des immateriellen Schadens in rechtsvergleichender Hinsicht am Beispiel des koreanischen und japanischen Zivilrechts unter besonderer Berücksichtigung des deutschen Rechts. 1990.

Band 8 Paul-Frank Weise: Lex mercatoria. Materielles Recht vor der internationalen Handelsschiedsgerichtbarkeit.1990.

Band 9 Werner Born: Der Auftrittsvertrag für Musikgruppen im Bereich der Rock- und Popmusik. 1990.

Band 10 Ralf Erich Jürgens: IPR und Verfassung in Italien und in der Bundesrepublik Deutschland. 1990.

Band 11 Rainer Gildeggen: Internationale Schieds- und Schiedsverfahrensvereinbarungen in Allgemeinen Geschäftsbedingungen vor deutschen Gerichten. 1991.

Band 12 Klaus Grabinski: Die kollisionsrechtliche Behandlung des Durchgriffs bei rechtlich verselbständigten Unternehmen in privater oder öffentlicher Hand. 1991.

Band 13 Dieter Stummel: Konkurs und Integration. Konventionsrechtliche Wege zur Bewältigung grenzüberschreitender Insolvenzverfahren. 1991.

Band 14 Joachim Güntzer: Die Rechtsstellung des Geschäftsführers im spanischen Aktienrecht. Die Neuregelung des spanischen Aktienrechts nach dem Beitritt Spaniens zur EG. 1991.

Band 15 Sabine Isenburg-Epple: Die Berücksichtigung ausländischer Rechtshängigkeit nach dem Europäischen Gerichtsstands- und Vollstreckungsübereinkommen vom 27.9.1968. Untersuchungen zum Anwendungsbereich von Art. 21 EuGVÜ unter schwerpunktmäßiger Behandlung der Frage nach der Bestimmung eines europäischen Streitgegenstandsbegriffs. 1992.

Band 16 Ulrich Nickl: Die Qualifikation der culpa in contrahendo im Internationalen Privatrecht. 1992.

Band 17 Theo Rauh: Leistungserschwerungen im Schuldvertrag. Eine rechtsvergleichende Untersuchung des englischen, US-amerikanischen, französischen und deutschen Rechts unter besonderer Berücksichtigung der gerichtlichen Praxis. 1992.

Band 18 Bernadette Chaussade-Klein: Vorvertragliche "obligation de renseignements" im französischen Recht. 1992.

Band 19 Josef Sievers: Verbraucherschutz gegen unlautere Vertragsbedingungen im französischen Recht. Vom Code civil zum "Code de la consommation" – die Entstehung eines Sonderprivatrechts für Verbraucher. 1993.

Band 20 Achim Schäfer: Grenzüberschreitende Kreditsicherung an Grundstücken, unter besonderer Berücksichtigung des deutschen und italienischen Rechts. 1993.

Band 21 Eugenio Hernández-Breton: Internationale Gerichtsstandsklauseln in Allgemeinen Geschäftsbedingungen. Unter besonderer Berücksichtigung des deutsch-südamerikanischen Rechtsverkehrs (dargestellt am Beispiel Argentinien, Brasilien und Venezuela). 1993.

Band 22 Ingo Reng: Unterhaltsansprüche aufgrund nichtehelicher Lebensgemeinschaft – Internationales Privatrecht und ausländisches materielles Recht. 1994.

Band 23 Stefanie Roloff: Die Geltendmachung ausländischer öffentlicher Ansprüche im Inland. 1994.

Band 24 Katharina Ludwig: Der Vertragsschluß nach UN-Kaufrecht im Spannungsverhältnis von Common Law und Civil Law. Dargestellt auf der Grundlage der Rechtsordnungen Englands und Deutschlands. 1994.

Band 25 Malte Diesselhorst: Mehrparteienschiedsverfahren. Internationale Schiedsverfahren unter Beteiligung von mehr als zwei Parteien. 1994.

Band 26 Manfred Kost: Konsensprobleme im internationalen Schuldvertragsrecht. 1995.

Band 27 Wolff-Heinrich Fleischer: Das italienische Wettbewerbsrecht und die Probleme des selektiven Parfümvertriebs unter Berücksichtigung der Rechtslage in Frankreich und Deutschland. 1995.

Band 28 Angelika Fuchs: Lateinamerikanische Devisenkontrollen in der internationalen Schuldenkrise und Art. VIII Abschn. 2 b) IWF-Abkommen. 1995.

Band 29 Jacques Matthias Aull: Der Geltungsanspruch des EuGVÜ: "Binnensachverhalte" und Internationales Zivilverfahrensrecht in der Europäischen Union. Zur Auslegung von Art. 17 Abs. 1 S. 1 EuGVÜ. 1996.

Band 30 Hartmut Ost: EVÜ und fact doctrine. Konflikte zwischen europäischer IPR-Vereinheitlichung und der Stellung ausländischen Rechts im angelsächsischen Zivilprozeß. 1996.

Band 31 Stefan Wagner: Die Testierfähigkeit im Internationalen Privatrecht. 1996.

Band 32 Wolfgang Jakob Hau: Positive Kompetenzkonflikte im Internationalen Zivilprozeßrecht. Überlegungen zur Bewältigung von *multi-fora disputes*. 1996.

Band 33 Markus Schütz: UN-Kaufrecht und *Culpa in contrahendo*. 1996.

Band 34 Volker Geyrhalter: Das Lösungsrecht des gutgläubigen Erwerbers. Ein "vergessener" Kompromiß und die Auswirkungen auf das heutige deutsche Recht unter besonderer Berücksichtigung des internationalen Sachenrechts. 1996.

Band 35 Andreas Kramer: Abwicklungsstörungen bei Kaufverträgen. Die Lieferung vertragswidriger Sachen im deutschen und italienischen Recht. 1996.

Band 36 Petra Krings: Erfüllungsmodalitäten im internationalen Schuldvertragsrecht. 1997.

Band 37 Tonja Gaibler: Der rechtsgeschäftliche Irrtum im französischen Recht. 1997.

Band 38 Dirk Otto: Rechtsspaltung im indischen Erbrecht. Bedeutung und Auswirkungen auf deutsch-indische Nachlaßfälle. 1997.

Band 39 Gregor W. Decku: Zwischen Vertrag und Delikt. Grenzfälle vertraglicher und deliktischer Haftung dargestellt am Beispiel der Berufs- und Expertenhaftung zum Schutze des Vermögens Dritter im deutschen und englischen Recht. 1997.

Band 40 Gregor W. Decku: Zwischen Vertrag und Delikt. Grenzfälle vertraglicher und deliktischer Haftung dargestellt am Beispiel der Berufs- und Expertenhaftung zum Schutze des Vermögens Dritter im deutschen und englischen Recht. 1997.

Band 41 Ulrike Höpping: Auswirkungen der Warenverkehrsfreiheit auf das IPR unter besonderer Berücksichtigung des Internationalen Produkthaftungsrechts und des Internationalen Vertragsrechts. 1997.

Band 42 Helene Boriths Müller: Die Umsetzung der europäischen Übereinkommen von Rom und Brüssel in das Recht der Mitgliedstaaten. Dargestellt am Beispiel Deutschlands und Dänemarks. 1997.

Band 43 Bernd von Hoffmann / Myong-Chang Hwang (eds.): The Public Concept of Land Ownership. Reports and Discussions of a German-Korean Symposium held in Seoul on October 7-9, 1996. 1997.

Band 44 Oliver Heeder: Fraus legis. Eine rechtsvergleichende Untersuchung über den Vorbehalt der Gesetzesumgehung in Deutschland, Österreich, der Schweiz, Frankreich und Belgien unter besonderer Berücksichtigung des Internationalen Privatrechts. 1998.

Band 45 Heinrich Schütt: Deliktstyp und Internationales Privatrecht. Dargestellt an grenzüberschreitenden Problemen der Arzthaftung. 1998.

Band 46 Axel Steiner: Die stillschweigende Rechtswahl im Prozeß im System der subjektiven Anknüpfungen im deutschen Internationalen Privatrecht. 1998.

Band 47 Martina Schulz: Der Eigentumsvorbehalt in europäischen Rechtsordnungen. Rechtsvergleichende Untersuchung des deutschen, englischen und französischen Rechts unter besonderer Berücksichtigung von Erweiterungen und Verlängerungen. 1998.

Band 48 Karin Dreher: Die Rechtswahl im internationalen Erbrecht. Unter besonderer Berücksichtigung des italienischen IPR-Reformgesetzes N. 218 vom 31. Mai 1995. 1999.

Band 49 Giuliano Gabrielli: Das Verhältnis zwischen der Anfechtung wegen Eigenschaftsirrtums und den Gewährleistungsansprüchen im deutschen, österreichischen und italienischen Recht. 1999.

Band 50 Bernd von Hoffmann / Myong-Chan Hwang (eds.): Developments in Land Law. Reports and Discussions of a German-Korean Symposium held in Berlin and Trier on July 21-24, 1997. 1999.

Band 51 Volker Heidbüchel: Das UNCITRAL-Übereinkommen über unabhängige Garantien und Standby Letters of Credit. Vergleiche mit den Richtlinien der Internationalen Handelskammer, dem deutschen, englischen und US-amerikanischen Recht. 1999.

Band 52 Jan Christoph Nordmeyer: Pflichtteilsansprüche und Wiedervereinigung. Eine systematische Analyse der Ausgleichsansprüche nach BGB-Pflichtteilsrecht unter besonderer Berücksichtigung der durch den Wiedervereinigungsprozeß eingetretenen Wertveränderungen. 1999.

Band 53 Bettina Linder: Vertragsabschluß beim grenzüberschreitenden Verbraucherleasing. 1999.

Band 54 Almontasser Fetih: Die zivilrechtliche Haftung bei Vertragsverhandlungen. Eine rechtsvergleichende Studie zum deutschen, französischen, ägyptischen und islamischen Recht. 2000.

Band 55 Sona Rajani: Die Geltung und Anwendung des Gemeinschaftsrechts im Vereinigten Königreich von Großbritannien und Nordirland. Der Grundsatz der Parlamentssouveränität im Wandel. 2000.

Band 56 Joachim Kayser: Gegenmaßnahmen im Außenwirtschaftsrecht und das System des europäischen Kollisionsrechts. Eine Analyse der EU-Abwehrverordnung gegen die Auswirkungen extraterritorialer Rechtserstreckung eines Drittlandes. 2001.

Band 57 Albrecht Conrad: Qualifikationsfragen des Trust im Europäischen Zivilprozeßrecht. 2001.

Band 58 Bernd Borgmann: Die Entsendung von Arbeitnehmern in der Europäischen Gemeinschaft. Wechselwirkungen zwischen Kollisionsrecht, Grundfreiheiten und Spezialgesetzen. 2001.

Band 59 Aleksandar Jaksic: Arbitration and Human Rights. 2002.

Band 60 Islamisches und arabisches Recht als Problem der Rechtsanwendung. Symposium zu Ehren von Professor Emeritus Dr. iur. Omaia Elwan. Veranstaltet vom Institut für ausländisches und internationales Privat- und Wirtschaftsrecht der Universität Heidelberg und der Gesellschaft für Arabisches und Islamisches Recht e.V. Herausgegeben von Herbert Kronke, Gert Reinhart und Nika Witteborg. 2001.

Band 61 Patrick Fiedler: Stabilisierungsklauseln und materielle Verweisung im internationalen Vertragsrecht. 2001.

Band 62 Werner Mangold: Die Abtretung im Europäischen Kollisionsrecht. Unter besonderer Berücksichtigung des spanischen Rechts. 2001.

Band 63 Eike Dirk Eschenfelder: Beweiserhebung im Ausland und ihre Verwertung im inländischen Zivilprozess. Zur Bedeutung des US-amerikanischen discovery-Verfahrens für das deutsche Erkenntnisverfahren. 2002.

Band 64 Bernd Ehle: Wege zu einer Kohärenz der Rechtsquellen im Europäischen Kollisionsrecht der Verbraucherverträge. 2002.

Band 65 Heiko Lehmkuhl: Das Nacherfüllungsrecht des Verkäufers im UN-Kaufrecht. 2002.

Band 66 Jochen Nikolaus Schlotter: Erbrechtliche Probleme in der Société Privée Européenne. IPR-Harmonisierung im einheitlichen Europäischen Rechtsraum. 2002.

Band 67 Konrad Ost: Doppelrelevante Tatsachen im Internationalen Zivilverfahrensrecht. Zur Prüfung der internationalen Zuständigkeit bei den Gerichtsständen des Erfüllungsortes und der unerlaubten Handlung. 2002.

Band 68 Tobias Bosch: Die Durchbrechungen des Gesamtstatuts im internationalen Ehegüterrecht. Unter besonderer Berücksichtigung deutsch-französischer Rechtsfälle. 2002.

Band 69 Ursula Philipp: Form im amerikanischen Erbrecht. Zwischen Formalismus und harmless error. 2002.

Band 70 Christian Stefan Wolf: Der Begriff der wesentlich engeren Verbindung im Internationalen Sachenrecht. 2002.

Band 71 André Fomferek: Der Schutz des Vermögens Minderjähriger. Ein Vergleich des deutschen und des englischen Rechts unter Berücksichtigung des schottischen und irischen Rechts. 2002.

Band 72 nicht erschienen

Band 73 Markus Dreißigacker: Sprachenfreiheit im Verbrauchervertragsrecht. Der Verbraucher im Spannungsfeld zwischen kultureller Identität und Privatautonomie. 2002.

Band 74 Vassiliki Myller-Igknay: Auskunftsansprüche im griechischen Zivilrecht. Auswirkungen im deutsch-griechischen Rechtsverkehr sowie im deutschen internationalen Privat- und Verfahrensrecht. 2003.

Band 75 Stefan Bruinier: Der Einfluss der Grundfreiheiten auf das Internationale Privatrecht. 2003.

Band 76 Nika Witteborg: Das gemeinsame Sorgerecht nichtverheirateter Eltern. Eine Untersuchung im soziologischen, rechtsgeschichtlichen, verfassungsrechtlichen, rechtsvergleichenden und internationalen Kontext. 2003.

Band 77 Peter Stankewitsch: Entscheidungsnormen im IPR als Wirksamkeitsvoraussetzungen der Rechtswahl. 2003.

Band 78 Jan Wilhelm Ritter: Euro-Einführung und IPR unter besonderer Berücksichtigung nachehelicher Unterhaltsverträge. Eine Untersuchung mit Blick auf das deutsche, französische und schweizerische Recht. 2003.

Band 79 Wolf Richard Herkner: Die Grenzen der Rechtswahl im internationalen Deliktsrecht. 2003.

Band 80 Ira Ditandy: Internationale Zuständigkeit. Neuregelung durch die LOPJ 1985. Vergleich mit dem europäischen Vorbild und Auswirkungen auf das spanische internationale Zivilverfahrensrecht. 2003.

Band 81 Andrea Verena Schefold: Werbung im Internet und das deutsche Internationale Privatrecht. 2004.

Band 82 Klaus Herkenrath: Die Umsetzung der Richtlinie 93/13/EWG über missbräuliche Klauseln in Verbraucherverträgen in Deutschland, dem Vereinigten Königreich, Frankreich und Italien. Auswirkungen nationaler Umsetzungstechniken auf dem Harmonisierungserfolg. 2003.

Band 83 Alexander Thünken: Das kollisionsrechtliche Herkunftslandprinzip. 2003.

Band 84 Barbara v. Daumiller: Die Rechtswahl im italienischen internationalen Erbrecht: und ihre Auswirkungen im deutsch-italienischen Rechtsverkehr. 2003.

Band 85 Robert Mödl: Macht, Verantwortlichkeit und Zurechnung im Konzern. Eine rechtsvergleichende Untersuchung auf der Grundlage des deutschen, spanischen und US-amerikanischen Rechts. 2003.

Band 86 Ursula Kerpen: Das Internationale Privatrecht der Persönlichkeitsrechtsverletzungen. Eine Untersuchung auf rechtsvergleichender Grundlage. 2003.

Band 87 Barbara Ploeckl: Umgangsrechtsstreitigkeiten im deutsch-französischen Rechtsverkehr. Bestehende internationale und nationale Regelungen und der geplante *europäische Besuchstitel*. 2003.

Band 88 Katrin Wannemacher: Die Außenkompetenzen der EG im Bereich des Internationalen Zivilverfahrensrechts. Der räumliche Anwendungsbereich des Art. 65 EGV am Beispiel der EuGVO und der EheVO. 2003.

Band 89 Maren B. Eilinghoff: Das Kollisionsrecht der ungerechtfertigten Bereicherung nach dem IPR-Reformgesetz von 1999. 2004.

Band 90 Patrick Niehr: Die zivilprozessuale Dokumentenvorlegung im deutsch-englischen Rechtshilfeverkehr nach der deutschen und der englischen Prozessrechtsreform. 2004.

Band 91 Anna Christina Gördes: Internationale Zuständigkeit, Anerkennung und Vollstreckung von Entscheidungen über die elterliche Verantwortung. Die VO(EG) Nr. 1347/2000, ihre geplanten Änderungen und das Verhältnis beider zum Minderjährigen- und Kinderschutzabkommen. 2004.

Band 92 Martin Rädler: Rechtsbehelfe des Käufers eines Unternehmens oder einer unternehmerischen Beteiligung gegen den Verkäufer im deutschen und französischen Recht. 2004.

Band 93 Marc-Yngve Dietrich: Rechtsstellung und Beteiligung der Gläubiger im französischen Insolvenzverfahren. 2004.

Band 94 Katia Niemann: Die rechtsgeschäftliche und organschaftliche Stellvertretung und deren kollisionsrechtliche Einordnung. Deutschland und England im Vergleich. 2004.

Band 95 Daniel Ludwig: Neuregelungen des deutschen Internationalen Insolvenzverfahrensrechts. Eine Untersuchung unter vergleichender Heranziehung der Europäischen Insolvenzver-ordnung. 2004.

Band 96 Cordelia Faulenbach: Der gemeinschaftsrechtliche Vorbehalt im europäischen Wettbewerbsrecht. Die Herkunftslandanknüpfung der E-Commerce-Richtlinie unter dem Einfluss der Grundfreiheiten. 2004.

Band 97 Ulf Dörner: Der Vertragsgerichtsstand nach dem Protokoll von Buenos Aires. 2004.

Band 98 Martin Schmidhuber: Verhaltenskodizes im nationalen und grenzüberschreitenden elektronischen Geschäftsverkehr. Zur Frage der Integration der Selbstregulierung durch Private in die staatliche Rechtsordnung. 2004.

Band 99 Florian Kienle: Die fehlerhafte Banküberweisung im internationalen Rechtsverkehr. Unter besonderer Berücksichtigung des Artikels 4A US Uniform Commercial Code. 2004.

Band 100 Thomas Alexander Brandt: Die Adoption durch eingetragene Lebenspartner im internationalen Privat- und Verfahrensrecht. 2004.

Band 101 Florian Pulkowski: Subunternehmer und Internationales Privatrecht. Der Subunternehmer als Quasi-Verbraucher im Europäischen Kollisionsrecht. 2004.

Band 102 Ulrich Becker: Grundrechtsschutz bei der Anerkennung und Vollstreckbarerklärung im europäischen Zivilverfahrensrecht. Bestimmung der Grenzen für die Einführung eines europäischen Vollstreckungstitels. 2004.

Band 103 Thomas Badelt: Aufrechnung und internationale Zuständigkeit unter besonderer Berücksichtigung des deutsch-spanischen Rechtsverkehrs. 2005.

Band 104 Florian D. Wagner: Vorvertragliche Aufklärungspflichten im internationalen Franchising. Zur Harmonisierung von Delikts- und Vertragsstatut im internationalen Privatrecht unter besonderer Berücksichtigung der Franchise-Gesetzgebung des US-Bundesstaates Kalifornien. 2005.

Band 105 Vera Heine: Die Umsetzung der *EG-Richtlinie über missbräuchliche Klauseln in Verbraucherverträgen* im englischen und deutschen Recht. 2005.

Band 106 Alexander Franz: Überregionale Effektentransaktionen und anwendbares Recht. Eine kollisionsrechtliche Untersuchung unter besonderer Berücksichtigung der Vorschrift des § 17 a DepotG. 2005.

Band 107 Hanna-Maria Uhlenbrock: Gesetzliche Regelungen für nichteheliche Lebensgemeinschaften in Deutschland und Frankreich. Ein Vergleich des Unterhaltsrechts bei der eingetragenen Lebenspartnerschaft und beim Pacte civil de Solidarité. 2005.

Band 108 Katrin Stieß: Anknüpfungen im internationalen Urheberrecht unter Berücksichtigung der neuen Informationstechnologien. 2005.

Band 109 Hendrik Otto: Der gesetzliche Abschlussprüfer im italienischen Recht. Eine rechtsvergleichende Untersuchung unter besonderer Berücksichtigung der zivilrechtlichen Haftung. 2005.

Band 110 Frauke Stuphorn: Bankhaftung für Kreditauskünfte im deutschen und französischen Recht. 2005.

Band 111 Nina Fürer: Die zivilrechtliche Haftung für Raucherschäden. 2005.

Band 112 Giovanni B. Barillà: *Contratto autonomo di garanzia* e *Garantievertrag*. Categorie civilistiche e prassi del commercio. 2005.

Band 113 Timo Torz: Gerichtsstände im Internationalen Insolvenzrecht zur Eröffnung von Partikularinsolvenzverfahren. 2005.

Band 114 Martina Schmid: Die Grenzen der Auslegungskompetenz des EuGH im Vorabentscheidungsverfahren nach Art. 234 EG. Dargestellt am Beispiel der überschießenden Richtlinienumsetzung. 2005.

Band 115 Stephan Lesage-Mathieu: Dispositives Kollisionsrecht im prozessualen Kontext. 2005.

Band 116 Jürgen Görtz: Die subjektiven Grenzen der Rechtskraft US-amerikanischer Urteile. 2005.

Band 117 Vera Hoppe: Die Einbeziehung ausländischer Beteiligter in US-amerikanische class actions. Unter Berücksichtigung des Class Action Fairness Act 2005. 2005.

Band 118 Silke Pütz: Parteiautonomie im internationalen Urhebervertragsrecht – Eine rechtsdogmatische und rechtspolitische Betrachtung der Grenzen freier Rechtswahl im internationalen Urhebervertragsrecht unter besonderer Berücksichtigung des neuen deutschen Urhebervertragsrechts. 2005.

Band 119 Alice Nieroba: Die europäische Rechtshängigkeit nach der EuGVVO (Verordnung (EG) Nr. 44/2001) an der Schnittstelle zum nationalen Zivilprozessrecht. 2006.

Band 120 Jan Kayser: Alternative Formen gerichtlicher und außergerichtlicher Streitbeilegung im deutschen und französischen Zivilprozess. Les modes alternatifs judiciaires et extrajudiciaires de résolution des conflits en procédure civile allemande et française. 2006.

Band 121 Mirko Ehrich: Der internationale Anwendungsbereich des deutschen und französischen Rechts gegen irreführende Werbung. Freie Wahl von Form und Mittel, Rom II und Herkunftslandprinzip. 2006.

Band 122 Daniel Thelen: Die Haftung des Sekundärschädigers für Gewalttaten anderer im US-amerikanischen Deliktsrecht ausgehend von dem Problem rechtsextremistisch motivierter Gewalttaten. 2006.

Band 123 Anne Winterling: Die Entscheidungszuständigkeit in Arbeitssachen im europäischen Zivilverfahrensrecht. 2006.

Band 124 Sarah Gerling: Die Gleichstellung ausländischer mit inländischen Vollstreckungstiteln durch die Verordnung zur Einführung eines Europäischen Vollstreckungstitels für unbestrittene Forderungen. Im Vergleich zum bisherigen Recht und zur Rechtslage in den USA. 2006.

Band 125 Christian Bank: Präventivmaßnahmen börsennotierter Gesellschaften zur Abwehr feindlicher Übernahmeversuche in Deutschland und Großbritannien. Eine rechtsvergleichende Untersuchung des deutschen und britischen Rechts unter Berücksichtigung der Europäischen Übernahmerichtlinie. 2006.

Band 126 Christian Weis: Kaufrechtliche Gewährleistung und Garantievergabe in Deutschland und Spanien. Unter besonderer Berücksichtigung des Unternehmenskaufs. 2006.

Band 127 Emilio Maus Ratz: Der Nacherfüllungsanspruch nach UN-Kaufrecht. Im Lichte der deutschen, spanisch-mexikanischen und US-amerikanischen Rechtswissenschaft. 2006.

Band 128 Constanze Jacobs: Die Sachmängelgewähr im deutschen und belgischen Kaufrecht nach Umsetzung der Verbrauchsgüterkauf-Richtlinie. 2006.

Band 129 Ulrike Teichert: Lückenfüllung im CISG mittels UNIDROIT-Prinzipien – Zugleich ein Beitrag zur Wählbarkeit nichtstaatlichen Rechts. 2007.

Band 130 Sascha Reichardt: Internationale Zuständigkeit im Gerichtsstand der unerlaubten Handlung bei Verletzung europäischer Patente. 2006.

Band 131 Bilgehan Cetiner: Die Sachmängelhaftung des Verkäufers im UN-Kaufrecht und im neuen deutschen Schuldrecht. Eine rechtsvergleichende Studie. 2006.

Band 132 Jan Streer: Die Umsetzung der Verbrauchsgüterkaufrichtlinie im englischen Recht durch die Sale and Supply of Goods to Consumer Regulations 2002. 2007.

Band 133 Kathrin Wannenmacher: Einstweilige Maßnahmen im Anwendungsbereich von Art. 31 EuGVVO in Frankreich und Deutschland: Eine Betrachtung ausgesuchter Verfahren des einstweiligen Rechtsschutzes im internationalen Zivilverfahrensrecht – gerichtliche Zuständigkeit, Anerkennung und Vollstreckung. 2007.

Band 134 Wim Kreytenberg: Die individuelle Schwerpunktbestimmung internationaler Schuldverträge nach der Ausweichklausel des Artikel 4 Absatz 5 Satz 2 EVÜ. Ein Beitrag zur Förderung von Rechtssicherheit und Einzelfallgerechtigkeit im europäischen Kollisionsrecht der Schuldverträge. 2007.

Band 135 Nikolaus Geiben: Der Vorvertrag im Internationalen Privatrecht. Unter besonderer Berücksichtigung des Immobilienerwerbs im portugiesischen und brasilianischen Recht. 2007.

Band 136 Predrag Maksimovic: Der Kapitalschutz im europäischen, serbischen und deutschen Recht der Gesellschaft mit beschränkter Haftung. 2007.

Band 137 Alexander Rathenau: Die Anwendung des EuGVÜ durch portugiesische Gerichte unter Berücksichtigung des autonomen internationalen Zivilverfahrensrechts. 2007.

Band 138 Matthias Creydt: Die Besicherung von Weltraumvermögenswerten. Ein neues einheitliches internationales Sicherungsrecht und dessen Vergleich zum US-amerikanischen Mobiliarsicherungsrecht. 2007.

Band 139 Oliver Borkhardt: Registerpublizität und Kollisionsrecht besitzloser Mobiliarsicherheiten nach dem neuen Art. 9 UCC. 2007.

Band 140 Jens Engelmann-Pilger: Deliktische Haftung für das Fehlverhalten Dritter im Common Law. 2007.

Band 141 Bastian Rotmann: Der Schutz des Dritten in der europäischen Mobiliarzwangsvollstreckung. Eine rechtsvergleichende Untersuchung vor dem Hintergrund der Verordnung (EG) Nr. 805/2004 zur Einführung eines Europäischen Vollstreckungstitels für unbestrittene Forderungen. 2007.

Band 142 Oliver Ratzel: Die Präklusion isolierter Unterhaltsverfahren durch den ausländischen Scheidungsverbund. Zugleich ein Beitrag zur internationalen Verbundszuständigkeit im Lichte der Quellenveränderung. 2007.

Band 143 Bettina Maria Stade: Die Konstitutionalisierung des Zivilprozessrechts in Spanien und Deutschland vor dem Hintergrund der Europäisierung des Zivilprozessrechts. 2007.

Band 144 Julia El-Bitar: Der deutsche und der französische Kulturgüterschutz nach der Umsetzung der Kulturgüterrückgaberichtlinie. Eine materiellrechtliche und kollisionsrechtliche Untersuchung. 2007.

Band 145 Aris Kaschefi: Sachmängelhaftung im französischen Kaufrecht vor und nach Umsetzung der Verbrauchsgüterkaufrichtlinie. Mit rechtsvergleichenden Hinweisen zum deutschen Recht unter besonderer Berücksichtigung von Weiterfressersachverhalten. 2007.

Band 146 Isabel Roth: Die internationale Zuständigkeit deutscher Gerichte bei Persönlichkeitsrechtsverletzungen im Internet. 2007.

Band 147 Theresa Wilhelmi: Das Weltrechtsprinzip im internationalen Privat- und Strafrecht. Zugleich eine Untersuchung zu Parallelitäten, Divergenzen und Interdependenzen von internationalem Privatrecht und internationalem Strafrecht. 2007.

Band 148 Alice Halsdorfer: Privat- und kollisionsrechtliche Folgen der Verletzung von Kulturgüterschutznormen auf der Grundlage des UNESCO-Kulturgutübereinkommens 1970. 2008.

Band 149 Thomas Müller-Froelich: Der Gerichtsstand der Niederlassung im deutsch-amerikanischen Rechtsverkehr. Eine Untersuchung zu Fragen der Entscheidungs- und Anerkennungszuständigkeit. 2008.

Band 150 Christopher Luhn: Privatautonomie und Inhaltskontrolle von Eheverträgen. Ein kritischer Vergleich des deutschen und des australischen Rechts mit Bezügen zum Internationalen Privatrecht. 2008.

Band 151 Kristin Kohler: Die grenzüberschreitende Verbraucherverbandsklage nach dem Unterlassungsklagengesetz im Binnenmarkt. 2008.

Band 152 Dorothee Maria Kaulen: Die Anerkennung von Gesellschaften unter Artikel XXV Abs. 5 S. 2 des deutsch-US-amerikanischen Freundschafts-, Handels- und Schifffahrtsvertrags von 1954. 2008.

Band 153 Birka Vanessa Stroschein: Parteizustellung im Ausland. Eine systemvergleichende Untersuchung des Gemeinschafts- und Staatsvertragsrechts unter Einbeziehung des deutschen, französischen, englischen und US-amerikanischen Zustellungsrechts. 2008.

Band 154 Nancy Gruschinkse: Das europäische Kollisionsrecht der Aufrechnung unter besonderer Beachtung des Insolvenzfalles. 2008.

Band 155 Hans-Christian Frick: Sprachrisiko im Zeitalter des Ethnomarketings. US-amerikanische Erfahrungen und europäische Rechtsentwicklung. 2009.

Band 156 Stephan Mangold: Verbraucherschutz und Kunstkauf im deutschen und europäischen Recht. 2009.

Band 157 Robert Beier: Die gesetzlichen Rechte des überlebenden Ehegatten nach dem deutschen und spanischen Kollisionsrecht. Unter besonderer Berücksichtigung der *viudedad aragonesa*. 2009.

Band 158 Julia-Marie Oppermann: Internationale Handelsschiedsgerichtsbarkeit und Verjährung. 2009.

Band 159 Stephan Boese: Strukturprinzipien im Gläubigerschutz. Eine rechtsvergleichende Untersuchung zur GmbH und zur englischen Limited Company. 2009.

Band 160 Thomas Rosa: Das Kaufrecht nach dem Zivilgesetzbuch der Tschechischen und Slowakischen Republik. Eine rechtsvergleichende Darstellung im Lichte des deutschen Bürgerlichen Gesetzbuches. 2009.

Band 161 Roland Weis: Rechnungslegungspflichten von EU-Scheinauslandsgesellschaften im Land ihrer tatsächlichen wirtschaftlichen Betätigung. Insbesondere im Hinblick auf in Deutschland tätige englische Limiteds. 2009.

Band 162 Henning Frase: "Leoninische Vereinbarungen" und Ergebnisbeteiligungspflicht im deutschen und italienischen Gesellschaftsrecht. Zum *patto leonino* des italienischen Rechts und möglichen Entsprechungen im deutschen Recht. 2010.

Band 163 Christiane Tödter: Europäisches Kindschaftsrecht. Nach der Verordnung (EG) Nr. 2201/ 2003. 2010.

Band 164 Edda Gampp: *Perpetuatio fori internationalis* im Zivilprozeß und im Verfahren der freiwilligen Gerichtsbarkeit. 2010.

Band 165 Mei Wu: Die Reform des chinesischen Beweisrechts vor dem Hintergrund deutscher und US-amerikanischer Regelungsmodelle. 2010.

Band 166 Corina Leimert: Stand und Entwicklung des italienischen Rechts der Unternehmenszusammenschlüsse (gruppi di società / gruppi di imprese). 2010.

Band 167 Kasim Özen: Die Scheidungsgründe im türkischen Zivilgesetzbuch. 2010.

Band 168 Helena Isabel Maier: Marktortanknüpfung im internationalen Kartelldeliktsrecht. Eine internationalzuständigkeits- und kollisionsrechtliche Untersuchung unter Einbeziehung rechts-vergleichender Überlegungen zum englischen Recht. 2011.

Band 169 Thomas Spernat: Die gleichgeschlechtliche Ehe im Internationalen Privatrecht. Unter besonderer Berücksichtigung des Einflusses des EG-Vertrags. 2011.

Band 170 Max Johann Lipsky: Statutenwechsel im italienischen Sachenrecht – Auswirkungen auf den Im- und Export von Mobiliarsicherheiten. Eine Untersuchung der rechtlichen Beständigkeit dinglicher Kreditsicherheiten im deutsch-italienischen Rechtsverkehr. 2011.

Band 171 Silvia Karolina Seilstorfer: Die Umsetzung der Verbrauchsgüterkaufrichtlinie in Portugal mit rechtsvergleichenden Hinweisen zum deutschen Recht. 2011.

Band 172 Stephan Georg Knöchel: Anerkennung französischer Urteile mit Drittbeteiligung. Eine Untersuchung der Anerkennung von Drittbindungswirkungen nach der EuGVVO und autonomem deutschem Recht. 2011.

Band 173 Kristina Menzel: Vollstreckungsschutz zugunsten privater Altersvorsorge. Eine rechtsvergleichende Untersuchung zum deutschen und schweizerischen Recht. 2011.

Band 174 Manuela Krach: Scheidung auf Mexikanisch. Das materielle Recht der Scheidung im Mehrrechtsstaat Mexiko unter Berücksichtigung von Eheschließung und Ehewirkungen. 2011.

Band 175 Vanessa Sofia Wagner: Verkehrsschutz beim redlichen Erwerb von GmbH-Geschäftsanteilen. Ein Vergleich des Rechts für Gesellschaften mit beschränkter Haftung in Deutschland, England und Italien. 2011.

Band 176 Alexander Swienty: Der Statutenwechsel im deutschen und englischen internationalen Sachenrecht unter besonderer Betrachtung der Kreditsicherungsrechte. 2011.

Band 177 Kathrin Süß: Streitbeilegungsmechanismen im Verbraucherrecht. Unter besonderer Berücksichtigung der australischen Rechtsordnung. 2011.

Band 178 Efe Direnisa: Die materielle Rechtskraft im deutschen und türkischen Zivilverfahrensrecht. 2012.

Band 179 Julia Faenger: Leistungsunabhängige Nebenpflichten zum Schutz des Integritätsinteresses im deutschen und französischen Recht. Eine rechtsvergleichende Betrachtung ausgehend von den Rücksichtspflichten des § 241 Abs. 2 BGB. 2012.

Band 180 Dorothea Heine: Das Kollisionsrecht der Forderungsabtretung. UNCITRAL-Abtretungs-konvention und Rom I-Verordnung. 2012.

Band 181 Lisa B. Möll: Kollidierende Rechtswahlklauseln in Allgemeinen Geschäftsbedingungen im internationalen Vertragsrecht. 2012.

Band 182 Jutta Jasmin Uusitalo: Einbeziehung von AGB im unternehmerischen Geschäftsverkehr zwischen Deutschland und Finnland. 2012.

Band 183 Darya Alikhani Chamgardani: Der Allgemeine Teil des iranischen Schuldvertragsrechts. Im Spannungsverhältnis zwischen rezipiertem französischen und traditionellem islamischen Recht. 2013.

Band 184 Volker Anton: Aktuelle Entwicklungen des Bankgeheimnisses im Rechtsvergleich unter besonderer Berücksichtigung seiner exterritorialen Wirkungen. Deutschland, Luxemburg, Österreich, Schweiz und Liechtenstein. 2013.

Band 185 Charlotte Wilhelm: Die Regelung der Geld- und Warenkreditsicherheiten nach dem deutschen Recht im Vergleich zum Draft Common Frame of Reference (DCFR). 2013.

Band 186 Michael Nehmer: Erbunwürdigkeit und Elternunterhalt im Internationalen Privatrecht. Eine historisch-rechtspolitische Betrachtung. 2013.

Band 187 Pınar Şamiloğlu-Riegermann: Türkisches und deutsches Vertragshändlerrecht im Rechtsvergleich. 2014.

Band 188 Elvan Er: Realsicherheiten des türkischen Mobiliarsachenrechts. Eine Darstellung des geltenden türkischen Rechts unter vergleichender Berücksichtigung des deutschen und schweizerischen Kreditsicherungsrechts. 2014.

Band 189 Maya Mandery: Party Autonomy in Contractual and Non-Contractual Obligations. A European and Anglo-Common Law perspective on the freedom of choice of law in the Rome I Regulation on the law applicable to contractual obligations and the Rome II Regulation on the law applicable to non-contractual obligations. 2014.

Band 190 Gregor Nikolas Rutow: Rechtsvergleich über die Zulässigkeit von Haftungsausschlüssen, Haftungsbeschränkungen und pauschaliertem Schadensersatz in einzelnen arabischen Rechtsordnungen. 2014.

Band 191 Christoph Rödter: Das Gesellschaftskollisionsrecht im Spannungsverhältnis zur Rom I- und II-VO. Eine Untersuchung zur Reichweite des Gesellschaftsstatuts in Abgrenzung zu den Kolligionsregeln der Rom I- und II-VO. 2014.

Band 192 Melanie Kaspers: Die gemischten und verbundenen Verträge im Internationalen Privatrecht. 2015.

Band 193 Tong Xue: Parteiautonomie im chinesischen Internationalen Privatrecht. Am Beispiel der Rechtswahl im Internationalen Vertrags-, Delikts-, und Sachenrecht. 2016.

Band 194 Martin Metz: US-Menschenrechtsklagen und Neoterritorialismus. 2017.

www.peterlang.com

www.ingramcontent.com/pod-product-compliance
Ingram Content Group UK Ltd.
Pitfield, Milton Keynes, MK11 3LW, UK
UKHW022103051026
15623UKWH00003B/656

9 783631 722350